American Hotel & Lodging Educational Institute

MANAGING
HOSPITALITY
HUMAN RESOURCES

饭店业人力资源管理

作者/伍　兹

主译/张凌云　杨晶晶

中国旅游出版社

出 版 说 明

随着经济全球化和信息化进程的加快，以及我国加入世界贸易组织，旅游企业面临的竞争和压力将越来越大。国际竞争国内化、国内竞争国际化已成为必然；旅游企业的竞争就是企业经营管理人员素质的竞争已经成为全行业的共识。职业化教育与培训，已成为中国旅游饭店业在新世纪发展的最紧迫的问题。如何提高自身的职业技能和职业素质、如何取得进入饭店行业的职业任职资格、如何走出国门参与国际化的竞争等问题，都十分现实地摆在了从事饭店工作和将要从事饭店工作的人们面前。这些问题已经引起旅游行政管理部门、旅游饭店行业经营管理者的高度重视。为此，国家旅游局已经制定了《中国旅游业"十五"人才规划纲要》，明确把职业经理人培训和岗位职业培训作为目前最重要的工作之一。面对旅游饭店行业发展的需要和旅游市场的需求，中国旅游出版社在比较了目前国际上著名的饭店职业教育教材体系和职业培训体系的基础上，选择了美国饭店业协会教育学院的职业教育教材体系及职业培训体系，引进了其课程体系中适合中国国内旅游饭店业使用的系列教材的版权，同时组织国内旅游教育界、旅游研究机构和旅游饭店业专家对这套教材进行翻译。

美国饭店业协会（American Hotel & Lodging Association，简称 AH & LA）是美国饭店业权威的管理和协调机构。美国饭店业协会教育学院（Educational Institute，简称 EI）隶属于美国饭店业协会，从事饭店管理教育培训已经有近 50 年的历史，是世界上最优秀的饭店业教育及培训机构之一，其教材和教学辅导材料集合了美国著名饭店、管理集团及大学等研究机构的权威人士多年的实践经验和研究成果，有许多是作者的实际体验和经历，使读者从中能够见识到饭店工作的真正挑战，并帮助读者训练思考技巧，学会解决在成为管理人员后遇到的类似问题。目前，全世界有 60 多个国家引进了美国饭店业协会教育学院的教材，有 1400 多所大学、学院、职业技术学校将其作为教科书及教学辅助用书。美国饭店业协会为此专门建立了一整套行业标准和认证体系。美国饭店业协会教育学院为饭店 35 个重要岗位颁发资格认证，其证书在饭店业内享有最高的专业等级。现在，在 45 个国家共有 120 多个证书授权机构，在全球饭店业的教育和培训领域享有较高声誉。

中国旅游出版社首批引进的美国饭店业协会教育学院的系列教材，每一本都经过了专家的精心挑选、译者的精心翻译和编辑的精心加工。我们期望这套教材的引进能够更好地为中国旅游饭店业的发展服务，更好地为中国饭店业迎接 WTO 的挑战、走向世界发挥作用；也希望能满足旅游饭店从业者提高职业技能和素质的迫切需求，为其成为国际化的管理人员贡献一份后援之力。

如果我们的目的能够达到，我们将以此为自豪。我们为实现中国向世界旅游强国目标的跨越而做出了努力。

中国旅游出版社

2012 年 10 月

总 序

随着 1978 年中国的改革开放，在 20 世纪的最后 20 年里，又诞生了一个重要的、新兴的旅游胜地。中国一直被认为是一个充满神秘、魅力、激情的独特的异域国度，世界上很多国家无不崇敬中国的人民、艺术、文化、历史和地理景观。中国近期经济的飞速发展是吸引大规模商业旅游团体和闲散旅游者的另一个重要因素。在新的投资理念和技术涌入中国市场的同时，中国又成功地加入了世界贸易组织并赢得了 2008 年奥运会的主办权，这些都给中国旅游业的增长和发展提供了更加光明的前景。

尽管中国旅游业的前景一片大好，但这并不意味着中国已经获得了成功。旅游观光和接待业的现在和过去都不是一个简单的问题，它是一个受到诸多因素影响的复杂行业。其内部因素，诸如良好的基础设施、充足的空中和陆地交通通道、积极的政府姿态、风景区的发展、舒适的住宿条件和美味的饮食，以及优质的服务等；同时，还有众多的外部因素，这些外部因素可能是周期性的，这就需要各级旅游管理部门和行业管理者做出快速有利的应变措施——这些外部因素包括政治和国内安全环境的突变、经济形势委靡不振、地区危机、空难或影响出行的连续阴雨天气。因此，旅游作为一种产业不仅需要积极地宣传以及良好的观光环境资源，还需要对这些资源进行有效地管理，以专业的精神服务于旅游者和投资者。

随着旅游行业在全球、地区和地方的竞争不断加剧，需要最有效的措施以确保旅游业在有限的环境和变化中保持稳定。今天，国家和各级机构的决策者充分认识到旅游观光和接待管理领域的竞争力，并认识到革新和稳定性的主要根源在于教育、培训和再培训。政策计划、教育和培训被视作未来旅游业生存和兴旺的首要任务。

中国旅游出版社作为从事旅游信息、旅游教育及旅游学术研究的出版机构，已经意识到旅游和接待教育在维持产业健康和不断进步方面的重要性。在引进、翻译和出版来自美国饭店业协会教育学院的一系列教科书的同时，该出版社的目标是将美国接待行业专家积累的经验和标准带给中国饭店服务部门的管理者。

美国饭店业协会教育学院系列教材的主题涉及范围很广——它包括饭店账目记

录、房间划分管理、餐饮管理、市场和销售、集会和会议管理、饭店保安和安全、饭店工程、人力资源管理、国际饭店管理、旅游胜地饭店发展和管理等诸多内容。这些重要的课题所涉及的内容各有不同，但它们都是与接待行业有关的内容，学生可以根据各自的需要和兴趣，选择某一门或全部课程进行学习。

中国旅游出版社获得出版权的教材有：

《饭店业计算机系统》、《国际饭店管理》、《饭店业督导》、《饭店与旅游服务业市场营销》、《餐饮经营管理》、《度假饭店的开发与管理》、《饭店财务会计》、《饭店客房管理》、《会展管理与服务》、《饭店业管理会计》、《前厅部的运转与管理》、《饭店业人力资源管理》、《共管公寓度假村和度假产权管理》、《饭店业质量管理》、《饭店法通论》、《饭店设施的管理与设计》*。

上述所有教材都是由来自美国主要学术机构的著名教授编著或合著的，他们分别来自夏威夷大学旅游管理学院，密歇根州立大学旅游管理学院，康奈尔大学酒店学院，佛罗里达国际大学酒店、餐饮与旅游学院，内华达大学拉斯维加斯分校酒店管理学院或知名的饭店管理领域的学者。这些教材囊括了接待行业中几乎所有的管理、营销和操作领域的知识。更为重要的是，这些教科书中的原则和概念超出了西方国家的描述和理论，适用于世界上任何一个国家。

在美国饭店业协会教育学院的监督下，已经有数千名饭店管理人员在完成了该教材体系指定的 10 门课程后，获得专业的 CHA（饭店管理者）资格。这些课程——由于地区的限制——可通过远程教育来学习，也可通过美国学术机构设立的连续教育方案、饭店协会或独立的授权饭店设立的培训方案以及其他手段进行学习。许多获得饭店管理者资格认证的人都是在美国以外通过学习获得 CHA 资格的。随着 AH&LA 教材中文版的翻译和发行，中国旅游及接待行业当前和未来的管理者将有机会得到更专业的学习，并有可能获得资格认证。然而，专业教育的发展比获得资格认证更为重要。其重要意义在于可以帮助管理者取得事业的成功和进步，并强化管理者的能力，使游客更加满意，从而使公司获得更多的业务，赢得更多的朋友和客人。

改革开放以来，中国已经建立了许多吸引游客的旅游胜地。今天，这些地方不仅吸引了众多来自全世界的旅游者，还为中国国内游客游览本国的名胜古迹提供了条件，使其国内的旅游事业得到了蓬勃发展。中国一位著名的资深经济观察家指出，中国的旅游业是一项决不会衰败的产业。然而，也有研究显示，即使是最著名的旅游胜地也有自己的生命周期，也会有淡季和旺季之分。时代在改变，品位在改变，

---

　* 注：第二批引进 3 本：《当今饭店业》、《卫生质量管理》、《餐饮经营的计划与控制》；第三批引进 2 本：《俱乐部管理》、《酒店资产管理原理与实务》。

旅游目的地也会随着人们的喜好不断地涌现和衰落。根据市场营销理论，决定市场的因素在于优质的产品、合理的价格和优质的服务。做好准备和进行管理知识的学习，是应对市场需求和解决明天面对的未知挑战的前提。这意味着要将教育作为一生的追求。

　　作为被译成中文出版的系列丛书中两本教材的作者，作为乐意为中国旅游业开展职业教育培训而尽力的学者，我很高兴向中国的旅游及接待业管理者推荐 AH&LA 的著作。我要向那些深知继续教育之重要性并对学习新事物特别敏锐的旅游从业者们表示祝贺，我还希望向中国旅游出版社表示衷心祝愿，正是她适逢其时地认识到了应该为缩小正规教育与实业界之间的差距而提供必要的工具。

Chuck Y. Gee

夏威夷大学酒店管理学院　名誉退休院长

夏威夷　火奴鲁鲁

2002 年 3 月 20 日

目　　录

第三部分　薪酬及劳工问题

第四部分　安全、纪律和道德

前　　言

在饭店业的发展历史中，人力资源管理曾是相对简单的一环。那时我们可以随意挑选我们需要的客房或餐饮服务员工，而且这些员工也都非常愿意留在饭店工作许多年。那些年，饭店经理几乎可以随心所欲地运作他们的企业。

在过去的几十年中，由于种种原因，时代在变化，饭店行业也必须顺应这种变化所带来的内部和外部商业环境的改变。

2005 年夏天，教育学院主管出版的副院长乔治·格莱泽与我讨论要把这本书再版的想法，我的人力资源专业研究生作为各章节的合著者将帮助参与再版工作。毕竟，研究生要写课堂论文。我认为与其写学术类习作不如写一些内容的文章。在乔治的支持下，我们开始着手这项工作。坦白地说，以多作者这样的方式修改一本教科书比我自己修改要难得多。但是，这种让未来的教育工作者参与的方式让他们和我都受益良多。

全书共分四部分。第一部分介绍雇佣法律、规划及员工配备。这部分内容包括对所有饭店人力资源管理的相关法律的介绍，特别是对美国残疾人法、家庭及医疗休假法近些年颁布的法律准则的详细说明及相关案例的讨论。这部分还涉及了工作分析及设计、选择以及人力资源规划和招聘等问题。

第二部分详细介绍了和人力资源开发相关的实用信息。如新员工培训和适应、员工培训和绩效评估。读者可以从这部分了解到很多激励员工和考评员工的实用方法。

第三部分侧重探讨报酬和劳工问题。主要涉及福利及劳动报酬计划的规划和实施，以及一些相关法律细节问题；另有两个章节分别探讨劳资关系和集体协商两个问题。关于劳工者关系的两章涵盖的内容包括：机构采用何种途径来进行组织以及管理采用何种方法来对抗组织。

第四部分重点探讨饭店行业中安全、纪律和工作道德问题。内容涉及这几个问题中较深层次的分析，包括安全及健康问题、员工资助计划、收益、员工纪律惩处及离退职。最后一章将主要讨论现代饭店经理人所面临的道德和社会责任。

全书每章最后都有复习题、主要术语、网址、案例或迷你案例研究，以及其他可供教学参考的教学建议或方法。

在此，作者特别要感谢美国饭店业协会教育学院的同仁对本书内容所做出的巨大贡献，没有他们就没有这本书；还要特别感谢该院的编辑普里西拉·伍德在本书编辑期间所给予的大力协助；另外，还要感谢乔治·格莱泽对再版的支持及其对让学生参与共同修订某些章节的认可；当然，还要感谢在过去 7 年中对本书给予不懈支持的教育界和实业界的同仁和朋友们。最后感谢我的妻子珍和 3 个女儿凯特、杰西卡和考琳对我的支持。

罗伯特·伍兹博士
于内华达州拉斯维加斯

免 责 声 明

　　本书仅提供与主题相关范围内的准确及权威信息。本书出版商不提供相关的法律、财务及其他专业方面的服务。如要求司法建议或其他专业辅导，请接洽相关方面的专业人士。

——美国律师协会及出版商协会委员会公认的《原则声明》

　　作者罗伯特·H. 伍兹对本书内容负全责。本书的所有观点仅代表作者个人而不代表美国饭店及汽车旅馆协会教育学院或美国饭店及汽车旅馆协会的观点。

　　书中任何内容均不构成学院或协会的标准、保证或推荐。学院和协会放弃对其中涉及的信息、程序、产品以及提供以上内容的饭店行业成员的一切责任。

第 一 部 分

雇佣法律、规划及员工配备

第 1 章概要

学习目的

1. 介绍公平就业机会委员会，区别各种公平就业机会法律以及反优先雇佣行动。

2. 介绍自 20 世纪 60 年代起至今，公平就业机会法律的演变历史。

3. 介绍违反公平就业机会法的主要行为领域和司法处理，以及与此相关的妇女和老年员工问题。

4. 定义残疾，介绍《美国残疾人法》（ADA）以及在饭店人力资源管理中的应用。

1

雇佣法律及其应用

　　早在 20 世纪 60 年代以前，不平等现象在美国的工作中普遍存在，只有政府部门雇员和工会会员能受到某种程度的保护。这并不是说所有雇主都会任意欺辱雇员，但至少他们这样做不会受到处罚。

　　由于缺少人力资源管理的相关法律、法规，普遍存在的雇佣歧视甚至成为惯例，如妇女只能从事传统观念中的"女性职业"而不可能得到其他工作机会，同样的歧视也存在于少数民族。

　　这种普遍存在的不平等最终导致了社会不稳定，直到林顿·约翰逊总统任职期间，一系列法律的确定才有力地改变了美国的雇佣状况。1964 年的《民权法》中规定的禁止基于种族、肤色、宗教、性别、国籍的歧视成为改变当时现状的法律基石。该法案第 7 章特别明确了公平雇佣的标准。这个章节保证了公平雇佣环境在美国的长期存在，直到今天。理解和遵循各个有关公平就业机会（EEO）的法律、法规是人力资源管理的重点，也是帮助企业走向成功的关键。

歧视的定义

　　人力资源管理是合法歧视的实践。合法歧视不同于非法歧视，从技术角度讲，甄选、培训和评价都是歧视性实践，因为这个过程都包括根据可鉴的差异选择某个人而非别人；但这种歧视在公平就业机会委员会（EEOC）的各种法律、法规固定的范围之内是合法的；而有悖法律规定的歧视性实践就是非法的，可能导致企业的重大经济损失。

　　2003 年，美国就业实践责任求偿的一般性赔偿金达 25 万美元[1]。近些年，有很多几百万美元的案子是关于产品责任和歧视的[2]。在祖布拉克诉 UBS 的案子中，一位女性雇员起诉性别歧视，获得了 910 万美元的实际赔偿以及 2010 万美元的处罚性赔偿。员工的薪金为 65 万美元/年[3]。骚扰和歧视案件庭外和解的大约为 30 万美元[4]。拉斯维加斯的华伦天奴为高档的意大利餐厅，地点位于威尼斯度假村饭店和赌场，由总部位于洛杉矶的华伦天奴餐饮集团经营。因性别歧视案件庭外和解的金额达 60 万美元，这些案件中涉及至少 5 位女性雇员[5]。

公平就业机会委员会

公平就业机会委员会（EEOC）是 1964 年《民权法》确立后成立的联邦委员会，负责监督美国境内的就业标准，是一个独立的司法解释机构。委员会是由美国总统任命的 5 个成员组成的，任期 5 年。

图 1-1　歧视上诉文件样稿

公平就业机会委员会	个人控告记录 德贝拉，斯卡莉特
约翰·多伊 雇主 狮子洞酒吧 普莱大街 101 号 SNAFU，美国　斯纳夫 邮编 30000	控告人（请选择一项） □ 为受害人 □ 为受害人代表
	侵犯时间 最早　　　最近 10/31/96.　10/31/96.
	侵害地点 美国　斯纳福
	编号 180871234

歧视上诉注意事项
（填表前请详阅 EEOC 条例）

填表人控告就业歧视以下列相关法律为基础
☒ 1964 年民权法第七章
□ 1967 年反雇佣年龄歧视法
□ 美国残疾人法
□ 公平工资法

以下被选选项需要你来完成
1 □ 此次不需要你采用任何行动
2 □ 请通过　　　　提交一份你的财务情况表，该需与控告中陈述相关。并附上任何有利凭证的文件。这些资料将被用于该记录的一部分，作为我们调查控告的凭证。您的及时回复将有助于我们的调查，更为方便地做出结论。
3 □ 请通过　　　　详细回复我们关于您本次控告陈述中的问题。这些信息将作为文件一部分，委员会在整个调查控告过程中会予以考虑。

欲了解更多信息，请使用上方编号。你的资产负债表，你对我们的回复，或任何疑问请致信：

EEOC
密歇根路　447 号　1540 室
底特律　密歇根州　48226

厄尔·本森　执行经理
（委员会代表）
123-4566
（电话号码）

☒ 附件：控告状复印件

歧视类别	
□种族　□肤色　☒性别　□宗教　□族裔背景　□反歧视报复　□年龄　□残疾　□其他	

侵犯情况：
见附表 5：歧视上诉

日期 01/24/97	姓名/EEOC 官员的职务 威廉·舒卡尔，总监	签名

被告的副本

歧视上诉	上诉编号
此表依据 1974 年隐私法案，详见背面"隐私声明"	□ FEPA ☒☒ EEOC 180-8 7-1234

　　　　　　　　州或地方代理机构（如果有的话）及公平就业机会委员会

姓名（先生/女士）　锡贝拉·斯卡莉特	家庭电话（含区号）100/555-1111

地　址	城市，州及邮编	郡县
布朗森大街 315 号	斯纳夫，美国，300001	斯纳夫县

姓名及名称：雇主/劳工组织/就业机构/培训机构/我所知道的州或地方代理机构（可多选）

名称	员工数量	电话号码（含区号）
狮子洞酒吧	20 人左右	100/555-2222

续

地址	城市，州及邮编
普莱大街 101 号	斯纳夫，美国 30000
姓名	电话号码（含区号）
地址	城市，州及邮编

歧视原因（可多选）	最近或仍在发生的歧视事件
☐ 种族 ☐ 肤色 ☒ 性别 ☐ 宗教 ☐ 国籍 ☐ 年龄 ☒ 反歧视报复 ☐ 其他（特殊）	（月/日/年） 10/31/96

具体陈述（空间不够，请附页）：

　　我是狮子洞酒吧的一名鸡尾酒服务员。从 1996 年 9 月直到被解雇期间，我被迫忍气吞声，在敌视女性的环境中工作，还要忍受不良顾客的性骚扰。1996 年 10 月 31 日，我因为抱怨工作中性骚扰而被无端解雇。其他同事们对此仍然不堪其扰。

☐ 我希望此控告在 EEOC 备案 如发生地址或者电话变更，会及时通告，并积极配合 EEOC 的调查处理程序。	公证人（如果州和地方需要的话）
	本人已阅读上述控告状，在本人知识能力背景下确保真实有效。
我声明上述填写内容属实，如有虚假愿受惩处。	原告签名
日期 *11/7/96*　　　*Jarlotte DeBle* 　　　　　　　　　控告方（签名）	在我面前宣誓和签名日期 （日、月和年）

关于代表律师的公告

　　在就贵公司提起的控告中，律师代表并非必要。

　　如果贵公司已委任律师代表，请告知委员会该律师的姓名、住址和电话号码，然后请贵律师致函委员会确认他作为贵公司的代表律师。

　　委员会认为在处理公司控告中，指定一名公司代表的方法最为有效。所以，贵单位若委任代理律师，除非另有安排，委员会将仅通过该律师与贵单位管理层沟通接触。

资料来源：Equal Employment Opportunity Commission, Detroit, Michigan.

图1-2　EEO-1报告样稿

委员会联合报告	公平就业机会委员会

● 公平就业机会委员会　　　　雇主信息报告 EEO-1

● 联邦合同项目执行办公室

A 部分——报告类型
报告数量及类型说明

1、选择提交的报告类型（仅填涂一栏）

多股东企业雇主：

(1) ☐ 一人企业雇者报告　　　(2) ☐ 合并报告

(3) ☐ 总部报告

(4) ☐ 子企业报告（50名以上雇员的企业提交）

(5) ☐ 特别报告

2、此公司报告总数（仅在合并报告上答复）＿＿＿＿＿＿＿＿＿

B 部分——公司情况（所有雇主答复）			仅供工作人员填写
1. 母公司			a
a. 母公司名称			
地址（门牌号和街区）			b
城市或乡镇	州	邮政编码	c.
2. 提交该报告的企业（如与标题相同则省略）			
a. 企业名称			d.
城市或乡镇	e.	邮政编码	e.
b. 机构代码（IRS-9-征税号）			f.
c. 去年该企业是否提交 EEO 报告？　　☐ 是　　☐ 否			

C 部分——要求提交报告的雇主情况（所有雇主均需答复）

☐ 是　☐ 否　1. 在你报告的整个公司中是否有至少100名带薪的员工？

☐ 是　☐ 否　2. 你公司是否所有或管理一个有超过100名雇员的其他企业？

☐ 是　☐ 否　3. 该公司或其子企业（a）拥有50名以上雇员，并且（b）并未获得法案41 60-1.5 豁免，同时（1）是主要政府承建商或第一转包商，且拥有承包合同或交易额总价达到或超过5万美金，或者(2)作为政府基金托管商，或为美国存储联会发行支付代理的经济机构？

若对问题 C-3 的答复为是，请输入你的 D&B 码（如果有的话）

注意：如果问题1、2或3的回复"是"，请继续完成表格，否则跳到 G 部分

D 部分——雇佣数据

企业雇佣情况----包括企业永久性雇员和兼职雇员，除说明中专门提及，还应包括实习生以及培训生。横纵表格都需填写，空白则视为0。

	总数 A	男					女				
		白人（非西班牙裔的）B	黑人（非西班牙裔的）C	西班牙裔 D	亚洲人或太平洋岛屿居民 E	美国印第安人和阿拉斯加居民 F	白人（非西班牙裔的）G	黑人（非西班牙裔的）H	西班牙裔 I	亚洲人或太平洋岛屿居民 J	美国印第安人和阿拉斯加居民 K
管理人员　1											
专业人员　2											
技术人员　3											
销售人员　4											
办公室文员　5											
工艺工人（熟练的）　6											
操作工人（半熟练的）　7											

续

普通工人 （不熟练的）　8								
服务人员　9								
合 计　10								
EEQ-1 报告 总雇佣人数　11								

注意：在合并的报告中省略了问题1和2

1. 工资结算日期：　　　　　　　2. 该企业雇佣实习生吗？

☐ 是　　☐ 否

E 部分——企业信息（合并报告中省略）

1. 该企业主要业务是什么？（如钢铸件制造、百货零售、管道设施批发等，答案须含主要业务类型以及具体企业活动。）	仅供工作人员填写
	g

F 部分——评论

此项填写任何不同于上述所列信息，用于解释报告构成和其他相关信息的主要变更。

G 部分——证明书

选择回答其中一个　　1 ☐ 所有报告按照说明填写并真实有效。（仅适用于合并报告）

2 ☐ 是按照说明填写并真实有效。

证明人	职务	签名	日期
联系人（打字或印刷体书写）	地址（街道和门牌号码）		
职务	州和城市	邮政编码	电话（加区号）	分机

按照《民权法》第7章709条款，报告中所载信息将保密。在报告中虚假陈述会受到法律制裁。

资料来源：Equal Employment Opportunity Commission, Washington, D.C.

公平就业机会委员会（EEOC）的职能主要有 3 个。第一个职能是监督公平就业机会（EEO）法律、法规的执行情况，确定对州立或地区级相关 EEO 机构触犯法律的处罚金额，如某人对密歇根州人权部门提出上诉，这种诉讼由委员会裁定。图1-1是向公平就业机会委员会（EEOC）提出上诉需要填写的表格文件。雇员填写了这些文件后，雇主会得到一份复印件，不论是上诉到公平就业机会委员会（EEOC）或是州立相应的机构，案件会在联邦或州立机构进行听证。即使公平就业机会委员会（EEOC）或州立机构认为雇主没构成歧视，雇员仍可以对雇主提起诉讼。

第二个职能是对《民权法》第 7 章做出补充规定，对其作出解释并由议会呈文形成法规。虽然不是法律，但在法庭上具有同等法律效力，并被最高法院认定为 EEOC 有效管理的重要手段。

第三个职能是收集信息。所有美国境内具有 100 名或 100 名以上雇员的企业或组织都必须每年向当地 EEOC 分支机构提交一份 EEO-1 报告，报告中列明在企业 9 个不同部门雇员中女性和少数民族员工数量。公平就业机会委员会（EEOC）会根据这些报告了解是否存在雇佣歧视情况。一旦发现存在歧视，公平就业机会委员会（EEOC）将提起相关诉讼改变这种情况。图 1-2 是 EEO-1 报告的样稿。

2004 年 9 月，公平就业机会委员会终于兑现了其承诺，即建立集中化的国家呼叫中心使消费者了解它的服务。在两年的试运行期间，呼叫中心旨在处理大量机构每年应对的来电。第一年后，机构称 61% 的来电为信息咨询。其他 39% 的来电为可能导致索赔的投诉。呼叫中心为业务外包运行，位于堪萨斯的罗伦斯，工作时间为早 8 点到晚 8 点[6]。

劳工部和国土安全部

美国劳工部在解释劳动方面有着很重要的作用。例如，劳工部工资和工时司颁布的意见书解释公平劳动标准法案。意见书涉及公平劳动标准法案中的很多内容，包括近期的公平支付规定。2004 年 12 月 16 日，劳工部颁布了关于童工的新的规定。根据这些规定，14～15 岁的未成年人可以从事厨房工作以及其他准备和提供食物及饮料的相关工作，可以在从事这些工作中运行机器和其他设备[7]。

通过其他的规定，国防部在全国范围内扩展了其基本试点/就业资格认证计划。该计划是一个新推出的志愿参加的网络体系，通过该体系雇主可以验证新员工的移民身份情况以及就业合法性。

公平就业机会和反优先雇佣行动

公平就业机会和反优先雇佣行动是不同的，前者指某一特定集团或阶层受法律保护的一种权利；后者指雇主在雇用受保护阶层成员时，必须克服以往的歧视惯例的一种责任。所有雇主都必须遵守公平就业机会的法律、法规，但只有与联邦政府（有时是州）有协议的雇主需要有反优先雇佣行动计划，内容涉及对受保护集团如妇女、少数民族、越战老兵、残疾人的非歧视性雇佣和晋升计划。

反优先雇佣行动计划必须在考虑个案的同时不侵犯其他非保护集团成员公平竞争的机会。这个原则是源自 1978 年最高法院对"贝克诉加州大学校董"一案的裁决。在该案中，加州大学医学院在全部 100 个招生名额中为少数民族学生保留了 16 个名额，白人男性学生贝克只能竞争其余的 84 个入学名额而不是全部 100 个。由于该案中的政策明显具有偏袒某一集团而限制另一集团利益之处，因此被确认为反向歧视，加州大学败诉。

反优先雇佣行动的论据

反优先雇佣行动在 20 世纪 90 年代引起的争议之大，超过了以往的任何时候，在有些州这种争议甚至到了投票否决该行为的程度。如加州曾对是否结束反优先雇佣行动进行全民投票，1996 年的一次投票中，支持结束这种行为的比例高达 54%。

支持和反对这种行动的双方都提出了强有力的论点。反对方认为这种行动是用歧视来反歧视，因为这种行动准则可能导致雇主雇用受保护集团成员，即使该成员的资历不如其他非保护集团成员。这个观点认为推行反优先雇佣行动偏袒一部分人而限制另一部分人的利益，会最终导致仇视和使偏见长期存在；另外，反对方还指出在反优先雇佣行动准则下受雇的员工会被人认为是水平不高、受偏袒，是在有限的少数族群中选拔出来的人；最后，反对方还认为由于政府对反优先雇佣行动的支持，包括减免税和政府购买等方面的鼓励，更会刺激雇主反向歧视。

支持反优先雇佣行动的人也提出了有力的论据，这些论据经社会心理学家斯蒂芬·布罗斯简要地概括，将其作为反驳优先雇佣行动的十大论据[8]。

论据之一：建立无肤色歧视社会的唯一途径是实行无肤色歧视政策　尽管这听起来逻辑严密，但无肤色歧视政策往往使少数种族处于不利地位，例如平等的无肤色歧视退休制度，往往更多地保护白人工人免受失业冲击，因为年长的雇员一般都是白种人。

论据之二：反优先雇佣行动没能成功地保证妇女和少数民族的发言权　很多材料证明，性别和种族平等的确是实施反优先雇佣行动的一个直接结果。根据美国劳工部的报告，反优先雇佣行动已帮助了 500 万少数民族和 600 万白种人及少数民族妇女提高了在工作中的地位。

论据之三：反优先雇佣行动也许 40 年前需要，但今天社会竞争已建立在公平水准上 尽管社会歧视状况已有了很大改观，但这个社会还远未达到真正的平等。在禁止工作中性别歧视的《民权法》颁布 40 多年后，女性的平均收入比从事同样工作的男性的收入少近 25%。也就是说，一生中，一个女人的收入将比从事同样工作的男性的收入少 70 万 ~ 200 万[9]。2003 年，全职工作的男性平均收入为 40668 美元，与上一年持平；但是 2003 年全职工作的女性平均收入为 30724 美元，比 2002 年下降 0.6%[10]。黑人的失业率是白人的两倍，只有一半的黑人可以达到中等家庭收入水平，受大学以上的教育。

论据之四：公众不再支持反优先雇佣行动了 这主要是由于在公众投票中，人们只能面临两个选择，要或不要这个行动准则；如果在两个极端中增加一些过渡性选择，结果就会有很大区别。有调查显示，人们总的来说还是希望保留这个准则，只是反对其中的极端行为，特别是实施过程中的一些不公正现象；而不是反对这个行动准则本身。

论据之五：如果反优先雇佣行动再继续下去，会有大量白人工人失去机会 政府的统计数据并不支持这个观点。根据美国商业部的数字，黑人失业人口不到 200 万，白人失业人口超过 1 亿，即使黑人全部就业，挤出的白人失业人口只占现在白人失业人口总数的 2%。

神话之六：如果欧洲和亚洲移民能迅速发家，黑人也会如此 这个比较忽略了黑人在美国受歧视的历史。历史学家罗杰·威尔金斯指出，黑人在美洲大陆的 375 年历史中做了 245 年的奴隶，经历了 100 年的合法受歧视时代和 30 年的其他时期[11]。欧洲和亚洲移民在移居北美时本身就是医生、律师、职业人士、企业家等。因此要希望黑人能像其他移民一样迅速地向社会上层移动，就等于要否定黑人所面对的社会历史现实。

论据之七：不能以歧视医治歧视 这个观点的问题在于用"歧视"一词来概括两种不同的事物 工作歧视是基于偏见和排斥的行为，而反优先雇佣行动是一种以吸纳行为来克服偏见的努力，其最大目的在于通过一些特殊的努力改变社会的排斥惯例。

论据之八：反优先雇佣行动会打击女性和少数种族的自尊 尽管这种行动在有些情况下会带来这种效果，但公众调查和相关研究发现这种情况只是个别现象，更多情况是由于这种行动带给女性和少数民族更多的就业机会，会大大提高他们的自尊；另外，研究还显示这个行动的受益者会有更高的工作满意度和对组织的忠实度。

论据之九：反优先雇佣行动只是民主党的一种社会改良措施而已 这个行动计

划已历经了 5 任共和党总统和 3 任民主党总统。约翰逊总统（民主党人）于 1965 年签署了发起反优先雇佣行动的文件，即约翰逊政府 11246 号令，该文件的初衷是提高联邦政府协议机构中的少数民族就业人数；1969 年，共和党的尼克松政府对这个政策的内容进行了扩充；此后，共和党的乔治·布什总统也积极地签署了 1991 年的《民权法》，其中明确了反优先雇佣行动准则。因此，不论各党派政见有何不同，反优先雇佣行动是得到了民主党和共和党的共同支持的。

论据之十：支持反优先雇佣行动就等于支持倾向性选择程序，倾向于不合格而不是合格的人选　事实上，大部分反优先雇佣行动的支持者都反对这种倾向性选择。反优先雇佣行动的选择程序是：

- 在合格人选中公平选择。一般性反优先雇佣行动会在同等资历水平的应聘者中选择女性或少数民族，公众一般不把这种做法视为歧视；
- 在可比较的人选中选择。较激进的反优先雇佣行动会在可供比较的人选中选择女性或少数民族；
- 在资历不同的人选中选择。更激进一点的反优先雇佣行动会在资历不同的人选中选择女性或少数民族；
- 在合格和不合格的人选中选择。最激进的反优先雇佣行动会选择不合格的女性或少数民族，而不选合格的人选。

尽管选择程序在实际应用中界限并不明确，但至少可以指出几点：（1）这 4 个过程中，前两种受公众的支持程度最高；（2）第三个过程在大学入学选择中比较常见，这在社会上已引起了很大的分歧；（3）第四个过程基本不被社会认同（也很少发生，因为反优先雇佣行动不要求雇佣不合格人员）。通过对上述 4 个过程的比较，说明不能简单地以第四个过程来概括整个反优先雇佣行动的雇员选择模式。

公平就业机会（EEO）法律体系的发展

公平就业机会法律体系的发展遵循一种共同模式。第一，强调人事政策；第二，针对人事管理中的不公平现象；第三，重点矫正以往的歧视；第四，也是最近的发展，重视对受保护集团的反向影响，所谓反向影响即关注这个法律体系的设置对以往雇佣行为的逆向作用。

图 1-3 列明了主要公平就业机会法律、法规及其影响，所有列明的这些法律、法规都直接关系到私有部门的歧视问题。

图 1-3　主要公平就业机会 (EEO) 法律及作用

公平就业机会 (EEO) 法律	主要作用
《民权法》第 7 章 (1964 年)	限制基于种族、性别、宗教、肤色和国籍的歧视
《雇佣年龄歧视法》(1967 年)	限制对年过 40 岁的人的歧视，禁止非自愿性退休
《职业恢复法》(1973 年)	限制对合格人选以无资格（残疾）为由的歧视
《怀孕歧视法》(1978 年)	禁止歧视怀孕妇女
《移民改革及控制法》(1986 年)	禁止雇用在美国无工作许可的外国人
《美国残疾人法》(1990 年)	禁止在工作场所歧视残疾人，工作场所需具备保证残疾人工作活动的设施
《家庭及医疗休假法》(1993 年)	为雇员提供不超过 12 周的病、事假请假机会，包括生产、收养子女及照料老人或重病父母、配偶或子女、或自己正在接受治疗。这个法律适用于拥有 50 名以上雇员的公司，会影响 40% 的雇员和 5% 的雇主，行政阶层除外

1963 年的《公平工资法》

有人认为 1963 年的《公平工资法》是美国公平就业机会运动的开端。这个法案是 1938 年《公平劳工标准法》的补充文件，主要规定男女同工同酬。由于长期以来在报酬方面的性别歧视，这个问题曾是当时很多法庭案件的争论焦点。

1964 年的《民权法》第 7 章

1964 年的《民权法》第 7 章适用于拥有 15 名以上雇员的公司，主要规定禁止雇佣行为中的种族、肤色、性别、宗教及国籍歧视。雇员人数不足 15 人的公司仍受各州的反歧视法律管辖，这些地方法律不得与联邦法有冲突。

在 1964 年《民权法》规定下，为歧视案辩护有两种可能性——经营必需和合法职业资格 (BFOQ)。

所谓经营必需的辩护是非常有限和狭义的，雇主要想胜诉必须证明这种行为是企业所必需的。例如，航空公司可以禁止怀孕空姐执行飞行任务而不触犯这个法律，原因是航空业的基本准则是安全地运送旅客，航空公司能够证明怀孕雇员执行飞行任务会因突发性阵痛或临产而威胁飞行安全。这是一个因经营必需而可以胜诉的例子。

所谓合法职业资格 (BFOQ) 是允许一些合法歧视的，这些歧视是基于不同性质的工作对不同类型人员的需要。因此在合法职业资格要求的前提下，性别、宗教和国籍歧视是可以接受的，这方面的例证可以包括：

- 女性更衣间要求女性服务员；
- 男装生产线要男性模特；
- 夏威夷草裙舞的演员要求是夏威夷土著人；
- 罗马教堂守护神坛的职员必须来自罗马教会。

每个案例中，合法职业资格必须基于这种资格是适用于该职业的每个从业人员的，一旦有一个例外这种资格就不能成立。例如，一家法国餐馆要求所有和客人接触的服务员都讲法语，一旦有一个服务员不讲法语，餐馆要求的合法职业资格就不存在了。因此从某种意义上讲，合法职业资格是否成立也取决于雇员。

这项法案同时也认可论资排辈体制和资历，只要这种体制的运行是基于工作成效，且不会因此导致歧视。例如，在论资排辈体制中，资历短的员工可能被辞退，而同样岗位上资历长的员工就能保住职位。在奖励机制中，加薪是与员工的工作业绩挂钩的。

在甄选员工时，只要能证明是由工作性质引起的性别、国籍、宗教等歧视则都可以被法律接受，包括可证明为合法职业资格的要求。例如，为女更衣室招募女服务员，申请表上要求填写性别是合法的。

能力测试也是允许的，只要能证明这种测试是真正必要的，而不是出于歧视目的的。例如，考察应聘厨师的人的厨艺，要求应聘打字员的人参加打字测试，以及如果工作需要考察应聘者对电脑及有关设备的熟悉程度，这些都是允许的。

兵役特权和国家安全官员的招募因属于公务员雇佣环境，不在本书讨论范围之内。

最后，要求雇主不得因种族、肤色、国籍、性别、宗教原因对任何团体或个人增加特殊待遇，也不得为纠正以往的不平衡而对这些团体给予特殊对待。某些特殊待遇的实施必须遵循《反优先雇佣法》对于公共雇主（州或联邦政府）或联邦主管企业的有关条款。

违反《民权法》第7章　在该章法案中关于歧视有两个概念：有差异的对待和有差异的效果。有差异的对待指雇主因种族、性别、肤色、宗教、国籍及其他受法律保护的人的特征而对某一个人给予特殊。有差异的效果指雇主虽无意歧视，但事实上造成了某一团体成员处于劣势地位，雇主会因有差异效果而被判有罪。试想如果一家餐馆要求其洗碗工全部是大学毕业生，这会带来什么后果，这个条件等于把更多的黑人排除在就业门槛之外，而且大学学历对洗碗工不是必需的。因此这家餐馆就可能因违反了第7章中的差异效果原则而被判有罪。另外，如果一个雇主雇用了一个具有高中学历的白人应聘者而将一个同等学力和资历的黑人拒之门外，他也会因有差异的对待而被判有罪。

最近密西西比的一个案子说明关于类似问题判决的反复性。在这个案件中，巴登密西西比博彩的一位雇员起诉称，他失去了在密西西比丘尼卡赌场的工作机会，原因只是在于他是白人。该雇员称，一位工作经验没有他丰富的黑人取代了他的职位，该说法得到法院确认。法院支持雇员，要求公司向该雇员支付 31.2 万美元的赔偿金[12]。

这些政策原则旨在反对明显的歧视行为，即使公司认为这是必需的。比如一家餐馆为了营造一种清新的形象而只雇用年轻员工也会因歧视被判有罪，因为没有一种合法职业资格认为年老的员工不适于在餐馆工作。

某些饭店的员工制服可能构成违法，如要求女服务员穿着暴露就可能被控违法，因为男员工不能有同样的着装。这种规定可能会被视为制造性骚扰环境。不仅如此，工作服也不能过于马虎或暗示某种歧视。例如，有些宗教禁止其信徒穿宽松的裤子或某种服装，饭店中如有女员工信奉这种宗教，饭店不得要求她们穿宽松的制服裤子，否则将被视作歧视。

1967 年的《雇佣年龄歧视法》

《雇佣年龄歧视法》禁止在雇佣过程中对 40 岁以上的人进行年龄歧视。为此，公平就业机会委员会（EEOC）已将 40 岁以上的员工视为受保护群体。所有影响到 40 岁以上员工的雇佣行为（包括雇用、招聘、评估、提升、招聘广告等）都会受到《雇佣年龄歧视法》的监督。所有拥有 20 名员工以上的私人雇主或拥有 25 名成员以上的团体，都必须遵守该法。

年龄歧视的例子包括因能力以外的因素拒绝对员工的提升，对不同年龄层的雇员提供不同的福利待遇，以及强迫老年员工退休。这项法律对饭店企业日后发展的影响会越来越大，因为随着员工队伍的老化，整个行业对老年员工的依赖性会日益增强。

1973 年的《职业恢复法》

1973 年的《职业恢复法》要求所有与联邦政府签有 2.5 万美元以上合同的雇主雇用"合格"的残疾人士，并根据需要配给"合理的住宿"。与联邦政府签有 5 万美元以上合同的雇主，每年必须以书面形式向公平就业机会委员会提交反优先雇佣行动报告，说明是如何贯彻这些法规的。

根据该法律条款，任何有身体或精神损伤的人，曾有身体或精神损伤记录的人，或被其他人视为有身体或精神损伤的人都被称为残疾人士。该法律规定，雇主不得以没有相应的残疾人设施为由拒绝雇用或歧视这些伤残人士。

《美国残疾人法》对饭店业的影响更为广泛,该法律比《职业恢复法》在残疾人雇佣方面有更细致的规定,这在以后的章节将有详细讨论。

《退役军人法》

1974 年的《越战退役军人法》是为越战老兵制定的,旨在保护他们退役后 4 年内的权利。根据这项法律,所有与联邦政府有 1 万美元以上的合同雇主,在雇用合格越战老兵时必须采取反优先雇佣行动。所谓合格,指退役军人必须在 1964 年 8 月 5 日到 1975 年 5 月 7 日之间(不仅在越南)曾在军队服役。

饭店企业还必须同时遵守 1942 年的《退役军人再就业法》。该法律规定曾因服兵役而离职的员工如果退役后仍申请原企业工作,雇主必须在接到申请后的 90 天内重新雇用他们,工龄延续。该法律还规定企业可以在正常员工休假制度以外给这些雇员停薪留职假期。这个法律同样适用于在 1990 年和 1991 年中东海湾战争时为军队服务过的退役军人。

2004 年 12 月,乔治·布什总统签署了 2005 年的《退役军人利益改善法》,该法对 1994 年的军人就业和再就业权利法作了两处修改。要求所有雇主告知雇员军人就业和再就业权利法中规定的雇员的权利和责任[13]。

1978 年的《怀孕歧视法》

在 1978 年的《怀孕歧视法》立法以前,雇主可以要求怀孕的雇员在指定时间休限定期限的产假,立法后情况发生了变化。根据这项法律,雇主不能限定雇员产假开始和结束的时间。另外,法律还禁止雇主以怀孕为由拒绝对有工作能力孕妇的雇用。法律不强迫雇主为员工设立保健或残障计划,也不要求雇主为堕胎提供资金保障,除非母亲有生命危险;但法律规定如果雇主已对员工有健康投保,其中必须含孕期保健项目,而且不得因此向员工收费。

法律还禁止其他形式的孕妇歧视,包括对已婚怀孕员工克扣福利津贴,以及男女雇员津贴额度不等。雇主如果对孕妇有补贴,必须同样给其配偶有补贴。1993 年国会通过的《家庭医疗休假法》就是希望建立起一种全国性的休假制度。

这个制度已被至少 21 个州的法律效仿,有些州法甚至比联邦法更严格。如有些州规定雇主给怀孕或哺乳期间的妇女提供无薪假期。这项法律曾引起一系列要求平等待遇的案件纠纷,因为雇主不向男雇员提供这种假期。1987 年的"格杜迪诉艾罗案"就是其中一例。在对此案的审理中,高等法院支持加州法律,即申请产假必须基于生理原因,指怀孕所需要的特殊生理条件。同年的"加州联储和贷款协会诉格拉"一案中,高等法院再度站在了加州法律一边。在审理此案过程中,法庭发现

1978 年经《怀孕歧视法》修正的 1964 年《民权法》第 7 章，只是简单规定了休假制度上要男女平等，为此加州法律要求产假限 4 个月的期限。

这个法律对饭店业影响重大，因为饭店的员工大多数是女性。这个法律规定除了会增加雇主的健康投保开支外，还指出企业不得以影响企业形象为由对怀孕妇女进行歧视。这使得饭店业主既不能因孕妇形象问题要求她们休假，也不能以同样理由变换她们的工作，如从前台转到后台。

在 1978 年的《怀孕歧视法》中没有涉及雇主有权在可能危害胎儿的岗位不雇用怀孕或可能怀孕的应聘者。1991 年 3 月美国高等法院审理的"汽车工人诉强生控股案"中，一名妇女就被合法地拒聘了，理由是她可能的怀孕会影响她从事应聘的工作，或者说一旦怀孕这名妇女从生理上就不具备胜任这项工作的能力了。这个案件的诱因是强生控股拒绝该妇女到其电池厂工作的申请，因为担心一旦怀孕，胎儿的健康会受铅毒影响。然而，法庭审理的依据是只有父母才对是否影响子女健康有决定权，但雇主有责任把潜在的危险向有关雇员说明。

企业似乎既没有完全理解也没能公平地应用这个法律条款。例如，在得克萨斯的一个案件中，受雇于比格洛管理公司的饭店管理者劳拉·泰勒诉称怀孕后她被两次降职。该公司起初试图撤销这个案子，但美国地方法院得克萨斯北部地区法院通过引用该雇员的上司得知其怀孕后的不恰当言论否定了该公司的请求。在裁决中，法院写道："这种不道德的评论可以作为充分的证据证明歧视，该言论与这种负面的雇佣行为相关，言论的制造者与该雇佣决策相关。"这个案例反映出不道德的言论可以直接影响到案件的结果。建议管理者应该约束自己的言语[14]。

1984 年的《退休债券法》

1984 年的《退休债券法》要求企业为所有 18 岁以上的员工投养老保险，为 21 岁以上的员工投全额的养老保险，包括中间不超过 5 年的工作中断期。这项法律尤其保障了妇女的权益，因为她们一般都很年轻就参加工作，而中途会因结婚生子中断自己的职业生涯。不过与其他雇佣法律一样，这项法律也适用于男女两性，使两性均等受益。法律还规定养老保险应在离婚协议中计入财产，如果夫妻一方在未到最低退休年限时死亡，雇主必须将保险收益金交给其配偶。

1986 年的《移民改革及控制法》

1986 年的《移民改革及控制法》对在美国境内发生的对外国人的雇佣行为做出了规定。根据这项法律，拥有 4 名雇员以上的雇主不得以国籍为由对雇员进行歧视。

图 1-4　雇佣许可审查表

美国国土安全部 国民和移民服务	美国政府管理预算局号：1615-0047；有效期至：2007-03-31 雇佣许可审查

填写此表前请认真阅读指南，指南可免费获取。反歧视提示：歧视具备劳动资格个人的行为是违法的。雇主不得要求雇员与之签订额外协议。以有效期将满为由拒绝雇佣劳动者个人的行为也构成非法歧视。

第一部分：雇员信息　审查建立雇佣关系时必须填写并签字。

（打印）姓名		曾用名
街道（街道名称和号码）	公寓号	生日（月／日／年）
城市　　　　　州　　　邮编		社保号

我已知如若提供虚假信息和文件将受联邦法律监禁和／或罚款的制裁	我宣誓（如若有假，愿受惩罚），我的身份是（选择以下一项）： （1）本地或外地美国公民 （2）合法的永久居民（外侨号）＿＿＿＿＿＿＿＿ （3）已授权的外来务工者，授权期至 ＿＿＿＿＿＿ 　　　（外侨号或许可号）＿＿＿＿＿＿＿＿＿＿
雇员签字	日期（月／日／年）

填表人和／或译者证明（如是雇员本人以外的人员填写此表，需填此项）我宣誓（如若有假，愿受惩罚），我已尽我之所能来协助填写此表，所有信息皆真实、准确。

填表人和／或译者签字	（打印）姓名
地址（街道名称和号码，城市，州，邮编）	日期（月／日／年）

第二部分：雇主审查　此部分由雇主填写并签字。按本表背面所列，审查表单 A 中的一份文件或表单 B 和表单 C 中各一份，如有文件名、文件号和有效期，请填入。

	表单 A	或	表单 B	和	表单 C
文件名	＿＿＿＿		＿＿＿＿		＿＿＿＿
发布机构	＿＿＿＿		＿＿＿＿		＿＿＿＿
文件号	＿＿＿＿		＿＿＿＿		＿＿＿＿
有效期	＿＿＿＿		＿＿＿＿		＿＿＿＿
文件名	＿＿＿＿				
有效期	＿＿＿＿				

证明－我宣誓（如若有假，愿受惩罚），我已审查了上述雇员提供的文件，上述文件反映了该雇员的真实情况，且该雇员于（月／日／年）＿＿＿＿＿开始受聘。尽我所知，该雇员确有资格在美国工作。（州雇佣机构可以不填雇员受聘日期。）

雇主或授权代理机构签字	（打印）姓名	机构名称
公司或组织名	地址（街道名称和号码，城市，州，邮编）	日期（月／日／年）

第三部分：更新和再审查　此部分由雇主填写并签字。

A. 新姓名（可用的）	B. 重新雇佣日期（月／日／年）（可行的）

C. 如果雇员之前提供的工作授权到期，请根据当前授予的雇佣授权文件填写以下信息：
　　　　　　文件名 ＿＿＿＿＿　　　文件号 ＿＿＿＿＿　　有效期（如有）＿＿＿＿

我宣誓（如若有假，愿受惩罚），尽我所知，该雇员确有资格在美国工作，且如该雇员有文件呈报，我所审查之文件皆能反映其真实情况。

雇主或授权代理机构签字	日期（月／日／年）

注意：此为 1991 年版表 I-9 的修订版，印有当前的日期，以反映本表从信息网络系统（INS）到数据处理系统（DHS）的即时变化。

表 I-9（2005-05-31 版）Y 第 2 页

该法指出，雇主在雇用员工以前必须核实国籍[15]，这个规定自 1986 年 11 月 6 日起生效，对此前的雇佣行为同时不予以追溯。这就等于把审查外国人是否具有工作许可的责任推给了雇主。所有雇主（不论规模大小）审查申请人是否有在美国工作的许可，这种审查必须在受雇的 3 天内完成，包括填写"雇佣许可审查表"，俗称 1 - 9 表，样表见图 1 - 4。

非法工作的人通常在技术要求较低的领域就业，包括饭店的一些工作。美国约 31% 的非法移民在饭店行业工作。非法工作者主要为洗碗工、清洁工和厨师，分别占所有非法员工的 23%、22% 和 20%[16]。

根据此项法律以及移民及入籍机构的规定，雇主判别雇员身份和工作许可的依据指美国护照、国籍证明、出生证或社会保险卡等身份证明文件。

具有有效外国护照及美国工作许可或外国人登记表回执（俗称绿卡）的外国人有工作资格。如果雇主不能提交雇员的外国人工作许可，将被控触犯民法或刑法。

尽管这项法律不允许雇主歧视外国人，但允许雇主在选择员工时倾向于美国公民而不是外国人，但解雇时不能有这种倾向。

另外，这项法律禁止雇主在工作场地进行种族歧视或因员工的国籍进行口头或行为上的侮辱。和性骚扰一样，雇主有责任在工作环境中禁止这种事件的发生，包括主管与雇员、雇员之间或雇员与非雇员之间。

1988 年的《雇员测谎保护法》

过去，在某些情况下雇主要求雇员提交测谎报告是常有的事，这种情形有 85% 都被 1988 年的《雇员测谎保护法》所禁止。根据这项法律，雇员不会因不提交测谎报告而被解雇、处罚或受到歧视。只有在极个别的情况下雇主可以要求员工做测谎测试，如在调查经济损失或伤害事件时确信有员工卷入其中。为美国国防部、联邦调查局或中央情报局执行敏感任务的联邦、州或地区政府及企业，不受此项法律约束。

1988 年的《无毒品工作环境法》

根据美国商会的统计，仅 1995 年，吸毒和酗酒使美国企业损失了 1760 亿美元，包括生产损失、医疗保险及其他补偿金。1996 年的一项研究更列举了毒品带来的种种问题。该研究指出，如果纽约的毒品消费量减少 20%，这个城市可以节省 5.2 亿美元的医疗开支，每年死于艾滋病的人数会减少 670 例，省出 1100 张病床和 40 万天的医院护理，减少大约 7600 名儿童"瘾君子"。总之，纽约为吸毒所花费的代价是每年 200 亿美元，即每 1 美元税金中有 21 美分用于此，占整个城市产值的 9%，其他城市也有同样的问题[17]。

1995 年，仅占全球人口 5% 的美国人消费了全世界 60% 的违禁药物[18]。尽管没有证据显示医疗从业人员的吸毒情况，但可想而知这种情况应该不是个别现象。在医院里工作的员工年龄都跟社会上的吸毒人群相仿，他们的工作时间和工作性质决定了他们不可能有太多的工余娱乐或休闲。因此，医院雇主应在雇佣时关注吸毒和酗酒问题，因为如果雇员因吸毒或酗酒造成损失，雇主是要承担责任的。

1988 年的《无毒品工作环境法》并未就所有私人企业的无毒品工作环境做出规定，但要求与联邦政府签有协议的企业制定禁止吸毒的规定并严格实行。这些企业必须公开关于毒品加工和使用的规定，宣传禁毒意识，对触犯毒品法律的员工有制裁措施。

1991 年的《民权法》

1991 年的《民权法》影响了整个雇佣法律体系，这并不是因为它扩大了保护范围，而是因为它在诉讼和罚金方面做了订正。此前，员工借助法律只能要回自己应得的钱或讨个公正的说法；但现在员工可以在诉讼中要求伤害赔偿。具体地说，这项法律允许只要陪审团成员认为歧视存在，个人可以提起诉讼；如果被证实是故意歧视，将视其伤害程度进行惩罚性索赔。

另外，法律还对"企业行为"做出了规定，即企业的雇佣决定必须"与工作及岗位相关，出于企业需要"。拥有少于 15 名雇员的企业可免于惩罚性赔偿，除非故意歧视。

1993 年的《家庭及医疗休假法》

经过 8 年的争论，国会终于在 1993 年通过了《家庭及医疗休假法》（FMLA）。该法律规定拥有 50 名以上员工（员工居住地在距企业半径 75 英里范围内）的企业必须每年给员工提供不超过 12 周的无薪假期，用于生育、领养及照料生病的父母、配偶、子女，或用于自己养病。员工必须为企业服务满 1 年，工作时数不少于 1250 小时（每周 25 小时），才能享受这种休假。企业中薪金最高的 10% 的雇员不能享受此待遇。

男女平等享有这种休假权利，如果夫妻双方在同一企业工作，两人一年内的休假总计不能超过 12 周。间歇休假不得用于生育、领养，只能用于病假。休假期间企业必须照常支付员工的医疗保险。违反这项法律的处罚非常严重，雇主要 100% 地支付员工工资和福利损失，以及律师费和一切诉讼费用[19]。

自该项法律通过以来，已有 2400 万美国人享受到了法律赋予的权利。这项法律的实施结果统计如下[20],[21]：

- 29% 的符合《家庭及医疗休假法》的休假用于照料家庭成员，主要是高龄的双亲；

- 平均年休假时间是两个月；
- 有几个州允许更长的休假时间，特别是与新生儿相关的。20% 的符合《家庭及医疗休假法》的休假用于照看婴儿。

研究显示使用符合《家庭及医疗休假法》的休假的员工主要包括：

- 与同事相比，18% 的休假者不太可能被提升；
- 休假者的工资提升比其他员工少 8%；
- 升职加薪的机会与休假长短具有相关性；
- 休假者的工作绩效评估分数比较低。

在休假期间做兼职是明显非法的，企业的规定都明确禁止这种做法；但这种行为是存在的。没有规定明确休假期间员工每天用于陪伴子女或生病父母的时间，很多人在此期间做兼职以补贴开支[22]。

就业政策基金会（www. epf. org）的一份报告指出，2004 年，企业失去的生产力、持续的福利支出，以及取代原劳动力的成本总计为 2100 万美元。报告结论源自共计 50 万员工的 110 个组织的调查。报告同时指出：

- 2004 年，企业中 14.5% 的员工依据《家庭及医疗休假法》休假。其中，35% 的人一年中休假不止一段时间，15% 的员工享受 6 个月以上的休假待遇；
- 根据这些公司提供的数据，依据《家庭及医疗休假法》休假的员工中，35% 的人休假时间不到 5 天。25% 的人休假时间为 1 天或少于 1 天。平均休假时间 10.1 天；
- 在这些被调查的公司中，不到半数的人休假之前将消息告知其他人[23]。

在写此书期间，劳工部在考虑将《家庭及医疗休假法》中规定的员工生病休假时间从 3 天改为 10 天。这个变化以及该变化对雇者和被雇佣者的影响引起了多方群体的不同意见。

其他雇佣法律及法庭解释

不是所有关于雇主、雇员关系的法规都体现在联邦法律中。在过去的 35 年中，由总统签发的行政命令及案件判例都对现行雇佣法律体系有很大影响，以下将列举一些重要的行政命令和案例。

行政命令和反优先雇佣行动

上千家企业与联邦政府订有合同，这些为联邦政府做事的企业受各种雇佣法律和无数总统行政命令的约束。这些行政命令在反优先雇佣行动基础上对雇用、招募、提升妇女和少数民族地位方面都有规定。图1-5列举了制订反优先雇佣行动计划的几个步骤。

图1-5　反优先雇佣行动计划的制订步骤

- 制定企业反优先雇佣行动的说明或规章制度；
- 确定最有效的制度沟通渠道；
- 广泛传阅制度和说明；
- 指派专人负责公平就业机会及反优先雇佣行动（EEO/AA）；
- 人员培训；
- 进行实施分析，根据公司规章制度明确行动主旨；
- 确定目标及时间表；
- 确定实施细则；
- 确定整个计划的监督、评价和评估体系；
- 指出问题并纠正；
- 准备提交公平就业机会委员会（EEOC）的文件和报告。

以1965年约翰逊总统签发的"第11246号行政命令"为例，该命令在禁止基于种族、肤色、宗教或国籍的歧视方面的规定与1964年的《民权法》类似。不同的是，命令还规定凡与美国政府有1万美元以上合同的企业必须实行反优先雇佣行动；要求拥有50名员工以上、与政府有5万美元以上合同的企业制订反优先雇佣行动计划，其中包括对如何纠正以往对妇女和少数民族歧视行为的具体的、可实施的行动目标。1967年签发的"第11375号行政命令"对政府协议企业消除对女性歧视有类似的规定。

1969年尼克松总统签发的"第11478号行政命令"对工作场地人权问题的规定做了延伸，要求所有政府部门和政府协议企业实行任人唯贤的雇佣制度而不是以性别、种族、肤色或国籍为录用标准。20世纪70年代后期的有关行政命令，分别对退役军人、公民申请人及残疾的联邦政府雇员的工作雇佣做出了规定。

行政命令由劳工部通过下属的联邦合同执行计划办公室（OFCCP）落实，这个办公室主要通过政府合同及企业每年提交的报告对企业的雇主、雇员关系进行监督。该办公室还可以通过调解合同，甚至借助美国司法部使企业严格遵守行政命令。违反与反优先雇佣行动相关的行政命令的后果包括终止政府合同、丧失和政府签约的资格，以及罚款。

主要案例及司法解释

1971 年，在"格里格斯诉杜克电力公司案"中，雇主要求雇员必须受过高中教育或能通过智力测验，美国高等法院认为这是雇主对黑人的非法歧视，因为这种规定和智力测验内容都有歧视的成分。

此后的案例中，雇主的责任被不断地增加。例如，1979 年的"钢铁工人诉威伯公司案"中，高等法院提出公司和工会应就减轻工作场地种族不平衡现象制定出一定的种族雇员比例。之后的两个案件对此又进一步添加了两个判例。1984 年，在"消防员工会第 1784 号诉斯多茨等公司案"的审理中，法庭规定公司在保护新雇员的同时不能破坏现有的论资排辈制度。1989 年"马丁诉威尔克斯案"的判决使雇员可以通过对歧视的上诉而影响反优先雇佣行动。1991 年的《民权法》对此案判决做了修正，严格限制了原告挑战反优先雇佣行动的条件。（该《民权法》推翻了 1989 年高等法院的几个很难证明构成歧视的判决。1991 年的这部法律加强了对妇女、少数民族和残疾人的保护，特别是针对工作歧视和性骚扰。）

其他影响雇主和雇员关系的著名案例还有 1983 年的"新港纽斯造船厂和干燥码头公司诉公平就业机会委员会案"。此案中，法庭裁定雇主在向雇员配偶提供健康福利时必须对男女雇员平等对待。同年的"亚利桑那诉诺利斯案"裁定雇主制定的退休金计划必须对男女雇员平等，尽管从统计上看女性比男性活得长。1987 年，法庭在审理"约翰逊诉交通公司案"时提出，雇主可以在实施反优先雇佣行动的同时纠正企业制度中的性别歧视规定。

尽管这些案例没有饭店业的背景，但这些判例都适用于饭店企业。

州立雇佣法

几乎所有的州和地方都有自己的公平就业机会法。这些州法大部分都比联邦法适用范围广，因为联邦法只适用于一定级别的企业，而州法则适用于所有企业。

很多州和市的法律还保护一些未被列入联邦法保护范围的群体，如有些州法保护同性恋者，事实上"性取向"目前在许多州都受到保护。还有些州或市禁止基于外貌、政治派别、传染病等方面的歧视。由于各州在这方面的法律差异很大，因此在成立企业时，雇主应仔细研究州及地方公平就业机会法；而不要认为只要符合联邦法的规定就够了。

饭店业运作中违法及法律运用的主要领域

尽管几乎没有什么重要案例提出饭店企业的雇佣歧视问题，但有人认为饭店行业是非公平就业机会事件的多发企业，因为从以下几个方面看，这个行业是具备发生这种事件的潜在可能性的。

- 在美国，饭店业是低薪雇员的最大雇主；
- 饭店一直以来以女性雇员为主，但女性被提升为管理人员的记录甚少，这难免有性别歧视之嫌；
- 大量女性员工为男性经理工作的现实制造了性骚扰的可能；
- 过去饭店的某些部门看重雇员的外貌条件，这种在雇佣行为中牵涉雇员的个人特征（如外貌）的行为可以被视为倾向性选择，而倾向性选择已构成非法歧视；
- 饭店企业的招聘广告中涉嫌非法歧视之处很多；
- 饭店业有依性别选择雇员的历史，甚至有企业禁止某一性别雇员从事某种工作。

图 1-6 归纳了饭店业可能违反公平就业机会相关法律的领域。

图 1-6　违反公平就业机会法律的主要领域

招聘	反向歧视
雇员选择	员工福利
经营必需问题	性别歧视
五分之四原则	宗教歧视
雇员测试	论资排辈
年龄歧视	招聘广告
错误解雇	

招聘及雇员甄选

很多饭店经理会聘用不合格的人选来补缺。大部分经理意识到这样做会降低工作效率，但没有多少经理知道这种做法可能会被视为歧视。如一家餐厅贴出广告要求招 1 名有经验的服务员，雇主在雇佣中必须严格按这个要求招人，否则一旦有应聘者因经验不足而被拒聘，雇主就可能被认为有歧视行为。

前面已经提到，只有少数情况下根据《民权法》第 7 章，经营必需可以为歧视行为辩护，迄今为止这方面胜诉的案例多是出于安全的需要，如航空公司飞行机师、公共汽车司机等。饭店业主想通过限制雇员年龄或种族制造饭店形象的做法不算经营必需。政府认为这种雇佣行为不值得提倡，以缺少更衣间、洗手间或其他设施为由拒聘女性员工也属此类。另外，以下这些行为都不被认作经营必需：

- 饭店因女性不能提重物而拒聘女员工；
- 餐厅因希望给顾客留下好印象只招一些年轻漂亮的员工做前台服务工作；
- 只招男服务员因为管理层认为他们的形象更职业。

饭店经理应该了解所谓的"五分之四原则"。五分之四原则源于1978年的《雇员选择过程中的一致性原则》，亦称80%原则。根据这个原则，任何种族、民族、性别群体的员工选择率和选择率最高的群体之比如果低于80%，就构成反向歧视的有力证据。

举例来说，如果一家新饭店从120名白人应聘者中选择了60人，60名黑人应聘者中选择了20人，白人应聘者的受雇比例是50%，黑人应聘者的受雇比例是33%，则黑人受雇率是白人受雇率的66%，低于五分之四原则，说明这家饭店的雇佣行为对黑人有反向歧视。

应聘测验也是选择歧视的高发区，"格里格斯诉杜克电力公司案"就规定只有测验和工作有关的能力才算考察合法职业资格，否则就构成违法。在"华盛顿诉戴维斯案"中，高等法院认定与工作相关的测验可以被视为考察工具，尽管这可能会导致反向歧视。在这个案件中，华盛顿特区警察局对应聘者进行口语测验，因为口语能力与工作有关，警察局胜诉。

招聘时的员工分布情况也可被视为选择歧视，如全白人员工企业的招聘会因对其他种族的歧视而受到起诉。

根据被捕记录选择员工也会产生问题，因为受到起诉和真正犯罪是不同的。雇主可以歧视有犯罪前科的人，但不能以同样态度对待受过起诉的人；而且这也不是绝对的，除非以前的犯罪行为与工作有关，雇主拒聘有前科的应聘者也可能因歧视而被判有罪。

性骚扰：预防和解决工作场地投诉

性骚扰的形式很多，有些很明显，有些不明显。越来越多的经理和主管认识到有很多行为都可能被视为性骚扰。对待性骚扰，经理和主管最容易犯的错误是不认真对待每一起投诉。必须对所有的投诉都认真对待，仔细调查。一般来讲，以下情况可认为是性骚扰：

- 雇佣决定由个人依据性态度而定；
- 一个人的工作表现受到性态度影响；
- 性态度引起的在工作场所对某个人的亲密、敌视或侵犯；

续

- 一个雇员受到非雇员强迫性的性侵犯，而雇主未能有效制止。

如上所列，性骚扰不一定含有性接触、性侵害或性暗示。一个雇员挑逗地看另一个雇员，说一些露骨的话或笑话都属于性骚扰。事实上，性骚扰可能发生在受害者乐于参与的行为中，比如一名雇员可能参与到讲色情笑话的活动中，而事后声称他/她受到性骚扰。这种情况受害者一般的解释是如果他/她不参与到这种活动中的话可能会招致敌视。招贴画、挂历、涂鸦、粗俗的话、猥亵的语言、影射或转述性行为都会被法庭认为是性骚扰。

构成工作场所性骚扰的基本要点是对某一性别而非另一性别的不受欢迎的、猥亵的举动。因性骚扰引起工作环境中对某一性别的敌视或侵害会妨碍性平等。性骚扰属于基本的性歧视而被 1964 年的《民权法》第 7 章所禁止；因此，受到性骚扰的雇员可向该法律的执行机构公平就业机会委员会（EEOC）投诉。

希望严格禁止性骚扰的企业可以根据以下原则制定相关的规定：

- 制定严格禁止性骚扰的企业制度；
- 员工投诉渠道畅通；
- 认真对待每一起投诉；
- 不要让投诉受到性骚扰的员工沮丧地离开；
- 对以往的性骚扰加以纠正。

公司在进行性骚扰调查时应做到：

- 认真对待每一起投诉，否则员工会认为雇主不在乎，投诉可能升级为上诉，影响波及企业之外；
- 及时进行调查；
- 调查时的谈话要以职业口吻进行；
- 独立对待每一个论断；
- 对事件及有关信息保密；
- 关于事情的经过分别听取受害人和当事人的陈述；
- 认清受害人和当事人之间的关系，这种关系是否会导致所投诉的性骚扰行为。如性骚扰行为是否涉及主管和下属员工、是否与工作责任有关；
- 公平取证，不过早下定论；
- 调查中详细了解事情涉及的人物、时间、地点及过程，直到把事实全部搞清；
- 会见证人，了解他们所知道的当时的情况。

如果企业内部无法解决，事情可能会牵涉公平就业机会委员会（EEOC），如果公平就业机会委员会（EEOC）参与性骚扰问题的处理，他们会依以下步骤进行：

- 上诉：个人可通过信件、电话或直接造访公平就业机会委员会（EEOC）要求上诉，大部分情况下，上诉时间不得超过性骚扰事件发生日之后的 180 天；

续

- 处理上诉：在接到上诉后的 10 日内，公平就业机会委员会（EEOC）将与雇主联系，并提供一份上诉报告的复印件，并要求雇主在 10 日到 30 日内对此事做出书面回复；
- 调查取证：公平就业机会委员会（EEOC）会到事件发生地进行调查，其间会要求雇主和上诉雇员面对面地进行听证，调查员还会在工作地进行证据收集；
- 安排协商解决方案：大部分情况下，公平就业机会委员会（EEOC）会协助当事各方协商出一个解决方案，一般雇主都会对雇员做些让步，包括处罚或调离性骚扰者，强调公司关于性骚扰的规定，支付事前、事后的损失和律师费；
- 发出裁决信：如果协议不成，公平就业机会委员会（EEOC）会将调查结果以书信形式通知上诉人和雇主，上诉人可以在收到信后的 90 日内向联邦区级法院提起诉讼。

资料来源：摘自美国饭店业协会教育学院 1991 年出版的《经理及主管性骚扰处理手册》，商业清算出版社版权及印刷，芝加哥，伊利诺伊

年龄歧视

随着婴儿潮出生者年龄的增加，整个就业队伍的年龄日趋老化，因此可以理解，为什么年龄歧视案件越来越多了。

我们前面讨论《雇佣年龄歧视法》（ADEA）时提到过该法律保护所有 40 岁或 40 岁以上的应聘者和现职雇员，该法律特别禁止对这个年龄群体的一切雇佣歧视行为，包括雇用、解职、养老金等。个别经营必需的情况例外，如出于健康和安全考虑的警察和航空业；但基本上，形象不是经营必需。

尽管已有很多饭店企业克服了只招收年轻漂亮的员工的意识，但还有很多饭店仍没有改进，随着员工年龄的增长，这些饭店很可能会因此卷入年龄歧视的官司。不让老年员工参加培训，不提升老年员工，强迫老年员工退休或调到较差的岗位都是《雇佣年龄歧视法》（ADEA）所禁止的年龄歧视行为。

反向歧视

反向歧视一般发生在雇主修正以往的人事管理行为过程中，包括对受保护群体的雇佣和提升。过去，对这些群体给予优先待遇被称为反向歧视。但自 1979 年的"钢铁工人诉威伯公司案"以来，对受保护群体的优先待遇受到法律承认，这样可以在历史上白人垄断的职业中减轻高等法院所谓的"明显的种族不平衡"。配额制是不允许的，但为了保证一定的雇员比例，雇佣过程中对受保护性别、种族等群体的优先是允许的，只要这种优先是诸多考虑因素之一。另外，雇主可以根据论资排辈原

则处理解职和提升问题，即使这对新受雇的女性和少数民族会有不利影响。

雇员福利和性别歧视

过去雇主有时会对男性（当时被认为是户主）一种政策，对女性另一种政策。现在，根据1978年的《怀孕歧视法》这种行为是违法的。雇主不得在提供医疗、住院、意外事故、人身保险、退休金计划等福利时进行歧视。

根据《怀孕歧视法》，雇主不得因怀孕歧视妇女，如前面已经提到过的，这项法律从受雇和晋升权利方面保护了孕妇。

宗教歧视

《民权法》第7章将因某人的宗教信仰而拒聘定为非法。如果宗教信仰使某人在一定的时间不能工作，而雇主因此拒绝雇用此人，这种行为也是非法的，除非企业能证明这种情况会给企业带来难以克服的困难，而且其工作当时无人可以顶替。饭店企业对员工的外表、着装、工作时间方面的要求有时可能会与某些宗教规定有所冲突。另外，雇主必须保证工作场所没有宗教偏见或宗教鼓动。公平就业机会委员会（EEOC）曾就有关宗教歧视问题下发过守则，帮助雇主制定相应的企业制度。

论资排辈

根据法庭的案例，论资排辈关系到《民权法》第7章，即非歧视行为。关于论资排辈的争论经常围绕着提升和相关福利问题，这往往与第7章通过前的排斥性雇佣相联系。高等法院认为只要不是基于种族、肤色、宗教、国籍和性别歧视的论资排辈体系都是合法的。一旦这种体系被证实对妇女或少数民族有不利影响，就违反了《民权法》第7章。

这种规定对饭店业的影响是雇主或工会可以在论资排辈体系中合法歧视。根据高等法院的精神，仅为了保护在职的受保护群体员工而解雇拥有一定资历的员工是歧视行为。

招聘广告

在招聘广告中违法的饭店企业数高于其他任何行业。指明有性别或年龄限制的饭店招聘广告仍然非常普遍。

在歧视案件审理中，雇主必须进行举证，而不是原告。饭店企业必须证明自己的广告没有歧视，这个过程会非常耗时、耗资。如果广告中有"女子"、"男人"、"侍女"、"男服务员"、"女主持人"等字样出现，而不是用中性的"服务员"、"餐厅服务助理（busperson）"或"男女服务员"，都属性别歧视行为。广告中的年龄歧视主要指标明年龄限制，或写出"大学生的最佳就业机会"或"招退休兼职员工"之类的字样，这种广告的歧视在于将其他年龄段的应聘者排除在外。图1－7对比了同一广告歧视性和非歧视性的表述。

图1－7　分类广告对比

歧视性广告

> **女服务员**——招年轻有活力的女子做全职或兼职服务员，大学生免谈，有意者请于晚上致电马尔科姆先生，555－1234。

非歧视性广告

> **服务员**——招全职或兼职服务员，有经验最佳，提供培训，有意者请致电雅各布斯女士，555－1234。男女不限，我们提供公平的就业机会。

错误的解雇

大部分歧视案件都源于员工被解雇，雇主们经常联合起来就"错误的解雇"研究法律标准以保护自己。

错误的解雇和歧视性解雇不同。《民权法》第7章只针对拥有15名雇员以上的企业，而任何企业都可能因错误的解雇受到起诉；另外歧视行为案件只涉及基于种族、性别等受保护特征的人群；而任何员工因各种原因被解雇都可能受到错误解雇的起诉。

错误的解雇分两类：协议理论和公共政策理论。根据协议理论，雇员可以根据员工手册或自己制造的"协议"指出解雇是违反协议的；根据公共政策理论，雇员可以声称自己被解雇是由于拒绝做违法的事或坚持依法办事。

所幸，大部分卷入错误解雇官司的雇主都可以成功地为自己抗辩，只要建立起一个解雇制度并严格按这个制度办事。雇主的辩护要遵循两个基本原则：雇佣自愿和正当理由解雇。雇佣自愿原则使雇主可以随时以任何理由解雇员工，可以事先通知也可以事先不通知；正当理由原则强调解雇过程的公平性。

雇主可以利用以下一些简单的技巧使自己免受错误解雇的起诉[24]：

1. 明确制度

- 明确是否遵循了雇佣自愿和正当理由两个原则，否则很有可能卷入错误解雇官司中；

- 不要承诺过多。有些法庭会将长期雇用视为一种终生雇用的"隐含合同"；
- 如果你不能实行雇佣自愿的原则，事先要明确无误地说明雇佣是根据雇主意愿的。

2. 公正对待雇员

- 在阶段性评估时，向员工如实表述业绩评价结果。很多雇主因不愿面对雇员而对不良表现长期视而不见；
- 明确指出雇员需要改进的地方。

3. 提醒雇员

- 如果你选择以正当理由解雇，建立起一套纪律跟踪制度；
- 确认任何警告或纪律处分文件员工都签过字，但不要强迫员工签字，如果员工拒绝签字在文件上注明即可。

4. 考虑选择

- 解雇往往不是唯一的选择，可以考虑劝员工辞职，让他参加培训或分配回原来他业绩不错的岗位；
- 尽可能帮助安排其他工作，或给些好处，让员工书面保证放弃一切对公司不利的行为。

1964 年的《民权法》第 7 章、1986 年的《移民改革及控制法》、1967 年的《雇佣年龄歧视法》和《雇员退休收入保障法》以及一些州立的公平就业机会法规都是保护雇员免遭雇主错误解雇的。

社会议题

尽管《民权法》第 7 章及以后的一系列立法使工作场地歧视非法化，但不要认为已经取得了完全的平等，特别是员工队伍中的女性和老年人两个群体。饭店企业已经在公平对待这两个群体方面有了很大进步，但仍有改进的空间。

饭店业就业人员中的女性

尽管服务行业中有大量女性员工，但大多数人是从事俗称的"粉领职业"，即服务员、打字员、秘书和客房服务员。

基本上以女性为主的职业的薪资水平要低于以男性为主的职业。自《民权法》第 7 章通过以来，饭店业已在纠正这种歧视方面有了很大改进，但仍有待于进一步改善，饭店业仍然是一个男性领导女性的行业。

关于超时工作的法律

2004 年 8 月，联邦政府就低收入工作者的加班费作了新的规定，同时，减少甚至取消了对白领和中等收入雇员的保护。

2004 年，法令的草稿引起了很多人的反对，劳工部收到了 80000 封来自员工的信件，他们担心以后将无法获得加班费。最终的规定注定会进一步激起反对者的不满，包括国会中的民主党以及他们的劳工组织（congressional democrats and their organized-labor allies），他们试图推翻这些限制。为了缓和反对的声音，政府大幅度增加了对低收入工作者的保护规定，提高了收入门槛，收入金额在门槛以下的人可以享受加班费。上一个收入门槛为 8000 美元，自从 20 世纪 70 年代早期制定后一直都没有修改。在新的公平收入规定下，收入在 23660 美元/年（455 美元/周）的工作者可以享受获得加班费的权利。但是，公平收入规定中新的佣金扣除规定为，当员工因为违反工作单位规定而被通知一定期限内暂缓发放薪金时，员工的薪金将会被部分扣除。

根据该法令的规定，如果一个饭店、餐厅或其他企业由于台风或其他原因暂时停业，该企业必须仍然向因此不需要加班的员工支付一周的薪金。

大部分关于加班的规定都来自 1938 年制定的法令，之后的修改很少[25]。

一些州不支持这个法令。例如，缅因州规定管理人员、行政人员和专业人员不受州最低工资和加班法的约束，以此维持 2004 年 8 月 23 日新的联邦规定执行前的状态（密歇根州和俄亥俄州也作了类似的规定，但目前为止这些规定没有获得广泛支持）。在民主党政府官员约翰·E. 巴尔达奇的要求下，缅因州劳工部规定，"任何雇员有权利或者应该有权利享受 2004 年 8 月 22 日开始执行的美国劳工部加班费的规定的，将仍然享受该权利"[26]。

不道德商业行为的影响

在过去的几年里，很多企业由于不道德的商业行为付出了代价。大型企业，如阿德尔菲亚（Adelphia）、安然（Enron）和世通（WorldCom），以及其他企业的首席执行官等人都因为其行为被判长期入狱，如盗用公司资金、在对美国安全和交易委员会的报告中造假等。

目前为止，饭店业还没有成为安全和交易委员会调查的主要对象。但是，安全和交易委员会的法令将可能影响饭店业的很多雇主，关系到其配偶和其他家庭成员。安全和交易委员会对迪士尼的控诉之一是其未公开管理层与公司员工的家庭成员关系。迪士尼既没有承认也没有否认其违反了规定，2004 年 12 月迪士尼表示以后避免违反规定。在迪士尼案子之前，一些公司并没有公开这种关系，因为他们并不认为行政管理人员的家庭成员的就业代表了安全和交易委员会S-K的相关规定中所涵盖的财务交易。收入超过6万美元的家庭成员必须在对美国安全和交易委员会的报告中特别列明,这一规定进一步强化了这方面的要求。虽然这只对公共企业有影响,该法令适用饭店企业,在这些饭店企业中,行政补偿包括对配偶、子女和其他家庭成员的佣金[27]。

安全和交易委员会认为这种佣金实际上隐藏了行政管理人员的真实收入,因此,必须要告知利益相关者和安全和交易委员会。该规定不仅适用于与高级管理人员生活在一起的人,也包括"与高级管理人员不生活在一起的成年人"。

员工队伍老龄化

饭店业的员工一般都比较年轻,在饭店行业有一种说法就是员工在这里工作只是"过路",并伺机寻找自己"真正的职业"。有人认为这说明饭店业没为员工展示一条升迁的职业阶梯,这反过来也破坏了整个行业的形象。不管怎样,这个行业考虑更多的还是满足客人的需要。

通过研究歧视法律,饭店行业已经不能再沿用对年轻员工优先的制度惯例了。饭店经理面临的现实问题是道德操守和满足顾客需要之间的矛盾。例如一个客户要求餐厅经理在行政层餐厅全部使用年轻女性服务员,即使餐厅经理为了稳住客户非常想满足他的要求,由于《雇佣年龄歧视法》使他不能合法地做到这一点。

公平就业机会法律对饭店业的影响因婴儿潮而加剧了,因为婴儿潮期间出生的人(1946~1964年)在未来的10~20年中都要退休,使饭店业面临一个新问题:有经验的管理人员越来越少了[28]。饭店业的新需求将是越来越依赖于年老的婴儿潮出生者继续在饭店担任兼职。结果一边是婴儿潮出生者的大批退休;另一边是这些大量的作为兼职员工回到就业队伍中,并以此收入补贴退休金。

雇佣行为责任险

雇佣行为责任险(EPLI)的演化发展是产业适应上述法律的另一个例证[29]。1991年美国有5家公司提供雇佣行为责任险,主要针对大企业。到2000年,有70家公司提供这个险种。雇佣行为责任险都保什么呢?它可以在雇主、雇员发生纠纷或诉讼时对投保人辩护,为错误的雇佣行为、错误的雇佣终止行为、性骚扰和歧视提供赔付,赔付受益方包括企业和企业中的高层管理者。赔付额在2500~25000美元。企业在选择承保人时应提出以下几个问题:

- 承保人在承保雇佣责任险方面有什么经验?
- 承保人如何处理诉讼?
- 赔付范围包括哪些情况?

- 承保人提供哪些服务？
- 海外赔付如何提供？

继续教育

很多人选择继续接受接育，这主要是受税收法的影响。例如，工商管理硕士学历这些年一直很受欢迎，象征着商业管理的高等水平。工商管理硕士课程的费用达10万美元。动力则是有了这个学历证明后，收入起点约7.5万美元。从法律的角度来说，获得学历花费可减免课税。对于个人来说，免税的金额额度很大。对于个体经营者来说，这种减税减少了应该纳税的收入。

减免教育费用的税收为国际收入准则第162款内容，核心为"减少贸易中或企业的所有一般和必要的花费……"这反映出资格教育花费方面的复杂性。

财政规定中第1.162-5款扩展、解释并提供了一些与减少教育花费税收的例子。总的来说，如果要将此花费免税，必须符合以下要求：

- 这不是为了达到就业或其他贸易所要求的最低教育资格所必需的；
- 这并不是形成新的企业的学习计划的一部分；
- 这会保持或提升个人在就业或其他贸易中所要求的技能；
- 这符合雇主的要求，或者满足法律的要求以此维持个人的就业状态或收入水平[30]。

避免法律诉讼（以及员工成立联合组织）

管理员工已经越来越困难。每年新颁布的法律和规定都对饭店业雇主产生影响。企业很难遵守每项条款以避免诉讼，虽然这是必需的。

一位在饭店业工作25年以上的法律专家建议，避免诉讼（以及企业内部形成联合组织）的最好的方式是倾听员工的声音，了解他们的需要和期望[31]。该专家认为，企业不需要一个法律专家，只需要好的、合情理的人道的管理。员工士气低通常由于管理行为不受员工欢迎。列出这些管理行为、估测员工对新的管理规定的反应可以避免冲突，从而避免引起法律案件。这就要求雇主必须以正式或非正式的方式倾听员工的需求。无论是小规模的小组讨论还是大规模的员工意见调查都会使管理者理解员工的需求，从而避免诉讼。第一点可以邀请员工或员工组织参与一般性的管理层决策。为员工提供这样的机会通常会使员工努力去解决问题，而不是采取极端的方式破坏企业。

利用信用报告作为就业检查

2003年起，关于公司如何利用信用报告检查就业有不同的意见。因此，联邦就业委员会对如何借助公平信用报告法案作了解释。这些细则指出，雇主必须从员工或申请工作的人那里获得书面许可才可以取得他们信用报告的复印件。如果雇主采取"负面的行为",例如根据消费者信用报告中的信息决定不聘用该申请者或者对员工不予提升,雇主必须告知申请者或者员工,并提供该报告的机构的名称、地址和电话号码。

对如性骚扰等可疑的不端行为进行第三方调查的雇主不需要履行告知程序。但是,如果雇主在调查期间做出负面的决策,必须提供调查的内容以及相关资料[32]。

美国残疾人法

1992 年 7 月 26 日,《美国残疾人法》正式生效。这项法律对饭店企业与员工和客人的关系有着广泛而深远的影响,也深深触及了整个行业的人力资源管理。

背景

1990 年 7 月,乔治·布什签署了《美国残疾人法》(ADA),禁止歧视残疾人。很多法律界专家认为这个法律是自 1964 年《民权法》第 7 章以来影响最重大的民权方面的法律。

《美国残疾人法》分为以下五章:

第一章:雇佣

第二章:公共服务

第三章:私人经营的公共住宿设施及服务

第四章:电讯

第五章:其他

我们讨论的内容重点在第一章。根据这一章,所有雇佣行为中对残疾人的歧视都是非法的,这些雇佣行为包括:

- 招聘;
- 聘用;
- 提升;
- 培训;
- 解雇;
- 工资;
- 聘用终止;
- 工作分配;
- 休假;
- 福利。

从法律上来说《美国残疾人法》保护的群体为美国的残疾公民。旨在提升其会员的经济收益的美国残疾人协会指出，在美国有 5600 万残疾人，占所有美国人的 1/5。

美国残疾人协会同时指出，在符合就业年龄要求的 2800 万残疾人中，只有 1/3 的人有工作，这表明如果有机会的话，很多人愿意工作并有能力工作[33]。1995 年后，非残疾女性的失业率为 19.94%，残疾女性的失业率为 66.94%。1995 年以来，非残疾男性的失业率为 5.04%，不严重残疾的男性失业率为 23%，严重残疾的男性失率为 76.8%。此外，非残疾的大学毕业生的失业率为 10.1%，残疾的大学毕业生的失业率增长到 49.4%。在此期间，残疾女性的平均家庭收入为 13974 美元，非残疾女性的平均家庭收入为 28518 美元。残疾的男性的平均家庭收入为 15275 美元，非残疾的男性的平均家庭收入为 31068 美元[34]。其他民权方面的法律也对残疾人保障有相关规定，1973 年的《职业恢复法》要求与联邦政府有 2.5 万美元以上合同的雇主积极招聘残疾人。但在《美国残疾人法》以前，残疾人一直不被看做是受保护群体。这项法律适用于所有拥有 15 名雇员以上、一年营业 20 周以上的企业。图 1-8 对《职业恢复法》和《美国残疾人法》进行了对比。

图 1-8　对比《职业恢复法》和《美国残疾人法》

	《职业恢复法》(1973)	《美国残疾人法》(1990)
受影响的企业	与联邦政府订有协议的企业	几乎所有企业
表述用词	有伤残的人	残疾人
证明歧视	必须证明决定是"单纯"基于伤残人士的	必须证明决定是基于残疾人的
对其他人的危害/风险	如果有"潜在"风险可以歧视	如果有"明显"风险可以歧视
实施机构	联邦协议监督办公室	公平就业机会委员会
诉讼	不能提起诉讼	可以提起诉讼
惩罚性损害赔偿	不许可	许可
是否要求反优先雇佣行动	是	否
保护人数	700 万	4300 万
包含的残疾范围	很少	很广

公平就业机会委员会是这项法律的执行机构，关于歧视的上诉必须在行为发生后的 180 天内递交到委员会（除特批的执法机构可以有 300 天的期限），在收到上诉后，委员会需要 180 天调查取证，最后或者直接起诉雇主或给上诉人一封有权起诉的信，收到此信后当事人可于 90 天内起诉。根据实际情况和发生的州，雇员最多可在

事情发生后 570 天（或 18 个月多）对现在的雇主或以前的雇主提起诉讼。同样，雇员也可以对可能的雇主提起诉讼。

违反《美国残疾人法》的企业会受到严厉的制裁。法庭对初犯的雇主可以处以不超过 5 万美元的罚款，重犯处以不超过 10 万美元的罚款。这项法律还为工作歧视诉讼提出平衡补偿，包括对受歧视的残疾雇员恢复原职，补付以前的工资（当前雇主）或预支以后的工资（可能的雇主）。1991 年的《民权法》要求为故意歧视提供补偿性或惩罚性的赔付，不超过 30 万美元（具体额度根据雇员人数而定）。

与《民权法》第 7 章类似，不论雇主是否有意歧视，只要其雇佣行为事实上构成了对残疾人的歧视均视为违反《美国残疾人法》，这与《民权法》第 7 章的不利影响相似，而这种规定自 1964 年以来已经成为很多歧视案件的裁决依据。根据同样的原则，即使雇佣行为看起来是中性的，但如果这种行为对残疾人造成了不利影响就可视为歧视行为。如根据《民权法》第 7 章，受保护群体的员工选择率和选择率最高的群体的选择率之比如果低于 80%，尽管雇主并非有意歧视，根据这个事实也可以认定存在雇佣歧视。图 1 - 9 列出了《美国残疾人法》的一些要点。

图 1 - 9 《美国残疾人法》的要点

1992 年 7 月 26 日生效，适用于有 25 个雇员以上的企业 1994 年 7 月 26 日生效，适用于有 15 个雇员以上的企业
残疾定义：任何有身体或精神损伤致使至少有一种主要生命活动受到限制的人，有过这种损伤的记录，或有可能被合法认定为残疾人的损伤
初次违法最高罚金 5 万美元，第二次最高罚金 10 万美元 对工作歧视案件提供平衡补偿，包括恢复原职，补付以前的工资或预支以后的工资
会影响到约 4300 万美国公民的就业权利
受保护群体：肢体伤残者（用轮椅、拐杖的人）；语言、视力及听力伤残者；智力或精神疾病患者；患有癌症、心脏病、中风、癫痫、多处血管硬化、关节炎、糖尿病和艾滋病的人；其他因毒品和酗酒问题接受治疗的人
公平就业机会委员会是指定执法机构

残疾定义

根据《美国残疾人法》，任何有身体或精神损伤致使至少有一种主要生命活动受到限制的人，有过这种损伤的记录，或有可能被合法认定为残疾人的损伤的人都被称为残疾人。主要生命活动包括看、听、说、走、呼吸、手工劳动、学习、生活自理和工作。

《美国残疾人法》保护语言、视觉、听力残疾的人，弱智或患有精神疾病的人，以及患有癌症、心脏病、中风、癫痫、多处血管硬化、关节炎、糖尿病、艾滋病的人及艾滋病带菌者。正因戒酒、戒毒而接受康复治疗并已停止使用酒精和毒品的人也被看做是残疾人。另外，该法律还保护那些被人们认为有限残障的人，如保护毁容的人，这些人一般不会被雇用，因为雇主担心会引起别人的负面反应。其他受这项法律保护的人群还有自闭症、早老性痴呆症患者，头部、脑部受伤或生肿瘤的人。这项法律的保护范围远远超过了一般意义上的残疾，指肢体、精神、心理、呼吸系统的障碍[35]。

工作资格

根据《美国残疾人法》，如果残疾人无论在有或没有基本设施条件的情况下只要能完成基本工作职能的，就具备工作资格。有两个关键点是雇主必须搞清楚的，即基本工作职能和基本设施条件。基本工作职能指工作本身是最基础性的，如厨艺是厨师的基本职能；但是否能听见服务员报的菜名就不是基本职能了，因为可以用其他方式沟通。因此只要具备一定的运作设施，听力有障碍的人是可以做厨师的。

基本设施条件指雇主必须使得工作场所适于残疾人进入。一般的原则是雇主应该在工作场地具备残疾人设施除非有特别的困难。公平就业机会委员会认为有近半数的残疾人不需要雇主提供任何特殊设施。费城矩阵（Matrix）研究中心最近的一项调查表明，残疾人设施的平均投资是 500 美元，远低于更换一名雇员的代价[36]。

除了特殊情况，以下设施被公平就业机会委员会认定为基本设施条件：

- 使场地可进入性——轮椅坡道、拓展的通道、在收银台后修建为方便坐轮椅员工的工作平台；
- 工作场地改造，减少一些非基础性设施；
- 重新分配工作——如果一个员工因残疾无法完成某项工作，可以把他调到另一个岗位；
- 调整工作计划以保证残疾人的医疗及相关活动；
- 调整或购进设备——包括残疾人完成基本工作职能所必需的设备；

● 对视听残疾的人配读写器（者）和翻译器（者）。

基本设施条件主要要求雇主做到工作场地对残疾雇员可进入，无障碍。阶梯、栏杆、电梯、狭窄的门口和过道都是残疾人的通行障碍，需要改造。电梯上应配有语音提示和盲文按键以方便视力残疾的人。

《美国残疾人法》禁止雇主在已知雇员或应聘者是残疾的情况下对其进行歧视，换言之，如果雇主不知道对方是残疾就没有责任了；但是雇主应在工作场地考虑设置方便残疾人的基本设施条件。

美国残疾人法：最初的年代

《美国残疾人法》给饭店管理带来了很多变化。美国司法部目前正对饭店建设项目中的残疾人设施进行调查，原因是饭店在这方面不断地犯错误。首先不合格的就是饭店入口，按《美国残疾人法》的要求，门口要有 32 英寸宽的空地，即门打开 90 度时，门板与门栏之间应有 32 英寸的空间。其他门口也一样，包括客房门、厕所门、厨房门、房间之间的连通门等。另一个经常性的错误是，各类客房均应有轮椅可进入的房间，包括标准间、套房、海景房、吸烟及非吸烟房等。拥有 50 间客房以上的饭店，大部分都没有带专供残疾人使用厕所的客房。客房数越多，这类房间数越应相应增加。

另外，许多饭店在客房内没有残疾报警器，有听力残疾的人听不见火警、电话、敲门等声音，饭店必须在残疾人客房内设有可视的报警器与饭店的中央火警控制系统相连；而且电话也应有可视信号让客人知道有电话打进来。

很多水龙头、灯、窗帘开关、空调开关、暖气开关等设施都不符合残疾人法的规定。这些设施一般都卡得或夹得太紧，测试这些设施是否合格要用拳头试，如果以握拳的姿势能打开这些开关就算合格。另外一些店内标志也往往不合格，所有标志都必须是色彩对比强烈的（如黑底白标、白底黑标），而且有盲文标志[37]。

《美国残疾人法》还在很多方面对饭店行业有特殊的影响。比如饭店一般都雇用让人看起来舒服的人，有些州对此有立法。如果在《美国残疾人法》生效以前田纳西州法律规定与公众接触的员工必须有令人看起来舒服的外貌，而《美国残疾人法》生效以后这种"装饰"性雇佣就成为非法了。

《美国残疾人法》对饭店业的另一个直接影响是在对艾滋病患者和带菌者方面。饭店管理人员曾做过大量游说工作，希望对该法提出一条修正案允许雇主把艾滋病患者或带菌者调离食品操作岗位，但这个修正案最终遭否决了，理由是尚无证据证明艾滋病毒会通过食品传染。

传染性疾病

2004 年年底，公平就业机会委员会（EEOC）颁布了专门针对餐厅的解释性指引。公平就业机会委员会（EEOC）强调，在一些情况下，如果员工患上了传染性疾病并影响其工作，其享受残疾人的待遇。条款中特别强调了四种病菌：沙门氏菌、志贺氏菌、大肠杆菌以及病毒性肝炎。一旦员工被确诊感染了以上四种病菌之一，该员工必须停止在该餐厅工作。公平就业机会委员会（EEOC）指出，餐厅不能因此解聘员工。在某些情况下，餐厅应为员工提供合适的住宿，因为被感染的员工应该被视为伤残。一般适用于员工长期感染这些疾病的情况[38]。

 注释

[1] Eric Krell, "Under the Radar," *HR Magazine* 51, no. 1(2006):60.

[2] Edie Weiner and Arnold Brown, "A Right-of-Way Strategy," *Strategy and Leadership* 33, no. 6(2005):22.

[3] Caren Chesler, "Wall Street's Catch 22: Its Manager Keep Tripping over Their Own Feet in Female/Minority Hiring and Firing," *Investment Dealer's Digest*, 19 Sept. 2005:1.

[4] Erin J. Shea, "Ilandling Harassment," *Restaurants and Institutions* 5, no. 11 (2005):54 – 55.

[5] "Valentino-Vegas Settles Harassment Lawsuit," *Nation's Restaurant News* 39, no. 46 (2005):104.

[6] Scott A. Carroll and Steven R. Miller, "Focus on EEOC: Chair Shares Views on the Future of the Workplace," *Employment Relations Today* 31, no. 4(2005):59.

[7] Morgan D. Hodgson and David C. Kresin, *Employment Relations Today* 32, no. 3 (2005):77.

[8] S. Pious, "Ten Myths about Affirmative Action," *Journal of Social Issues* 52(Winter 1996):25 – 31. Also available on the Internet at http://www.socialpsychology.org/affirm.htm.

［9］"Getting Even: Why Women Don't Get paid Like Men and What to Do About It," *Publishers Weekly* 252, no. 30 (2005):53.

［10］Barbara Hagenbaugh, "Women's Pay Suffers Setback. " *USA Today*, http://www. usatoday. com/money/workplace/2004 - 08 - 26 - women x. htm.

［11］Roger Wilkins, "Racism has its Privileges: The Case for Affirmative Action," *The Nation*, (May 995):409 - 412, 414 - 416.

［12］"Race Discrimination Claim Costs Casino $312K," *Hospitality Law* 20, no. 6 (2005):1 - 6.

［13］Scott A. Carroll and Steven R. Miller, *Employment Relations Today* 32, no. 2 (2005):77 - 86.

［14］*Hospitality Law* 20, no. 6(2005):4.

［15］Verifying an employee's eligibility to work in the United States is a complex process that involves several acceptable types of documentation. For more detail, consult Jack P. Jefferies, *Understanding Hospitality Law*, 4th ed. (Lansing, Mich. : Educational Institute of the American Hotel & Lodging Association, 2001).

［16］"When lllegal Immigrants Work," http://www. msnbc. msn. com/id/12208467/.

［17］"Substance Abuse costs New York $20 Billion a Year, Study Says," *Columbia University Record* 21, (8 March 1996):1.

［18］Robert Stutman, "Substance Abuse in the Workplace," Itasca, lllinois, Seminar (November 20, 1995).

［19］CORE Inc. Releases New Research: Comoplex family and Medical Leavo Act Regulations Could. Pose Serious Burdens to Employers," *Wall Street Journal* (15 May 2000). 注:CORE 是美国最大的残疾再保险全套方案供应商。

［20］"Media Biefing: Work-Family Policy Examined by Employment Foundations," *Wall Street Journal* (April 21, 2000).

［21］"Career Prospects May be Dimmer for Unpaid-Leave Takers," *HR Focus*, (2000) 77,4:8 - 10.

［22］"Moonlighting While on FMLA Leave May Not Be lllegal," *Managers' Intelligence Report*, April, 2000:14.

［23］*HR Focus* 82, no. 6(2005):2.

［24］这些技术词汇援引自 Andrew B. Kaplan, "How to Fire Without Fear," *Personnel Administrator* (September 1989):74 - 76.

［25］John B. McKinnon and Kimberly Pierceall, "U. S. Plans to Issues New Set of Rules on Overtime Pay," *Wall Street Journal* ,20 Apr. 2004 , Eastern edition.

[26] Margaret M. Clark, *HR Magazine* 49 , no. 12 (2004) :33.

[27] David Enrich. *Wall Street Journal* ,16 Mar. 2005 , Eastern edition , p. 1.

[28] 要深入了解这个议题请参阅 Robert H. Woods and Glenn Withiam, "The Great Retirement Caper, or, Bve-Bye Boomer," *Cornell Hotel and Restaurant Administration Quarterly* 33 (June 1992).

[29] Fred Holender, "Employment Law Creates a Range of Insurance Products," *Business First* 2000 ,15 ,42 :19.

[30] Cynthia Bolt-Lee, *The CPA Journal* 75 , no. 9 (2005) :50 – 54.

[31] " Avoid Labor Woes By Listening To Employee," *Hospitality Law* 17 , no. 6 (2002) :7.

[32] *HR Focus* 82 , no. 2 (2005) :2.

[33] Robin Lee Allen, "Hiring Disabled Workers Won't Handicap Business," *Nation's Restaurant News* 40 , no. 12 (2006) :25.

[34] Center for an Accessible Society, http://www. accessiblesociety. org/topics/economicsemployment/labor2001. htm.

[35] " Cumulative ADA Charge Data-Receipts : July 26 , 1992 – September 30 , 1999. " (July 2001) U. S. Equal Opportunity Employment Opportunity Commission. http://wwweeoc. gov/stats/ada-receipts. html.

[36] E. Gleich, "Mental Adjustment : How Far Should Employers Go to Help Someone with Mental Disorders?" , *Time* (19 May 1997) :63.

[37] Julie Hofius, "Compliance with ADA Lacking in Many Hotels," *Charlotte Business dournal* (2000) [15] 5 :40 – 41.

[38] Carroll and Miller.

🔑 主要术语

不利影响(adverse impact)　对一个群体或阶层成员实施的政策可能导致的一种后果,使另一个群体或阶层的成员受到不利影响。

反优先雇佣行动(affirmative action)　要联邦企业或联邦协议企业遵守的一种政策,要求这些企业为消除过去的歧视行为给现在带来的不良影响而采取的相应步骤。

1967 年的《年龄歧视法》(*Age Discrimination in Employment Act* of 1967 , ADEA)　禁

止雇主因年龄条件对雇员实行歧视的法律,主要对 40 岁以上的美国公民提供就业保护。

合法职业资格(bona fide occupational qualifications,BFOQs)　允许雇主在雇员选择和晋升时合法歧视的职业资格。

经营必需(business necessity)　《民权法》第 7 章允许的歧视,只要雇主能提供雇员选择时的合法理由。迄今为止,可接受的理由包括与安全有关的特殊技能和经验。

1964 年的《民权法》(*Civil Rights Act* of 1964)　建立公平就业机会委员会的法律,禁止工作场地各种歧视行为的法律。

1991 年的《民权法》(*Civil Rights Act* of 1991)　要求给歧视受害人提供补偿性和惩罚性赔偿的法律。

有差异的效果(disparate impact)　雇主无意间造成了一个群体与另一个群体之间就业比例的差异。

有差异的对待(disparate treatment)　雇主对待雇员的态度因雇员的种族、性别、肤色、宗教、国籍等受法律保护的个体特征而有差异。

1988 年的《无毒品工作环境法》(*Drug-free Workplace Act* of 1988)　要求联邦协议企业建立制度和程序禁止吸毒和保持工作场地的无毒品环境的法律。

1988 年的《雇员测谎保护法》(*Employee Polygraph Protection Act* of 1988)　保护雇员不会因拒绝做测谎测试而被开除、处分或受歧视的法律。

1974 年的《雇员退休收入保障法》[*Employee Retirement Income Security Act*(ERISA) of 1974]　规定退休雇员有权参与了解退休金计划和退休金投资情况的法律。

雇佣自愿(employment at will)　雇主可以在任何时间以任何理由终止与雇员的合同,可以提前通知,也可以不提前通知。

公平就业机会委员会(Equal Employment Opportunity Commission,EEOC)　根据 1964 年的《民权法》成立的负责在美国境内实施反歧视有关法律的联邦执法机构。

1963 年的《公平工资法》(*Equal Pay Act* of 1963)　规定男女同工同酬的联邦法律。

基本工作职能(essential functions of a job)　《美国残疾人法》规定,一个残疾人如果能达到基本工作职能要求,其工作申请就不能遭到拒绝,如厨师的基本工作职能是厨艺。

行政命令(executive order)　对现有公平就业机会法律的补充规定,由美国总统签发。

1993 年的《家庭及医疗休假法》(*Family and Medical Leave Act* of 1993)　要求拥有 50 名雇员以上的雇主每年给员工提供不超过 12 周的无薪休假用于生育、收养孩子及照料生病的孩子、配偶、父母或自己休病假的法律。

五分之四原则（four-fifths rule）　源于1978年的《雇员选择过程中的统一原则》。根据这个原则,任何种族、民族、性别群体的员工选择率和选择率最高的群体之比不能低于80%（五分之四）。

1986年的《移民改革及控制法》（Immigration Reform and Control Act of 1986）　用于规范外国人在美国的雇佣行为的法律,保护雇员不因国籍而受到歧视。

1-9表（1-9 forms）　1986年的《移民改革及控制法》要求提供的用于确认工作申请人和雇员国籍的表格。

正当理由（just cause）　强调公平对待的政策和晋升制度。

1978年的《怀孕歧视法》（Pregnancy Discrimination Act of 1978）　民权法律体系中禁止歧视孕妇的法律规定。

基本设施条件（reasonable accommodation）　《美国残疾人法》对规定工作场地条件的表述。残疾人工作场地基本设施条件包括拓展的工作通道、降低的操作台面、轮椅斜坡等。

1984年的《退休债券法》（Retirement Equity Act of 1984）　关于雇员养老金的法律。要求所有企业记录所有18岁以上雇员的工龄,并以工龄确定养老金额度,自21岁以后所有收入都要计入养老保险,包括中间不超过5年的工作中断期。其他条款还规定了养老金在夫妻离婚时计入共同财产,对于未到最低退休年龄死亡的员工,雇主应将全部养老金付给员工配偶。

反向歧视（reverse discrimination）　在基于种族、肤色、宗教、性别、年龄、残疾、国籍照料少数族群时引起对多数族群的歧视。

第7章(1964年的《民权法》)（Title Ⅶ（of the Civil Rights Act of 1964））　关于禁止基于种族、肤色、宗教、性别或国籍歧视的法律。

1942年的《退役军人再就业法》（Veterans Re-Employment Act of 1942）　保护退役军人再就业的法律,规定如果雇员因服役离开公司,退役后90天内仍申请到同一家公司工作,雇主必须重新雇用,工龄延续。法律适用于各次战争的退役军人及其雇主。

1974年的《越战老兵再调整法》（Vietnam Veterans Readjustment Act of 1974）　法律将越战老兵列为受保护群体,在战后4年内帮助老兵回到私人企业。法律原则适用于各次战争的退役军人。

错误的解雇（wrongful discharge）　因雇主提前终止与雇员的合同而引起的上诉。主要上诉理由是雇主未事先提醒雇员工作过程中的问题并帮助克服这些缺点,没有明显理由地终止合同。

📖 复习题

1. 1964 年以来,美国国会通过的一系列关于建立公平就业机会的法律重点是哪 4 个方面?

2. 如何区别关于反优先雇佣行动和关于公平就业机会的法律?

3. 什么是合法职业资格?

4. 什么是五分之四原则? 这个原则如何运用于饭店企业?

5. 什么是不利影响? 如何把这个概念运用于饭店企业?

6. 为什么错误的解雇是一个如此敏感的问题?

7. 为什么在介绍关于公平就业机会法律历史时会反复提到"格里格斯诉杜克电力公司案"这个案例?

8. 在雇佣诉讼中企业经常用经营必需来为自己辩护并最终胜诉,用一个饭店企业的例子说明什么是经营必需。

9. 很多人认为公平就业机会有关法律对饭店业的影响要大于其他行业。你是否同意这种说法? 为什么?

10. 什么是《美国残疾人法》的中心内容? 这个法律是如何影响饭店企业甄选雇员的?

💻 网址

以下网站可以提供更多的相关信息,注意网址可能会变更,如果无法找到某个网站,可以使用搜索引擎找更多的网站。

《美国残疾人法》
www. usdoj. gov/crt/ada/adahom1. htm

职业安全及健康管理(OSHA)
www. osha. gov

公平就业机会委员会(EEOC)
www. eeoc. gov

美国劳工部
www. dol. gov

1986 年的《移民改革及控制法》
www. eeoc. gov

1978 年的《怀孕歧视法》
www. eeoc. gov/facts/fs-preg. html

性骚扰热线资料表　　　　　　　　　　　1964 年的《民权法》第 7 章
www. feminist. org/911/harass. html　　　www. eeoc. gov/laws/vii. html

人力资源管理协会
www. shrm. org

迷你案例研究

《美国残疾人法》实施案例

1. 以下案例请根据你所学的《美国残疾人法》的知识运用到饭店的实际中去。

小案例 1：一家大饭店把毒品测试作为雇用前考察应聘者测试的一部分，一名应聘者上诉认为这样做是非法的，违反了《美国残疾人法》。你觉得呢？

小案例 2：有应聘者起诉你的公司违反了《美国残疾人法》，理由是你对他应聘客房服务员一职有歧视行为。公司对这个职业的应聘者要求能够做到铺床、清洗面盆和浴缸、地板吸尘。应聘者认为雇主修改了工作描述，使得这个工作的一部分（不是基本功能）可以由其他员工代替。你觉得应聘者对吗？为什么？

小案例 3：餐厅里一个盲人顾客要求一份盲文菜单，除了拿给他盲文菜单外你还有没有其他解决办法？请列举之。

小案例 4：一家大饭店的制度规定为了纠正以往的歧视尽量招收残疾员工。这是合法的吗？为什么？

小案例 5：你认为《美国残疾人法》只适用于招聘过程，而企业中一个新近残疾的员工认为法律也保护在一个企业工作了 5 年以上的员工。哪一种看法是对的呢？

小案例 6：你的企业已经建立起一套在雇佣和晋升中不歧视残疾人的制度，但补偿措施仍与雇员的工作业绩挂钩。这是否非法？为什么？

小案例 7：在聘用厨师过程中，出菜速度是一项测试内容，即看哪一个厨师在接到订单后能最快做出菜。你认为这个测试是否属于歧视行为？为什么？

小案例 8：珍妮弗 35 岁了，患有多处血管硬化。她应聘做你管理的一家食品企业的出纳。你的招聘广告上是这样写的，"招健康女性做出纳"。你对珍妮弗解释这项工作需要有很好的体力和耐力，但她坚持要参加应聘。尽管珍妮弗的条件很好，但她还是没有被雇用。你认为这样做是否符合《美国残疾人法》？为什么？

小案例 9：约翰参加了一项康复计划，正在戒酒。此时他到一家大饭店去应聘做销售,而且与人事经理的面试印象很好,实际上他在结束面试离开时已经对得到这份工作非常有信心了。但一周过去了,他没有得到饭店的任何消息,他打电话到饭店去,电话最终被转到销售经理那里,他得到的答复是:"我们不能雇用你,尽管你的销售经验正是我们需要的,但我们担心这里的工作压力会使你再度酗酒,我们不愿为此负责。"约翰是否应该根据《美国残疾人法》起诉? 为什么?

小案例 10:玛丽应聘到一家大饭店做客房服务员,她以前做过客房服务,而且反映良好,但她未被雇用。当她问及理由时,客房部经理这样回答她:"我们从你的应聘资料中发现你有背痛的毛病,我们担心这份工作会加重你的病情,使你最终根本无法工作。我们不愿冒这个险。"玛丽是否受到了歧视? 为什么?

2. 检验你对雇佣法律的了解:判断在以下案例中雇员是否有责任。

(1) 一名妇女在一家国际贸易公司任职,她被指名派往中国,但她怀孕了,尽管她自认为仍可以前往中国工作,但她去过中国的老板认为这样太危险。由于当时公司里没有其他工作空缺,这名妇女被暂时停职了。

(答案:这名妇女根据《怀孕歧视法》上诉,并获得了 6.6 万美元的赔偿。)

(2) 一组女海滩护卫起诉雇主,声称她们被男海滩护卫性骚扰;而雇主称女海滩护卫从未有过这方面的抱怨,而且所有员工都经过了禁止性骚扰的培训。

(答案:法庭认为女海滩护卫应在上诉法庭之前先谋求其他解决途径。)

(3) 足球助理教练因酒后驾车和在单行道上倒车而被起诉,大学随即开除了他。因为案件的媒体报道带来了很坏的影响,足球助理教练为此诉诸《美国残疾人法》,认为他是受保护的残疾人(嗜酒者),这场官司谁能赢呢?

(答案:法庭站在雇主一边,因为雇主有责任对雇员进行纪律约束,而且嗜酒者不属于《美国残疾人法》保护的范畴。)

(4) 一名妇女为一家公司工作,工作描述中她的主要职能是接电话,她每天差不多要接 100 多个电话。在一次车祸后,她留下了撞击伤痛综合征,每次电话铃响她的病痛就会加剧,无法接听电话,公司于是解雇了她。她能告倒雇主吗?

(答案:不能,法庭认为基本工作职能就是接听电话,因此不能认定雇主违反了《美国残疾人法》。)

(5) 一名妇女在一家企业上班时,衣服上有两枚纽扣别针,分别写着两句话:"停止堕胎"、"他们忘了谁",还配有未出生胎儿的图片。她发誓要在堕胎法改变以前一直戴着这两枚别针。同事们都说她很难相处,总是坚持自己的政治态度。自从她戴上别针以后她的工作业绩也下降了。老板于是给这名妇女 3 种选择:工作时不戴别针;用东西把别针遮住;戴同样的别针但不能有胎儿的图。她拒绝了,便被解雇了。她上诉认为雇主干涉了她的宗教信仰。

（答案：法庭认为老板给出的 3 个选择是合理的，这名妇女的行为不属于反歧视法律保护的宗教信仰。）

案例研究

老员工带来的风波

埃奇韦（Edgeway）饭店的人力资源经理凯莱布先生皱着眉头抓起电话，这是 10 分钟内的第 3 个电话了，"你好，人力资源部"，他一边听电话一边把一摞业绩考评文件放到一边。

"凯莱布，早上好，我是詹纳，我有一封信想请你看看。"

凯莱布马上把注意力集中到公司总部的这个电话上来，如果一个资深营运副总裁有封信让他看，这比那些考评文件重要多了，"哦，关于什么的？"

"好像是关于你们的一个前台主管，我们总裁早年在前台工作时曾和她共过事，她要投诉。"詹纳继续解释道，"她觉得自己是因为年龄大才被解雇的，我现在发信传给你看一下。她直接把信传给了她的老伙计阿尔瓦雷斯先生，是他把信转给我让交给你处理的。有什么结果再跟我联系。"

"好的，这个投诉的人是谁？我先把她的资料找出来。"

"莎莉·芬德斯，事情有结果了再给我打电话吧，再见。"詹纳说完挂上了电话。

"莎莉，"凯莱布觉得很有意思，"我认识她，她在这里几十年如一日，其实到下个月她就已经在这家饭店工作 20 年了。"凯莱布打开文件柜，抽出莎莉那厚厚的文件夹。他打开文件夹开始浏览莎莉的工作经历，不久他就写下了莎莉在饭店工作的主要历程：

1995 年 9 月	业绩考评，平均 5 分
	（考核评分标准：1－试用；2－未达标；3－达标；
	4－高于标准；5－出色）
12 月	年度最佳员工
1996 年 5 月	因胯部手术病休 3 个月
9 月	业绩考评，平均 4 分
1997 年 2 月	接到 1 名客人的表扬信
9 月	业绩考评，平均 3.75 分
1998 年 3 月	病休 7 周
8 月	新主管
9 月	业绩考评，平均 3.33 分

12 月	莎莉因上班睡觉而被处分
1999 年 9 月	业绩考评,平均 3 分
10 月	新主管
2000 年 1 月	顾客投诉她态度生硬
3 月	3 名顾客投诉她的服务
9 月	业绩考评,平均 2.8 分
11 月	调为夜班员工
2001 年 1 月	新主管

凯莱布的秘书把詹纳的传真拿进来,他一边读信一边叹气,然后拨了个电话给弗朗辛——新上任的分房经理,让她尽快到办公室来见他。半个小时后,弗朗辛来了,"嘿,凯莱布,我只有 10 分钟时间,会很久吗?"

"先说 10 分钟,可能谈不完,晚点我再找你,是关于莎莉。"

"她!"弗朗辛说道,"我已经在给前台经理赛尼施压了,准备劝辞她了。我们不能一直陪着这种人,不能跟上竞争形势的人,她一直在拒绝改变。她觉得我们应该对带着 40 万美元来举行会议的商务客和拿着打折券一年来住一次的老太太一视同仁。"

"嗯,她已经感觉到了,"凯莱布说,"看看这个,"他把信递给弗朗辛。

亲爱的阿尔瓦雷斯先生:

去年公司为我 50 岁生日开了一个盛大的晚会,而现在公司要让我走人。我已经被调到夜班了,而经理还是不停地抱怨我做的一切。他总是盯着我,对我的行动做记录,我想他是想雇一个年轻一点的员工好少付点工资。一般我都会挨到他们离开(前台经理总是隔几年就换一个),但现在他却要甩掉我。

并不是我一个人这么觉得,虽然我说的话不代表其他人,但确实有相当一部分老员工对饭店的现状感到很疑惑。我们曾经对饭店的一切都非常了解,顾客、价格、服务水平,但现在我什么都不了解了,我想做自己应该做的事,但我现在不清楚什么是应该做的。

我现在做的和 20 年来一直做的没什么两样,但突然间我不再优秀了。为什么我能在 1995 年成为饭店最佳员工,而现在竟毫无用处?你去年举行的奖励宴会我去了,你也认出了我是在饭店工作年头最长的员工,你曾说饭店有我这样的忠诚敬业的员工是企业的幸运。

我记得当年你在前台工作时,还是我教你如何用房间登记格的。我以前从来没求过你,但现在我要求你了,请阻止对我的这种侵扰。我有两个孩子还在读大学,还有一个生病的丈夫,而我自己的生活还很长,我把一生都给了饭店,我不应该就这样被挤走,仅仅因为有野心的经理想招廉价的员工。

我知道你是值得信赖的,我不愿因为自己忠诚奉献了20年的企业去请律师。

忠诚的

莎莉·芬德斯

弗朗辛气愤地放下信,"这是不是太方便了,跟总裁是老伙计。注意到了吗?她没提她跟顾客吵架,几次上夜班打瞌睡的事。她别想这样就转变我对她的看法。我跟赛尼已经为这位女士花了够多的时间和精力了,我们教她,指导她,给她额外的培训和工作支持。她写这种信实在是令人气愤。如果是我,因为这封信我就会把她辞退。"

"她的工作质量有没有变?"凯莱布问。

"没有,但这正是问题所在。我们处在一个新的竞争环境里,我们已经告诉过她和其他所有员工,我们现在有了新市场,这个市场要求更高质量的服务。她不愿跟我们一起改变,旧的服务方式已经不灵了。我们一直在努力让她改变,我甚至让赛尼送她去培训,但一切都是徒劳的。"

"你们送她去什么样的培训?她是不是把培训看成是在学习新的她不懂的东西?赛尼有没有跟踪一下她的培训效果?"

"我不知道,但我会过问的。但即使抛开培训,你不也一直告诉我们不能无限制地迁就员工,她已经是个成本很高的员工了。这不是年龄歧视,是态度歧视,对当今的商业环境她一直没能端正态度。"

讨论题

1. 最近一段时间埃奇韦饭店对莎莉的态度有什么变化?
2. 问题是不是在莎莉不能服从命令?
3. 在处理这类问题时管理层的作用和责任是什么?
4. 莎莉的工作年限和过去的业绩能不能使管理层在处理这件事上对她特殊对待?

以下专家帮助编排整理了这个案例:纽约复兴饭店人力资源部经理菲利普·J.布雷松和乔治亚州亚特兰大阿拉马克公司人力资源部经理杰里·费伊。

第 2 章概要

工作分析
    选择有必要分析的工作
    确定要收集的信息
    确定如何收集信息
    确定谁来收集信息
    信息处理
    写出工作描述及工作要求指标

工作设计

法律问题

员工分类

员工配备准则
    设定生产标准
    确定预计销售总量及客流量
    确定所要求的雇员数量
    确定总工时
    预计劳动力支出

预测销售量
    趋势线预测
    滑动平均预测
    季节性
    其他预测方法

学习目的

1. 解释工作分析的重要性,以及饭店行业如何进行工作分析。
2. 介绍如何将工作分析结果用于工作描述和工作要求文件的编写。
3. 解释工作设计的用途,阐述管理者如何应用工作设计技术。
4. 介绍构成组织劳动力的员工类别。
5. 解释员工配备指导的重要性,介绍员工配备指导程序中的几个步骤。
6. 利用趋势线和滑动平均法预测企业的销售量和劳动力需求。

2

工作分析和工作设计

本章与内华达大学拉斯维加斯分校的汤姆·施里尔博士研究生合作完成。

想象一下你被选中为一家新公司开办第一家饭店,在你最初的任务中,工作设计是其中之一;你已经有这方面的经验,知道要在确定工作之前先明确饭店运作中的一些基本要素,坐下来拿起笔和纸,写下以下你需要回答的问题:

- 每项工作的内容是什么?
- 需要多少项工作?
- 工作之间是怎样协调的?(不会出现两个人做同样工作的现象)
- 每项工作需要员工具备什么素质?
- 每项工作的员工需要什么样的培训?
- 你怎么知道员工是称职的? 如何考评他们的业绩/表现?
- 每项工作应支付多少报酬?

刚才做的是你在进行工作分析和工作设计时应首先考虑的事情。工作分析是明确每个工作实质内容的过程。

这个过程是需要花些时间和精力的,而完成之后又很少会用到,因此很多饭店企业往往省略掉每个职位的工作分析步骤[1]。这是错误的,因为如果不做工作分析,这个过程披露的信息就损失了,造成企业对各个职位的任务、活动、要求的人员特点不明确,从而无法正确认识为什么某个工作需要某种技能。

工作分析明确这项工作要做什么,而工作设计明确如何完成这项工作,包括工作职能和相关责任。

不应低估工作分析和工作设计的重要性,培训计划、工作评估、补偿计划和绩效考评都有赖于一个完整全面的工作分析。工作分析的结果可用于人力资源规划;同时工作分析也可以作为企业在受到公平雇佣委员会起诉时的有力辩护证据,以此说明企业有合法理由在选拔和提升人才时有适当的歧视,图2-1显示了工作分析的种种好处。

一些经理认为工作设计一旦完成并体现在员工手册上,就不会再有变动了;成功的饭店经理们都清楚,工作分析和工作设计是一个持续的过程。

图2-1 工作分析:最基本的人力资源管理工具

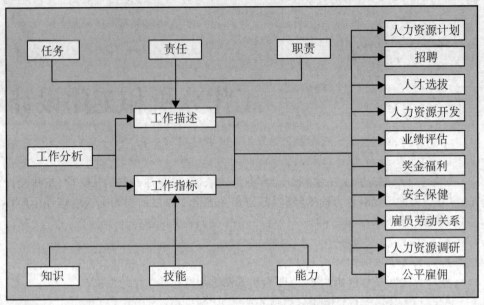

图2-2 工作分析的步骤

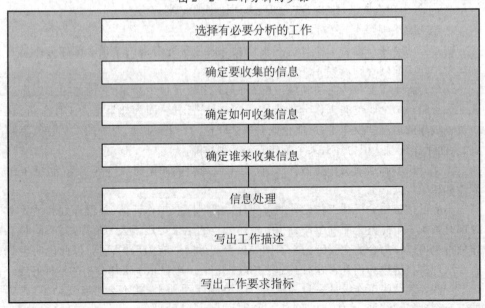

工作分析

如图 2－2 所示,在工作分析过程中,经理们必须做一系列的决定,每个决定都要经过有关部门的讨论。

选择有必要分析的工作

一个新饭店或餐厅的每一份工作都需要完整的工作分析,而一个正常运行的饭店企业就不必了,选择有必要进行分析的工作是整个工作分析过程中的第一步。有些企业每年都要对所有工作进行分析,有的则对不同工作进行交替分析,在 3 年时间内完成对所有工作的分析。多长时间进行一次工作分析,取决于工作变化的程度。

工作分析的频度由内部和外部因素共同决定。如每次菜单上增添了新内容时就要重新分析厨师工作,确保他们的工作不会负荷过重。工作中每增加了新内容时都要进行工作分析,一个成功的管理者会对“新”工作进行分析以保证工作任务的平等分配,确保生产率不会下降。

增加新任务只是决定工作分析频度的内部因素之一,新技术的应用也要求重新进行工作分析。例如,自助入住和退房系统的使用就要求对前台工作重新分析,以确保工作分析的公平性和员工的工作效率。工作分析还适用于新员工入职带来的工作分配变化。以新招一名夜班员工为例,如果这名夜班员工已经很有经验了,饭店可能给这个岗位增加任务量,或重新设计工作职能;否则饭店会先对新员工的技能进行考察。

要求工作分析的外部因素包括:客人流量的增加或减少,季节性差异(本章后面将有详细分析),出现新的竞争者等。

确定要收集的信息

美国企业的工作设计历来做得很差。很多经理认为把工作细化成很小的部分是容易理解的,这可能是由于他们更希望对工作和员工加强控制,而不是理解工作分析或工作设计。把工作细化以便理解工作性质并考虑如何改进与单纯为了控制员工行为的工作细化是有很大区别的[2]。

出于不同的目的,工作分析需要收集的信息资料是不同的。以下信息是工作分析过程中需要收集的:

- 实际工作活动;
- 工具、设备及其他工作辅助设施;
- 工作背景;

- 个人特点；
- 行为要求；
- 表现水平。

收集什么样的信息取决于这些信息的用途、收集信息的时间和经费。如果是用于重写或改写工作描述，则信息收集应侧重前 3 项，即工作活动、使用设备及工作背景；如果是为了建立工作要求指标，则个人特点也要重点考察。

确定如何收集信息

有几种信息收集方法是比较常用的，根据不同的目的应运用不同的方法，详见图 2 -3。

图 2 -3　工作分析信息收集方法

适用方法	信息收集目的				
	工作描述	工作要求指标	进行访问	业绩评估	培　训
观　　察	×	×	×		
访　　问	×	×	×	×	×
问　　卷	×	×	×	×	×
关键事件	×	×	×	×	×
业绩评估					
主管评估		×	×		
个人评估		×	×		
日志记录	×	×	×		

饭店工作中，前台和后台工作有很大差别，每个饭店也各不相同。管理人员收集信息时可能要综合使用多种调查方法，以下分别对每一种调查方法的优缺点进行分析。

观察　工作分析信息收集过程中最简单、花费最少的方法就是观察。用这种方法，管理人员只要在工作时间观察员工所做的工作并保持记录就行了。这种方法的一大缺陷是员工表现出来的不是"平常"的工作表现，而是比平常好，因为他们知道管理人员在观察他们。

这种现象被管理学称为"霍桑效应"（Hawthorne Effect），因为最早从事这方面研究的是芝加哥的威斯汀豪斯·霍桑继电器组装厂。在这项研究中，调查员通过观察工作中的员工来决定提高工作环境照明是否有助于提高生产率。他们发现照明提高后生产率提高了,但奇怪的是照明下降后生产率也提高了。经过研究,调查员得出的结论是生产率的提高是由于员工意识到有人在关注他们。

这种调查方法还有些其他问题。首先,观察者对某些员工可能存在偏见;其次,观察者不能让自己隐形,很难在观察过程中不碍事;再次,选择什么样的员工进行观察也很难决定,是选最好的、最差的,还是一般的;最后,观察者很难决定究竟怎样观察才不算应付差事。在分析经理的工作时最好不用观察这种方法,因为经理的大部分时间都是用于思考和处理问题,很难观察出什么。如果用观察这种方法,重要的是要多观察几个员工,找出一般工作状态。如果观察员本身是做过被观察工作、有工作实感的话,观察效果会比较好。

从事工作　理解一项错综复杂工作的最好方法之一是真正地从事这项工作。通过开展工作,负责分析这项工作的人可以更好地理解成功完成这项工作所需的技能、知识、体力要求、个性等要素。这种方法的好处之一是分析师可以获得雇员的信任,因为员工认为分析师体验过这项工作并真正了解该工作的需求。这可以促进与员工的关系,并使员工能够更好地配合分析师收集信息。但是,如果这项工作技术含量很高或者需要大量的培训才能上岗,这种方法就不可行了,因为学习从事这项工作的时间成本太大[3]。

访问　在工作分析中另一个常用方法就是访问这个岗位上的雇员。很多研究人员很推崇这种方法,因为没有人会比在这个岗位上工作的人更了解这项工作了;但是被访问者的个人观点可能会使收集到的信息带有偏见,比如被访者可能会夸大自己的工作或自己的资历;另外,在访问过程中,人们可能会对自己已知的情况比较敏感,这种现象被称为"海森伯格效应"(Heisenberg Effect),即被访者可能潜意识地猜测访问者心中的答案,并不自觉地倾向于靠近这个答案的回答。如果想减轻访问的偏见或海森伯格效应,访问者要对这些可能的误导有清醒的认识,谨慎地组织访问过程。当然多访问几个员工也能有效地减少访问中出现的偏见。

问卷调查及清单核对　问卷调查及清单核对,一般是设定一些表明程度的数字让员工填写。这些程度问题一般包括评价工作难度、频度、重要性及与其他工作的关系。用量化工作法是对大量员工进行问卷调查的一种有效方法。职位分析问卷(PAQ)是一种可以将要素量化的结构性问卷,由从事这项工作的员工填写问卷,并由工作分析员对结果进行分析。职位分析问卷由一个涉及 194 个工作要素的核对清单构成,这194 个要素可分为以下 6 个方面:

- 信息输入(员工得到如何工作的信息);
- 智力处理(工作中思维、计划和解决问题的过程);
- 工作输出(与工作相关的实际行为);
- 人际行为(与其他人的关系);

- 工作状况及环境(影响物质条件及团体氛围);
- 其他特征。

有几种标准问卷设计可以帮助管理者进行工作描述,一种是"管理职务描述性调查问卷"(MPDQ),适用于 13 种管理层岗位;另一种是"明尼苏达工作描述性调查问卷"(MJDQ),这是一种更通用的工作设计系统调查问卷。一项多种方法实际应用研究显示管理职务描述性调查问卷的调查结果并不理想,可能的解释是每一项工作都是特殊的。这也就是为什么一个公司的工作要求拿到另一个公司的类似工作上就不适用了。真正彻底有效的工作分析和工作设计要求每个企业根据自身特点对每一项工作都进行适当的调查分析,这可能会比用标准通用的问卷调查要费时,但效果好得多[4]。联邦政府新推出了一个新的软件系统"职业信息数据网"(O * NET),旨在帮助雇主进行招聘、培训及其他雇佣活动。有关 O * NET 的情况详见网页:http://www. doleta. gov/programs. onet。

关键事件　关键事件调查法包括观察和记录事件,下面是一个关键事件的记录:

> 2001 年 6 月 27 日,琼斯先生,一个行李员,看到一个客人正在考虑如何在大雨的天气里冲到他停在几百码外的车里去,琼斯先生不假思索地把自己的伞给了他。

随着时间的推移,这种关键事件的积累可以完整地描述出一项工作的真实要求。这种方法的缺点就是收集一种工作的所有片段需要很长的时间;但好处是这些片段是对员工进行服务培训的理想教材。

业绩评估　业绩评估是收集工作分析资料的绝好时机。例如,一名经理在进行业绩评估时可能会发现如果让客房服务员每天打扫同样的房间,他们的工作效果会更好。大部分业绩评估方法包括经理和被评估员工开放式地讨论。这种讨论是双向的,既使员工得到经理对自己工作满意程度的反馈,也使经理能听到员工对工作改进的建议,包括个人行为和工作方式方面。

日志记录　一些企业在收集工作分析资料时,要求员工在某一指定时期内做日志记录,记下他们每天的行动。这种方法非常经济,而且收集的信息面也比较广。通过日志记录也可以督促员工认真考虑自己的工作,把工作做得更好。这种方法的缺点是写日志会占用员工的工作时间,而且员工可能会写一些实际没发生的事以误导管理者的决策,甚至有些员工可能根本无法读写;另外,在最后进行工作分析时,管理者要花大量时间去阅读这些日志。

多种方法　如前文所述,饭店中的职位多种多样。因此,不能用同一种方法搜集一个饭店中的所有工作的信息,也不能同一种方法搜集集团中不同饭店的职位信息。采用多种方法是全面了解职位的最有效的方法。例如,为了搜集前台服务人员的信息,分析家可以使用观察、访谈和问卷等多种形式[5]。

确定谁来收集信息

目标、时间和经费都取决于什么人进行信息收集,最好是找一个经过训练的专业人士进行工作要求指标设计以应付公平就业机会委员会的调查。专业人士可以是企业内部的也可以是企业外部的,一般来讲请第三方比较好,因为一方面外请的人会比较客观;另一方面这种客观性对公平就业机会委员会来说很重要,尤其在制定一些比较特殊的工作要求指标时。唯一的不足之处是,外请的人可能会对具体工作要求不熟悉。

请现任或前任主管,或现在的员工进行工作分析也有它的好处。现任主管和员工对实际工作情况最熟悉,他们的分析能包括很多容易忽视的细节;另外,用自己的员工也比外请要省钱。但不足的是现任主管或员工的分析带有偏见的可能性相对较大;而且员工有时会故意少写一些工作任务,这样新的工作描述中他们就不用做这些事了。

用前任主管就可以避免现任者的人事或工作偏见,因为他们已不用再进行员工提拔、业绩评估或处分了,这些问题不会再影响他/她的分析了。

有些机构用一组人进行工作分析,其中包括现职员工和主管(从事所分析工作或相关工作的)。这种方法可能会对整个工作情况有全面的了解,但要帮助组织这个小组。连锁经营的企业还要考虑单位和单位之间的协调统一问题。一般来讲,某一个单位现任主管或员工做出的工作分析可能更适合这个单位,而不宜作为在连锁企业内推广的标准。

管理人员在做工作分析和设计时必须注意,工会一般都反对各种形式的工作分析和设计活动,主要原因之一是,工作的重新设计往往伴随着津贴福利的变化;另外,把工作细分后进行工作分析,会威胁到工会对工作情况的控制和据此与资方协商的能力。当然工会的反对一般都是因为工作分析在他们不知情的情况下进行,事先与工会通气,告诉他们所进行的分析与津贴福利无关,也不会影响工会的控制权,而只是工人和工会认清每个工作的关键要素和恰当的工作方法,这样敌对情绪一般都会消除了。其实完善的工作分析和描述能使管理者和雇员都清楚一项工作包括哪些内容[6]。

减少工作种类是工作分析的一个重要方面,这一点是很多管理人员在向分析人员布置任务时经常忽略的,尽管他们心里清楚尽可能削减不必要的工作内容是工作分析和设计的主要目标之一。因此,事先让分析人员清楚这一点,会使整个工作分析进行得更有成效[7]。

信息处理

收集资料时一般都会比需要的多收集一些,用不同的信息收集方法不一定得到不同的资料,很可能是同样的信息出自不同的收集手段,收集到的信息也可能是实际工作中的次要信息,出于上述种种原因,管理者必须对收集到的信息进行加工处理。

信息处理是个简单但费时间的工作,目的是从众多资料中挑出对工作定义和描述最有用的。内容分析,即确定主题并对信息进行排列,是信息处理过程中最有效的方法。要做详细的内容分析必须先仔细阅读所有收集到的资料,列出重要问题,并把资料根据相关问题进行分类,这样可以最大限度地减少分析过程中的重复劳动。

写出工作描述及工作要求指标

很少有企业进行全过程的工作分析,其实通过工作分析过程取得的资料可以作为规范饭店或餐厅运作的有效的管理手段。

工作分析和工作要求指标就是从工作分析中得出的管理手段。工作描述对某一具体工作的职责、责任、工作条件及工作内容进行归纳。例如,一名人力资源助理经理的工作责任包括招聘、保管员工档案等。

图 2 - 4　职位描述:人力资源助理经理

职位:	助理
部门:	人力资源
职位分析师:	鲍勃·史密斯
日期:	12/01/2005
工资类别:	工资级别:免税
上级人员:	人力资源经理
下属人员:	人力资源部 2～5 名员工
其他内部关系:	首席执行官、副总、部门经理、其他部门的员工
外部关系:	政府机构、卖主、战略合作方人员

职位描述:
完成与招聘、考核、分类、工资报酬管理、培训等人力资源部门职能有关的复杂的技术工作。

职位责职:

1. 招聘——25%

    a. 准备公开职位需求信息

    b. 挑选符合要求的申请

    c. 准备录用文件

    d. 维护招聘和遴选记录

2. 职位及员工分类——20%

    a. 准备员工离职文案

    b. 审查员工升迁的文件

    c. 维护员工先进上做记录

续

3. 工资报酬管理——20%

  a. 计算员工工资变化

  b. 维护薪水支付记录

  c. 核实恰当免除的薪水支付程序

  d. 建立薪水支付报告

4. 培训——35%

  a. 对新录用者进行入职培训

  b. 根据需求获取专项培训的资料

  c. 为部门的培训提供支持

  d. 进行培训后期的跟踪评估

  e. 维护员工入职培训和培训项目的文件记录

工作环境：

1. 办公室工作为主

2. 招聘的地点如：

  a. 学校、学院、大学

  b. 教堂

  c. 公寓区

  d. 年轻人或老年人聚集的社会环境

职位要求：

1. 关于人力资源管理原则的知识

2. 关于考核以及工作评估方法和技巧的知识

3. 数据统计的知识

4. 进行数据分析的能力

5. 组织并作出有效的口头和书面报告的能力

6. 建立并维护与员工、部门主管、官员的关系和公关关系

基本资格要求：

人力资源管理聘用、考核、分类、工资报酬管理方面的经验，以及专门从事培训以及与人力资源部门职能有关的经验

资料来源：Jeffrey S·Homsby and Donald F·Kuratko,The Human Resource Function in Emerging Enterprises（Mason,Ohio：South－Western/Thomson Learning,2002）,70－72,以及 Luis R. Gomez－Mei. ia,David B. Balkin,and Robert L. Cardy,Management Human Resources,4th ed.（upper Saddle River,N. J.：Prentice Hall,2004）,69. 中的内容。

除了对工作内容的描述之外,工作描述的作用还包括:

- 招聘:工作描述可以作为饭店招聘广告的素材;
- 人才选拔:工作描述可以帮助饭店经理确定雇员选拔条件和面试问题;
- 新员工熟悉工作:工作描述是让新员工熟悉工作的理想指南;
- 培训:根据工作描述,经理可以对比员工的工作技能高下,需要什么样的培训以及如何进行培训;
- 员工评估:业绩考评一般都直接由工作描述发展而来,工作描述是业绩考评的基础;
- 晋升与调动:工作描述是确定某名员工是否胜任新的工作任务的依据。

工作描述的要素　尽管各企业的工作描述会各不相同,但一般都包括 5 个基本要素:工作标志信息、工作概述、工作职责、工作要求指标及工作描述的书写日期(作为定期修正的依据)。

- 工作标志信息:这类信息包括工作称谓、工作单位、直属主管名称、工资等级、工作描述上次编写或修改时间等。
- 工作概述:对工作的整体陈述,着重于工作的一般职能和责任,在很多工作描述中概述被称为"职责的一般性陈述"。

　　如,饭店人力资源经理助理的工作概述是:完成与招聘、考核、分类、工资报酬管理、培训等人事活动有关的复杂的技术工作。

　　如,服务员的工作概述是:当班时在自己负责的区域为客人提供礼貌及时的服务,负责自己区域内的环境卫生,包括桌子、墙壁、地板等。

- 工作职责:工作描述的这个部分一般列明工作内容和责任,说明工作要做什么(如管理、协助、收集、进行、准备、完善、保持等),做到什么程度。

　　如,餐厅服务助理的职责是:

　　——把脏的碗碟拿到洗碗区;

　　——协助服务员为客人服务;

　　——为客人送水及饮料;

　　——开业前摆台,开业期间换台;

　　——保证各服务区的调味品供应。

- 工作环境:员工工作环境的描述。
- 工作要求指标:这个因素(有时指的是知识、技术和能力)一般是一个独立的文件,工作要求指标写明从事一项工作要求的资格。员工的资格从培训、教育、技能、经验,以及智力、体力、个性特征中反映出来。

　　如,行李员的工作要求指标可以包括:能够在当班的 8 小时内反复提起重

50 磅的行李,能够与其他行李员配合工作,了解客房的位置。

如,人力资源助理经理的工作要求指标包括:了解人事制度、熟悉考核方法和公平就业机会原则。

工作设计

根据1997 年的一项对家庭和工作单位的改变的全国性调查,工作是大部分生活中最大的压力源。类似的调查结果导致了一场重新设计工作的浪潮,减轻工作压力,这不等于减少工作要素;而是意味着重新审视哪些因素是必要的,哪些是不必要的,如何使必要因素做起来更有意思。

工作设计的方法之一是画流程图。在工作分析中将工作细分后,管理人员要鼓励员工思考每个工作细节之间以及自己的工作和其他的工作之间是怎样联系的。流程图也能使工作分析更准确地判断出每个工作的哪一个部分可以有变化[8]。

培训不足、不恰当的领导、欠缺的员工技能、不良的工作习惯都会导致业绩不佳或生产率低下。有时员工效率低是由于工作设计不好。工作设计和组织设计是影响一个员工做好本职工作的最重要因素[9]。欠佳的工作设计会直接导致员工的工作压力感,降低员工的满意度,进而导致工作缺乏动力,员工流动性大,缺勤比率高。

工作设计侧重于工作方式,工作设计一般运用5 种方法:工作简化、工作扩大化和工作丰富化、建立团队、工作轮换。

工作简化包括把工作细分成最小构成部分,然后评价每一部分是怎样完成的,这种方法有时也被称为"时间动作分析法"。工作简化适用于工作不要求广泛的技能,也/或者不需要大量的管理。例如,雇员的唯一工作是装卸洗碗机和将盘子上架,这样的工作就可能源自工作简单化。

工作扩大化是扩大工作的界定,把各种任务加到一起,一般是把要求相同技能的任务合并起来,这种方法有时也被称为"横向工作扩张"。例如,切胡萝卜和西红柿的工作可以和切生菜做沙拉的工作合起来。工作扩大化可以激励员工把新增的任务当成职业晋升的前兆。当然有些员工不愿意做更多的事,特别是多做不会伴随收入的增加时;也有人认为工作扩大只是又多干了一份无聊的事而不是只做一件而已。

工作丰富化也被称为"纵向工作扩张",即给员工增加的工作职责与现在的工作不完全一样。例如,我们可以让预厨调配他们处理过的原料、订购食品,或将他们切好的蔬菜加工成沙拉。

工作扩大化和工作丰富化的区别有时会被混淆。两者都需要员工进行额外的工作,区别在于工作扩大化使员工有了额外的责任[10]。

工作轮换一般用于减少员工长期重复一种工作的枯燥感。如预厨在干了一段切生菜、胡萝卜、西红柿的工作后，可以调到另一个厨房干些其他工作。这种制度要求雇员在几个不同工种之间交叉培训。

另一种很常用的工作设计是建立团队，其核心是把员工看成是一个工作团体中的一部分而不是单独的个体，工作要求指标和奖励措施以工作团体为对象。例如，总部在加州的 HMS 公司就有一套在巧克力制作过程中建立团队的经验。这个方法最初是为美国库利纳里中心设计的，"巧克力盒挑战赛"是一种用食品招待式的团队活动，其形式模仿了人们熟悉的团体蹦极和对老板打染色弹的活动[11]。

另一种建立团队的活动是由参加者组织的宴会，这种形式饭店业者再熟悉不过了，这样可以使参加者迅速融入团队中去[12]。

建立团队的活动能使员工更好地合作，互相帮助；但缺点是这种活动开始前一般都要有相关内容的培训，另外这也可能引起团队之间的非生产性竞争。

法律问题

人力资源部可以说是整个企业的档案保管员。因此，人力资源部将会参与决定和记录员工各自的责任以及职位分析和职位描述等。职位分析的总的目的是通过重构现有工作职位或建立新的工作职位以寻找方式使企业更高效。在员工就职新的岗位之前，要考虑到法律问题。

守法不仅对饭店企业重要，对于任何一个企业都很重要。这一部分内容主要是关于与职位分析和设计、员工配置直接相关的人力资源法律法规。

歧视 在写工作描述时，要考虑到什么资格条件是一个具体岗位所真正必需的。为了避免故意歧视，管理者必须了解 1964 年《民权法》第 7 章中强调的问题。第 7 章中关于工作描述有关的一个重要内容是合法职业资格（BFOQ）。法院在此方面一直很重视。例如，在 1982 年格尔多姆诉大陆航空公司的案子中，美国第九巡回上诉法庭认为对于空中服务员的体重限制是歧视性的。因为该限制只应用于女性。虽然航空公司认为这主要是因为乘客的喜好，法院认为乘客的喜好不能作为职位要求的原因[13]。

《美国残疾人法》（ADA） 残疾人无论在有或没有基本设施条件的情况下只要能完成某种工作的基本职责的，就可以认定他符合某种工作所需要的资格条件。这对工作设计有很重要的影响，因为这使企业要考虑每个工作的"基本职责"。前文提到的工作简单化方法可以有助于企业简化某项工作的任务和职责以适应残疾雇员。本章的补充说明"《美国残疾人法》、工作分析和工作设计"更全面地解释了《美国残疾人法》与工作分析和工作设计的关系。

《职业安全与健康法》(OSHA)　《职业安全与健康法》要求工作描述中要写明"工作中哪些方面可能伤害到健康,或者大部分人认为是不满意的或反感的"[14]。

劳工　美国劳工部制定的大部分法律都是关于就业问题的。劳工部的权限在此不予详述。该机构监管的主要法律问题涉及工资、歧视、工作条件等。关于美国劳工部的更多信息参见 http://www.dol.gov。

员工分类

完成了分析和设计工作职位、写工作描述并弄清楚了相关法律问题之后,下一步就是雇用人来工作了。什么类型的雇员最适合组织的需求?这个问题的答案很复杂。要考虑到很多问题,其中包括:

- 组织的规模有多大?
- 组织的企业文化是什么?
- 组织希望建立什么样的企业形象?
- 劳动力市场情况如何?

企业劳动力可以分为两个主要类别:固定雇员和更替型雇员。固定雇员是组织的主要员工。他们平均每星期工作30~40小时,定期获得企业的薪水,并经常享有福利。更替型雇员通常为兼职或只工作一段时间。这些员工通常不定期上班,或者只在饭店企业短期工作。更替型雇员主要可以进一步分为三类:短期雇员、兼职雇员和外包雇员[15]。

短期雇员　短期雇员不是饭店企业的真正员工。他们是从就业机构请来的。饭店就业机构支付一定的费用,有时该雇员也要向机构支付费用,这笔费用称为"寻找费"。短期雇员只工作一段时间,时间可能为一天也可能是几个月。短期雇员主要满足于宴会或旺季时的需要,相比来说,为此雇用全职雇员成本太大。

兼职雇员　兼职雇员的工作时间为每周20小时左右。在很多组织,他们无法享受到如医疗保险等企业福利。虽然各个企业的情况有所不同,但大部分兼职雇员不定期上班。他们主要是在企业每天/周业务繁忙的时候工作,例如饭店退房时或者餐厅在周末时。

外包雇员　和短期雇员一样,外包雇员并不是企业的真正员工。他们为另外的企业工作,而饭店要就外包雇员提供的服务向该企业支付费用。外包雇员通常不在饭店工作,甚至有的人根本不来该饭店。虽然外包雇员不能从事前台服务人员等方面的工作,但他们可以从事如预订呼叫中心或人力资源等方面的工作。

《美国残疾人法》、工作分析和工作设计

以前人们一想到残疾人就联想到轮椅拐杖,现在人们意识到残疾人的范围远不止这些。有没有残疾一般是观察不到的,《美国残疾人法》使人们更明确了什么样的人可以算是残疾人,残疾人都有什么权利。

下面的片段将解释残疾人法和工作分析及工作设计的关系。

根据《美国残疾人法》,一个残疾人无论在有无基本设施条件下只要能完成基本工作职能就是合格的雇员。基本工作职能指一个岗位的最基本要素,如厨艺对于厨师。至于一个听力残疾的人做厨师时听不到点菜,一个视力残疾的人做客房服务时看不清书写的客房清洁任务单,这些都不是基本工作职能。因此,管理者要注意在这些岗位上配有帮助残疾人完成工作的辅助设施。

从工作分析角度看,雇主需要分清哪些是基本工作职能,哪些不是。一个能完成基本工作职能的应聘者,不能因其无法完成非基本工作职能而受到歧视。另外,《美国残疾人法》要求雇主调整工作职能设置,减少非基本工作职能。

除非有特殊困难,一般雇主都必须在工作场所配备基本设施条件以保证残疾人可以进入工作场地。被公平就业机会委员会列为基本设施条件的有:轮椅坡道、拓宽的通道、前台轮椅平台、工作进度计划及工作设备的调整。

《美国残疾人法》规定的基本功能条件和合理设施条件对一些企业的工作分析和工作设计有很大影响。雇主要重新考虑工作如何完成。以行李员为例,行李员的工作是每天8小时(或更长时间)拿很重的行李到客人房间,《美国残疾人法》实施以后,雇主要考虑使用行李车,这样残疾人也可以长距离地运送行李。另外,对无法连续工作8小时的人给予经常的休息时间,也是合理设施条件之一。

要达到《美国残疾人法》的要求,管理人员至少要做到以下几点:

1. 检查工作分析的方法以区分基本工作职能和非基本工作职能。
2. 检查工作描述,明确每一个岗位的基本工作职能和非基本工作职能。
3. 检查工作要求指标,保证没有应聘者因为不能履行非基本工作职能而被拒聘。
4. 对依照《美国残疾人法》设立的设施保持记录。
5. 对现有的残疾员工建立档案并保持记录,确保他们工作有合理的设施条件。
6. 检查招聘过程,尤其是其中可能会涉及残疾人权利的健康检查。
7. 检查招聘表,剔除关于残疾或健康状况的一般性问题。很多过去使用的招聘表现在都不符合《美国残疾人法》了。
8. 对《美国残疾人法》通过前后雇用的残疾员工都建立档案并保持记录,其中包括根据《美国残疾人法》为这些员工设置的合理设施条件。
9. 在明显位置招贴一些相关说明。

员工配备准则

员工配备准则主要用于帮助管理层计划和控制要保证运行所需要的工时数和员工人数,同时也便于经理人员掌握员工的生产率和业绩。很多经理还用这个方法估算人工开支和预算,只要把所需工时数乘以工时工资即可。这种方法对提高利润非常有帮助,因为利润本身就取决于经理如何控制人工成本之类的可变支出。这部分我们引用一个例子来说明员工配备准则,对照表可从网上找到,www. lycos. com/business/tools_hr. html 在员工配备目标计划的标题下。

要了解如何运用员工配备准则,必须先搞清以下几个主要术语定义:

- 生产率:指一个员工在指定时间内的工作产出;
- 生产率标准:指什么样的产量是可以接受的;
- 业绩标准:评价工作质量的标准;
- 劳动预测:用于估计指定时间内的劳动量的任何方法。

此外,管理人员应了解饭店行业中的两种人工成本:固定人工成本和可变人工成本。固定人工成本指为维持饭店或餐厅运转的最低员工数量,为这些员工所支付的费用。可变人工成本是随业务量的变化而变化的。

我们将在下面一步一步介绍如何建立一套员工配备准则。我们的例子是一个假想的企业——好食餐厅。建立员工配备准则需遵循以下步骤:

- 设定生产标准;
- 确定预计销售总量及客流量;
- 确定所要求的雇员数量;
- 确定总工时;
- 预计劳动力支出。

设定生产标准

建立员工配备准则的第一步是设定生产标准。有效的员工配备要求生产能按期完成。如果没有各个岗位的生产率标准,经理可以根据以往的劳动生产记录确定标准。图2-5给出了生产需求评价表中的一部分。由于每个班次的劳动生产率受很多因素影响,因此应每隔一段时间填写一份同样的表格,以准确估计营运的员工需要量。

生产率标准评估完成以后,经理要为每个岗位制定生产率标准,如图2-5所示。一般标准都以工时计算,也有部分企业以员工人数计算;但以工时计算会更准确。

图 2-5 生产需求评价表

班次:晚餐 日期:开始 1/1　　结束 1/7								
	周一	周二	周三	周四	周五	周六	周日	平均
客人数	250	250	250	350	400	350	250	300
岗位	工作时数							
服务员	18	18	18	24	28	24	18	21.1
迎宾员	4	4	4	6	6	6	4	4.9
酒吧服务员	6	6	6	6	6	6	6	6.0
餐厅服务助理	3	3	3	4	5	4	3	3.6
预厨	6	6	6	6	6	6	6	6.0
煮厨	6	6	6	6	6	6	6	6.0
煎厨	5	5	5	5	6	5	5	5.1
洗碗工	5	5	5	5	6	5	5	5.1

　　最后用实际工时数对比标准生产率水平,并进行修正。图2-6给出了一个对照表的例子。表中最后一栏的备注是用于填写影响人工成本的特殊事件(如天气、销售活动等)。通过这张表雇主可以知道实际工时和预计工时的差距有多大,是超过了还是不足。根据图2-6的例子,8个岗位中有6个超过了预计工时,只要用小时工资乘以超出的时数,雇主就知道实际人工成本比预算超出了多少。比如一个服务员的平均工资是5.25美元,则每天人工费超支6.30美元。

　　将员工生产率用于员工配备可以得出客人与员工的比率,换言之,建立生产率标准使经理在制订雇用计划时至少有了一半的把握,另一半就看每个班次的客流量了。

确定预计销售总量及客流量

　　要准确地预计人工就必须先预测每天的业务量。这种预测最好的依据就是以往的销售情况,一般经理们每天都会记录餐饮的销售量,这个记录积累起来就是可以用于预测的历史数据。根据销售量,经理可以用这个数除以平均每人的用餐消费量得出用餐人数。

　　如果可容纳150人用餐的好食餐厅,周五的平均销售额是6000美元,平均每个客人的用餐消费是15美元,于是我们可以推知周五的平均用餐人数是400人(6000/15)。

　　这种推算方法在很多情况下都可以使用,更复杂的方法得到的结果可能更接近实际,本章后面将介绍几种常用的方法。

图 2-6 人工比较表

班次:晚餐
日期:开始 __1/1__ 结束 __1/7__

预计工时 / 实际工时

岗位	周一	周二	周三	周四	周五	周六	周日	平均
服务员	18/20	18/19	18/20	24/23	28/30	24/25	18/19	21.1/22.3
迎宾员	4/5	4/4	4/4	6/6	6/7	6/7	4/3	4.9/5.1
酒吧服务员	6/6	6/6	6/6	6/7	6/6	6/6	6/6	6/6.1
餐厅服务助理	3/2	3/2	3/3	4/4	4/5	4/4	3/3	3.6/3.3
预厨	6/7	6/7	6/6	6/7	6/6	6/6	6/7	6/6.7
煮厨	6/7	6/7	6/6	6/7	6/7	6/7	6/7	6/6.9
煎厨	5/5	5/4	5/5	5/6	5/5	5/5	5/5	5.1/5
洗碗工	5/6	5/6	5/6	5/6	5/7	5/6	5/6	5.1/5.9

备注:

确定所要求的雇员数量

预测了销售量以后,经理就要确定需要多少员工为这些预计的客人服务,这里就要用生产率标准了。继续沿用上面的例子,假设生产率标准是每个服务员 1 小时服务 20 个客人,如果餐厅周五晚上营业 4 个小时,这天就需要 5 名服务员(400 名客人/4 小时营业时间/每小时服务 20 名客人)。但是单就这样推算,我们不知道周五哪一个时段最忙,图 2-7 给出的是以往周五每小时的客流情况。

图 2-7　每小时人工需求量

营业时间	估计客流量	劳动或员工需求
晚 6:00 ~ 晚 7:00	80	4
晚 7:00 ~ 晚 8:00	120	6
晚 8:00 ~ 晚 9:00	100	5
晚 9:00 ~ 晚 10:00	100	5

　　如图 2-7 所示，由于客流量的变化，周五晚上餐厅一段时间需要 6 名服务员，其他时间段需要 4~5 名服务员，这样经理就可以调整班次，不必整个晚上都有 6 名服务员。注意要安排一部分员工提前来做营业准备，另一部分做后面的收尾工作。如果让所有的员工都同一时间开始、同一时间结束，是最不经济的用工办法。需要注意的是，虽然此处的例子中员工的工作时间安排非常符合预测的需求，在现实中却并非如此。各小时的需求变化、雇员数量、劳动法都可以引起实际安排的员工数量过多或过少。

确定总工时

　　要确定总工时，经理要把每个员工的平均工时数（上例中是 4 小时）乘以预计员工数（6 人），计算出总工时数。图 2-8 给出一张排班样表。

预计劳动力支出

　　好食餐厅周五晚上的劳动力支出可以用平均小时工资乘以预计总工时数计算出来，计算中经理必须考虑到营业前做准备和关门后做清扫工作的人员和时间。假设服务员的小时工资是 5.25 美元，则预计劳动力总支出是 126 美元（24 小时×5.25 美元）。当然不是所有的员工都会严格按照排班表工作，因此这还仅是预计。

　　最后，好食餐厅的经理要以同样的方法算出所有职位的劳动力支出，完成员工配备准则。

　　有很多软件可以自动计算所需要的工时和劳动力成本并能预测销售额。这些软件计算出的结果和使用方法以及软件价格会相差很多。新的消费者软件被陆续开发。如果你要使用预测软件，最好的方法是首先通过网络选择适合你需要和财力的软件。

图 2 – 8　排班样表

岗位/员工	6:00 a	7:00 a	8:00 a	9:00 a	10:00 a	11:00 a	12:00 p	1:00 p	2:00 p	3:00 p	4:00 p	5:00 p	6:00 p	7:00 p	8:00 p	9:00 p	10:00 p	11:00 p	12:00 a	1:00 a	2:00 a	3:00 a	4:00 a	5:00 a	6:00 a	计划总时间
Joe																										3.0
Sally																										5.0
Phyllis																										4.0
Mary																										4.0
Jim																										4.0
Tom																										4.0
总计																										24.0

Day:　星期五　　估计宾客人数：A.M. / P.M. 400　　部门：　餐饮部
Date:　8/1/00　　岗位：　服务员
Shift:　P.M.

岗位：　服务员

资料来源：摘自杰克·D. 尼迈亚的《餐饮运营的计划与控制（第五版）》，（兰辛，米奇：美国饭店业协会教育学院，1995），437 页。

预测销售量

前面一部分只是根据以往的销售记录预测了周五一个晚上的销售量，大部分饭店都需要月度、10 日和 3 日的销售量预测[16]。一般，经理们会先做月度预测，然后根据情况做 10 日预测和 3 日预测，用于确定后面的各种计划。图 2–9 是餐饮经理可以借鉴的 10 日预测样表；图 2–10 是 3 日预测样表[17]。

趋势线预测

简单预测可以用前面介绍的好食餐厅预测周五销售量的方法。这里介绍的是趋势线预测。这种方法主要是把以往的销售量画成曲线图并用平均值拟合出一条趋势线，而不是严格地连接两点的实际销售量折线，统计上趋势线的取得是通过取差异两点的中值。

尽管这种简单的方法非常有用，但结果往往是误导的，趋势线预测不能预测到一个时期内的特殊事件对销售的影响。滑动平均预测则可以避免这个缺陷。

图 2-9　10 日预测样表——餐饮部

10日预测样表——餐饮部

汽车旅馆 ＿＿＿＿＿＿＿（位置）　　　　　　　　制表日期 ＿＿＿＿＿＿＿＿＿

本周结束于 ＿＿＿＿＿＿＿＿＿

日期	四		五		六		日		一		二		三		四		五		六		总计	
星期																						
	前一周																					
餐饮部	F	A	F	A	F	A	F	A	F	A	F	A	F	A	F	A	F	A	F	A	F	A
餐厅																						
早餐																						
中餐																						
晚餐																						
总客流量																						
咖啡厅																						
早餐																						
中餐																						
总客流量																						
宴会厅																						
早餐																						
中餐																						
晚餐																						
总客流量																						
客房(送餐)服务																						
总客流量																						
餐饮部客流量总计																						

备注(如：团队类型，VIP等)

F=预测值；A=实际客流量

资料来源：David L. Balangue 著的《工资生产率（第五部分：员工计划）》，Lodging（1978 年 11 月）：39 页。

图 2-10　3 日预测样表——餐饮部

3日预测样表——餐饮

	昨天	今天	明天
日　期			
星　期			
客　人　数			
预测客人数			
备　注			

滑动平均预测

销售量走势永远不会像我们希望的那样。相反，饭店销售量走势会出现连续的波峰和波谷，当地的特殊活动和气候都会引起这种波动。

滑动平均预测是指在一段时期内将数据曲线"平滑化"，数学上可有如下表述：

滑动平均 = 在过去 n 个时期的行为/n，其中，n 是取滑动平均的时期数。

当新的周销售量出来后，把它加入滑动平均预测模型，原模型中计算的最早一周的数字就会从模型中取消，这就是"滑动"平均的意思，即不断地加入新数值，把原公式中最老的一个数字挤出。

季节性

很多饭店的业务都会随季节变化，预测业务量时必须考虑季节性。许多餐厅在12 月假日前后非常忙，但夏季生意清淡，当然在暑期度假地的餐厅除外。

饭店也存在季节性调整因素，城市中心的饭店一般以商务客为主，这种饭店一年中也是有些月份忙有些月份闲。如纽约及一些大城市的饭店，每年的 1、2 月份和夏季生意冷清，纽约商务客流量最大的季节是春季和秋季。当然夏季的商务客人数下降会被度假客人数所取代，因此饭店要及时调整适应这种变化。

最简单的预测业务季节性变化情况的方法是参考历史同期的业务水平。例如，要预测 6 月份的业务量最好是参考往年 6 月份的销售量。季节性特点也显示在周销售量预测上，其实好食餐厅的周五预测就是一个例子。

其他预测方法

饭店经理可以用不同的方法预测业务水平，并据此预测所需雇员数量。产出管理（yield management）就是一种通过管理一定时期内的客房供给数量，调整房价以达到收入最大的管理系统。饭店经理常用的其他方法显示在图 2－11 中，具体预测方法的解释不在本书的内容范围之内[18]。

图 2-11　饭店业短期销售预测方法

	房间数	食品	餐饮
预测的主要目的	员工配备(98%) 激励员工(25%)	员工配备(100%) 食品订购(72%) 激励员工(16%)	员工配备(82%) 食品订购(72%) 激励员工(19%)
预测方法/事件	客房预订 加预计的散客(93%) 根据前期销售量直觉 调整(7%)	前期销售 前期销售量(46%) 预订加散客(28%) 根据客房预测的相 关比例(26%)	订餐 预计销售量(90%) 根据前期销售量直觉 调整(10%)
S-T表现预测	每日客房销量(80%) 每日销售额(55%) 每日各类客房销售量 (35%) 每日各类客房销售额 (20%)	总台数(79%) 总销售额(61%) 正餐期间食品供应 量(60%) 正餐期间销售额 (44%)	总销售额(70%) 总台数(67%) 餐饮活动销售额 (47%) 餐饮活动台数 (47%)

资料来源：雷蒙德•S.斯米奇尔的《饭店业管理财务（第四版）》,（兰辛，米奇：美国饭店及旅馆业协会教育学院，1997），383页。

注释

[1] James P. Clifford, "Job Analysis: Why Do It, and How It Should Be Done," *Public Personnel Management* 23 (Summer 1994): 324.

[2] Dick Barton, "Changing the Job Mix to Encourage Latent Talent," *People Management* 2, (1996) 14: 23 - 25.

[3] Jeffrey S. Hornsby and Donald F. Kuratko, *The Human Resource Function in Emer-*

ging Enterprises（Mason, Ohio: South-Western/Thomson Learning, 2002）, 49.

[4] Jeffrey R. Edwards, Judith A. Scully, and Mary D. Brtek, "The Measurement of Word: Hierarchical Representation of the Multi-Method Job Design Questionnaire," *Personnel Psychology* 52, （1999）2: 305 – 335.

[5] R. Wayne Mondy and Robert M. Noe, *Human Resource Management*, 6th ed.（Upper Saddle River, N. J.: Prentice Hall, 1996）, 99.

[6] John Garen, "Unions, Inventive Systems and Job Design," *Journal of Labor Research* 20, （1999）4: 589 – 604.

[7] D. Keith Denton, "I Hate this Job," *Business Horizons* 37, （1994）1: 46 – 53.

[8] Shari Caudron, "Job Stress is in Job Design," *Workforce* 77, （1998）9: 21 – 23.

[9] Dick Barton, "Changing the Job Mix to Encourage Latent Talent," *People Management* 2, （1996）14: 23 – 25.

[10] Mondy and Noe, 112 – 113.

[11] "Training That Melts in Your Mouth," *Workforce* 78, （1999）2: 34 – 35.

[12] Howard Prager, "Cooking Up Effective Team Building," *Training and Development* 53, （1999）12: 12 – 16.

[13] *Gerdom v. Continental Airlines, Inc.*, 692 E2d 602, 9th Cir., 1982.

[14] Mondy and Noe, 110.

[15] Luis R. Gomez-Mejia, David B. Balkin, and Robert L. Cardy, *Managing Human Resources*, 4[th]ed.（Upper Saddle River, N. J.: Prentice Hall, 2004）, 71 – 72.

[16] Raphael R. Davanaugh and Jack D. Ninemeier, *Supervision in the Hospitality Industry*, 3rd ed.（Lansing, Mich.: Educational Institute of the American Hotel & Lodging Association, 2001）, 138 – 140.

[17] 关于饭店员工配备的更多资料见 Kavanaugh and Ninemeier, 133 – 137.

[18] 关于预测方面的更多资料见 Raymond S. Schmidgall, *Hospitality Industry Management Accounting*, 4th ed.（Lansing, Mich.: Educational Institute of the American Hotel & Lodging Association, 1997）.

🔑 主要术语

替换型雇员（alternative employees） 兼职或暂时的工作人员。这些员工通常不定期上班，或者只在企业中短期工作。

关键事件（critical incident）　工作分析的方法之一，只观察和记录事件发生时的片段，以助于形成对工作实际要求的真实情况。尤其对于描述服务工作如何进行非常有用，也用于培训和业绩评估。

固定人工成本（fixed labor expenses）　基本维持企业所需要的最少人工，为此支付的人工成本。

霍桑效应（Hawthorne Effect）　管理学原理之一，指对员工的关注会使他们的生产率提高。

海森伯格效应（Heisenberg Effect）　管理学原理之一，指被访问的员工会下意识地根据自己猜测的对方希望的答复回答访问者的问题。

工作分析（job analysis）　确定工作的基本任务、行为、特征的过程。

工作描述（job description）　对一项工作的职责、责任、工作条件及工作行为的归纳记录。

工作设计（job design）　确定工作方式的过程。

工作扩大化（job enlargement）　通过加入类似的职责或任务拓宽某项工作的构成要素，亦称横向工作扩大。如果管理者想提高员工对工作的兴趣不能用这种方法。

工作丰富化（job enrichment）　通过增加要求不同技能的任务改进工作构成的方法，亦称纵向工作扩张。

工作轮换（job rotation）　将员工从一个岗位移到另一个岗位或变更工作职责，以提高员工工作兴趣或进行交叉培训的方法。

工作简化（job simplification）　把工作切割成细小的构成部分以分析每一个部分的工作是如何进行的，亦称时间行为分析。

工作要求指标（job specification）　对做某项工作的员工提出资格要求的书面文件。

工作概述（job summary）　对工作的整体概述，着重工作职责中的一般性功能。

人工预测（labor forecasting）　用业务量、营业额、业务走势及其他劳动力统计方法预测人工需求量的一种预测方法。

管理职务描述性调查问卷（management position description questionnaire，MPDQ）工作分析过程中用于收集13种不同的管理岗位的工作信息的结构性调查问卷。

滑动平均预测（moving average forecasting）　利用过去的销售量预测以后的销售量的一种预测方法。在预测过程中通过取平均值，平滑真实销售曲线的波动幅度。

业绩标准（performance standard）　衡量工作表现的一种标准。

固定雇员（permanent employees）　是组织的主要员工。他们平均每星期工作30~40小时，定期获得企业的薪水，并经常享有福利。

职位分析调查问卷（position analysis questionnaire，PAQ）　在工作分析过程中，

用于界定工作范围的一种结构性调查问卷，其中涉及 194 个工作要素。

生产率（productivity） 在一定时间内员工完成的工作量。

生产率标准（productivity standards） 员工生产率的可接受水平。

季节性（seasonality） 预测中的一种概念，指季节性需求变化带来的销售的淡旺季。比如加勒比游船公司的船舱冬天就比夏天需求量大。

员工配备准则（staffing guide） 了解员工需要量的一套系统。

团队建设（team building） 工作设计的一个过程，把员工看作是团体中的一员而不是一个独立个体。

趋势线预测（trend line forecasting） 一种简单的预测方法，根据以往的销售记录预测后一期的销售应与前期接近。

可变人工成本（variable labor expenses） 随销售量变化的人工成本。

📖 复习题

1. 既然很少有企业完全进行工作分析，为什么说它很重要？
2. 饭店企业经理可以用哪些方法收集工作信息资料？
3. 工作分析中不同的收集信息的方法各有什么优缺点？
4. 应由谁来负责收集信息？为什么？
5. 工作描述和工作要求指标有什么区别？
6. 工作扩大化、工作丰富化、工作轮换各有什么优缺点？
7. 在设计工作岗位和编写工作描述时，饭店经理们必须考虑哪些法律问题？
8. 饭店制定员工配备准则时应遵循什么步骤？
9. 如何为一个职位建立生产率标准？
10. 趋势线预测和滑动平均预测有什么区别？

💻 网址

以下网站可以提供更多的相关信息，注意网址可能会变更，如果无法找到某个网站，可以使用搜索引擎找更多的网站。

工作分析和个性研究　　　　　　　　http：//harvey. psyc. vt. edu

残疾人雇佣政策办公室　　　　　　　美国劳工部
http：//www. dol. gov/dol/odep　　www. dol. gov.
美国劳动统计局
www. bls. gov .

迷你案例研究

　　齐普航空餐饮公司（一家小型独立企业）最近被关岛的一家大饭店收购了。当时这家公司只有 8 名员工，唯一的业务是为飞离关岛的 3 家航空公司做盒餐。每个套餐都是由一名员工独立完成的，装盒时一名员工坐在一张长桌前把一些肉、土豆和蔬菜放到一个陶盘中，然后用锡纸包好陶盘放进烤箱，烤好后再把陶盘放进餐盒准备送到航空公司。

　　为了满足不断增加航班的需求，收购了这家公司的饭店决定对餐饮制作过程进行重新安排。安装了一条传送带，每个员工在做热食加工时只负责过程中的一部分。现在员工们坐在传送带两边，每个人只负责往盘里放一种食品（肉、土豆、蔬菜）。原先由一个人独立完成的工作现在成了一条流水线。传送带的速度由系统工程师根据员工的动作速度定好，基本上在餐盘到下一个工序前员工是可以把自己的工序完成的。

　　为了鼓励团队协作，公司设立了一个团体奖金，奖金与盒餐制作数量挂钩，盒餐产量越高奖金越多。

讨论题

1. 饭店做的改动是否对工作进行了重要的重新设计？为什么？
2. 你认为重新设计以后会有什么结果？
3. 在做改动以前你会采取什么措施或做哪些工作？

第 3 章概要

学习目的

1. 介绍劳动需求预测的应用方法。
2. 介绍饭店企业预测内部供给量的方法。
3. 分析内部招聘的优缺点。
4. 介绍外部招聘的好处和局限性。
5. 分析应聘人是怎样看待工作招聘的，他们如何准备招聘面试。
6. 介绍人力资源电脑信息系统（HRIS）的功能。

3

规划及招聘

本章与内华达大学拉斯维加斯分校的罗德尼·若尔丹硕士、埃尔弗雷达·唐（Elfrida Tang）硕士以及安杰拉·耿（Angella Kyung）硕士研究生合作完成。

古话说："如果你不知道往哪里走，每一条路都可以带你到目的地。"在饭店经营中如果不知道往哪里走，也就不懂得计划，那就只能走高人员开支、高培训开支和低生产率的路了。

在饭店企业招聘人力资源计划中有几个步骤是关键的，包括物色潜在雇员、鼓励潜在雇员来应聘、为不同职位甄选合适的人选；否则企业的人员选择就完全是凭运气了。

尽管招聘和选择员工要花费不低的费用，但这比挑选了一批不合格的员工要便宜多了；因为挑了不合适的员工就意味着招聘和选择过程要不断地重复。饭店企业在进行招聘、选择和雇用员工之前不做计划的结果往往是企业雇不到合适的员工，甚至是足够的员工。这在任何行业都可能产生，除非企业管理层肯花时间在招聘、选择和雇用员工之前做一份计划。

规划人力资源

人力资源规划过程包括估计企业需求和为这种需求提供适用的员工配备两方面，也就是人力资源管理中的两大要素：员工需求和员工供给。供给，指能够受雇于饭店企业的潜在雇员数量；需求，是指企业不同性质的工作所需要的员工数量。供需既受企业内部因素影响也受外部因素影响，下面将分别分析这些内部和外部的影响因素。

影响规划的因素

今天，劳动力正在经历着很大的转变。管理者需要意识到其影响规划和招聘。以下列举了可能产生影响的趋势[1]。

- 劳动力在减少，技术不熟练；
- 全球化趋势加强；
- 变化越来越大。

一方面，中年人人数减少、年长的人退休或受到退休计划的吸引而提前退休，劳动力的规模在下降[2]。预计到 2010 年，美国提供的职位数量将比实际工作人数多1000 万[3]。另一方面，发展中国家的中年人数量在大幅度增长。因此，移民将增加劳动力市场的竞争。随着教育费用越来越高，消费需求的增大，Y 世代人（1977 ~ 1994 年间出生的人）在较小年纪就开始工作。劳动力的年轻化和缺乏技能造成对技术型劳动力需求的增加。

雇主无法确保应聘者可以胜任工作。事实上，很多申请者需要恰当的培训才能上岗。很多培训计划中包含社会责任方面的内容。

为了吸引更多的申请者（并且录用后他们可以更有用）雇主希望培训的内容包括：

- 实地数学和阅读培训；
- 针对英语非母语人士的英语培训；
- 资助雇员在贸易和技术学校的学习。

逐渐减弱的经济壁垒和技术进步所形成的全球劳动力市场意味着在全球范围内找工作变得越来越容易。劳动力的流动性、出生率、移民类型、文化等因素使劳动力越来越多样化，这种多样化体现在年龄、性别、种族和生活追求等。

劳动力市场中女性数量的增长对于劳动力需求也产生了影响。国际劳工组织的数据显示，到 2015 年，女性将占美国劳动力市场 48%[4]。女性工作可能产生的问题主要涉及小孩看护、协作工作、灵活的工作时间以及公平分配薪金等。

人力资源必须被看做是企业的商业战略，必须体现在企业规划过程中，以确保组织在正确的时间让正确的人发挥正确的作用[5]。此外，在招聘工作之前，管理者必须考虑以下因素[6]：

- 在文化、用人、薪金、福利、培训和企业发展以及外部竞争方面，企业要达到的战略目标是什么？
- 需要申请具备哪些具体才能？
- 如何突出这些才能？
- 如何发展持续性规划？
- 我们要建立的绩效目标是什么？如何测量？
- 我们为雇员提供什么？
- 我们如何与雇员交流他们的进步和成功？

需求

劳动力需求指在某个特定的劳动力市场中的人力资源需要。一般来讲，明确的劳动力需求是销售预测的结果。本章将着重介绍长期的员工配备预测，最有效的人力资源计划是预测未来一年的雇员需求。

供给

在理想的商业世界里，人们在适合的岗位上工作，工作情况既能满足企业现在的需要也能满足未来的需要；但这种理想状况是不存在的，饭店企业要面对的现实是具备企业需要的技能的员工不是太多就是太少。因此，饭店经理必须掌握或准确估计企业中现有的员工供给情况。

饭店经理可以从两个主要渠道了解现有劳动力供给情况：劳动力的内部供给和外部供给。外部供给是受企业无法左右的因素影响的，包括人口结构变化趋势、市场上竞争者的增加、政府政策等。虽然企业不能左右这些因素，但可以预测这些因素会对企业产生什么样的影响。

以现在饭店业面临的劳动力紧缺的市场为例，几种外部因素共同造成了饭店企业现在面临的特殊处境，即缺人的工作多，应聘者少。这些外部因素包括饭店建设过快、员工队伍老化、其他行业的竞争。在这种情况下，饭店经理就不能再只局限于传统的劳动力供给市场了。本章后面将详细介绍如何预测劳动力供给，但首先我们要了解如何预测需求。

预测需求

预测的目的是使供给能满足企业对员工和技能的需求。饭店经理可以用两种通用方法进行预测。第一种一般称为"自下而上的预测"，即直接询问经理估计在未来一个阶段会需要多少员工。这是一种单凭直觉的预测方法，主要看经理有没有经验。这种预测方法虽然常用，但不是最好的，让我们来看下面的例子。

饭店经理会有不同层次的经验，一些有多年经验的经理可以根据以往的经验准确地预测来年需要的员工人数；但一些经验不足的经理可能就不能准确地把握所有的需求影响因素。比如一个新上任的餐饮部经理可能不知道在学校学年结束时会有大量员工离开，需要去找暑期工；另外，新任经理也不可能知道饭店技术会如何影响员工需求。比如饭店新引进自动退房系统会对前台员工需求有什么影响，一个新经理可能估计得到吗？很可能不会。而如果整个人力资源规划是根据这样的情况来预测的话，结果会很危险的。

第二种为"自上而下的预测"，是在充分考虑到直觉预测的不准确性时使用的一种人力资源需求预测方法，这种方法一般依赖于量化统计手段。

趋势分析

趋势分析是一种常用的人力资源预测方法。前面我们已经提到了，人力资源的需求受竞争、人口结构、政策变化的影响，趋势分析就是选择一个对需求影响最大、和企业性质最直接相关的因素对需求进行预测。目前尚没有大量的例证说明哪一个因素能直接反映需求变化，但饭店入住率是一个比较好的指标。因此在下例中，我们用入住率作为饭店趋势分析的指标。这个例子是一家有 1000 间客房的饭店。

趋势分析分为 6 个步骤，每个步骤用序号和黑体字标出，步骤下面的文字是对步骤的说明。

步骤 1：明确与员工人数直接相关的影响因素指标。

说明：经理选择了入住率作为预测员工需求量的唯一指标因素。

步骤 2：根据历史记录对比影响因素和员工人数之间的关系。

说明：经理收集了以往几年的入住率数字和同期的企业员工人数（图 3-1）。

图 3-1　入住率与雇员需求关系样表

年份	入住率	雇员人数	劳动生产率
1997	60%	900	
1998	61%	824	
1999	64%	1024	
2000	65%	943	
2001	65%	975	

步骤 3：画出入住率趋势图。

说明：经理通过观察上表可将往年的入住率连成曲线，计算出延长线，预测趋势是取往年入住率的平均值（上例中平均值是 63），调整率是直线预测线（67）和平均值预测线（63）的中值（图 3-2）。

图 3 - 2　入住率预测值及调整值样图

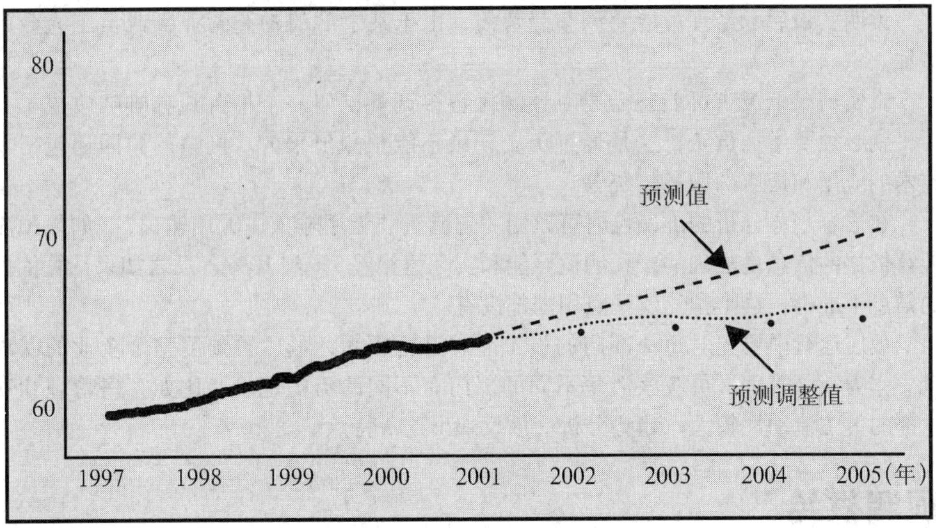

步骤 4：计算企业的平均劳动生产率。

说明：通过往年的雇员人数，经理可以得出饭店住房与员工人数之间的比例关系，例如 65% 的入住率就是有 650 间客房入住，需要 975 名员工，则 975 名员工/650 间房 = 每 1.5 名员工 1 间客房。

步骤 5：用往年的比例预测来年所需员工数。

说明：根据计算出来的每 1.5 人 1 间客房的劳动生产率进行预测（图 3 - 3）。

图 3 - 3　预测劳动力需求样表

	年份	入住率	平均日客房销量	雇员人数	劳动生产率
	2002	60%	600	900	1.5 员工/客房
	2003	61%	610	824	1.35
	2004	64%	640	1 024	1.6
	2005	65%	650	943	1.45
	2006	65%	650	975	1.5
预测值 {	2007	65%	650	975	1.5 } 预测值
	2008	65%	650	975	1.5
	2009	65%	650	975	1.5

步骤6：根据可能影响预测的特殊事件（过去发生的或将要发生的）调整趋势。

说明：最后，经理可能要调整趋势线，由于某个部门的高营业额或员工人数的增加。

真实情况下饭店可能还需要对预测做很多调整，如一个柜台式咖啡吧改成了餐厅，就必须要增加员工，这是通过历史记录不能预测出来的。调整的原因还包括新技术的应用和饭店的服务传统等。

在形容趋势分析的准确性时可以用一句谚语"无用输入、无用输出"。如果预测计算依据的信息是准确的，预测值可能和实际值相差5%到10%；反之如果计算依据的信息不准确，这个预测就一点用处都没有。

饭店运行中要先对每个部门的员工需求进行预测，最后再预测整个企业的需求量。作为饭店管理人员应该清楚不同的部门有不同的历史记录，比如客房管理和餐饮部的员工流动性较大，趋势分析应该反映出这一特点。

预测供给

人力资源供给预测包括分析内部劳动力供给和估计外部劳动力供给两方面，内部供给预测相对比较容易。

内部劳动力供给

分析内部劳动力供给从清查当前员工情况和技能情况入手。管理人员应首先分析当前员工掌握新技能的能力，尽管当前各个岗位上的员工都很称职，但其他岗位上的员工经过培训可能也能掌握不同岗位的工作技能。员工可以在一定的时间内掌握新技能的估计对供给预测有很大帮助，这说明饭店拥有的高技能员工比实际从事高技能工作的员工数要多。这种技能情况清查可以使经理有能力应付突然的人事变化。

技能清单

技能清单指将员工现在所掌握的技能、学习新技术的能力、资历和事业目标列成清单。很多饭店企业用人力资源电脑信息系统（HRIS）储存这些清单，还有一些企业仍是手工书写清单。用人力资源电脑信息系统保存清单易于随时添加修改，比手写清单要方便很多。

为了有效地记录员工技能，清查工作必须做到：（1）清单经常更新；（2）经理和雇员必须对清单内容完全同意[7]。管理人员的技能清单一般称为管理清单，与一般的清查不同的是，这种清查侧重解决问题的能力和过去的个人管理记录。

晋升、辞退及退休

在饭店中，如果员工供给需求预测是为了建立一套提升、辞退和退休的制度，进行起来就更容易了。在有工会的饭店中这些制度是包括在与工会签订的雇主雇员关系合同中的。这种政策也可以帮助企业预测需求，因为它规定了在一名员工被晋升、辞退或要求退休时企业应该做些什么。在没有工会的饭店中也应建立相应的制度。

更换接替图表

在预测员工供给时有两张图表是非常有用的，图 3 - 4 给出的更换样表是用于估计某一特定岗位上的内部员工供给情况的。表中列出了影响饭店客房服务员这个岗位的各种人力资源行为和决定，同时说明了每种行为和决定会给员工供给带来的影响。

图 3 - 4　客房管理员更换样表

类别：客房员				
补充人员来源	数量	当前人数	流失	数量
调　动	3	25	辞职	6
提　升	2		开除	2
新雇佣	5		降职	1
			退休	0
			调动	4
			提升	2
总　计	10		总计	15
当前人数	25			
补充	+10	缺少　5		
流失	-15			
总　计	20			

接替图可以用来考察每个岗位可能的接替情况，图 3 - 5 给出的是经过培训和一段时间的工作经验厨房员工中可以考虑的提升人选情况。

图 3-5 员工接替图

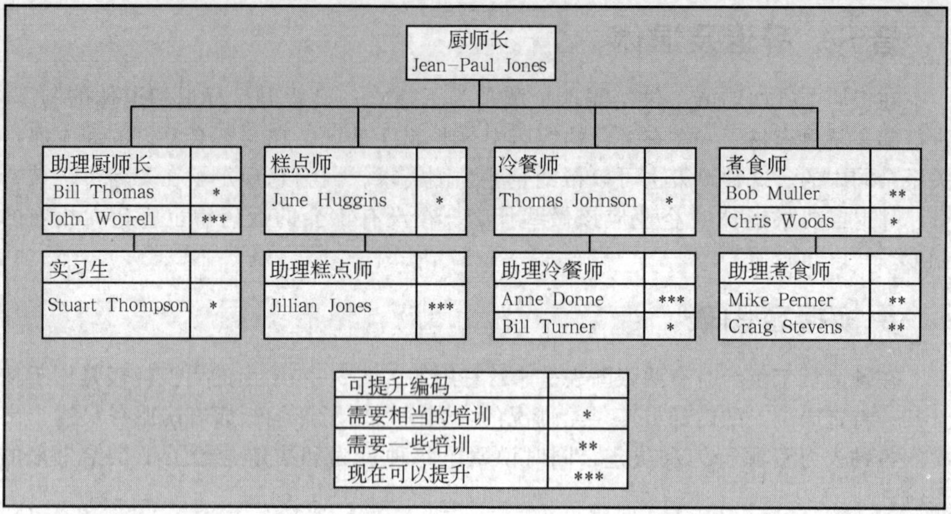

可提升编码	
需要相当的培训	*
需要一些培训	**
现在可以提升	***

接替计划

图 3-4 和图 3-5 的员工更换和接替图表可同样用于管理层，做管理岗位人员接替图时，饭店一般都从填写和定期更新管理岗位接替计划表入手，图 3-6 给出了样表。

图 3-6 管理人员接替样表

可能出现的空缺		日期 _____
6个月内	*	
1年内	**	
18个月内	***	
2年内	****	

姓名		意见：培训、所需经验
Jim Thomas	**	需要人际交往技巧和管理方面培训
Bill Jones	***	客房、前台、侍卫服务、客房服务
Ann Shanahan	*	收支账务课程
Gloria Cavanaugh	****	无经验雇员，厨房、前台、行李员

管理岗位接替计划表是将管理岗位接替更换图表的信息量化。这样饭店就为管理人员流动做出了计划，而不是猜测将来管理人员的需要和供给情况。有研究显示，饭店管理人员每年的流动比例是50%到100%，在这种情况下，接替表可以使企业很快就找到接替人选[8]。由于企业预测婴儿潮的人在不远的将来不断从关键岗位退休，接替计划对于企业的意义将越来越大[9]。

招聘

现在到处都能看到饭店张贴的招聘告示，已经很少会引起人们的注意了。招聘是指企业吸引符合要求的申请者应聘并从中挑选出最适合职位要求的人[10]。招聘一开始是很难的，可以是会越来越难。下面的数字可以说明这一点，美国每年的人口增长比率只有1%，而饭店职业需求市场的年增长率是18%。

更何况现在的顾客要求越来越高了，他们清楚自己的需要，而且希望这些需要得到满足。尽管存在这么多的困难，现在的饭店行业却对招聘和甄选适于服务工作的人员越来越不重视了，对培训就重视得更少了。如果雇员提供的是劣质服务，客人得到的也是劣质服务，这又应了那句话"错误的输入必然导致错误的输出"。

不是所有饭店都患上"混日子"综合征，以为能很容易找到现成合适的员工人选的；恰恰相反，已经有不少饭店认识到补充和招募适合的员工的重要性了，这样的饭店很快就在竞争中占据领先地位。例如，里兹—卡尔顿公司开发出一个4项计划，用于提高顾客满意度，这个4项计划对员工招聘、甄选和稳定也很有帮助。

- 雇用合适的人；
- 提供上岗引导计划；
- 传授必要技术；
- 培养适当的行为[11]。

普华永道公司的一项研究也显示了类似的结果，能在公司成长期迅速补充员工的企业都是重视招聘、员工职业生涯发展、文化氛围和交流的企业。研究还注意到上述几方面对员工流动性强、稳定员工费用高的企业也很重要。研究提出人力资源战略管理中的重要内容有领导技巧、氛围、价值观、回报、认同感、形象、交流和员工参与程度[12]。

先进的饭店已经认识到招聘过程包括物色合格员工和鼓励他们参加应聘，着眼点就是为员工的供给调整需求。

招聘前期准备

通过图3-7，我们可以看出招聘工作在贴出招聘广告以前就开始了，招聘前期准备包括了一系列相互关联的步骤，从工作分析到明确需要的候选人。下面将归纳

图3-7列出的每个步骤中的一些要点问题，本章后面有更详细的说明。

图3-7　招聘前期准备过程

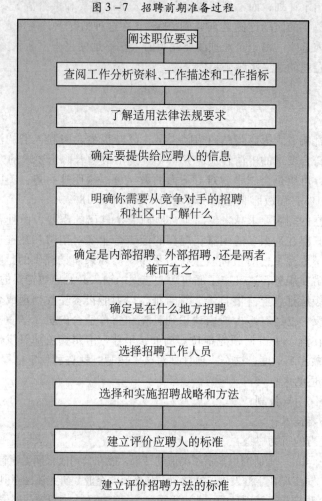

- 阐述职位要求。为了阐述岗位和岗位要求，管理者要理解岗位所包含的主要责任和工作、该岗位所需要的背景特征、从业者应该具备的个性特征、企业文化的核心因素以及管理者的管理方式等[13]。
- 查阅工作分析资料、工作描述和工作指标。管理人员要先看看这些材料是否是最新的、完整的、适用的，是否需要对内容进行修改或增加。
- 了解适用法律法规要求。招聘、人才选拔和晋升过程中有很多问题涉及联邦和州法律、法规，在招聘开始前必须先熟悉这些法律、法规。

- 确定要传达给应聘人的信息。介绍你的企业和职位是招聘过程中的重要部分，很多被招聘广告吸引来的人经常发现实际的工作状况与广告有很大差距。企业应慎重考虑要将什么样的信息传达给应聘者，要尽量反映真实情况，长远考虑。

- 明确你需要从竞争对手的招聘和社区中了解什么。物色潜在应聘者是招聘的首要任务，但不是唯一目的。招聘是经理们了解外部世界的一个绝好机会。从其他企业出来的应聘者会给经理提供与竞争对手进行比较的信息，管理人员也可以了解到自己企业在其他人心目中的形象[14]。

- 确定是内部招聘、外部招聘，还是两者兼而有之。有些企业（如达美航空公司）已经建立起一套体系，即只有最初级的工作由新员工担任，所有主管以上的管理人员都在内部员工中竞争产生。这种制度为员工建立起了一个职业生涯的阶梯，可以促使员工长期留在企业内。当然也有很多成功的企业从员工到管理人员都从外面招聘。内部补充和外部招聘各有利弊，本章后面还将详细介绍。

- 确定是在什么地方招聘。管理人员要清楚内部补充或外部招聘的员工来源。对于外部招聘，管理人员要明确什么地方最可能有潜在的应聘者，学校、竞争企业、公寓区、教堂等。管理人员也要清楚什么地方最适于内部招聘。如果一家连锁饭店要招客房主管，可能最好是从其他饭店的类似岗位上调动，而不是在自己饭店内找。

- 选择招聘工作人员。招聘工作人员是应聘者对企业的第一印象，因此选择适当的招聘人员对吸引合适的应聘者也是很关键的；但经理必须考虑到招聘工作对工作人员的正面及负面影响。如果一个工作人员对自己在企业中的作用有怀疑，招聘工作重新点燃他对企业的信心，也可能正相反。因此选择招聘工作人员也是招聘前期准备过程中的重要一步。

- 选择和实施招聘战略和方法。招聘宣传有很多形式，有时口碑是最好的，有时需要借助大众传媒（广播、电视、报纸和杂志）。不同的渠道面向不同的市场，因此宣传方式的选择对招聘的准备工作是很重要的。

- 建立评价应聘人的标准。通常经理们会撒开一张招聘网，看能捞起什么。这种做法只能带来两个低效率的结果：首先，捞起来的可能既有合适的人选也有不合适的人选，面试那些不合适的人选会浪费经理人员很多时间；其次，很可能真正合适的人一个也没网罗到。这时招聘人员可能会想到只要修改应聘人的标准就能找到合适的人选。要躲开这种陷阱需要事先确立招聘评价标准。

- 建立评价招聘方法的标准。接待每个应聘人的成本、接待次数、应聘人接受聘用条件的比例、工资要求等因素都取决于招聘方法，因此在招聘开始前饭店一定要先明确上述每一个因素的可接受度以及其他的评价标准。

作为招聘前期准备工作的一部分，管理人员要考虑这种人员需求适合内部补充还是外部招聘，人力资源从业者的最终目标是平衡内部提拔和外部聘用[15]。因此，管理人员必须对这两种方式的利弊都有所了解。

内部招聘

我们前面已经提到过，达美航空公司的初级员工由外部招聘、高级员工从内部竞聘的例子，很多饭店也有类似的做法。内部招聘的好处是：

- 改变晋升员工的精神面貌；
- 改变为自己找发展机会的员工的态度；
- 由于管理人员对应聘者非常熟悉更有助于他们选择合适的人选；
- 一人的提升有助于较下层职位一系列人员的提升，可以形成企业的内部职业阶梯；
- 比外部招聘省钱；
- 降低培训费用，因为高层员工的培训总比低层员工培训要复杂。

内部招聘本身也有弊端，如：

- 近亲提拔，一段时期以后企业内部就没有新思想了；
- 会造成有员工踩着别人往上爬的风气；
- 会滋生裙带关系，经理或主管的朋友及亲戚得到了提拔；
- 如果一个部门内的空缺由其他部门的人填补了，会造成部门之间的矛盾。

外部招聘

外部招聘初级员工是最容易的了，因为很容易评价应聘者的技能、技巧。影响外部招聘战略的因素主要为劳动力市场。在劳动力市场中的一些人的知识、技能、态度和能力符合企业的职位需求[16]。外部来源也包括竞争者。经验丰富的人力资源从业者也会到其他公司寻找有才能的人[17]。

尽管比内部招聘要费钱，但外部招聘还是有很多明显的优势，主要有：

- 为企业带来"新鲜血液"和新思想；
- 通过与直接或间接的竞争企业来的员工的交谈，可以给招聘工作人员一个了解外部世界的机会；
- 重新审视自己所处企业的机会，有时这会增加现任员工对企业的自豪感，当应聘者说"你们的厨房比我以前工作的地方干净多了"或"大厅的灯光真让人舒服"时，企业员工会有什么感觉；
- 有时可以省去培训开支；
- 少了很多内部招聘可能会引起的内部纠纷；

- 是企业的一种广告形式，报纸广告、招贴画、路牌标板、招聘会演说等都能提醒公众注意企业及企业的产品服务。

和内部招聘一样，外部招聘也有一些弊端值得饭店经理注意：

- 通过外部招聘很难找到一个适合企业文化和管理理念的人；
- 可能会在企业内部形成一种风气，现职员工看不到提升的希望；
- 外部招聘来的人比内部招聘的人需要更长的时间熟悉工作，因为内部的人已经对整个企业的各方面情况（比如工资系统的运作之类）很熟悉了；
- 外部招聘来的人在短时间内会降低生产效率，因为他们不可能像内部招聘的人那么快地上手；
- 用外来的人也会引起一些人事纷争，比如企业内部的员工自认为完全可以达到外来者的工作水平；
- 最终证明外部应聘者可能和初次表现不同。在短时间内无法对外部应聘者有很多了解；相对来说，管理者对内部应聘者有更多的了解[18]。

招聘来源

通常管理人员只用一些最常用的招聘方法，但很少能真正招到如意的员工。必须承认现在的招聘比过去困难多了，除了扩大招聘来源外（受婴儿潮的影响，饭店不可能仅把眼睛盯着传统的 16~24 岁的就业市场），还有很多招聘方式值得企业探索。

内部来源

内部招聘战略通常包括职业生涯规划、技能列表以及内部招聘公示体系[19]。技能清单、更换和接替图表都能简化内部招聘，而且经理可以通过内部招聘了解谁有能力接受新的岗位，谁有意向做新的工作。在实行内部招聘制度的企业，这些清单、图表尤其重要。为了使员工了解职位空缺情况，通常企业的做法是：

- 在告示板上张贴通告，或在企业内刊上宣布职位空缺情况。无论是通告还是内刊的消息内容都包括工作描述、工作指标要求，让员工了解这个岗位要求的责任和技能。工作招标是指员工在通告上签名表示对应征这个职位有兴趣。
- 利用员工的推荐信息。一些企业很成功地借用现有（内部）应聘人的嘴向外部应聘者传递职位空缺的消息。这种情况下外部应聘者（可以是内部员工的亲朋）会非常相信内部员工的，因为他们更了解企业的情况。另外，员工一般也会推荐一些他们认为优秀的人来应聘，因为他们知道被推荐人的好坏也能让人了解推荐人的判断力。尽管有很多公司称他们利用这种员工推荐的方法招聘雇员，但 1999 年的一项研究显示虽然这是一种最经济有效的招聘方法，但员工有时不像他们自己说的那样卖力推荐。比如，研究发现很多企业经理不懂得如何有效地让员工积极推荐，如给予奖励、晋升或许诺晋升机会等[20]。把推荐作为唯一的招聘方式可能会有负面的法律影响，因为这可能会导致对受保护群体的歧视。比如开在白人区的餐馆或饭店，其员工可能以白人居多，如果单纯使用员工推荐的方式招募员工，这种公司政策就可以被视为歧视。

外部来源

当地条件会限制外部招聘者的来源，但我们可以通过下列有代表性的网点找到一些对饭店企业有价值的员工来源：

- 职业中介——州立的和私人的；
- 学校——高中职业招聘会，经理到学校做讲座，在学校的帮助就业机构贴广告，和教师进行个人接触，参与一些实习活动；
- 大学——招聘会，接触大学的帮助就业机构，到大学做讲座，接触教师，参加实习活动，接触校园内的社交或专业团体，饭店管理教学活动，接触宿舍管理人员；
- 教堂；
- 青年团体；
- 公寓区——洗衣房告示板，"门柄通告"；
- 公寓内刊；
- 本地运动队（赞助）；
- 妇女团体；
- 托幼中心；
- 专业和行业杂志；
- 行业中心；
- 健身中心；
- 老年人团体；
- 政府的分年龄组单位；
- 残疾人中介机构[21],[22]；
- 学生组织——未来家庭协会、未来美国农场主、美国职业教育俱乐部等；
- 销售、供货和机械代表；
- 参加社团活动；
- 城市联盟之类的技能培训和职业中介——越南难民基金会、美国墨西哥人就业基金会等；

- 政策再就业中介；
- 商业部；
- 社交（保健）组织——基督教男青年会（YMCA）或基督教女青年会（YWCA）；
- 社会服务机构——美国红十字会或救援部队；
- 志愿者组织——女选民联盟、无家可归者的归宿、健康中介等；
- 迎新组织——欢迎大篷车、你好俱乐部、新人等；
- 军队组织——当地国民卫队中保守和活跃组织；
- 公开招聘会；
- 在你外出吃饭、购物或其他日常活动中发现的其他饭店企业或其他服务机构的雇员；
- 美国饭店业协会；
- 美国餐馆协会；
- 当地及州捐助活动——如为穷困者捐赠衣物和食物；
- 在当地便宜的报纸上登广告。

连锁企业中其他企业的员工也是一个雇员来源，比如遇到其他企业的季节性裁员。以两家索尼斯塔饭店为例，一家在佛罗里达的塞尼布尔岛，另一家在马萨诸塞州的坎布里奇，这两家酒店就有一个淡季交换员工的协议[23]。

退休员工也会愿意在人手不够的情况下以及其他情况下提供帮助。同样，声誉比较好的前任员工和现在的兼职雇员也可能会短期工作一段时间[24]。另外，饭店也可以借鉴一些在小企业应用非常成功的方法：

- 电话招聘；
- 专业人才卡；
- 销售点信息；
- 信件招聘计划；
- 数据库招聘；
- 政府赞助计划；
- 信息研讨会；
- 推荐人奖励法；
- 签约雇佣奖[25]。

有创意的招聘技巧

一些饭店企业开发了几种有创意的招聘方法来克服劳动力短缺的问题。如：万豪开发了一个招聘和培训无家可归者的计划。国家餐馆协会和美国饭店业协会也开发了一些方法。其中一项是名为饭店企业联盟（HBA）的计划，旨在寻找和鼓励高中生参加饭店培训，使之日后成为饭店员工或主管。这个计划的关键在于，需要一些饭店企业能与学校合作并提供从学校到工作的指导[26]。雇主集团是一个 3 家饭店管理公司 25 名雇主的联盟，主要从事招聘雇员的合作开发[27]。

　　另外，一些企业发现跟上招聘的时代潮流是现在最难的事，如更多地关心员工的思想、身体和精神（这听上去像新时代的宣传口号）是最基础的也是最有效的。这种方法是把员工管理侧重于在传统或非传统企业中培养员工的终身技术、生活品位、个人兴趣规划等，这样做的结果是提高招聘的质量和员工队伍的稳定性，因此这种方法值得尝试[28]。

图 3-8　互联网词汇表

互联网词汇表			
Flame	通过电子邮件向用户网络信息组发送的侮辱、恶毒、毁性的消息	Search	互联网上一种网站的引擎，可以用目录方式列出搜索到的信息，使用户可以以一种系统的方法查找自己需要的信息
ISP	互联网服务供应商，即将用户和互联网相连的公司		
Listservs	清单排列服务器，即自动排列电子邮件的机器和软件	Thread	与一个初始的帖子有关的所有在用户网站新闻组的文章帖子（包括初始的那个）
Lurk	将读到的信息用电子邮件发送给讨论小组或新闻组而不附加任何自己的说明，同时使邮件符合清单的规则和代码	Unmoderated	邮件清单完全自动排列，尽管有一个清单主人，但他/她不能在没有发送清单时就主动查看以前的邮件信息
Moderated list	一种具有缓冲和过滤电子邮件功能的邮件清单	URL	独立资料适配器，即用于链接或访问某个网址的地址
Netiquette	是希望用户用电子邮件或发帖子到新闻组的沟通方法	UseNet	用户网络，指互联网上新闻组和电子告示板的区域

　　资料来源：Eric R. Wilson，建立你自己的招聘战略（《人力资源焦点》，1996年11月，7）

在线招聘

在数字空间招聘现在已经越来越流行了。很多企业通过网上职业中介或自己的网站在全国范围内招聘人才。已经有很多人在研究在哪一个网站招聘最有效，一般都是看网站的质量，包括可读性和是否能有效触及潜在客人或雇员。如果像某些网站那样把每一个潜在的网络浏览者都看成是客人或雇员的话，那在网上发布招聘信息是绝对有必要的。这个观念是高科技企业创造的，但很快波及了所有行业。现在，潜在应聘者可以就职位情况、企业的增长情况、培训和福利情况等关于企业的各种信息要素来帮助他们做决定。好的网站可以直接接受网上应聘或链接到招聘网站上。

除了企业自己的网站外，互联网上还有很多猎头、招聘、工作推荐等网站，如：www. monster. com、www. biz – buyer. com、Aquent Partners、www. flipdog. com、www. fu-turestep. com、www. employment911. com、www. careercentral. com、www. internsnet. com、www. internweb. com、www. job. sleuth. com、www. careermag. com 等。

雇主也能很容易地在互联网上找到关于雇员的其他信息，如员工外包等。

互联网为不熟悉某些方面招聘工作的人提供了大量信息，在诸如 askme. com、webhelp. com 等网站上，雇主可以提出关于如何招聘的问题，由专家回答。这类网站通常会指导雇主到哪些网站上去找雇员来源。如果这样仍不能解决问题的话，雇主可以再通过网站在全世界的报纸上发布广告信息，如 advertise123. com，如果雇主在这个网站上登广告就等于在美国的各大城市做了广告。

另外，从互联网上还可以买到或租到应聘人追踪软件、人力资源信息软件等，图 3 – 8 给出了互联网上常用的一些词汇及解释。

在互联网上做广告的一个好处就是能很快地得到答复，因为信息在网上的传播几乎是瞬时的，应聘者能在看到信息后马上应聘。除了上述资源外，饭店企业还可以在自己的企业网页上向应聘者提供直接联系方法，这些网页的地址可以在网上搜索到。图 3 – 9 列出了几类电子招聘工具。

广告

不论采用哪种收集应聘人来源的方法，饭店企业必须首先明确关于刊登招聘广告的法律规定，以及广告针对的市场。

在很多地方，饭店必须先获得许可才能在外面张贴告示，为了避免非法歧视，企业对广告的措辞也要非常小心。

在对外招聘前，饭店应首先做好工作分析，写好工作描述和指标要求，这样可以保证在招聘过程中发现并录用合适的人。

图 3-9　电子招聘工具

✓ **在线职业中心**：简历数据库和工作招贴网站，由Hallmark，GTE，AT&T，Apple等几家公司合办的。你可以先搜索简历数据库或在电子通告栏下免费张贴无数个招工广告，或者加入网站的非营利性组织，一次性交费就可以在网上挂一个企业主页的徽标或图形，需要更多信息请电:(319) 293-6499。

✓ **美国在线职业中心**：AOL（美国在线）针对找工作的人的职业中心，但公司也可以在上面发布招聘广告，详情请电美国在线：　(703) 448-8700。

✓ **E-Span公司**：出售工作搜索软件的广告网站，你可以简索电子简历数据库或浏览整个网站，购买了他们的软件会赠送一条填充式的招聘广告，详情请电：(317) 469-4535。

✓ **Career Mosiac（职业马赛克）**：可以发布招聘广告，广告由Bernard Hodes广告公司代理，也有为找工作的人设立的职业中心，详情请电:(212) 758-2600。

✓ **CHRIE HOSTEUR网站**：饭店业简历银行，详情请接洽饭店、餐馆及教育学院国际委员会，(804) 747-4971，http://www.chrie.org。

资料来源:《人力资源焦点》(1996年6月，13页)

　　拥有13.1万名员工的万豪酒店是一个成功从网上进行招聘的例子。酒店发现利用企业的网站（www.mariott.com）对内、对外进行招聘是一种省钱有效的方法。和很多企业一样，万豪酒店也在大学校园里进行招聘；但不同的是，他们一般都去国际学生比较集中的大学，并招收愿意回本国的万豪连锁酒店工作的毕业生。另外，万豪酒店还在一些城市设有地区招聘点，如华盛顿特区、凤凰城和波士顿，这些招聘点一般都在繁华区零售店的一层，每天都有无数的潜在雇员路过，为他们提供一站式招聘服务。

　　万豪酒店有一套针对社会福利领用者的工作熟悉和基本技术训练方案，名为"通向自立之路"。事实证明，这是一套行之有效的员工招聘途径。这个方案使许多潜在雇员能力变得更强。据万豪酒店称，雇员中参加这个计划的有80%的通过率，90%的人在计划后90天时间内仍留在企业，50%的人1年后仍留在企业。万豪酒店还在其赞助的华盛顿特区的饭店职业高中使用同样的方法[29]。

　　万豪酒店的主管和管理层职位以内部招聘为主，有效地利用"自产"经理。集团的每个饭店都有一个管理候选人评估委员会，包括一个部门经理和几个执行委员会成员。这个委员会的主要任务是对一些接近管理层需要接受管理人员培训的员工进行评议，如果发现某个员工确实有管理才能，委员会将为他在企业内找一个管理职位让他得到锻炼。饭店的培训主管和培训经理会向接受管理人员培训的员工发一个工作记录本,记下他们的学习心得,过一段时间由指导者检查这个工作记录本。这个计划实施至今非常成功,万豪酒店每年有 30% ~ 40% 的管理人员应聘者都是来自企业内部的员工。

来源评估及其方法

决定招聘是否成功的关键在于每一种人才来源中,每多花 1 美元可以带来的员工雇用比例。迄今为止还没有资料显示在饭店行业中有人做过这种对不同招聘方式的效果比较,但这种比较需要的信息并不难找。管理人员要保留各种招聘方法的资料用于事后的评估,这些资料应包括招聘成本(时间和金钱)和所吸引到的实际受雇用人数。从应聘者角度看,有调查显示直接向雇主申请是最可能得到工作的途径,其他较有效的方法还有根据当地的报纸广告应聘,找私立或州立的职业中介,由学校的就业机构推荐等[30]。

到目前为止,对饭店行业不同招聘途径的相对有效性还没有明确的界定,但有人对某种特定途径的效果做过研究。根据这些研究,每一种招聘方法的产出率是方法选择的重要依据。例如,一项关于小企业(大部分饭店属于此列)的研究发现,在报纸上登广告或利用以往的应聘人的效果不如在内部员工中通告提升机会。如果以员工工作天数计算的话,内部招聘的效果比外部招聘高出 1 倍[31]。

美国餐馆协会在 1998 年年底做过一次调查,看他们的会员更愿意用哪一种招聘方法,图 3 - 10 列出了这次调查的结果。一项关于饭店企业面向老年员工进行招聘的调查发现,一般来讲老年员工的工作表现是令人满意的,主要表现在他们的可靠性、工作态度、成熟程度、工作质量等方面上,尤其是他们在处理与顾客和与其他员工的人际关系、自信、分析和领导能力、决断力、坚忍性和创造性等方面表现得特别突出[32]。

1999 年餐馆行业的一次关于招聘和选用员工方面的社会调查显示:

- 行业不信任传统的劳动力来源;
- 雇主在招聘方面的工作比较被动;
- 学历不是雇主选用员工的标准;
- 工作经验不是雇主选用员工的标准而实际上是;
- 开发冷门的招聘方法;
- 喜欢把自己的企业说成与其他餐馆完全不同的企业(这就等于说不用去对照应聘者以往的工作表现);
- 选择员工的主要标准是看他有没有工作热情[33]。

图 3 - 10　餐厅服务员招聘来源比例调查　　　　　　单位:%

招聘方法	低于 8 美元	8 ~ 14.99 美元	15 ~ 24.99 美元	高于 25 美元
雇员推荐	54	62	62	56
直接找到企业	40	43	41	37
报纸广告	45	43	38	44
大学/学校	26	23	35	38
招聘会	22	16	15	26
针对少数族群的招聘	16	12	13	22
职业中介	18	13	26	16
政府就业办公室	26	23	16	16
互联网	16	11	15	13

　　资料来源：美国餐馆协会对招聘方法的调查，引自《美国餐馆业》杂志 1998 年 10 月号
(24 页) 布鲁斯·格林德的《招徕和稳定雇员》。

应聘者眼中的招聘

　　管理人员需要了解应聘者的态度主要有两个原因：首先，管理人员可以从应聘者那里了解其他招聘工作人员的作用；其次，管理人员自己可能曾是或将会是应聘者之一。以下内容将让你站在应聘者的角度看看招聘人员到底在找什么样的人，应聘者如何准备应聘面试和他们一般会问的问题。

招聘者在寻找什么

　　几年前，新罕布什尔大学饭店及餐馆管理系的两名教授做过一项关于饭店企业在大学校园里招聘的研究，希望找出影响他们对毕业生选择的最重要因素有哪些。他们发现最重要因素是个人特征，如外貌、第一印象、个性等[34]。琼斯、伊佐洛和克里斯蒂安松在对 43 家饭店企业进行了调查之后，得出了相同的结论[35]。由此可见，饭店企业的招聘是非常强调个人气质的。

　　另外还有些研究发现，招聘工作人员还看重一些个性和相貌之外的东西。最近的一项调查显示，在大学校园里的招聘人员很想知道应聘者的优缺点以及这些是如何影响他们以前的工作的[36]。很多专家认为，应聘者要想在面试中表现出众，事先的准备是很重要的。

　　由于面试的时间只是一个交流过程，应聘者的技能水平在以后才能越来越显示出来。应聘者应该注意以下事项：

- 应聘者应该清楚地阐述自己的工作经验和技能，应该表现出很专业，展示自己的个性。应聘者应该是本人应聘该工作；

- 应聘者应该仔细倾听，应聘者将希望记住面试官所提供的关于该工作的信息，并且希望能够回答面试官提出的问题；

- 应聘者应该是积极的。雇主不希望听到关于不好的体验的借口感受。如果面试官问的问题是关于低成绩、突然离职或者负面的经历，应聘者应该主要谈事实，或者从中学到教训；

- 应聘者应该注意自己的行为，和面试官有眼神的交流，坐直身体，两脚着地，避免打响指等小动作，微笑地向面试官致意；

- 应聘者不应担心面试的中断。应聘者需要一些时间来设计如何回答问题，面试官也需要时间来思考清楚地表述问题。没必要面试中的每一刻都在交谈。

准备应聘面试

很多应聘者在面试前几乎对招聘企业一无所知，这是个很大的错误。应聘者应该在第一次面试前对公司情况做一些调查，调查内容包括企业现在的经营范围、最新动态、经营方向、股评人士对该公司的分析等。应聘者可以通过网络了解到很多企业及该行业的信息。可以通过 hospitalitynet. org、ehotelier. com 等网站获取行业的最新新闻，关于企业的信息可以从企业网站获得。在做了初步调查后将目标锁定在几家企业上，然后进行深一步的调查。

大部分饭店企业的情况在《住宿饭店业》、《住宿》、《饭店》、《饭店及度假村行业》、《度假村开发与经营》、《度假村行业》等行业杂志上都能找到。关于餐馆企业的信息可以从《美国餐馆》、《餐馆及学校》、《餐馆业》、《国家餐馆报》等刊物上找到；饭店行业的其他类型的企业信息可以从行业杂志或行业协会处得到；如要找俱乐部管理信息，可以翻阅行业杂志《俱乐部管理》或找美国俱乐部经理协会（CMAA）。

关于会议中心管理的信息可在《协会与会议》、《会议》和《会议管理》杂志上找到。另外，《航空业》杂志上有关于航空公司的信息，《滑雪区管理》提供与滑雪度假区相关的信息。还有些企业信息可在一些商业杂志报纸上找到，如《财富》、《华尔街日报》、《福布斯》、《巴伦周刊》和《商业周刊》。关于饭店企业的资料应聘者还可以从很多其他来源获得，大学里的图书管理员通常可以帮忙查找饭店企业信息。统计和商业期刊的索引、企业调研报告、国际和国内企业名录、行业调查汇编等都是当地图书管理员很容易拿到的资料[37]。

招聘者会问什么

不论采用什么形式，招聘者一般都会问类似的问题，尽管问的形式各不相同。

图 3 – 11 列出了招聘工作人员一般会问的问题。

图 3 – 11 一般面试问题

相关工作背景
- 你以前的工资总收入和净收入是多少?
- 你是否一般每周工作 40 小时? 你会加班多长时间?
- 你都有过什么福利待遇? 你为此要付多少钱?
- 你希望什么样的工资水平? 你可以接受的最低限度是多少?
- 一周中哪几天对你最合适?
- 你以前周末工作过吗? 在什么地方? 多频繁?
- 你最喜欢当什么班? 什么班你不能做?
- 工作之前你经常去哪里?
- 你希望一周工作多长时间?
- 你是一个早上效率高的人, 还是一个晚上效率高的人?
- 你如何能保证按时上班?
- 你的交通方式可靠吗?
- 你认为一年中迟到或缺勤几天算是正常吗?
- 你刚参加工作时作的是什么职位? 你前一份工作的职位是什么?
- 你在前一家企业的起薪是多少? 你离开时的薪水是多少? 你是如何获得加薪的?
- 前一家企业有多少人是你的领导?
- 你最主要的工作职责是什么?
- 你在下一次工作中要避免的 3 件事是什么?
- 你希望有什么样的主管?
- 你为什么选择这类工作?

教育及智能
- 你最喜欢和最不喜欢的学科是什么?
- 你觉得你的成绩能反映你的整体能力吗?
- 你取得好成绩的主要原因是什么?
- 你有没有想过要继续学习深造?
- 你为什么选择这所学校、这个专业?
- 这是一所好学校吗? 为什么?
- 如果你能重新来过, 你还会做同样的选择吗? 为什么?
- 在过去的 6 个月中你学到的最重要的东西是什么?
- 你喜欢看书吗? 喜欢看什么书?

续

身体条件

- 你业余时间喜欢做什么？

- 你在前一个企业工作时迟到或缺勤过多少次？你觉得那是正常情况吗？迟到或缺勤的原因是什么？

- 在你前一个工作企业中，他们对迟到或缺勤管理得是不是很严格？你觉得他们的制度公平吗？他们曾经找你谈过吗？

- 你认为什么样的睡眠才算是好的睡眠？

个性特点

以下是些通用问题，更适用于年轻人。

- 你家里对你当厨师怎么想？

- 你做第一份工作时多大年龄？

- 你的第一份工作是什么？

- 你的第一个老板怎么样？

- 你怎么找到第一份工作的？你最近的一份工作是什么？

以下是些通用问题，可以根据你的需要更换工作岗位。

- 前台接待员和预订员，你认为哪一个责任更大一些？

- 你认为正餐服务员之间的竞争是不是太厉害了？

- 你如何对待一个从来不给小费的客人？

- 你是否遇到过对什么非常不满意或经常抱怨的客人？你如何平息客人的怒气？

- 你是否曾受到不公正的责骂？

- 你认为厨师辞职的主要原因是什么？

- 你觉得一个称职的前台接待员最重要的职责是什么？为什么？

- 为什么客房服务员的工作非常重要？

- 如果主管坚持让你用一种方法干一件事，而你明知有更好的方法时你会怎么办？

- 你有没有碰到过偏心的主管？对此你会怎么处理？

- 你最想去哪个企业工作？最不想去哪个企业？为什么？

- 如果你管理这个部门你会做什么改变？你曾经试过这种改变吗？

- 你在工作中的最大成就或贡献是什么？

- 你会愿意再回原单位工作吗？为什么？

- 谁是你曾经接触过的最好的主管？谁是最差的？

- 你认为哪些是你能为企业带来的而其他应聘者不能的？

- 是什么使你做一份工作做了这么久？

- 你认为你前一个工作企业的产品很好吗？

续

- 你离开前一份工作时提前多久通知他们的？为什么？
- 你曾经独立出面作出过什么决定吗？你作这个决定花了多长时间？你在作决定前都考虑过什么？
- 你前一个老板和同事是怎么形容你的？
- 前一个工作业绩评估中认为你需要改进的地方是什么？
- 你从工作中学到的最主要的东西是什么？
- 你最大的三种财富是什么？
- 你觉得自己最需要改进的三个方面是什么？
- 你对现状和收入满意吗？你觉得这体现了你的真实价值吗？
- 你做过的最值得骄傲的事是什么？
- 你希望5年以后你在做什么？10年以后呢？你如何向这个目标努力？
- 在你身上发生过的最可笑的事是什么？

对管理人员的问题

- 你离开前一个岗位时是谁接替了你？
- 你对你的员工做过什么样的培训？
- 你过去的12个月中为改进你所管理的部门和客户做过什么工作？
- 你认为对于经理来说最重要的是什么？
- 你最大的竞争对手是谁？他们有什么优势和劣势？
- 你是否曾有过不受支持的观点？
- 作为主管，你的员工怎样形容你？
- 你为什么觉得现在的员工很难鼓动？
- 在你前一个岗位上你曾解雇过多少员工？什么理由？

　　资料来源：戴维·惠尔豪斯著《饭店业人力资源管理》(兰辛，米奇：美国饭店业协会教育学院，1989)，90－91页。

　　招聘者面试时会带有个人的主观偏见，一项对到大学招聘的招聘人员的态度调查发现，他们对应聘人员感兴趣的方面是：

- 工作经验（25.7%）；
- 是否愿意离开居住地（15.1%）；
- 课程以外的活动（13.9%）；
- 平均成绩（10.1%）。

这个调查结果显示招聘人员认为很多其他因素要比成绩重要[38]。

招聘者表示面试技巧是他们做决策时考虑的一个很重要的因素。以下是应聘者可以借鉴的一些面试技巧：

- 应聘者应该突出自己与该职位相关的技能和经验，让面试官认为该应聘者具备一定的技能和经验。雇主需要有专门技能的人解决某些问题，应聘者应该恰当地描述自己的资格条件；
- 应聘者应该提前 10 ~ 15 分钟到面试地点。到得太早会让面试官觉得奇怪也会很尴尬，迟到则会造成不好的第一印象。在商定面试时可以问一下交通路线；
- 应聘者应该携带文件夹记事本，至少要携带有企业名称的手风琴式（马尼拉式）文件夹。应聘者应该多带一份简历以及要问的问题列表，这些问题将有助于应聘者作出决定。应聘者不应该在面试时不停地做笔记；
- 面试之后，应聘者可以记下所有面试官的姓名（确保拼写正确）和职位，他们对面试的印象、他们未问到的问题以及他们获得的信息。如果应聘者频繁应聘，这会有助于应聘者对面试官和环境有更多的了解。

最后，应聘者在每次面试结束后应该致一封感谢信。企业会将此认为该应聘者注重细节并对此职位感兴趣。

人力资源信息系统

人力资源信息系统（HRIS）是指收集、存储、组织、分析、汇报人员和工作情况的方法，是招聘工具之一。这个系统主要用于更快捷有效地储存和查找信息，进行分析。当然使用人力资源信息系统的关键是找到你真正需要的东西。

10 年前，大部分人力资源信息系统的使用需要大型电脑和专业操作人员，现在的系统要既能和企业内部网络（局域网）也能和互联网（因特网）上的招聘网站相兼容、相链接。有远见的公司早已建立起"虚拟劳动队伍"的链接，以提高招聘、人才选拔、岗位接替等工作的效率[39]。

一般人力资源信息系统存储的信息包括：

- 个人资料：姓名、社会保险号、性别、出生日期；抚养人的姓名、年龄、性别；婚姻状况；民族；住址及电话号码；紧急情况可联系的亲友姓名及联系电话等。
- 招聘资料：聘用日期、招聘人、应聘人来源、推荐的经理或主管的姓名、面试日期、雇用通知日期、主要雇佣条件、加入工资名单的日期；如果未被聘用，拒绝的理由；测试成绩等。
- 工作经验资料：主管的姓名和职位、工作经历、工作技能、受过的培训、课程时间及类型。

- 工资/津贴分配资料：工资或薪金历史、下一次发工资的日期、下一次的工资数、职称、周/月工作时数、评估报告及下次评估日期。
- 福利计划资料：医疗/意外伤害保险计划（个人和家庭）、养老金计划、休假及其他福利计划。
- 离职面谈资料：工资表注销日期、自称离职原因、变更地址、新雇主姓名地址、是否能被重新雇用、离职理由等。

人力资源信息系统中的资料可用于多种用途，如用于准备营运报告、制度报告、分析报告等。饭店营运报告中包括工作空缺信息、工资报告、招聘报告等内容。制度报告（包括必须每年提交给公平就业机会委员会和职业安全及健康管理机构的年度报告）也可以使用系统所收集存储的现成资料。很多人认为使用人力资源信息系统的最大好处体现在分析报告的编写，如饭店要写一份关于某种招聘方法与营业表现之间关系的分析报告，有了人力资源信息系统的帮助这份工作就非常容易了，否则会牵涉不少人工。

但这个系统也存在一些问题，如饭店可能会在系统中存一些容易了解的信息资料，根据这个资料库整理出来的报告可能很"有趣"但没什么用。由于资料已经是现成的了，一些系统经理会因系统的使用而使企业陷入文件堆中。

1974年的《联邦隐私法》限制在联邦所属机构中收集某些资料，这可能是限制私人企业资料收集范围的一个前兆。因此使用HRIS系统的企业要检查系统，从以下3个方面防止资料收集涉及个人权利：（1）个人有权阅读、复制并修改自己的个人文件；（2）个人有权禁止个人信息用于其他用途，收集资料时事先声明的用途除外；（3）个人有权因个人权利受到侵犯而起诉。从饭店管理者的角度看，应从以下3个层面对此进行保护：（1）建立起信息收集和使用的规章制度；（2）让雇员都了解这些制度；（3）要求雇员阅读并签署与这些制度有关的文件。这样，企业既可以保护雇员个人也可以保护企业。

系统误差

人力资源信息系统所犯的错误经常与企业所选择的系统有关。研究表明管理人员在估计系统的成本时经常犯错误。根据经验，整套系统的引进成本比单买软件和硬件的费用高出7倍，也就是说如果单买软、硬件要花1万美元，引进整套系统需要8万美元[40]。除了费用以外，使用人力资源信息系统的企业还要注意以下几点：

- 经理和用户要积极参与安装过程，诸如安装人员装完系统还没教会使用人员就离开的事情是经常发生的。

- 所收集的信息资料要与实际需要有关。
- 在选择系统之前先要做彻底的分析报告。分析一般分 5 个步骤进行：
  ——进行需求分析（需要系统做什么）；
  ——卖家对比（选用哪家供应商的产品？他们的信誉名声如何）；
  ——客户化程度（需要系统能在多大程度上适应客户的特殊要求）；
  ——技术测试（在选择前应做什么样的系统测试）；
  ——试用（在使用初期卖家会提供多少技术支持）[41]。

管理人员应该清楚，人力资源信息系统和各种预测、清查方法与规划图表一样，都是辅助管理人员达到某种目标的工具。

外包

企业部分功能外包也是缓解企业员工不足问题的方法之一，比如有不少饭店利用保安公司或其他专业服务公司为企业服务[42]。还有些企业"租用"员工，这就等于把招聘员工的责任和压力转移到租赁公司上了。1991 年的一项调查显示，全国共有 75000 名员工可被随时租用，预计到 2000 年 20% 的小企业（全国共有 440 万雇员人数在 35 人以下的小企业）会租用员工，产生约 1000 万个员工租赁机会。

根据穆尔蒂和穆尔曼最近的一篇文章，饭店行业正逐渐改变雇员租用制度，经过慎重选择后，饭店企业会主要接触一些有实力且可靠的租赁公司。文章还介绍了如何寻找租赁公司和什么时候找他们[43]。

饭店功能外包的另一个主要方面是将饭店的餐饮项目包给餐饮企业。如哥伦比亚艾赛克斯就在雷迪森开设"星期五餐厅"并出售餐厅的特色餐饮[44]。

注释

[1] E. Tucker, T. Kao, and N. Verma, "Next Generation Talent Management Insights on How Worldforce Trends are Changing the Face of Talent Management," *Business Credit* 107 (July/August 2005): 7.

[2] Tucker et al.

[3] Tucker et al.

［4］ Tucker et al.

［5］ B. Macaleer and J. Shannon, "Does HR Planning Improve Business Performance?" *Industry Management Industry* (January 2003).

［6］ 援引自 Macaleer and Shannon.

［7］ 关于技能财富的更多资料见 Paul Sheiber, "A Simple Selection System Called 'Jobmatch'," *Personnel Journal* 58 (1979): 26 – 29.

［8］ 关于饭店行业人员流动的更多资料见 Robert H. Woods and James F. Macaulay, "R for Turnover: Retention Programs that Works," *Cornell Hotel and Restaurant Administration Quarterly* 30 (May 1989): 78 – 90.

［9］ "As Baby Boomer Reach Retirement and Companies Face a Labor Shortage, Developing Current Employees Should Be the Answer," New York: Catalyst, June 6, 2005. www.catalystwomen.org.

［10］ Norma D' Annunzio-Green, Gillian A. Maxwell, and Sandra Watson (eds.), *Human Resource Management: International Perspectives in Hospitality and Tourism* (London: Continuum, 2002), 17.

［11］ Stephen Brewer, "Luxury Hotels," *Lodging Hospitality* 50 (June 1994): 58.

［12］ Pamela F. Weber, "Getting a Grip on Employee Growth," *Training and Development* 53, (May 1999) 4: 87 – 91.

［13］ Harvard Business Essentials: Hiring and Keeping the Best People (Boston: Harvard Business School Press, 2002), 2 – 3.

［14］ 关于从招聘过程中能了解什么的更多资料见 Robert I. Sutton and Meryl R. Louis, "How Selecting and Socializing Newcomers Influences Insiders," *Human Resource Management* 26 (Fall 1987): 347 – 361.

［15］ D. V. Tesone, *Human Resource Management in the Hospitality Industry: A Practitioner's Perspective* (Upper Saddle River, N. J.: Pearson/Prentice Hall, 2005), 106.

［16］ Tesone, 105.

［17］ Tesone, 107.

［18］ L. Dean Webb and M. Scott Norton, *Human Resources Administration: Personnel Issues and Needs in Education*, 4[th]ed. (Columbus, Ohio: Merrill/Prentice Hall, 2003), 264.

［19］ D'Annunzio-Green et al., 17.

［20］ "Maximizing Employee Referrals," *HR Focus* (January 1999): 9 – 10.

[21] Julie Fintel, "Looking for Help in All the Right Places," *Restaurants* USA (November 1990): 31.

[22] 关于饭店雇佣中的残疾人问题的更多资料见 Jeff Weinstein, "Ready and Able," *Restaurants and Institutions* (28 November 1990): 68.

[23] 关于这个计划的更多资料见 Megan Rowe, "The Industry Cries Out for Help," *Lodging Hospitality* (September 1990): 58.

[24] Webb and Norton, 265.

[25] Catherine D. Fyock, "Resourceful Recruiting," *Small Business Report* 17 (April 1992): 49 –58.

[26] Milford Prewitt, "High School Training Programs Offer Solution for Labor Shortage," *Nation's Restaurant News* 30 (18 March 1996): 70.

[27] Robert Klara, "In the Struggle for Labor, Some Find Strength in Numbers," *Restaurant Business* 95 (10 June 1996): 24.

[28] "Maximizing Employee Referrals," *HR Focus* (January 1999): 9 – 10.

[29] "Marriott's Welfare-to-work Program, Pathways to Independence, Reaches 10-Year Milestone," The Timeshare Beat Inc., online forum for the International Association of Timeshare Professionals, December 19, 2000, http://www.thetimesharebeat.com/archives/2000htl/htldec75.htm.

[30] Carl Rosenfeld, "Job Seeking Methods Used by American Workers," *Monthly Labor Review* (August 1985): 40.

[31] H. G. Heneman and R. A. Berkley, "Applicant Attraction Practices and Outcomes Among Small Businesses," *Journal of Small Business Management*, (January 1999) 371: 53 – 74.

[32] Frederick J. DeMicco and Robert D. Reid, "Older Workers: A Hiring Resource for the Hospitality Industry," *Cornell Hotel and Restaurant Administration Quarterly* 29 (May 1988): 58.

[33] D. B. Bills, "Labor Market Information and Selection in a Local Restaurant Industry: Tenuous Balance between Rewards, Commitments and Costs," *Sociological Forum* 14, (December 1999) 4: 583 –607.

[34] Mel Sandier and David Ley, "Corporate Recruiters: What Do They Really Want?" *Cornell Hotel and Restaurant Administration Quarterly* 29 (August 1982): 42 –45.

[35] T. Jones, A. W. Izzolo, and D. J. Christianson, "Campus Recruitment: A

Four-Year Program Profile," *FIU Hospitality Review* 2 (1993): 73 –79.

［36］ Ellen Kaplan, "College Recruitment: The View from Both Sides," *Personnel* (November 1985): 44 –48.

［37］ 读者们可以从下面的来源找到关于企业和协会资源的信息清单，*MBA Field Studies: Aguide for Students and Faculty*, edited by Raymond Corey (Boston: Harvard Business School Publishing Division, 1991).

［38］ Michael I. Sciarini, Robert H. Woods, and Phillip Gardner, "A Comparison of Faculty, Recruiter, and Student Perceptions of Important Pre-Screening Characteristics, " *Hospitality and Tourism Educator* 7 (Winter 1995): 21 –25.

［39］ "Which HRIS Technologies Best Support the Virtual Workplace?" *HR Focus* (February 2000): 6 –9.

［40］ R. B. Frantzreb, "The Micro-Computer Based HRIS: A Directory," *Personnel Administrator* 31 ［9］ (1987): 67 –100.

［41］ Cynthia D. Diers, "Personnel Computing: Make the HRIS More Effective," *Personnel Journal* (May 1990): 94.

［42］ Carol Sue Ravenel, "A New Way to Satisfy Guests," *Lodging Hospitality* 48 (May 1992): 32.

［43］ Bvsan Murthy and Suzanne K. Murrmann, "Employee Leasing: An Alternative Staffing Strategy," *Cornell Hotel and Restaurant Administration Quarterly* 34 (June 1993): 18 –23.

［44］ Megan Rowe, "If You Can't Beam'em, Join'em," *Lodging Hospitality* 49 (December 1993): 57 –59.

🔑 主要术语

自下而上的预测（bottom-up forecasting）　根据各部门经理的预测而对整个企业的雇员需求进行预测的方法。

外部招聘（external recruiting）　从企业外找应聘者补充到企业内的空缺岗位上。

人力资源信息系统（human resource information system, HRIS）　收集、储存、组织、分析和汇总企业人力资源和岗位情况的一种电脑系统。

内部招聘（internal recruiting）　从企业内部找应聘者补充到空缺岗位上。

工作招标（job bidding）　在企业内部张贴空缺岗位清单，让有兴趣的员工在上面签名的过程。

工作招贴（job posting）　在企业内部或外部张贴企业岗位空缺情况。

劳动力需求（labor demand）　在某个特定劳动力市场的人力资源需求。

劳动力供给（labor supply）　在某个特定劳动力市场的人力资源供给。

管理清单（management inventory）　现在管理人员处理问题的能力的评价清单，可作为对内部管理岗位应聘者的评价标准。

管理接替计划（management succession plan）　明确具备管理人员水平和能力的可供接替管理岗位的人员，依此建立起的书面接替计划。

招聘前期准备过程（pre-recruitment process）　在做招聘广告前要做的一系列准备工作。

招聘　指企业吸引符合要求的申请应聘者并从中挑选出最适合职位要求的人。

更换图表（replacement chart）　估计某一岗位的内部人力资源供给的一种管理工具。

技能清单（skills inventory）　当前雇员的技术、能力、资历、职业目标等情况的清单，用于对内部招聘物色合适人选。

接替图表（succession chart）　用于考察企业中某一职位的可接替人选的一种管理工具。

自上而下的预测（top-down forecasting）　用量化和统计的方法进行人力资源预测的方法。

趋势分析（trend analysis）　根据以往业绩预测未来趋势的一种预测方法。

复习题

1. 招聘前期准备都包括哪些步骤？
2. 劳动力需求预测的基本步骤是什么？
3. 建立更换和接替图表的目的是什么？
4. 什么是自下而上的预测？这种方法有什么优缺点？
5. 什么是自上而下的预测？这种方法有什么优缺点？
6. 内部招聘有什么利弊？
7. 外部招聘有什么利弊？
8. 根据人力资源信息系统可以生成哪3种报告？这些报告是如何利用这套系统的？

9. 在使用人力资源信息系统时管理人员应注意哪些与个人隐私有关的问题？

🖥️ 网址

以下网站可以提供更多的相关信息，注意网址可能会变更，如果无法找到某个网站，可以使用搜索引擎找更多的网站。

康奈尔饭店及餐馆管理季刊
http：//hotelschool. Cornell. edu/publications

国际饭店、餐馆及教育机构协会
www. chrie. org/

各企业的招聘方案可以在企业网页上找到。

迷你案例研究

20 世纪 80 年代，中西部的一家连锁饭店使用了一套根据在职员工推荐招聘员工的制度。当时这种做法是成功的，主要由于当时的员工队伍强大完善；但 20 世纪 90 年代以来问题就出现了，饭店的空缺岗位越来越多，而应聘的人却越来越少了。

尽管工作岗位有增加而应聘人群大幅度缩水，企业的人力资源经理仍沿用过去的员工推荐制度。他的解释是，"尽管可供聘用的应聘人数减少了，但来应聘的人都对企业和要做的工作比较了解，因为他们有朋友已经在饭店工作了，这就可以有效地控制培训和新员工熟悉工作的成本"。

但经理的这种做法最终失败了，饭店员工短缺情况严重。为了解决这个问题，饭店又多了一个新的职位：招聘主管。你被选中当这个主管，企业要求你制订一个招聘计划，缓解饭店几年来的雇员供需的严重不平衡。你首要的任务是要说服人力资源经理这个计划是必要的。

你将如何说服人力资源经理制定新的招聘战略，使用新的招聘方法？

第 4 章概要

选择真的有效吗
　　信度
　　效度
　　一点提示
选择步骤
　　多重障碍战略
　　补偿战略
　　必要条件还是充分条件
选择技巧
　　申请表设计
　　雇佣前测试
核实资料和推荐信
　　体现了哪类信息
　　信用检查
　　第三方参考资料检查
　　疏忽的雇佣
　　收集参考信息的方法
　　隐私权
雇用面试
　　面试的缺点
　　面试的准备
　　面试的种类
　　面试的方式
　　留下正确的印象

学习目的

1. 阐述选择过程的重要性，比较多重障碍选择和补偿战略选择。
2. 阐述如何用招聘申请表和雇佣前测试两种工具进行选择。
3. 鉴别提交的应聘资料的信息类别以及相关的法律问题。
4. 说明经理在面试应聘人时必须克服的几种选择错误和偏见。
5. 明确面试准备的 4 个基本原则，掌握各种面试方法的优缺点。

4

选择

本章与内华达大学拉斯维加斯分校的塔季扬娜·波利亚科瓦硕士研究生合作完成。

如果运用恰当，人才选择可以使企业获得合适的员工，从而促进企业的发展，淘汰竞争对手；反之，如果运用不当，会导致企业管理的低效率和顾客的不信任。1992 年，据美国劳工部估计，雇用 1 名员工（指所有行业）要花掉企业 4 万美元，还不包括隐含成本[1]，而且这个价格会随通货膨胀而上浮。

人才选择是管理人员的重要任务之一，不能随便地交给没有经验的经理或员工去做。可被称为当今最伟大的管理学理论家的彼得·德鲁克称选择决策是"延续时间最长而又最难推翻"的决定。他认为选择决策中只有 1/3 是正确的，其余 2/3 或毫无效果或是根本错误的[2]。成功的选择不能有任何误差，要求对人力资源所有问题有周详计划。有效的工作分析和设计、招聘方法、工作描述和指标、对各类法律和社会问题的关注，都决定了人才选择是否恰当。

像其他行业的许多经理一样，饭店经理经常为了解决某些燃眉之急（如员工短缺、时间紧迫等）而仓促地选择员工；这样的经理是不可能成为行业管理者中的佼佼者的，只有认真对待人才选择过程的经理才有可能。

本章将重点介绍如何正确有效地进行选择，其中涉及的问题有选择过程的有效性、选择程序和步骤、雇佣和雇佣前期测验及面试技巧。

选择真的有效吗

很显然，成功的员工选择会带动企业的整体业绩。阿雷尔和查弗尔在对人力资源实践与企业股票的市场表现之间的关系进行研究时，发现了这一点[3]。此外，一份 2005 年的绩效研究表明，在组织内部，人力资源也会影响到企业目标、实际运营、花费和收益等[4]。

选择是对应聘者进行合法歧视，其目的是选择能胜任工作的应聘者。选择应兼顾可靠性和有效性。可靠性，指在相当长的时间内选择过程应具有延缓性和可依赖性；有效性，指评价应聘者的选择过程的准确性。

信度

信度强调选择方法产生相同结果的一致性程度。一种选择方法是否可信，关键看雇主是否一直使用这种方法，不论实际选择者是谁。如果不具备这种一致性，这种方法就是不可信的。信度非常重要，不论采用何种选择方法（体能或智能测验、观察、面试等），这种方法一定要具备可信度。

效度

效度主要是看选择过程在多大程度上真实反映了选择者需要了解的情况。选择过程的关键是建立一种衡量应聘者能否胜任工作的尺度。有两种常用方法可以测试选择的效度：相关效标效度和内容效度。

相关效标效度　指选择过程中的预测因子有多大准确性。这些预测因子指选择过程中表现与实际工作表现的对比。因此，重视那些预测因子是非常重要的。

相关效标效度侧重预测因子和标准评分之间的关系。一般情况下，标准指工作表现。相关效标效度分为两种：远期效标效度和即期。

远期效标效度是用来预测应聘者将来在工作中是否会有出色的表现。很多企业的选择决策是依据预测因子指标；但很少有企业认真考虑这些预测因子是否能有效地预测他们需要了解的情况，结果是预测因子与工作表现的相关性极低。

要使预测因子指标具有效度，饭店企业必须以预测因子指标衡量所有应聘者。经过这种指标衡量以后的应聘者再进行其他方面的比较，如简历中他们的长处和以往工作经历。一旦应聘者被录用，要跟踪他们的工作表现，一段时间以后对工作表现和雇佣前的测试成绩进行对比，如果两者高度相关，证明预测标准是有效的，可以用于以后的人才选择。

由于远期效标效度是用于预测员工以后的工作表现的，因此又被称为远期雇员法。即期效标效度亦称做当期雇员法，在两个方面不同于远期效标效度：（1）收集标准测试资料的时间尺度不同；（2）关注点不同。一般来讲，即期效标效度考察当前雇员在某项工作中的表现，如让餐饮企业的服务员参加测试。

要在选择过程中使用即期效标效度，饭店企业应首先进行彻底的工作分析，明确某项工作要求什么样的人员资质，设计一种评价这些资质的测试，并对当前员工进行有组织的测试，最后用统计方法对比预测因子标准和员工的工作实际，如果两者高度相关，说明预测因子标准是有效的。

"五因素模型"研究是另一个证实效标效度的方法。研究人员发现某些因素的预测因子与实际工作表现有高度的相关性[5]。另一方面，实践证明，传统的人才中心的选择标准（如培训和经验）很难评估雇员绩效[6]。为了方便工作选择，美国劳工部推出了"职业信息数据网"（O*NET），这是一个关于当今岗位的数据库。关于"职业信息数据网"（O*NET）潜在用户的研究显示出组织如何利用对当今职位的分析数据建立内容或标准相关的选择战略[7]。

内容效度　通过相关效标效度检验方法，饭店企业可以了解有关测试是否能考察应聘者可能的工作表现；但企业还无法了解他是否能完全胜任工作的所有内容。内容效度是测试应聘者完成全部工作内容的全面能力。不同于远期效标效度和即期效标效度的预测方法，内容效度衡量方法是听取专家意见，其中包括5个步骤：

- 完全工作分析；
- 设计测试；
- 由专家审查测试内容；
- 根据专家建议对测试内容进行修改；
- 通过对现有员工进行模拟测试，验证测试内容的有效性和完整性。

下面的例子会有助于理解整个过程。

XYZ饭店现正登广告招聘服务员，工作要求服务员迎宾、点菜建议、记订单和上菜。有4个人应聘：杰西卡给人的第一印象很好，适合做迎宾；凯特非常擅长做点菜建议和记订单；约翰对上菜和餐间服务非常在行；柯琳每一项都能胜任，但单项表现不如其他3人突出。你该雇用谁？

你要编制一套测验题对服务员应聘者进行测试，如果测试偏重强烈的第一印象，你会雇用杰西卡；如果侧重考察对饭店产品的推销和记录订单，应雇用凯特；如果偏重餐间服务，约翰是最好的人选；但如果综合考察应聘者对服务员工作的整体能力的话，前3个都不是合格的雇员，而柯琳虽然在每个单项能力上都是次优的，但综合来看无疑是最佳人选。如果测试内容有偏颇，最佳人选很可能会落选，可见内容效度对应聘者整体能力评价的重要性。

效度测试或评价方法常用于人才选择，尤其是对比测试成绩和工作表现，这方面的研究非常多[8]。使用这些方法的关键要看它是否能真实全面地反映出应聘者将来可能的工作表现。当然还有很多其他效度评价方法，有些非常复杂，效度在95%的置信空间内，即允许5%的误差[9]。罗伯逊和史密斯关于选择的理论与实践分析研究表明，程序的效度的提高是人员选择方面近些年最大的变化[10]。研究表明，个性评估作为选择的一种方法很容易产生误差影响有效性，这主要是由于市场上的个性测试过多[11]。

一点提示

信度和效度听起来好像是很深奥的学术名词，其实不然。两者在选择过程中都是关键因素。有些企业选择过程的信度和效度检验非常复杂，它们会经常对过程进行调整，使其在统计上具有更高的信度和效度。不重视这方面工作的企业通常会面临高员工流动和高法律诉讼的问题。流动性高多半由于企业选择了不合适的人选；而高法律诉讼则由于企业想及早终止与不合适人选的雇佣关系所致。

选择步骤

很多饭店企业现在有人力资源部协助经理制定和开发有效的员工选择体系，并承担选择过程中的大部分工作；但仍有部分饭店仍然由用人部门经理进行员工选择。

有效的员工选择是企业管理层的主要职能之一，管理者进行人员选择时应注意以下 4 个方面：

- 准确：要让每个参与选择的人员对所需要的员工类型有一个清楚完整的认识。不论选 2 名员工，还是选 10 名，选择标准不能有变化。选择标准越明确，结果越容易达到你的预期。
- 客观：自始至终整个聘用过程必须是可量化的，让每一个应聘者都拿到测试成绩，让他们知道根据用人标准他们自己的合格程度。如果评价标准不是完全客观的话，很可能招进不理想的员工，或引起法律纠纷。
- 彻底：所选择程序必须彻底完全，包括 3 个阶段，即初始过滤、面试和测试、与主要用人决策者见面。
- 连续：在选择过程中，人员、目标和程序的延续性会产生比较好的效果。另外，这种延续性使得企业在经过检验可靠有效的标准指导下进行人员选择，可以确保公开和无偏见，避免陷入法律纠纷[12]。2004 年，一项关于多重障碍战略评判的效度研究通过数学公式克服了自己选择可能会产生的偏见等影响有效性的因素[13]。

选择包括一系列步骤，图 4 - 1 列举了为空缺职位补充员工的基本步骤。不是所有的应聘者都经过这些步骤的，有些人在前几个步骤中就会被剔除。从法律上讲，饭店企业必须认真考察每一个应聘者的受雇资格，当然企业也有合法权利在适当的时候将不合格的应聘者淘汰。

图4-1　填补工作空缺的基本步骤

- 明确空缺职位；
- 复查工作描述明确职责；
- 复查工作指标明确资格要求；
- 明确招聘来源；
- 浏览应聘资料；
- 选择面试环境；
- 选择面试策略；
- 确定面试问题；
- 组织面试；
- 面试结束；
- 评价应聘者；
- 与证明人核实情况。

　　一个饭店选择员工的方法决定了选择过程的长度，很多饭店用其中最常用的两种方法：多重障碍战略和补偿战略。

多重障碍战略

　　多重障碍战略因在选择过程中的任何阶段对员工进行筛选而得名。如一份前台接待员工作需要应聘者具备：（1）饭店客房电脑系统的操作经验；（2）可以上夜班；（3）有一定程度的西班牙语水平，因为酒店以西班牙客人为主。没有饭店客房电脑系统操作经验的应聘人被第一个障碍筛选掉，不能上夜班的人不符合第二个条件，不能讲西班牙语的人被第三个障碍筛选掉。这个过程必须基于所有筛选障碍都是完成工作的先决条件。

　　使用多重障碍或其他选择战略时，经理人员必须证明所有要求都是与工作有关的；否则企业可能会面临非法歧视的起诉。如果会讲西班牙语与工作实际无关，要求应聘人有这项技能就是歧视行为。在2002年兰宁诉宾夕法尼亚州东南部交通管理局的案件中，一个交通巡逻站因其要求应聘者在12分钟的驾驶里程至少达1.5英里而被控诉。虽然这个要求对女性来说负面影响较大，但是受理上诉的法院认为该选择战略有效，理由是虽然交通巡逻在某一区域进行，但是雇员应具备高速驾驶的能力，以便为其他巡逻队员提供及时的协助[14]。

补偿战略

饭店企业决定是否聘用某人是看应聘者是否同时具有几种技能和综合能力。执此理念的企业可以在选择过程中使用补偿战略。从字面可以看出，这种方法是看应聘者的优势能否补偿他在其他领域的弱点。

同样以前面的前台员工招聘为例，如果一名应聘者虽然不能讲西班牙语但能讲另一门外语，可以证明此人有迅速掌握一门外语的能力，并已报名参加西班牙语培训班了，他也可以被认为是合格的人选。但经理必须注意以一种情况代替一种标准可能引起的歧视。如果有应聘者不会讲西班牙语，经理聘用上述应聘者而没聘用会讲西班牙语的应聘者，这就是歧视行为。

使用这种选择策略的企业必须清楚什么是必要的资格，什么只是一般性要求，需要在选择过程中做更多的判断。在选择过程中以关键职业资格为导向时，一定要注意把握尺度，以免引起歧视行为。如果一企业拒聘了一个不能满足所有条件的应聘者，却回过头来选择了一个只能满足一项关键条件的员工，就可能涉嫌歧视。

必要条件还是充分条件

很多饭店选择员工的失败是由于只列明了工作资格中的一项或几项，而不是全部，使得聘用来的人员虽然满足了招聘条件但因其他原因无法适应企业。从法律上看，这是一种非常危险的做法，很容易引起选择歧视的诉讼。要避免这种情况的发生，饭店应在工作分析中列明所有要求和必要的工作资格[15]，再次以前台员工为例，如果应聘者完全满足前两个条件，可以假设满足第三个条件因为他会讲法语，可以证明有迅速掌握另一门外语的能力，并报名参加了西班牙语培训班。如果这种资格可以接受，应在工作资格要求中明确。

选择技巧

确定了选择理念之后，企业可以开始实施一些选择技巧。各企业使用的选择技巧可以根据企业需要各不相同，但有几种技巧是效果比较好的。在填申请表、面试和向证明人核实情况几个过程中可以使用有关技巧。

申请表设计

申请表用于让企业了解应聘人过去的经历，其中包括以往工作经验、受教育程度、雇用历史、工作证明、个人情况证明及其他个人资料，通过应聘人过去的经历，企业可以推知应聘人以后的行为。

在申请表设计方面有两个重点问题。首先，表格内容必须包括企业需要了解和必须了解的情况。另外，申请表可能太长或太短，如果太长的话会抑制一些潜在应聘人的应聘欲望，而且他们会怀疑要求填写的内容是否真的与工作有关；反之，如果申请表太短，可能收集到的信息不足以使企业作出判断。

在整个选择过程中，企业应把问题限于合法职业资格，即仅限于与工作有关的问题。在对《财富》500强企业中的151家企业的调查发现，98%的申请表中包括不合法或有争议的项目。另一项对50家全国性企业的调查发现，有48家企业的申请表上有不适当的项目。两次调查发现最常见的错误包括对犯罪记录、身体残疾、军队记录及受教育情况的调查[16]。一般来讲，家庭婚姻状况、年龄、性别、性倾向、种族、出生地、宗教、军队记录、犯罪及诉讼记录都与工作没有直接关系，所有这些问题的调查以及要求特殊证明人（宗教或军队中的）和照片都是潜在的歧视行为。

1992年7月26日《美国残疾人法》通过以后，合法职业资格更显得尤其重要。以前，很多申请表中包含以下几种类似问题："你有没有残疾？""你是否患有长期疾病？"或"你工作中是否受到过严重创伤？"有些申请表还让填表人填写自己有无其他残疾（如失明、失聪等）。这类问题都是与残疾人法相抵触的，但你可以询问一个人完成基本工作职能的能力。

很多饭店依靠经理根据申请表来主观判断应聘人的资格，这完全没有必要，加权申请和个人情况介绍两栏就足以使经理对应聘者的个人情况做出客观的评价。

加权申请表（WAB）　旨在找出与实际工作表现直接相关的因素，或者说加权申请表本身就是未来工作表现的一种预测因子标准。在制定加权申请表之前，必须先做彻底完全的工作分析，以了解与工作表现直接相关的各种因素。工作分析完成后，企业可以根据必需的员工资格特征编制加权申请表。这种表格使用一段时间以后再根据员工的工作表现与根据申请表预计的表现进行对照，检验表格的有效性，并进行修改完善。

个人情况介绍表（BIB）　与加权申请表不同，后者是侧重工作经验的，前者侧重应聘者的一些基本情况、个人态度、生活经验和社会价值观等。典型的个人情况介绍表（又称简历数据表）由一系列与上述问题相关的多项选择题组成。由于法庭认为基于态度、生活经验和社会价值的雇佣决定是主观的，因此在使用这种表格时要尤其谨慎，最好让有关的法律机构审查并提出建议。

一般申请表和加权申请表所提供的情况是可以证实的，而个人情况介绍表提供的情况是无法证实的。不管怎样，个人情况介绍表确实能给预测员工日后的工作表现带来帮助。如让应聘者回答"你是否能做可以飞行的飞机模型?"这是第二次世界大战时预测应聘者是否能适应飞行培训的指标之一,同时也是一些其他行业员工选择的心理测验题[17]。又如,对"你小时候是否喜欢和父母一起做饭?"这个问题的回答,可以有效地估计出应聘者是否喜欢厨师这个职业。

简历数据中另一个有效指标是高中平均成绩(GPA),高中平均成绩可以视为大学成绩的预测指标。菲德勒的最不受欢迎的合作者(LPC)测试是另一种简历数据来源,这种测试设计了一种领导情景,测试结果适用于某些特定工作场合[18]。

菲德勒的LPC测试让管理人员形容他们最不喜欢的合作者,或者让雇员描述他们最不喜欢的同事。菲德勒的理论是,用比较善意的言辞形容不喜欢的员工的经理比较重视人际关系,这种经理很可能与员工发展一种强力的、积极的、援助性的、带有感情色彩的上下级关系;反之,用比较恶意的言辞形容不喜欢的员工的经理在处理人际关系方面往往缺乏技巧,更可能建立强权管理,无视员工的需要,一味地要求完成任务。

加权申请表和个人情况介绍表都必须符合公平就业机会委员会的各项原则,其中最主要的是看申请表对未来工作表现的真实反映程度。企业一定要确保申请表不成为非法歧视的把柄。

雇佣前测试

这种测试是很吸引人的一种选择方法,因为这样可以很容易地对应聘者进行比较,笔头测试得90分的人显然比得80分的人更有可能入选。这种测试在20世纪五六十年代非常流行,当时的测试内容主要涉及一般智能和理解力。但这种测试很可能导致歧视诉讼。

自1964年的《民权法》第7章通过以来,这类测试成为很多诉讼的焦点。第7章中的雇佣测试统一准则为测试限定了范围。测验效度也是原则之一,所有的选择过程必须能证明其与工作的直接相关性,测验也不例外。企业必须证明招聘测验在应用上的有效性,在很多案例中,企业恰恰不能证明这点。

关于测试的另一个问题是,测试可以在无意间歧视了受保护群体,特别是饭店,因为女性和少数民族是饭店应聘队伍的主体。

不管过去曾有过什么问题,测试仍然是一种合法确定最佳应聘人的实用方法,下面介绍几种可以在饭店使用的测试方式。

笔试 让应聘者书面回答口头或书面提出的问题,可以是选择题或问答题。有些企业还聘请心理学家根据企业的工作环境设计问题,或检验问题的有效性,也有不少企业购买现成的笔试试卷。现在最常用的问卷是测验认识能力的问卷,包括一般智能、综合分析能力、数字能力、语言表达能力、办事能力和机械动手能力。由于法庭曾一度对这种选择方式非常敏感，饭店必须小心使用这种方法，有些州是禁止使用此方法的。企业可以通过回答以下 5 个问题分析现行测试的特点[19]：

- 测试是否衡量了与工作有关的能力？
- 测试是否可靠？
- 测试的设计方法是否合理？
- 测试是否容易进行？
- 过去成功的测试例子是什么（特别是与公平就业机会委员会有关的例子）？

诚实测试　每年工作场地盗窃额高达几百亿美元，因此很多雇主都希望每个应聘者接受诚实测试，特别是工作中有盗窃机会的行业，饭店业也是一个失窃可能性比较高的行业，因为雇员每天都有可能偷东西或钱。

诚实测试通过对应聘者提出各种假设的场景检验他们对诚实的态度。比如，假设员工捡到了一位客人丢的钱，问："你认为把钱留下来有错吗？"另外这种测试还检验应聘者的直率程度和说谎的倾向性。这种测试一般会把一般人认为对的事反过来说，或者把一般人认为错的事正面说。还有一些问题是用以反射应聘者的个人心理和行为的，比如问："你曾有过不可告人的坏念头吗？"根据统计大部分人都有，因此如果对此问题做否定回答的人很可能在说谎，至少是性格不直率。但如果诚实测试与工作无关就没什么意义了。

一些研究人员、教育者和管理人员认为诚实测试是有效果的，信不信由你；但有资料称如果当面直接发问，大部分人都会承认自己有过盗窃或不诚实的行为[20]。这种测试易于解释分析也是管理人员愿意使用的原因之一。和笔试一样，这种测试在一些州也是被禁止的。

测谎也是诚实测试的一种，其可靠性在 60% 到 70%，20 世纪 80 年代在饭店行业中非常流行，此后由于可信度的下降和相关法律的禁止，使用的企业越来越少了。

对于测谎的争议在 1988 年 12 月 27 日《雇员测谎保护法》的生效之日被画上了句号。这项法律在 85% 的企业禁止雇佣测谎，这种测试只能用于联邦、州、地方与国防部、联邦调查局和中央情报局相关的机构。只有在极个别的情况下，雇主可以要求雇员做测谎试验，如企业出现有财产经济损失，而且有理由怀疑是员工引起的，即使在这种情况下，被检者也可以拒绝或中途终止测验，或要求测验结果不外泄。

体能测试　以前有很多雇主要求雇员做体能测试，现在由于残疾人法，为了避免造成对残疾人的歧视，大部分企业都不再进行体能测试了，但也有例外，如饭店的行李员。

体液测试　根据美国商业部的数字，吸毒和酗酒使全国每年的产值减少 2460 亿美元（人均965美元），其中酗酒造成的损失（1480亿美元）要高于吸毒（980亿美元）[21]。尽管如此，很多企业仍没能下决心根治吸毒问题。最近，一些企业提出了在工作场地进行体液测试的问题。

很多企业在选择雇员时进行毒品测试，1987年约有21%的美国企业做这项测试[22]，2004年，72%的企业进行毒品测试。测试中呈阳性的比例呈逐渐减少的趋势，从1988年的13.6%下降到2004年的4.5%，2005年上半年该数字下降到4.3%[23]。2005年上半年进行的毒品测试结果显示，呈阳性的测试中50%以上显示为大麻，名列第二和第三的为可卡因（占美国劳动力毒品测试阳性结果中的15.2%）和冰毒（10.6%）。根据地理位置、企业文化和其他因素的不同，冰毒和可卡因在美国不同地区的受欢迎程度不同[24]。

冰毒的使用在美国增长幅度很快。根据最新的数据显示，1200万以上的美国人曾经尝过冰毒，150万人经常使用冰毒。警察在美国50个州都发现了冰毒的生产活动。在密苏里州，2002~2004年间，警察共破获了8000个实验室、设备储藏地以及毒品堆积处。全国范围内58%的警察表示，冰毒是最大的毒品问题，19%的警察则认为是大麻，只有3%的人认为是海洛因[25]。

1988年的《工作场地无毒品法》要求联邦协议企业建立制度和计划保证企业内无吸毒现象，并不断努力保持这种状态。法律规定企业要公开关于携带和使用毒品及其他违禁药品的规定，建立禁毒意识和预防措施，对吸毒员工进行处罚。该法律虽然没有要求所有企业禁毒，但根据目前美国对毒品的社会态度，随着雇主越来越意识到毒品对企业的危害，在不久的将来，联邦和各州关于无毒品工作环境的法律会相继出台。

吸毒检测很贵，尿检价格相对便宜（15美元到20美元1次），但失败率较高。根据《洛杉矶时报》的报道，在对161种处方和非处方药的研究中，65种药的尿检测试结果均错误地显示为阳性，错误率达32.2%。65种药中包括止痛药、咳嗽药、喷鼻药、夜间服用的感冒药、缓解精神紧张的药物以及其他一些常用药品[26]。

现在有更可靠的检验手段，多光谱气相层析检验的准确率接近100%，这种方法从分析结构中分析毒品成分，但这种方法价格相对贵些（50美元到100美元1次）。雇主面临的问题是：因为一个吸毒者带来的损失值不值得花这个代价进行检测？

进行毒品检测的企业要非常小心，如企业只让吸毒可能性高的一部分人进行检测，可能会被视为严重歧视行为。如果企业要进行这项检测，所有的人都要参加。

全国毒品及酒精信息交换所（NCDAI）建议企业根据下面的清单（图4-2）查找禁毒计划的有关信息。

图 4 – 2　毒品及酒精信息交换所建议清单

雇主建议清单	雇主建议清单
1. 为什么你要关注建立无毒品工作场地的问题？	描述建立无毒品工作场地的原因和好处
2. 无毒品工作场地计划的内容	对无毒品工作场地计划一个简单的综述
3. 成功的无毒品工作场地计划的标志	确保计划有效实施的几点建议
4. 值得为无毒品工作场地计划花时间吗？有什么风险、代价和收益？	帮助雇主分析进行这个计划的成本、风险和收益
5. 建立无毒品工作场地的政策	根据企业需要解释建立有关政策的基本要点
6. 员工教育	在工作场地进行反酗酒吸毒教育的几个建议方法：谁、什么、什么时候、什么地点、为什么
7. 主管培训	培训主管的原则，明确他们的作用和责任
8. 雇员扶助计划（EAPs)	介绍建立雇员扶助计划的几种选择，查找适合的雇员扶助计划供应商的几点建议
9. 毒品测试	帮助企业选择合理可靠的毒品测试方法，提供相关信息和指导
10. 外来的援助和咨询：你是否需要他们？如何找到他们？费用是多少？	分析几种选择的优劣，开列服务商清单便于查找
11. 避开烈酒、烟草和其他毒品：如何预防	提出 13 个行动步骤预防在工作场地出现烈性酒和毒品
12. 评价你的计划	建议几种评价你的工作场地无毒品计划是否成功的方法

资料来源：全国毒品及酒精信息交换所，http：//www. health. org：80/govpubs/workit/tip. htm.

工作样本　工作样本测试的定义是指通过一项指定的工作衡量应聘者完成工作或相关任务的能力。测试职员的最常用的工作样本是打字测试。工作样本测试是一种很可靠的工作预测因子标准，因为应聘者是在实际进行或模拟真正的工作。

这种测试非常适用于饭店业，以东南学院住宿部为例，该学院登广告要招一名厨师，要求厨师展示厨艺。在应聘时，每个应聘者都被要求为招聘委员会做一份正餐。

企业在进行工作样本测试时应注意两个问题：首先，测试必须具备内容有效性，即要测试工作中最常用到的工作技能；其次，很难确定什么样的工作样本表现是可以接受的。为此，企业必须进行详细的工作分析以确定这个衡量标准。

尽管工作样本测试是成功选聘的预演，但如果使用不当也会引起问题，包括受到公平就业机会委员会的歧视怀疑。使用这种测试方式的雇主要让所有应聘者在同等条件下都参加同样的测试，不能歧视受保护群体。在进行测试之前，雇主必须认清自己的法律责任。另外，工作样本测试有时会对应聘者有危险，比如应聘厨师的人在切菜时伤到自己。

如何寻找、吸引、稳定和留住雇员

美国餐馆协会 1998 年年底就餐馆业面临的主要问题及挑战做过一次调查，当时所有餐馆都把"寻找合适的劳动力"列为第一项；而以往的调查首要问题一般都是"竞争"和"保持销售量"。这当然与全国失业率下降有关，但越来越多的应聘者把注意力从饭店餐饮行业转到其他行业也是重要原因之一。

根据协会的调查，经营者一般选用以下的员工选择方法。

选择方法	平均客人用餐账单额			
	少于 8 美元	8～14.99 美元	15～24.99 美元	25 美元以上
书面应聘	97%	94%	97%	95%
结构性面试	91	93	96	5
核实证明材料	86	85	87	94
背景调查	60	56	53	67
个性测试	28	26	23	26
技能测试	18	15	21	43
工作动力	21	18	18	19
毒品测试	8	11	8	20
评价中心	6	5	4	8

资料来源：Bruce Grindy,"Hooking and Keeping Employees,"*Restaurants USA*, October 1998, pp. 22 – 27 页。

评价中心 评价中心原是第二次世界大战时期美国战略服务办公室和英国战时办公室，主要是评价应征者能否适应高强度的任务。由于其服务费用不菲，一般都对管理工作表现进行预测而不是普遍生产员工。

评价中心的主要评价思想是把应聘者放在一系列真实场景下让他们做出决断并采取行动，由观察者根据应聘者的行为对其表现做出主观评价，一般评价过程需要一天到两天半，这也是费用高的原因之一。应聘者在完成了室内练习（排列顺序或进行主谓式问题）后要进行一系列实地练习，包括在无领导团体中工作、电脑动感仓演练、角色扮演、参加问题处理会等，这些练习主要为了考察应聘者的创造力和领导才能等，这些能力都是他们日后工作中需要的。

一般这种评价都要有 3～5 个观察员，观察员在观察过程中对每个人的行为进行记录；演练完成后，观察者碰头并对照记录，观察员也经常成组工作，把应聘者根据表现进行排名。

每个学期，康奈尔大学饭店管理学院都会把一组学生送到评价中心参加评价测试，看他们将来从事经理工作有什么优点、什么弱点。学生也认为这种方法很有效（包括那些表现不佳的学生），因为他们每个人都会得到一份个人评价。即使学生没有被选中参加这个项目，这种评价也为他们提出了一个努力方向。当然，评价是否与工作相关、是否具有有效性是采用这种方法的关键。

核实资料和推荐信

核实提交的资料和推荐信是选择过程中的一部分，这样做有很多原因。有资料显示，美国 30% 的个人简历中都多多少少地存在编造的内容，包括受教育情况、工作经验、使用设备情况等。联邦调查局一位曾经专门负责文凭审查的专业人士估测，文凭制造工厂每年的收益约为 5 亿美元。此外，100 多万美国人曾经购买、使用过伪造的证书[27]。网络和全球化更促进了这种趋势。建立一所假冒大学和建立一个网站一样容易[28]。

提交资料的证明人可以是个人亲友或职业人士。虽然大部分公司都索要个人证明人资料，但不少公司觉得这是浪费时间，因为关于证明人的情况企业了解很少，他们提供的资料大多也没什么价值；但职业证明人或教育证明人就不同了。

职业证明人指在应聘人的工作经历中曾与之共过事的人，他们一般能证实应聘者当时的雇佣时间和职位、职责等信息。这些信息对评价应聘者是很有价值的。当然证明人提供这些情况时也要注意真实客观。1995 年，加州大约有 2000 起案件指控证明人在提供证明材料时进行毁谤。

图 4－3 是收集证明材料文件的一个例子。

体现了哪类信息

人力资源管理协会的一项调查显示，大部分证明材料核实是关于雇佣日期（96%）或岗位职能的（89%）[29]。其他一些与选择决策关系更重大的问题却被放在次要位置，如工资信息（43%）、离职原因（30%）、工作业绩表现（6%）、健康历史（1%）和再就业能力（3%）。

理由很简单，我们现在生活在一个好打官司的社会，很多雇主不愿提供雇员以往工作表现的证明，免得日后与他对簿公堂。有人认为最安全的证明信息是工作日期、职称、缺勤记录、提升和降职、福利和离职的原因，而且提供证明前必须要有原雇员的书面认可文件存档；否则，这种简单的事实证明很可能给企业带来不必要的法律麻烦。

图 4-3　雇佣证明信样稿

雇主提示单

我兹证明已经了解了（你的企业名）的有关基本政策，现根据可能的雇主要求对前员工情况提供如下信息：（1）雇佣日期；（2）所担任工作的描述；（3）工资及薪金水平。

一经签署本文件，我愿意要求（你的企业）把对证明材料的要求和所有将雇佣我的雇主行为分开。我授权与雇佣有关的一切信息由（你的企业）处理，包括根据（你的企业）需要对雇员行为或表现进行评审、评价或评估。

根据基本政策和本协议，我同意放弃对（你的企业）及（你企业的）接替者、员工、办公人员和管理人员任何形式的索求和承担责任的要求，包括对已知或未知行动的原因、固定的和意外的一切与可能的雇主的雇佣行为有关的信息。本声明包括但不仅限于毁谤、诽谤、辱骂、疏忽或干涉协议或职业。

我声明我已经认真读过并完全理解上述声明。我清楚我在签署此文件前有权与律师或任何我挑选的其他人进行商量。我声明我没有被任何人强迫，自愿签署此声明。

此声明是（你的企业）和我之间的协议，我声明任何代表和陈述（口头的和书面的）都已在本文件中做了规定。

签名：（雇员）_____　　日期：_____

证明核实控制表

应聘者姓名：_____　　职位：_____

个人情况核实

姓名：_____　　关系：_____

住址：_____

电话：_____　联系日期：_____　联系方法：_____

备注：_____

姓名：_____　　关系：_____

住址：_____

电话：_____　联系日期：_____　联系方法：_____

备注：_____

续

雇佣情况核实

姓名：_____ 雇主：_____

关系：_____ 雇佣时间：_____ 报酬：_____

住址：_____

电话：_____ 联系日期：_____ 联系方法：_____

你是否愿意重新雇佣此人_____ 雇佣终止的原因：_____

备注：_____

姓名：_____ 雇主：_____

关系：_____ 雇佣时间：_____ 报酬：_____

住址：_____

电话：_____ 联系日期：_____ 联系方法：_____

你是否愿意重新雇佣此人_____ 雇佣终止的原因：_____

备注：_____

有关记录核实

学校记录（证实日期：_____） 备注：_____

犯罪记录（证实日期：_____） 备注：_____

驾驶记录（证实日期：_____） 备注：_____

信用记录（证实日期：_____） 备注：_____

资料来源：http://client. lycos. com/cch/tools/rfrncrel. rtf。

尽管有上述问题，企业仍可以让应聘者签署委托文件授权招聘企业对其法庭记录、教育背景等情况进行资料核实。文件中一定要包括应聘者同意放弃一些与此相关的责任追究的权利，虽然这仍不可能完全避免官司，但至少略有保障。

有的企业利用其他机构核实应聘者的资料，一般 24 小时内就有结果，而且价钱合理。

信用检查

许多公司通过信用检查评价应聘者的特点。企业只需致电征信局，报出应聘人的社会保险号码就行了。很多申请表上都有授权雇主对应聘人的信用进行检查的语句，并有信用证明人样表让雇员填写；但是雇主必须清楚这样做很可能触犯有关个人隐私的法律条款，如《公平信用报告法》。另外，信用检查时必须说明目的，抄送一份信用证明检查报告，并允许对不属实的地方进行修改。

第三方参考资料检查

雇佣前第三方背景调查的费用根据要求信息的深度不同而不同，少的只要 75 美元。美国的很多企业聘用企业外的机构进行证明资料核实，但很多饭店却不相信外界机构。其实这项工作是这些机构的主要职能，而且其中都是一些专业人士。

疏忽的雇佣

不进行彻底的资料核实会导致疏忽的雇佣，即雇主未能对雇员选择给予足够的关注。《美国餐馆》杂志报道，有越来越多的企业被顾客起诉，因为他们没有采取足够的措施防止客人受到雇员的侵害。送餐公司也经常因送餐司机犯罪被起诉。在饭店中，因维修工或其他雇员进入客房或其他隐蔽的地方进行侵害顾客的行为，而使饭店吃官司的先例屡见不鲜。处理这种案件的赔偿金一般都很高。一名出租车司机拉了一名带小孩的妇女到一个荒凉的地方强奸并伤害了这名妇女，这名司机有殴打伤害的犯罪记录，出租车公司为此付出了 450 万美元，因为法庭认为公司雇用这名员工时应知道其中的风险[30]。

1999 年 10 月生效的一项佛罗里达州法允许一种在疏忽雇佣案件中有利于雇主的合法疏忽。这项法律将雇主雇佣时的背景情况核实分成几步。这种疏忽雇佣诉讼的关键是雇主"应该知道"；而这项法律使得依法定步骤行事的雇主在雇员"故意侵权"第三方当事人的民事诉讼案中有了胜诉的可能。所谓故意侵权指殴打、伤害、私自关押、侵入私人领地等。要在诉讼中胜诉，企业必须依以下步骤进行雇佣前背景调查：

- 犯罪记录调查；
- 企业就应聘人是否适合聘用与原雇主或证明人联系进行合理的调查；
- 有填写完整的申请表，其中包括应聘人是否有犯罪记录的问题及关于犯罪记录的详细情况；
- 经应聘人书面同意检查应聘人的驾驶证等身份证明文件；
- 对可能的聘用人进行面试。

根据新的佛罗里达州的法律，只要雇主按上述步骤选择了合适的雇员，他们就可以在以后可能的疏忽雇佣案件中有效地为自己辩护了[31]。

收集参考信息的方法

电话询问、书面推荐和访问相关人员是收集参考资料的常用方法，每种方法都各有优缺点。

电话询问　这是最简单的方法，但也是效果最差的方法。很多证明人不在电话里向陌生人提供任何信息，雇主可以让应聘人事先通知证明人哪一天雇主会与证明人通电话核实情况。图4-4给出了一个可用于电话询问情况的调查表。

图4-4　电话询问参考资料表

电话雇佣证实记录

日期：　　　　20××年3月25日

应聘者姓名：　　　杰里·汉娜

公司名称：　　　　季节度假村

雇佣日期：从　　××/××　　到　　现在

职位：　　　　客房服务员

离职原因：　　　移居其他地方

你是否愿意重新雇用此人：　　愿意

证明人：　　　艾米丽·克劳馥德

公司电话：　　　（921）555-1212

意见：　　　可以在给出通知后两个星期开始工作

书面查询　　书面查询文件可以由雇员发出也可以由可能的雇主发出。一般书面调查表包括证明被调查人的优缺点。大部分调查表包括声明放弃隐私法赋予的部分权利，应聘人先签署此声明后再将表格寄给证明人。

图4-5　雇佣查询表样本

雇佣证明

兹授权季节度假村向你公司提供我的雇佣历史情况。

签名：　　　　杰里·汉娜

打印姓名：　　　123-456-7890

社会保险号：_____

雇佣自_____至_____

工作头衔：_____

你如何评价这名员工？_____

这名员工为什么离开你的企业？_____

你是否会再度雇用这名员工？[　]会[　]不一定[　]不会

如果不一定或不会，请解释理由：_____

其他意见：_____

签名：_____

头衔：_____日期：_____

这种书面调查表虽然花了雇主很长时间，但这种表格的反馈率极低，很多雇主对写这种文件很警觉，因为前雇员很可能会看到这个文件。图4-5是一个书面查询文件样本。

直接访问　这是最常用的一种方法，即面对面地访问应聘者的证明人。政府部门普遍使用这种方法，而私人企业很少这样做，因为时间和金钱花费较高，除了对少数重要职位或对少数应聘人。

隐私权

在整个参考资料核实过程中，雇主应始终注意应聘人的隐私权问题。已有很多州立法保护雇员或应聘人的隐私权，雇主在采取任何核实行动之前要先查询一下本州的相关法律。

雇主要先得到雇员的许可才能对其有关情况进行调查，最好是有一份个人书面许可，同意向雇主公开这种信息并不对此进行过激的反应。根据1974年的《隐私法》，个人有权了解个人档案中的内容及信用报告的性质和内容（根据《公平信用报告法》）。学生也可以查询成绩记录，而且没有学生的书面授权大学不能对外公开学生的成绩。因此，中学以上院校的学生成绩只能向学生本人公布，未经许可不能对外公布。

个人档案对个人公开是一个趋势，以后雇员将有权查看其个人档案中的任何内容，并对其中的反面或诋毁性内容作出反应。已经有很多法律对此做了规定。受联邦法或相应的州法管辖的私人部门，雇主不得收集任何与工作表现无关的个人资料。

雇佣面试

雇佣面试的主要目的是吸引、选拔和留住有竞争力的雇员。吸引雇员主要是靠企业的形象魅力，选拔是在企业和经过筛选将很有可能成为雇员的人之间进行的，留住雇员是靠企业和职位给雇员的正确的第一印象和明确的工作目标职责描述。

雇佣面试虽然是最常用的评价应聘人的方法，但也有理由相信它是最不可靠的方法之一。与面试有关的问题很多，其中最突出的是评价者间的可靠性，即两个面试人之间的意见不统一。面试者之间可能就应聘人的总体感觉达成一致，如出色或较差；但对一些具体问题很可能有分歧，如过去的工作表现和未来胜任工作的可能性等。

尽管不是所有专家都赞成雇佣面试这种评价方法，但有些研究者认为随着管理人员对这个方法优缺点认识的提高及对面试者培训的加强，雇佣面试会变得越来越重要；另外，如果面试者意识到可能存在的影响面试结果的内部和外部因素的话，他们会设法避免这些缺点的，从而提高面试成功的概率。

面试的缺点

对雇佣面试的曲解往往与面试进行的不同条件有关。不同的面试者会使用不同的面试方法，即使训练有素的面试者因碍于企业和环境的种种限制其面试方式也会有变化[32]。有人觉得只要使面试标准化、结构化，其可靠程度就会大有提高，但有专家认为：

是否能标准化取决于面试环境而不是内容，包括面试者、组织对面试环境的有意无意的改变（如面试时间长短、对吸引和/或选择应聘者的重视程度、决策的可信度等）[33]。

下面将就与面试可靠性有关的一些问题分别加以说明。

同化错误　面试者很容易犯同化错误，即他们会对与自己有某方面相像的应聘者更感兴趣，相像点包括个人兴趣、经历，甚至外貌；同样，他们也会对与自己完全不同的人有潜意识的排斥感。虽然与面试者是否相像与工作毫无关系，但确实影响着面试者的选择决策。

对比错误　在面试应聘同一职位的几个应聘人时，对几个人有意无意地进行对比。其实不应在应聘人之间进行对比，而是应聘人的条件与企业的聘用标准进行对比。比如两个很差的应聘人和一个中等的应聘人一起参加面试，中等的一个可能会被面试者认为是优秀的，因为与另外两个相比。这种评价错误就是对比错误。

夸大负面信息　人们很容易夸大负面信息而不是正面信息，也就是说当人们看简历时总是注意负面信息而不是正面信息，面试时也同样，面试者可能会更多地注意到并记住对应聘人不利的信息。

种族、性别、年龄偏见　由于同化错误，面试者更倾向于与自己种族、性别、年龄相同的候选人。但1999年的一份调查显示，不论面试者肤色，他们对选择黑人还是白人已经没有任何偏见了[34]。

第一印象错误　很多面试者对应聘人的第一印象强烈，而且这种印象会一直影响整个面试过程。这种第一印象可能是见应聘者第一眼的感觉，也可能是在面试前就形成的印象。

晕轮效应　有时面试者对应聘者某一方面的正面印象（如外貌、某一件事的处理表现、背景）会成为应聘人的整体印象。所谓晕轮效应，即某一方面的印象使面试者对应聘人的其他方面的评价也受这个印象的影响。

妖魔角　与真实的情形相反，某一个负面迹象或印象可能使面试者对应聘人的每一句话、每一个行动都持否定态度。

偏听偏信和错误记忆　面试者不会总是听到他们想听到的事，或记住别人所说的每一句话。实际上，面试一结束，面试者对刚听到的话忘记的比例会高达75％，这主要是由于较差的听话习惯、面试时不做记录或走神。面试时录音必须在应聘人许可的情况下进行。

近期错误　近期错误与应聘人最近的一个行为有关。面试人会记录刚过去的应聘人的行为或对问题的回答。这个错误在聘用内部员工时最常出现，由于面试者了解雇员以前的资料，会对雇员最近阶段的表现记忆犹新，从而影响他们的判断。

图4-6　非语言交流的一般理解

你做的和你说的

非语言信息	一般理解
直视对方双眼	友好、真诚、自信、武断
避免视线接触	冷漠、回避、无所谓、无安全感、被动、害怕、紧张、躲藏
摇头	不同意、震惊、不相信
拍肩	鼓励、祝贺、安慰
抓头	迷茫、不相信
微笑	满意、理解、鼓励
咬嘴唇	紧张、害怕、焦急
跺脚	紧张
双手交叉抱胸	生气、不赞成、不同意、防御、有进取心
扬眉毛	不相信、惊讶
眯起眼睛	不同意、仇恨、生气、不赞同
皱眉头	紧张、焦急、担心
身体前倾	关注、有兴趣
懒散地坐着	无聊、放松
坐在椅子边沿	焦急、紧张、理解力强
坐着时不断动	烦躁、无聊、紧张、理解力强
身体向前弯	无安全感、被动
直立的体态	自信、武断

资料来源：戴恩·阿瑟《重要的身体语言》，摘自《人力资源焦点》第72期（1995年6月），23页。

面试人主导 面试时信息流应该是双向的，但有时面试过程完全由面试者主导，而应聘者无法了解这份工作的有关信息。

非语言交流 约有70%的交流是不通过语言的，研究发现非语言交流方法包括衣着、微笑、说话方式和习惯、适当的目光交流，这些都会影响面试者对应聘者的印象。一项对饭店行业招聘的研究显示，面试人的决定几乎是完全根据应聘者的衣着打扮和行为举止而定的。面试人必须对形象和其他非语言交流持正确的态度，以免对应聘人的回答有不公正的反应。图4-6列出了对几种非语言信息的理解。

仅依据外貌或行为举止做出的雇佣面试决定是不成熟的、不客观的。与面试有关的问题还有缺乏前后一致性、面试者培训不足。尽管有这么多问题存在，面试仍是最常用的员工选择方法，而且以后可能也是，因为其实用的普遍性和操作简便。改进面试过程比改用其他选择方法要好。改进面试的方法之一是让每个应聘者填写应聘人评分表（见图4-7），这可以帮助经理找到哪一个面试者在面试的最重要方面较擅长。以下几个部分将分别介绍如何在面试准备、面试类型和面试方式选择方面改进面试。

面试的准备

遵循以下几个简单的法则，可以有效地丰富面试收集到的资料信息。

- 面试前做好准备；
- 布置好面试环境；
- 建立与应试人的融洽关系；
- 了解这项工作。

第一条指在面试进行前的准备，没有比在面试时现看简历更能分散你的注意力了。缺乏对应聘者的了解说明或者你根本对这个人不在意，或者你是一个工作没头绪的人。第二条要尽可能避免面试注意力的分散，要保证面试是精力集中在应聘人和面试程序上。面试中被电话或来访者打断是非常让人讨厌的。第三条建立融洽的气氛可以使应聘者放松并且畅所欲言，这可以帮助面试人更多地了解应聘人。第四条指面试人事先必须认真研究工作分析，有人认为第四条是最重要的，因为如果连用人岗位的工作性质都不清楚的人如何知道什么人是最适合的呢。

面试的种类

面试根据面试人的面试尺度可以分为3种：非结构性面试、半结构性面试和结构性面试，亦分别被称为非指向性、混合性和模式性面试。

非结构性面试 在这种面试中，问题不是事先定好的，而是面试人在掌握面试过程中根据面试进行情况而提问，也就是说每一个面试内容可能都不一样。

图 4 - 7　应聘人评分样表

本表用于应聘人之间更有效地进行比较，在面试后马上记下你对应聘人的印象是非常重要的。

应聘人姓名 _____

工作职位名称 _____　　　日期 _____

选择标准	低于可接受水平						可接受	好	突出		权重	权重分值 总计
	10	20	30	40	50	60	70	80	90	100		
1. 身体外表，干净整洁，情绪												
2. 薪资要求												
3. 沉着稳重												
4. 可靠程度												
——出勤												
——出现习惯												
5. 沟通能力												
6. 合作精神												
7. 责任心和积极性												
8. 工作经验												
——同类工作经验												
——对工具目的了解												
——对程序的了解												

总计 _____　　　权重分值总计 _____

关于非结构性面试的评价褒贬不一，有专家认为这种面试可信度差，因为评价者间的可靠性差（客观性差），而且这种面试可能忽略了与工作有关的重点问题，容易问出不合法的问题。但也有专家认为如果面试者深谙面试技巧，这种面试方法可以使面试者更多、更深入地了解应聘人，而其他两种面试方法是很难做到的。持两种观点的人都认为使用非指向性面试方法，面试者的培训是至关重要的。

尽管对这种非结构性面试的有效性众说纷纭，但这的确是最常用的一种面试方法。不过，有时是由于经理准备不足才使用这种面试方法的。

半结构性面试 这种面试方法需要对面试问题进行事先准备和计划，但允许面试进行中随情况改变。这种面试结构也被称为"锥形"方式，即面试者准备的问题范围比较大，但都与某一个重要话题有关。比如面试人可能想了解应聘人对团队和个人工作方式的看法，或最近一项工作的表现。在"锥形"方式下，面试者会要求应聘者尽可能发挥自己对这个话题的看法。从这个角度看，半结构性面试既能得到结构性回答，也能使应聘者自由发挥。

非结构性和半结构性面试的一个重要特点是使用开放式问题引导应聘者对答案做自由发挥。比如同一个问题用封闭式问法提出就是"你喜欢前一份工作吗"，回答者只能说喜欢或不喜欢，而开放式问法可以是"你最喜欢前一份工作的什么"，回答者可就这个问题说很多。

结构性面试 在结构性面试中，所有问题都是事先准备好的，而且每次面试时问的顺序和方式都完全一样，没有什么变动空间，除非面试者觉得预先的问题有欠缺。

结构性面试的最大优点是使得应聘者之间具有可比性，因此一些专家认为这种方式得到的信息具有较高的可靠性和有效性。但是这种方法所得到的信息面较窄而且深度不够，因此也有专家认为这种方法不可取，因为面试人无法真正了解到每个应聘者的主要优缺点。

结构性面试又分为三种。第一种是传统模式性面试，即偏重了解应聘者以往的工作经验、应聘目的和受教育情况等。这种面试中的典型问题是："你的远期计划是什么？""你的优缺点是什么？""你希望5年以后自己在做什么？"

第二种情景式面试是结构性面试的一种变体，这个面试中一般会有三种问题：第一种是情景式问题（"如果你的厨师星期五晚上没来上班你会怎么办？"或"如果有客人抱怨他们的房间你会怎么办？"）；第二种是工作知识问题，如让应聘者对某个概念下定义（"我们说的级差房价是什么意思？"）或解释某个过程；第三种是关于应聘者的工作意愿和工作态度的问题（如"你愿意搬到另一座城市吗？""你能周末工作吗？""你能站很长时间吗？"等）。

图4-8　雇用前要求指南

| 面试问题：你能问什么不能问什么 |||
话题	可以接受的问法	应避免的问法*
姓名	"你在公司工作时是否用过其他名字？" "关于姓名你还有什么其他信息，如在工作或上学时用的其他名字或绰号？如果有请说明。"	问应聘人希望的称谓：小姐、太太或女士。 在姓名询问中涉及应聘人的门第、血统、国籍等。
婚姻家庭状况	应聘者是否能符合工作的排班要求，是否有影响出勤或完成工作要求的障碍。 问题涉及应聘者能在这个岗位上工作多久或需要多长时间的假期，男女同等对待。	直接询问应聘者是已婚、单身、离异还是已订婚等。 关于儿童抚养安排的问题。 任何直接或间接造成工作机会限制的问题。
年龄	要求出示可以证明年龄的工作许可证或老年证。 雇用后要求出示出生证以证实年龄。 要求应聘者出示证明其已到法定工作年龄的证明，包括出生证或其他年龄证明文件。 如果年龄是合法要求可以问："如果受雇你是否能出示年龄证明文件？"或向应聘者出示文字条件，能证实年龄是受雇条件之一。	要求应聘者说明年龄或出生日期。 要求应聘者出示有关证明。 1967年的《雇佣年龄歧视法》禁止歧视40岁以上的受雇者。所有广告上不能写明或暗示工作的年龄限制。 公平就业机会委员会和法庭会裁定广告中是否有限制40岁以上的人应聘或其他年龄歧视的含义。
性别	要求应聘人明示性别（最好不写在招聘申请表上）是出于反优先雇用行动的目的，不作为雇用选择标准。 只有存在合法职业资格的情况下，这种要求或限制是可以接受的（合法职业资格的法律和法庭范围非常有限）。	应聘人的性别。 任何要求应聘人在申请表上注明性别的问题，如要求申请人注明称谓，小姐、太太或先生。

续

话题	可以接受的问法	应避免的问法*
性别	而且雇主要证明工作中存在合法职业资格使某一性别的人（如女性）无法胜任。	工作要求有女性难以达到的体力（如搬重物）不属于合法职业资格条件下的性别要求，雇主也不能因某种工作是传统的男性职业或女性职业而限制某一性别的应聘者。 应聘者的性别不能被用于决定某人是否能胜任工作的标准。 雇主不能只要求女性提供某些信息而不要求男性提供（如婚姻家庭状况）。 《民权法》第7章禁止性骚扰，不受欢迎的性接触、性亲密要求和其他与性有关的口头和身体行为都属于性骚扰，尤其在以下几种情况下： （1）暗示或明示以此作为雇佣条件而要求对方屈服； （2）以对方接受或拒绝这种行为作为影响雇用决定的判断基础； （3）因这种行为影响到某人的工作表现，引起在工作环境中的亲密、敌视或冲突。
残疾人	1973年的残疾人法允许雇主"请"应聘人明确他们具有何种残疾，到何种程度。必须告知应聘者： （1）与"请"有关的是应聘者自愿； （2）要求这种信息是为了纠正以往的歧视行为或为残疾人提供就业机会；	雇主必须证明对应聘者所有体力和智力的要求是"经营必需"或出于工作安全考虑。 除非可以证明有特殊困难，雇主必须合理接受身体或智能有缺陷的员工或应聘者，包括改变工作职责、改变工作班次、工作岗位变更、改变工作环境或提供工作辅助等。

续

话题	可以接受的问法	应避免的问法 *
残疾人	(3) 信息保密; (4) 不提供这种信息对雇佣行为不会带来不好的效果。 再就业法和残疾人法允许向所有的应聘人询问他们完成工作相关职能的能力及是否能安全地完成工作。	再就业法和残疾人法一般禁止雇主直接问应聘者是否是残疾人,或询问残疾的性质,除非可以证明与工作有关或出于经营必需。
种族和肤色	一般性区别身体特征(如伤疤等)用于辨别目的。 可以了解种族情况(最好不写在工作申请表上)用于反优先雇佣行动的目的,不用于雇佣决定的标准。	应聘者种族。 应聘者皮肤、眼睛、头发的颜色,以及其他直接或间接体现人种或肤色的问题。
地址或居住时间	应聘者地址。 要求分别提供在当前地址和一个地址居住的时间。 "你成为这个州或这个城市的居民有多久了?"	特别问应聘人在国外的地址,暗示国籍。 应聘人居住地的亲属姓名和与应聘人关系。 应聘人是租房还是有自己的房子。
出生地	"一旦雇佣,你能出示出生证明或美国公民证明文件吗?"	应聘人出生地。 应聘人父母、配偶及其他亲属的出生地。 在雇用前要求应聘人出示出生证。 其他关于出生国籍的问题。
宗教	必须在工作通告或广告上让应聘人了解正常的工作日和工作时间,以免引起与宗教和其他个人信仰的冲突。除非可以证明有特殊困难,雇主和工作必须合理接受一个雇员或可能成为雇	应聘人宗教派别或倾向,所属的教堂、教区、牧师或宗教节日。 任何要求明确宗教派别和风俗的问题。 不得告知应聘者有哪些宗教节日必须工作。

续

话题	可以接受的问法	应避免的问法*
宗教	员的人的宗教行为，包括自愿性更换岗位、灵活的工作排班、调动、更换工作任务或其他支付工会会费的方式。	不能问"你一周哪几天或一天的哪几个小时可以工作"并依此确定雇员的可工作时间，这会违反公平就业机会相关法律，除非雇主可以证明： （1）对应聘者没有排斥作用； （2）可以用经营必需进行解释。 一般这种宗教歧视的禁止不适用于宗教机构。
这些问法应在选择标准中避免，除非可以证明是合法职业资格（BFOQ）或经营必需（必须是与工作相关的）。		

资料来源：《雇主能问什么》，摘自《人力资源焦点》，1995 年 6 月，4 – 5 页。

另一种模式性面试是行为描述面试。这种面试一开始，面试人会明确讨论范围，如他会让应聘前台服务员的人回答诸如"在你上一份工作中你最难接受的一种排班是什么班"之类的问题。继而面试人会就同一个问题深入地问，如"为什么这个班对你来说最困难"或"你是如何解决这个困难的"等。行为描述面试的目的是联系过去的行为和以后的行为。

其他类型的面试方法还有板块面试（亦称团体面试）和压力面试。板块面试指一组人面试同一个应聘者，这组人每人写下面试结果后，对照结果最后形成小组决议。压力面试具有很强的精神情感色彩，面试人不断对应聘者提出挑战，面试人会让应聘者回答一些看起来很标准的问题，惩罚、轻蔑甚至矛盾都可能是压力面试中的一部分。这种方法仅适用于模拟应聘者在工作中会面临的压力，看他们在压力下的反应如何。

除了面试方法，面试人必须清楚哪些问题和话题是必须避开的。图 4 – 8 中列出一些合法和非法的雇用前要求，由于各州法律不同，饭店的招聘和面试程序应请律师过目，以免导致歧视。

面试的方式

除了选择面试结构外，管理人员还要确定用什么样的面试口气和态度，下面介绍 3 种面试方式，每种方式适用于不同的情况。

如何发现优秀人才

每个人都想有出众的表现，他们可能工作非常努力，但问题是你怎样发现他们。你要想找出优秀的员工，先列两个有用的清单——差员工和好员工，并进行对比。列清单时员工和经理最好都在场。列好清单后在每一项上写上员工的姓名，以这些员工的表现作为好坏的标准，然后把公认的优秀员工的表现与这些标准做对比。为了确保你的高标准清单的质量，你可以把你列的清单与下面的清单进行比较：

- 仔细检查记录：申请表会告诉你很多应聘者的情况，即使情况不全也不要把该员工排除在外，因为不是每个人都是填表专家。如果表上的内容不全，向员工问清要了解的情况。

- 确认应聘者能阅读：美国有40%的人根本不能阅读或是文盲。阅读测试可以让应聘者读一段当地报纸新闻。如果你想要无法阅读的人，一定要让他/她参加扫盲培训班。

- 考察应聘者的数学能力：大部分工作都要求有基本的数学基础，但很多应聘者达不到这个水平，包括加、减、乘、除。在应聘者评估时要看谁具备这些基本能力，谁没有。不过没有数学能力的雇员不一定不是个好员工，他/她需要的只是参加培训。

- 坚决程度测试：应聘者有多迫切地需要这份工作？他们坚信自己的能力和对工作的兴趣吗？如果是的话他们可能是好的顾客服务人选，能有效地销售你的产品和服务。记住，你会发现生活有时会让应聘者经受波折，他们所需要的是自信力培训和成为优秀员工的劝说。

- 问题处理能力：给每个应聘者一个问题去解决，问题尽量简单但要求他们解释他们为什么这样处理，并问应聘者他们认为这种做法能否解决问题。

- 评价人际能力：可以从应聘者是否微笑入手，观察他们的身体语言，不论是正面的还是负面的情态信息都是将来顾客会看到的。

- 检查社交技巧：应聘人是否有良好的态度、坚定的握手、良好的行为举止。有专家认为如果应聘人的握手不坚决，他们对工作的态度也如此。

- 工作超前的证明：如询问应聘者他们什么时候工作表现会"超出任务范围和要求"，可以是在工作中或生活中的例子，这都可以说明他们有超前的表现、超过工作的最低要求标准。

- 像钉子一样不动摇：别让别人掌握主动，直接告诉应聘者你需要什么。当你问出一个合理的问题时，希望对方也给一个合理的回答或更多。

- 雇用第一个合格人选：尽管你认为可能还有很多应聘者等着面试，如果你坚持选用原则就雇用第一个你坚信是合格的人选，别坐失这个机会。

资料来源：节选自小刘易斯·C. 福里斯特的《雇用优秀的人》，摘自《今日 MRW》，1998年1月，15－18页。

直接方式 在直接方式中，面试者一般会直截了当地问一些问题，要求回答是或不是。这种方式适用于只要求应聘者的简单答案，没有多少机会更多地了解应聘者。应聘者可能会给出千篇一律的答案，因为他们知道面试人想听到什么。

非直接方式 用这种方式，面试人会鼓励应聘者在自己以前的工作经验、以后的工作目标、对工作的期望等方面自由发挥，可以使面试人更多地了解应聘者的个人情况。这种方式全部用开放式问题。

选择方式 这种方式既包括是与不是的问题也包括开放式问题，前者用于了解背景情况；后者用于让应聘者就某种问题和感兴趣的话题展开。选择（或混合）方式对面试人的面试技巧要求比直接方式要高，因为其中有一些开放式问题；但比非直接方式要低，因为不是所有的问题都是开放式的。

留下正确的印象

面试人代表着公司形象，也是应聘者对公司唯一的接触；因此，面试人的类型、行为举止都会影响应聘人对公司的印象，因此企业必须认真选择面试人。

关于这个话题一直有两个思想派别，一种认为面试人是成功应聘者的标准形象，因此必须选公司最好的形象代表当面试人。这听起来挺合逻辑。另一种派别认为面试会鼓励员工改进自己的工作表现，因为面试人要强化企业的正面印象，面试过程可以使员工重新考虑自己当初为什么加盟这家公司。由于面试是一个面试人向应聘者提供企业内部信息和应聘人向面试人提供企业外部信息的双向交流过程，这种比较可帮助在企业中表现平平的员工认识到自己工作的价值，从而改进工作表现。

建立真实的印象是面试中的另一个重要因素。面试实际上是应聘人熟悉企业、熟悉工作的第一个程序，因此必须如实地介绍工作的真实性质。如告诉一个前台服务员应聘者前台工作可以有机会到世界各地去旅行，显然不是工作性质的真实描述；再如告诉一个实习经理应聘人他将对房价、饭店选址或其他高层管理问题做决策，这显然也是失实的。

本章中我们介绍了几种员工选择和面试的方法，有些企业认为几种方法综合使用效果最好，有些企业认为笔试加非指向性面试效果最佳。不论使用哪种方法，管理人员要注意的是这些方法能否准确有效地预测员工受雇以后的工作表现。

注释

[1] The Total view "The Chrysalis Corporation, a Full-Service Consulting Firm," www. chrysaliscorporation. com/tv hiring cost. him.

[2] Peter Droeker, "Getting Things Done: How to Make People Decisions," *Harvard Business Review* 63 (July-August 1995): 22.

[3] "The Effect of Human Resources Management Practices on Market Performance," *HR Management* 38, (1999) 3: 185 – 199.

[4] Patrick M. Wright, Timothy M. Gardner, Lisa M. Moynihan, and Mathew R. Allan, "The Relationship between HR Practices and Firm Performance: Examining Causal Order," *Personnel Psychology* 58, no. 2 (2005): 409 – 447.

[5] F. DeFryt and I. Mervielde, "RIASEL Types and Big Five Traits as Predictors of Employment Success," *Personnel Psychology* 52, (1999) 3: 701 – 727.

[6] Shawn Zeller, "The Perfect Candidate," *Government Executive* 37, no. I (2005): 40 – 46.

[7] P. R. Jeanneret and M. H. Strong, "Linking O * Net Job Analysis Information to Job Requirement Predictors: An O * Net Application," *Personnel Psychology* 56, no. 2 (2003): 465 – 492; and Patrick D. Converse, Frederick L. Oswald, Michael A. Gillespie, Kevin A. Field, and B. Bizot, "Matching Individuals to Occupations Using Abilities and The O * Net: Issues and an Application in Career Guidance," *Personnel Psychology* 57, no. 2 (2004): 451 – 488.

[8] 更多关于招聘测试的资料见 F. J. Landy, L. J. Shankstar, and S. S. Kohler, "Personnel Selection and Placement," *Annual Review of Psychology*, Vol. 45 (1994): 261 – 296.

[9] Kevin R. Murphy and Ann Harris Shiarella, "Implications of the Multidimensional Nature of Job Performance for the Validity of Selection Tests: Multivariate Frameworks for Studying Test Validity," *Personnel Psychology* 50, (Winter 1997) 4: 823 – 855.

[10] Ivan T. Robertsen and Mike Smith, "Personnel Selection," *Journal of Occupational and Organizational Psychology* 74, no. 4 (2001): 441 – 473.

[11] 由于饭店业普遍通过个性测试工具进行选择（例如 Marriott International and Sands Group），Eric Krell's 向未来的工具供应商提出的关于效度和可信度的八个问题对于行业来说可能有所帮助。参见 Eric Krell, "Personality

Counts," *HR Magazine* 50, no. 11 (2005): 46 – 53.

[12] 这些原则节选自 William Cottringer, "Selecting the Best of the Bunch," *Security Management* 398, (October 1995) 10: 21 – 23.

[13] J. L. Mendoza, D. E. Bard, M. D. Mumford, and S. C. Ang, "Criterion-Related Validity in Multiple-tturdle Designs: Estimation and Bias," *Organizational Research Methods* 7 (2004): 418 – 442.

[14] Maury A. Buster, Philip L. Roth, and Philip Bobko, "A Process fur Content Validation of Education and Experianced-Based Minimum Qualifications: An Approach Resulting in Federal Court Approval," *Personnel Psychology* 58, no. 3 (2005): 771 – 800.

[15] Eric Felsberg 所提出的分析工作所要考虑的因素可能有助于这一过程，参见 Mendoza et at.

[16] Stephan J. Vodanovich and Rosemary H. Lowe, "They Ought to Know Better: The Incidence and Correlates of Inappropriate Application Blank Inquiries," *Public Personnel Management* 21 (Fall 1992): 363 – 364.

[17] Cynthia Fisher; Lyle D. Schoenfeldt and James B. Shaw, *Human Resource Management* (Boston: Houghton Mifflin, 1990), 253.

[18] 关于 Fiedler' Least 创造的合作工作法的详细内容见 John R. Schermerhorn, Jr., James G. Hunk and Richard N. Osburn, *Managing Organizational Behavior*, 4ᵗʰ ed. (New York: Wiley, 1991), 469 – 472.

[19] Fisher, Schoanfeldt and Shaw, 260.

[20] Ed Bean, "More Firms Are Using Attitude Tests to Keep Thieves Off the Payroll," *Wall Street Journal*, 27 February 1987.

[21] Alan I. Leshner, "U. S. Costs of Alcohol and Drog Abuse Estimated at $246 Billion," (May 13, 1998), National Clearinghouse for Drug and Alcohol Information.

[22] Donald J. Petersen, "The Ins and Outs of Implementing a Successful Drug-Testing Program," *Personnel* 64 (October 1987): 47.

[23] Joel Ceansu, "Drug-taking Workers Cost the US 500 Million Working Days A Year," *Personnel Today*, 24 Jan. 2006, p. 8.

[24] Michael Gray, *Security Management* 50, no. 2 (2006): 50 – 58.

[25] David J. Jewfferson, "America's Most Dangerous Drug," *Newsweek* 146, no. 6 (2005): 41 – 49.

[26] Ronald Siegel, MD, *L. A.*, *Times New Service*, 23 March 1995.

[27] New Release, Committee on Education and the Workforce, September 23, 2004. www. house. gov/ed_workforce/press/press 108/second/09sept/diplomamill09 2304htm.

[28] GAO 的关于文凭工厂的报告, Techniques. "Connecting Education and Career 78, no. 3 (2003): 7.

[29] David Steir, "Many Ask, But Don't Give References," *HR News* 8 (February 1990): 2.

[30] Caleb S. Atwood and James M. Noel, "New Lawsuits Expand Employer Liability," *HR Magazine* 50 (October 1990): 74.

[31] Erik C. Gabrielle, "New Law Protects Employers When Employees Go Beserk," *South Florida Business Journal* 20, (October 15, 1999) 9: 71A.

[32] Robert W. Eder, "Contextual Effects on Interview Decisions," in R. W. Eder and G. R. Ferris, eds., *The Employment Interview: Theory Research and Practice* (Newbury Park, Calif.: Sage Publications, 1990).

[33] Eder.

[34] M. Rotundo and P. R. Sacketk, "Effect of Rater Race on Conclusions Regarding Differential Prediction," *Journal of Applied Psychology* 84, (Oct. 1999) 5: 815 – 882.

🔑 主要术语

申请表（application blank） 由企业制定的一种表格，用于了解可能的雇员的基本情况，包括他们的知识、技能、能力和需要。

评价中心（assessment center） 一种人员选择工具。把应聘人放在一个模拟的真实场景中，由观察者观察他们的表现并决定在什么程度上应聘人能胜任企业的工作。

个人情况介绍表（BIB）［biographical information blank（BIB）］ 雇用前要求应聘人填写的一种表格，主要收集应聘人的态度、生活经验和社会价值观方面的信息。

体液测试（body fluid test） 雇用前的一种检查，用于判别应聘者是否是吸毒者。

封闭式问题（closed-ended questions） 只要求回答是或不是的一种问题类型。

补偿战略（compensatory strategy） 人员选择的方法之一，侧重判断应聘者的特长和优点是否足以弥补其缺点。

内容效度（content validity） 检验选择尺度的一种方法，用于评价应聘人胜任工作的整体能力。

对比错误（contrast error） 评估表现或面试时的一种错误类型，即经理或面试人有意无意地拿两个员工或两个应聘者进行对比。

信用检查（credit reference check） 选择测试的一种，用于衡量应聘者的信用历史。有专家认为应聘者的信用历史是工作表现的一种很好的预测因子。

效标效度（criterion-related validity） 预见（如工作表现）与标准的相关程度。

妖魔角（devil's horns） 与晕轮效应相反，一种单纯基于应聘者的一种不良行为的印象。

第一印象错误（first impression error） 管理人员或面试人犯的一种错误，对一个人的整体评价完全基于对他/她的第一印象。

晕轮效应（halo effect） 与妖魔角相反，一种基于应聘人的相貌或表现等一方面的正面感觉而形成的印象。

诚实测试（honesty tests） 通过各种假设问题和员工的选择答案，检验一个人对诚实的态度的一种测试。

评价者间可靠性（inter-rater reliability） 对于同一应聘者不同的面试人得出的结论的差异程度。

多重障碍战略（multiple hurdles strategy） 人员选择方法之一，在雇用前要求应聘人员清除应聘过程中的种种障碍，只有所有障碍都清除了才能被录用。

疏忽的雇用（negligent hiring） 雇主未能认真有效地对员工进行选择的一种常见的行为。与此行为有关的诉讼一般都指控雇主由于雇用时的疏忽未能有效地保护客人不受雇员的侵害。

开放式问题（open-ended questions） 要求回答者对问题自由发挥的一种问题类型。

笔试（paper-and-pencil tests） 选择的一种方法，要求应聘者书面回答招聘人口头或书面提出的问题。

体能测试（physical and motor ability tests） 选择测试之一，要求应聘者参加体能检验，这种检验必须与工作有关，否则是违反《美国残疾人法》的。

预兆（predictor） 用于预测日后工作表现的一种尺度。

近期错误（recency errors） 在业绩评估和面试时会犯的一种错误。面试人或经理对应聘人或雇员的评价的主要依据是最近一件事或最近的行为。

证明材料核实（reference check） 可能的雇主向以前的雇主提出的要求，要求提供关于应聘人过去的工作记录。

可靠性（reliability） 选择方法在多大程度上能持续产生同样的效果。

选择（selection）　从应聘者中选择能胜任工作的合适人选的过程。

半结构性面试（semi-structured interviews）　面试的一种方法。面试问题包括事先计划好的问题和事先没计划好的问题，一般没计划好的总是比结构性问题更宽泛的特殊话题。

同化错误（similarity errors）　业绩评估和面试中的一种错误，表现在管理人员或面试人注意到某个雇员或应聘者只是因为他们与面试人或经理有个性或职业上的相像之处。

压力面试（stress interview）　面试的一种方法。即带有感情色彩的环境布置，面试人不断挑战应聘人的极限，看他（她）在压力下的表现。

结构性面试（structured interview）　面试的一种方法，面试中所有问题都是事先准备好的，而且按照完全一样的顺序向应聘者提问。

非结构性面试（unstructured interview）　面试的一种方法，事先不准备任何问题，由面试人根据面试当时情况引导面试过程。

有效性（validity）　选择过程在多大程度上衡量了预先希望衡量的东西。

加权申请表（Weighted Application Blank，WAB）　申请表格的一种，根据不同类型的工作经验进行积分。这种表格一般侧重于应聘者最符合要求的资历。

工作样本测试（work sample test）　选择测试时要求应聘人演示与工作相关的某种技能或完成某项任务，从而衡量应聘人是否能胜任工作。如让打字员应聘人打字。

📖 复习题

1. 为什么有效性问题在选择过程中那么重要？
2. 多重障碍战略和补偿战略都有哪些特点？
3. 为什么加权申请表比非加权申请表能更有效地预测未来的工作表现？
4. 笔试、诚实测试、体能测试、体液测试、工作样本测试和评价中心各有什么优缺点？又有哪些陷阱？
5. 在什么情况下电话资料核实比书面核实能获得更多信息？为什么？
6. 与面试有效性有关的问题有哪些？
7. 在准备面试时要记住的 4 条基本原则是什么？
8. 结构性、非结构性和半结构性面试的优缺点各是什么？
9. 直接、非直接和选择性面试方法的特点是什么？
10. 在面试时你会用最好的经理还是中等的经理？为什么？

网址

以下网站可以提供更多的相关信息，注意网址可能会变更，如果无法找到某个网站，可以使用搜索引擎找更多的网站。

人力资源节点
www. hrhub. com/

1974 年的隐私法（2000 年版）
www. usdoj. gov/foia/1974intro. htm

人力资源在线
www. hronline. com/

1964 年的《民权法》第 7 章
www. eeoc. gov/policy/vii. html

美国商业部
www. uschamber. com/

美国公平就业机会委员会（EEOC）
www. eeoc. gov/

美国劳工部
www. dol. gov/

案例研究

转过来的转变

阿什克拉夫特饭店集团是一家中型连锁饭店集团，对转变经营业差的饭店业有很好的经验和名声，该集团又收购了林肯饭店。转型开始于总经理的更换，林肯饭店的新任总经理是马丁·伍德，集团中最好的饭店经理。马丁将对林肯饭店的所有现有员工进行评估并做调整，以改进饭店的业绩。

马丁现在面临的唯一障碍是更换餐饮部经理西奥·华特斯，饭店内的一个管理新星。集团餐饮副总裁琼尼·兰迪斯坚持认为现在对西奥是一次最好的考验。

马丁则表示有些担心，他觉得转变林肯饭店本身已经非常具有挑战性了，他不想再因为辅导那种从来没遇到什么挫折，上面又有人说话的热门人物而加重这种负担了。

琼尼理解马丁的担心，并决定亲自处理西奥的更换事宜。"你会看到的，"琼尼说，"只要让他放开手脚，他会把一切都转变过来的。"虽然不相信这个结果，但马丁还是不再坚持了；但他要求西奥还留在林肯饭店的管理层。琼尼也认为西奥和其他林肯饭店的管理人员一样是马丁可以依靠的，最后她说："我不想干涉你的管理，马丁，我只想给西奥一个发光的机会。下午我让人力资源部把他的材料发过去。"

西奥的确是集团中的一颗新星，他在大学里学习饭店管理时就是餐厅服务员了，毕业后即进入阿什克拉夫特饭店集团，成为集团主要饭店的一个实习经理，并很快被提升为餐厅助理经理。他的第一个部门经理岗位是客户服务经理，最近调为酒店中一家高档餐厅经理。他在集团中最好的酒店里了解了集团的经营规范和程序。他使集团中一个已经非常赚钱的营运正常的企业更赚钱。另外，他还倡导在集团发起高档餐厅有奖竞赛，集团已准备将这个概念在所有连锁饭店推广，包括林肯饭店。

第二周，西奥来到林肯饭店，马丁欢迎西奥作为新领导班子的一员加盟林肯。

"西奥，"马丁说，"我们必须马上着手进行工作。转变总是很困难的，而像林肯这样的业绩很差的酒店对改变总会有抵触的，特别是管理人员和员工都把改变视为个人打击。"

"我明白，"西奥附和道，"你也知道集团主打酒店的转变过程也不容易。不过一旦我们让员工知道我们现在的严峻形势，他们会明白的，这样我们就可以进行了。"

马丁停了一下，他突然有点后悔向琼尼做了让步，"是啊，西奥，你在那儿干得不错。不过我们在这儿不单要转变工作程序，而是要转变整个工作文化。"

"当然，这任务更艰巨。目前我们面临的问题是什么？"西奥问。

马丁递给西奥一份清单，上面列了几个必须马上做变动的领域：

- 首先，餐厅目前是亏损的，必须尽快扭亏为盈；
- 库存水平过高，成本过高；但员工们经常抱怨关键物品不够用；
- 食品生产质量、分量不能保持一致，而且上菜速度慢；
- 厨房和餐厅的卫生条件都达不到标准；
- 桌布从洗衣房拿出来时上面的污渍还没洗掉，员工的制服很旧，看上去很糟糕；
- 厨房里几个烤箱坏了，大部分用具都很旧了，需要维修，给工程部上报了无数次都没有回应；
- 客人经常抱怨服务太差。销售部经理都不愿意带客户到自己的餐厅用餐，因为服务太差了，总让她下不来台；
- 排班有问题，特别是（但不仅是）入住率很高时，餐厅里经常人手不够。

马丁接着说："你也能看出来，管理层和基层员工都有问题，我怀疑销售部和客房部经理总是故意少报预测人数，这样他们总能超额完成任务，这就让餐厅的员工配备有很大风险，总是人手不够。我还不知道工程部那边是什么问题，我会搞清楚的。"

"我相信我能把我管辖范围内的问题尽快解决。"西奥说。

"西奥，在以后的 30 天内我会把主要精力放在饭店的其他几个主要部门上；不过你不是孤军作战，我会随时帮助你的，有问题尽管来找我，我们是一个整体。"

西奥开始召集餐厅部门开会，会上他明确说明了餐厅目前的状况，而且强调以前可以容忍的行为以后不能再容忍了。"我要让这个餐厅的服务水平能和集团主打饭店的餐厅服务水平不相上下。"他宣布。

他发下了新的服务程序手册，是他在前一个岗位修订的，他要求每个人都要仔细通读手册并按上面的要求去做。西奥指出："在食品制作过程和餐厅服务过程中不能吃东西，不然要休息区干吗。"

西奥接着说："我带来了一个很先进的客户服务培训计划，这个计划可以保证提高餐厅的人均消费和总收入。这个培训计划还包括客人投诉率最高的十大问题，教会员工如何让生气的客人满意而归的服务诀窍。"他还禁止服务员集中小费，"我不认为集中小费有助于提高餐厅的服务水平。"他宣布。

几天后，一个做了很大变动的新的排班表出台了，通过这个排班表西奥有意给一些表现不好的员工施加压力。当一些员工找他抱怨时，他回答说："镇上的餐馆多着呢，如果不喜欢这儿，就做你认为你该做的事去吧。"

接下来的几天中，西奥在忙着一个又一个地解雇员工。因为一个厨师配菜配错了，他处分了厨师长。他发现了一组服务员还把小费集中起来，便威胁说要把他们都解雇。他觉得自己每次一转身，员工又恢复旧态，根本不把他的权威放在眼里。

一天，在接近月底时，事情突然有了变化。由于饭店入住率的提高，餐厅变得非常忙。当西奥在餐厅里穿行时听到一个客人在抱怨上菜太慢，他走进餐厅问厨师长怎么回事，厨师长说他对这个工作量没有准备，"我的厨师应接不暇，头一盘烧煳了，现在正在重做。"

西奥回到餐厅安抚等候的客人，邻桌的另一个客人抱怨说她已经坐下很久了，连杯水都没给她倒。西奥冲进厨房指责服务员贝斯为什么那么久还不招呼客人，客人等候的时间已经超过服务手册的规定了。贝斯也急了，让西奥自己去服务："我已经在做两个人的工作了，你让我怎么遵守你的服务标准？你能不能别再盯着我们了，为了你那个倒霉的新排班表，我们已经在拼命地工作了，你还想怎么样？我们一直缺少人手。"

西奥一头扎进餐厅帮服务员送菜。在餐厅里他看到销售部经理正在带着客户往外走，走近西奥时她打了个招呼然后小声说："每次我有客户都是这种服务，真让我难堪。"西奥反唇相讥："如果你不总是少报住房预测的话，我们就可以准确地排班，这种事就不会发生了。"西奥走开时，另一个服务员冲过来说奶沫咖啡机怎么也不见动静。又送完一道餐后，西奥拼命地控制自己的情绪，"咖啡机的问题已经通知工程部好几天了，为什么他们还不来修？"

到了月底，除了客人的人均消费有所提高外，餐厅的收入没有明显改观；但西奥已经得罪了差不多所有的餐厅员工和部门经理了。一开始很支持西奥的系统操作员现在也对他这个"超级明星"产生了怀疑，因为他看到有很多餐单而餐厅的净收入没有增加。他对西奥的支持也发生了动摇。

马丁把西奥叫进办公室准备听取月末汇报。

讨论题

1. 你同意集团认为西奥是这个新职位的最佳候选人的看法吗？他的背景和经验对决定他能否胜任林肯饭店的新位置有作用吗？为什么马丁不相信西奥的能力？为什么西奥的背景和经验会成为他在林肯饭店成功的羁绊？

2. 在适应新角色过程中西奥有什么地方是做得对的？为什么西奥改变现状的努力会失败？马丁怎样做才能改变月末现状？

3. 在月末会议上，马丁会对西奥说什么？西奥会作何反应？西奥下一步会怎么做？

案例号：3564C

以下专家帮助编排整理了这个案例：纽约复兴饭店人力资源部经理菲利普·J. 布雷森和乔治亚州亚特兰大阿拉马克公司人力资源部经理杰里·费伊。

第二部分

人力资源开发

第 5 章概要

上岗引导的目标

制订上岗引导计划

  企业整体上岗引导

  具体工作上岗引导

  上岗引导资料袋

  避免使用的方法

  建议使用的方法

  上岗引导的后续工作

社交化

  策划社交化培训

  社交化培训方法

  谁应帮助新员工社交化

学习目的

1. 上岗引导培训的目的。
2. 区别企业整体上岗引导和具体工作上岗引导。
3. 说明管理人员应注意避免的上岗引导方法以及应该采取的方法。
4. 介绍社交化训练的目标。
5. 具体介绍社交化训练的策略及方法。

5

上岗引导与社交化

　　本章与内华达大学拉斯维加斯分校的埃利·H. 帕克、姜株义（Ju-hee Kang）以及三义聿子（Itsuko Miyoshi）硕士研究生合作完成。

　　饭店行业的员工流动比例每年都高达 200% 到 300%，这个统计说明饭店行业的所有员工每年都要调动 2～3 次！庆幸的实际情况是，流动频率最高的时候只是发生在新员工上岗后的 30 天内，并叠加上其他员工的减失率。以万豪酒店集团为例，每年 60% 的流动员工中一半以上的情况发生在新员工上岗后的 30 天内[1]。这种现象主要是由于新员工在企业内的开头开得不好，很多企业对新员工施加的压力太大了。

　　新上岗的第一天，员工面临的是一个新环境：工作规则、责任、老板和同事，这个新环境有时会引起员工的紧张焦虑，并可能因此而辞职。这种情况的发生使前面所有招聘、甄选、雇用过程的工作全部白费了。

　　上岗引导计划用于减轻员工面临新工作的压力，但有很多熟悉计划是在很短的时间内向员工大量灌输管理理念、企业历史、企业政策和劳动程序，使员工一开始就难以承受。理论上讲，上岗引导只需要告诉员工他们怎样才能在新企业里获得成功；但实际上，如果不认真对待，上岗引导就会变成短时间内的大量信息灌输，反而加重了员工的焦虑感。

　　接受过上岗引导的新员工一般都会在企业逗留更长时间，主要因为在上岗引导中强调了什么对新员工是重要的，而不是什么对企业是重要的。低质的上岗引导计划会给企业带来很大的经济上的损失，因为这会降低新员工在工作前几周的效率并造成员工的不满意甚至离职[2]。企业应该设计以员工为中心的上岗引导计划，而不应该是企业规章制度培训，以此帮助新人克服压力，开始新的工作[3]。

上岗引导的目标

　　新员工对他们的工作和新单位会有很多问题，必须马上给他们的问题一个答复，好让他们尽快有效地融入工作环境中去。研究发现，新员工会很自然地先投入于寻找信息和反馈、建立关系、工作变动协商及正面看待新环境。图 5 - 1 列出了新员工可能会问的一些问题。

图 5 - 1 新员工可能会问的问题

- 企业的宗旨是什么?
- 企业为什么存在?
- 我的工作职责是什么?
- 作为员工我有什么权利?
- 什么是我能做的? 什么是未经许可我不能做的?
- 在企业获得提升,上一级的岗位是什么?
- 我如何适应企业?
- 要在企业做好工作应达到什么样的业绩水平?
- 我有权获得哪些一般和特殊的福利?
- 我为谁工作?
- 我如何与同事相处?
- 我如何与同事和其他和我打交道的人建立起良好的关系?
- 为了让我更适应企业和自己的岗位,我现在和以后会得到什么样的培训?

资料来源:节选自拉斐尔·R. 卡瓦诺 和 杰克·D. 尼迈亚著《饭店业主管(第三版)》(兰辛,米奇:美国饭店业协会教育学院,2001 年),116 - 119 页。

饭店企业必须精心设计上岗引导计划解答员工关于工作的问题,这方面的信息可以分为 3 类:

- 工作相关情况,如企业规范、管理层对员工的期望以及企业政策和劳动程序;
- 关于企业文化,如可接受的行为规范,定义可接受的行为和偏激的行为,管理理念、企业传统和战略宗旨;
- 具体的工作责任和工作技能,包括工作描述、具体设备的操作以及对如何对工作进行评估的。

制订上岗引导计划

约有 85% 的拥有 100 名员工以上的企业对新员工进行岗位引导[4]。培训开始前要对培训内容进行精心设计,挑选重要的话题,避免重复。图 5 - 2 中列出了岗位引导计划要考虑的主要方面。

有些饭店把岗位引导分为两部分，第一部分侧重于企业整体情况，第二部分侧重于具体工作环境。

企业整体上岗引导

饭店对新员工的上岗引导计划应从让员工了解企业入手。这部分培训内容包括：企业宗旨和管理理念、一般性政策和工作程序、保险及福利、个人表格、顾客与员工关系、如何使员工个人作用与企业整体目标一致等。

图 5 – 2　岗位引导计划的重点

- 活动目标
- 话题范围
- 培训时间和每个课程的长度
- 企业话题，部门和工作话题
- 明确需要人力资源部负责的专项培训内容
- 明确需要经理和主管负责的专项培训内容
- 培训的技术与社会方面的问题
- 如何鼓励员工讨论和意见反馈
- 熟悉计划开始前对人力资源代表的培训
- 熟悉计划开始前对经理和主管的培训
- 明确人力资源部和经理主管需要遵循的培训计划清单
- 检查和更新员工手册
- 计划要留出修改空间，以准备填充不同的员工教育、智能训练和工作经验培训

资料来源：节选自韦恩·F. 卡希欧著《人力资源：生产率、工作生活质量、利润》，纽约麦格劳—希尔出版社，2001 年，228 页。

在大型饭店企业中，这方面的培训一般由人力资源部代表负责，小企业中由总经理负责。

整体上岗引导计划有助于减少人员更新。人员更新造成的损失是巨大的，2004年饭店业人员更新造成的损失为 6803 美元/人[5]。而且对员工、经理和企业还有很多其他的好处，详见图 5 – 3。

一位对岗位引导进行调查的研究人员发现，自愿参加培训的员工对企业比较了解，对企业的目标/价值、历史和企业内的人员都更熟悉，而且他们也比不参加培训的人显示出更高的企业忠诚度，这当然是企业求之不得的[6]。

具体工作上岗引导

具体工作上岗引导的重点从企业和部门话题转向与工作业绩相关的话题。培训要向员工介绍工作描述中给出的工作职责、员工手册中关于具体工作的规定、工作环境和设备的位置以及员工工作的部门与企业其他部门的关系。要带着新员工在企业、部门内转一转，并介绍与他们工作有关的人。讨论部门政策和工作程序，包括相关的工作时间、打卡制度、工资、休息时间、吸烟、员工用餐等。有关的经理和主管要参加培训，让员工了解企业内部的提升机会。具体工作熟悉培训计划是为了让员工了解自己的工作职责和工作环境。图5－4列出了这部分培训对各方面的好处。

图5－3　企业整体熟悉培训的好处

对企业的好处
- 所有新员工得到的信息是相同的；
- 让新员工感到自己在一家很出色的企业工作；
- 介绍管理人员；
- 对企业有良好的第一印象；
- 有效建立企业价值和文化基础；
- 增强员工对企业商业目标和战略重点的理解；
- 提供成功的机会；
- 介绍企业各个层面的团队协作方法；
- 降低员工的流动性。

对雇员的好处
- 更好地了解企业对他们及他们工作表现的期望；
- 可以帮助员工了解自己岗位对企业的价值；
- 建立自尊意识；
- 让员工觉得自己的工作对企业是重要的；
- 对企业和工作岗位有初步的系统了解；
- 愿意成为企业的一员；
- 强化员工的工作积极性。

资料来源：节选自拉斐尔·R. 卡瓦诺和杰克·D. 尼迈亚著《饭店业主管（第三版）》（兰辛，米奇：美国饭店及旅馆业协会教育学院，2001 年），120－121 页。

图 5 - 4　具体工作熟悉培训的好处

对部门的好处

- 员工培训的延续性；
- 保持培训资料及时更新；
- 使员工保证服务质量满足顾客期望；
- 保持工作标准的实现；
- 员工绩效的一致性；
- 确保员工的能力；
- 有助于部门的正常运转。

对雇员的好处

- 正确了解工作；
- 建立自尊意识；
- 增强责任感；
- 建立团队协作精神；
- 有助于提高员工的工作效率。

资料来源：节选自拉斐尔·R. 卡瓦诺和杰克·D. 尼迈亚著《饭店业主管（第三版）》（兰辛，米奇：美国饭店业协会教育学院，2001 年），122 页。

上岗引导资料袋

有条理的管理人员会事先为新员工准备好上岗引导资料袋让他们带回家。他们可以自己先看看资料，和朋友聊一下其中的内容。培训的第一天，新员工会一下子接受大量信息，这些资料可以让他们先消化一下培训内容；如果有问题可以在以后几天培训时向有关人员询问。图 5 - 5 列出了资料袋中应包括的内容。此外，饭店企业还应在图 5 - 5 所列内容的基础上增加以下信息资料：

- 公平就业机会委员会通告的复本和企业相应的规定；
- 企业最新的内刊；
- 员工所在部门的人员及电话清单；
- 培训计划的日程表；
- 部门和企业社交活动信息；
- 当前组织机构图；
- 预计组织机构图（体现人员接替情况）；
- 设备布局图；

- 行业、企业和工作中一些专业术语；
- 具体工作目标和工作描述复本。

图 5-5　培训资料内容

内容包括

- 工作时间、吃饭和休息时间；
- 考勤规章；
- 安全措施；
- 卫生措施；
- 制服或着装要求、个人形象以及化妆要求；
- 应急措施；
- 绩效评估；
- 规章制度；
- 促销政策；
- 骚扰行为；
- 薪金领取程序；
- 假期、生病和其他离职规定；
- 度假安排；
- 集体健康保险政策；
- 退休金/存款计划；
- 重要的电话号码以及何时使用；
- 相关培训计划；
- 员工帮助计划（如果适用的话）；
- 工会制度（如果适用的话）。

资料来源：节选自 W. D. 圣约翰著《完整的员工入职培训》，摘自《人事杂志》，1980 年
5 月，375 页。

避免使用的方法

有很多企业并不重视员工上岗引导，而是让员工自己面对全新的工作环境，或者让一名与新员工工作性质接近的员工带新员工熟悉工作。这样企业经理失去了一个直接影响员工行为的机会[7]。

以下 5 种熟悉方式经理应避免使用[8]：

- 着重文字。如果让人力资源管理文件泛滥，员工会觉得自己还不是企业真正

的一部分；

- 米老鼠方式。如果给新员工先布置简单的工作让他们"逐渐适应工作"，他们会觉得自己能力不足或在企业中根本不重要。这个名称指计划非常松垮，与迪士尼无关；
- 粗略介绍。如果只向员工做点简单粗略的介绍然后就撒手不管了，任其自主沉浮，他们通常会沉沦的；
- 窒息。如果新员工一来就告诉他们很多情况，他们一般都应付不过来；
- 不现实的工作介绍。有研究表明如果新员工得到的是对工作利弊真实情况的介绍，他们一般都会在公司里留下来的。

还有很多其他方法在饭店行业中使用，如"跟着玛丽学"方式，把整个熟悉过程全交给一个现在的员工。虽然这种方式能让新员工整个了解工作过程和同事，但不足的是新员工可能把原有员工好的和坏的工作习惯一起学习了。

建议使用的方法

以下方法有助于新员工正确开展工作[9]：

- 欢迎新员工。举办欢迎会可以增强员工的喜悦感；
- 帮助员工对企业有好的印象。主管的直接接触，例如在新员工就职第一天与其共进午餐，可以使新员工感受到企业对其的关心；
- 使员工认识到选择这项工作是正确的。有助于使员工看到自己作出了正确的选择；
- 让新员工感到自在。使新员工能够适应新的工作环境，和其他员工和谐相处。

图5-6总结了有效的新员工上岗引导计划包含的10个步骤。

图5-6　培训资料通常包含的内容

一个成功的上岗引导计划包含以下10个步骤
1. 企业介绍 主要是为了使新员工能够对企业有正面的认识和了解，建立对企业的归属感。 2. 介绍重要的政策和实践 包括行为规范、绩效标准、入职阶段、规章制度和安全等。 3. 收入和服务 对收入的介绍是非常重要的。员工需要评估收入的成本。要介绍一些员工可能不认为是收入的服务，如信贷、停车、医疗保险、折扣以及社会和休闲活动等。 4. 收入计划登记 填写必要的收入登记表。给员工与家人商量的时间，以便其作出决策。

续

5. 完成入职文件

   提供紧急联络人信息、照片、就业机会信息以及其他相关信息。

6. 介绍公司期望

   与第二个方面相关。但公司期望更多是关于雇主与员工的关系。采用绩效评估表可以清楚地了解到雇主对于团队合作、员工之间关系、态度和忠诚度的期望。

7. 设定员工期望

   如果员工符合公司的期望，那么员工可以期望哪些？这包括具体的培训和发展、定期发放的薪金、安全、认可、工作条件、升迁的机会、教育帮助计划、咨询、如何反馈不满等内容。

8. 介绍同事

   名片和结伴安排可以有助于同事间的认识和了解。

9. 介绍设备设施

   对设备设施有一个系统全面的了解。这比分别了解各部分内容更有效。

10. 介绍具体工作

    使新员工能够融入工作。

资料来源：Ronald Smith 的《员工上岗引导培训：迈向成功 10 个步骤》，摘自《认识杂志》，1984 年 12 月，48 页。

上岗引导的后续工作

上岗引导完成之后，还应在一段时期内对员工进行具体工作指导。这其间，经理应近距离观察和辅导新员工适应工作，随着新员工的工作改进，经理就可以慢慢放手了。

上岗引导应有一个结束时间，如万豪酒店是 3 个月，包括辅导和复习课程；结束时各"班"会举行宴会款待已入职 90 天的员工[10]。经理可以自行确定一个结束日期，并在那一天与新员工面谈，看看还有什么问题。这种面谈一般是上岗引导培训开始的几天或 1 周后。在这次谈话中，经理可以评价一下员工的进步，并给员工定下第一次业绩评估前要达到的工作目标。有些企业会在 1 个月、2 个月和 3 个月后分别进行以上谈话。另外，像万豪酒店还有一个新员工个人辅导"伙伴"（buddy）计划，让新员工在开头几个月中不断与有经验的员工接触。这个为期 6 个月的新员工辅导与社交计划非常有效。个人辅导和引导人际交往的方式也能有效地增强新员工对工作团体的亲和力[11]。

杜邦公司开发了一种更复杂的计划，但很适合于饭店行业。杜邦的上岗引导计划被称为"定向赛跑计划"（orienteering），其中包括 3 个部分，或 3 个层面。第 1 个层面，启动教练帮助新员工清楚地了解他们的工作单位、方向、目标、资源及企业价值观；第 2 个层面，一般在受雇后的 30 天到 90 天内，新员工会在指导下了解自己的工作、团队或单位是如何促成企业目标的实现的；第 3 个层面，在第 2 个层面后的 30 天到 60 天内，让员工制定自己在企业中的长远发展规划[12]。

为了了解新员工是否能适应（融入）新环境，经理会进行一些小测验。一种有效的测验方法是拿一份企业首席执行官最近的一份讲话，其中盖住几个关键字，让新员工把空填上。调查发现，能很好地适应并融入新环境的新员工能正确地填出这些字，而适应不好的新员工则填不出来。经理可以反复做这种测试，直到新员工能完全适应为止。

社交化

上岗引导是将一名新员工介绍到一个新环境的机制，这个过程之所以重要，是因为它可以缓解新环境给新员工带来的紧张感；但仅有这个过程还不够，必须让新员工介入整个企业的价值、规范和行为体系中来才行，后一个过程被称为社交化训练，或称为文化引导。

社交化是了解组织文化及如何与组织内部其他人相处的过程[13]。新员工上岗引导主要是在刚刚入职的第一个星期或第一个月，但社交化的持续时间比较长。让员工没有经历社交化过程就直接工作是不利的。这会使员工感觉到还没有准备好，得不到支持，有压力。组织可以用几天的时间使新员工能够适应新的环境。

新员工的紧张情绪会使社交化比较困难（"我可以胜任吗？""我如何与我的上司相处？""我从何开始？"）。为此，得克萨斯设备公司进行了一项实验，对第一组新员工（控制组）进行常规性的入职上岗引导，包括人力资源部相关认识持续两个小时的关于工作时间、保险、停车等方面的介绍。接着，向新员工引见和善但非常繁忙的上司，上司就上岗即工作要求作了进一步说明。人力资源部在对第二个组（实验组）进行了同样两个小时的介绍后，安排了 6 个小时的消除紧张的内容。告诉新员工第一天不用工作，可以放松地熟悉企业、认识同事、咨询问题。结果是：（1）数据显示，99.6% 的新员工在工作上取得了成功；（2）新员工从老员工的无稽之谈中感受到自己成功的可能性；（3）鼓励新员工就工作问题主动咨询主管；（4）了解主管的性格。这种革新的上岗计划有着重要的影响：在学习效率、工作效率、缺席率、迟到等方面，实验组超过了控制组。虽然这项研究是很多年前进行的，但该研究清楚地显示了这可以减少新员工的紧张感[14]。

上述研究表明，新员工上岗培训计划中应该包括社交化活动，以降低新员工的紧张感。

组织社交化过程是让新员工了解并认同企业的价值观、行为准则、团体交往的基本知识，并真正融入企业成为其中的一员[15]。完整的企业文化引导过程可能需要几个月时间，新进入者要亲身体验并参与到整个文化的每个细节构成部分中去，如完整地接受企业的行为规范。研究显示，能真正有效地融入企业中的新员工的生产效率要高于不能完全融入的人，因为融入者能很快地把了解到的企业价值观结合到自己的实际工作中去。例如，能真正理解服务是饭店诀窍的新员工更可能把这一点体现到自己的工作中。另外，有效的融入者比其他人更可能成为企业的长期雇员。

最初注意到社交化效果的研究始于朝鲜战争时对北朝鲜军队文职官员和战犯的研究。研究发现经过大量的灌输，美国人可以很快被"转化"，其思想能被北朝鲜官员"赤化"。研究人员还发现学生在进入工作环境以后的"职业灌输"中也会产生类似的效果。在较短的时间内，很多学生的价值观就与其服务的企业一致了[16]。这种融入社会环境并被同化的现象渐渐被人们称为社交化，简言之"掌握诀窍"。

员工越早"掌握诀窍"就能越快发挥作用，成为企业骨干。有些员工在环境中耳濡目染自然就能了解一些具体的价值观、规范和行为准则，而有些人没有指导就永远找不到诀窍。

简言之，适当的上岗引导和社交化培训可以减少不必要的员工补缺工作，特别是在 30 天内的重新招聘。有效的上岗引导和社交培训计划还可以在很多方面使企业受益，如有效的文化融入过程可以减少缺勤，提高生产效率[17]。其他益处还包括增加利润、改善员工表现和提高员工对企业的忠诚度。反之，如果上岗引导和社交化培训做得不好，则可能招致一些不良后果。一项研究要求新入职的员工报告他们对企业的好印象和坏印象，第一天坏印象占 71%，好印象占 29%；1 周以后坏印象减少到 59%；1 个月以后坏印象变成 54%；6 个月后坏印象比例是 56%。另一方面，参加上岗引导和社交化培训的员工第一个月对企业的好印象就占到 70%，而且这个数字一直保持到 6 个月以后[18]。

策划社交化培训

社交化过程通常包括几个阶段：（1）欢迎活动；（2）了解组织的历史、价值和目标；（3）执行真正的上岗入职计划，强调新员工可能感受到的压力；（4）与类似职位的同事之间的关系。[19]

欢迎活动有助于新员工感受到自己的价值。为此，一些企业举行一系列欢迎活动，包括印有企业形象和目标的物品（如 T 恤衫、咖啡杯、笔和气球等）、生存物品（如巧克力、咖啡和礼品卡）或者其他物品（如花束），旨在表达"欢迎你的加入"、"你已经成为我们的一员"。企业通常也会举办欢迎晚餐或午餐[20]。

新员工需要感受到与组织相连，行为中体现着企业的目标。在对他们的新工作和新任务的介绍中，新员工要了解企业的历史、价值和目标。

因此，管理者必须首先确定希望通过社交化让员工做什么。为此，管理者需要首先了解企业的核心文化价值。

很少有经理或雇员能对外人说明企业文化中的主要价值因素，因为企业文化一般非常复杂，很难用语言概括。另外，由于企业内的员工对企业的文化、价值观、信念和规范太熟悉了，距离太近了，反而不能理性地归纳出来。

许多企业因此雇用文化顾问帮助他们找出企业价值中的重要因素。如何让员工把企业价值观贯彻到实际工作中去，这是对员工进行价值观教育的第一步。企业内部的人作为当局者往往不能把自己与这个文化内容剥离开来，对文化内容进行客观的总结，这种现象在社会学中被称为局内人"太本土化了，以至于不能研究当地风俗"。

企业要想认清企业文化可以依照以下10个法则寻找一个有效的文化顾问[21]：

- 法则1：找一个认为你的企业是独一无二的顾问。每个企业都有自己独特的文化，这是企业各不相同之处，通用问卷根本无法帮助经理找到自己企业文化的重点。
- 法则2：找一个不会用你的企业去套用模式的顾问。这与第一条法则是一脉相承的，每个企业都是不同的，你的企业文化不适合于任何一种模式（企业家精神、沙文主义、官僚主义）。
- 法则3：雇用一个承认你（经理或所有者）不能"控制"你的企业文化的顾问。你可以促进、管理、指导你的企业文化，但你不能控制它。
- 法则4：找一个相信你，知道他的员工的所做所想是很重要的。在企业中"应该的"和"实际的"往往是有差别的，你应该了解你的员工的信念和尽可能支持他们。
- 法则5：绝对不要相信那些告诉你可以"得到"、"买到"、"创造"或"借到"一种文化的人。你的企业本身已经有一种文化，你不需要别人的，钱是买不到企业文化的。
- 法则6：雇用那些认为文化是很难了解的，不去试图将文化抽象化的人。企业文化中有些是很容易识别的，如标志、仪式、故事、惯例、典礼、规范等都是文化中的一部分，但不是重要部分；重要的是公认的价值观、信念和想法。
- 法则7：雇用那些还不会把你的企业文化说成是"弱的"、"强的"、"好的"或"坏的"的人。文化在不同的时候可以体现上述所有特征。
- 法则8：要看得长远些。惰性的文化的改变不是一朝一夕的事，需要很长的时间，是一个对企业、对个人都很痛苦的过程。
- 法则9：一定要找一个认为你的企业文化是多层面的顾问。企业中会存在很多亚文化，每一种亚文化都对整体文化起到不同的作用。

- 法则 10：找一个能教会经理如何有效管理企业文化的顾问。经理有 3 个重要的作用：介入者（找到文化内涵）、代言人（散播文化）和改革者或推动者（影响文化的变化方向）。一个好的顾问应教会经理如何独立发挥这些作用，否则，每次有问题都得请顾问。

在明确了企业文化之后，经理就可以开始社交化培训，向新员工灌输这种文化了。

为了减轻新员工的压力，制订现实的新人培训计划是非常重要的社交化过程[22]。例如，一个称之为 ROPES（减轻新员工压力的新人培训计划）研究项目就是用于此目的。ROPES 还为新员工提供工作岗位的实用信息以及鼓励新员工能留在他们的工作岗位上。让新员工知道他们可能会遭遇的产生压力的通常情形也是非常重要的。但这只是一个副产品。跨越任何组织的边界，无论是进入或离开一个岗位都会有一定的压力。重要的是让新员工知道在新的位置上，他们可能会恐惧、挫折、失望，有时甚至是愤怒，这些都是正常的，事实上也是应该可以预见到的，也会很快消失的。给新员工与现有员工讨论这些问题的机会有助于减轻新员工可能出现的恐惧、焦虑等感觉。

社交化培训方法

目前尚没有公认的最好的社交化培训方法，经理必须根据企业和员工的情况选择最适于本企业情况的社交化培训方法。在设计培训计划时，经理必须做 7 个选择，详见图 5-7。

图 5-7 社交化战略

- 正式的或非正式的：正式的培训指将新员工与其他企业成员分离开来；非正式的培训指让新员工与其他企业成员混在一起，在自然相处中了解文化。
- 个人的或团体的：新员工社交化培训或单独进行或与一组员工一起进行。
- 连续性的或间断性的：新员工可以通过一系列阶段得到培训，也可以只经历一个单独的过渡阶段。
- 固定的或变化的：固定培训有明确的时间表，变化的没有时间表。
- 联赛或竞赛：联赛式培训指员工在第一阶段取胜后才能进入下一个阶段的培训；竞赛式培训相反，员工可以有多种取胜的机会。
- 系列的或分离的：系列培训是让现在的员工教新员工"学样"；分离培训允许新行为的出现。
- 传授与剥离：传授式培训是一个向新员工传授信息的过程；剥离式培训是一个摆脱旧习惯的过程。

资料来源：节选自约翰·范马安恩的《人员处理：组织社交化战略》，摘自《组织变化》，1978 年夏季号，240-259 页。

乍看上去，这些战略显得很学术、很晦涩难懂，其实都是些实际中常用到的方法。比如企业在提拔员工到管理层之前先培训他们做不同的工种，这就是连续性社交化培训，是饭店企业中常用的一种方法；同样的，很多美国高中对学生进行各种训练，让他们或者能直升大学或者高中毕业后马上就能工作，这用的是联赛式社交化培训，学生如果某项成绩不好，他就会被淘汰出大学预备班；如果用竞赛式方法，则所有学生都参加相同的课程；海事团体、同学会、宗教社团等认为校园社团对新成员都进行剥离式社交化培训，以除去他们的一些不受欢迎的习惯；很多企业向新员工进行传授式培训，使他们有一个"干净的起点"。

不同的方法适用于不同的企业，服务于不同的目的。如果企业希望新员工在思想行为上有高度的一致性，结合正式的、系列的和传授式的社交化培训方法会比较有效；反之，如果企业希望新员工保留差异，则非正式的、分离的和剥离式的培训方法会比较适用[23]。如果饭店企业希望新员工能在有限的时间内在行动上与现有员工达成一致，正式—连续—固定—系列式的组合方法是合适的选择；企业如果想让员工自己了解更多，应该选择非正式—变化的组合培训方法。

有研究显示，不同的方法影响社交化的不同因素，如传授和剥离式方法对个人自我转变有明显作用；固定和可变方法则对新员工是否试图改变以往的工作状态有显著影响。[24]

谁应帮助新员工社交化

很多经理觉得应该由最好的经理和员工引导新员工，因为他们是企业中好的典型，这种看法在某些情况下是对的，但有时则不然。社交化培训也可以由边缘雇员承担，事实上有调查显示，边缘雇员对新员工的社交化培训效果更好[25]。因为表现不好的员工在为培训做准备时会引起他们对企业态度的转变，新员工也会促成这种转变，通过新员工对目前的工作与以前工作的比较，可以使培训者更珍惜现在的工作。当新员工说现在的厨房比他或她以前工作过的厨房照明好时，或者听到很多人对企业的正面评价，或者新员工夸这里的员工餐比其他企业的好得多时，培训者会从一个新角度看自己的工作，并把这种态度带到工作中去。另外，调查显示，新员工社交化培训以团体形式进行，员工能更快地掌握诀窍[26]。

注释

［1］ Raphael R. Kavanangh and Jack D. Ninemeier, *Supervision in the Hospitality Industry*, 3rd ed. (Lansing, Mich.: Educational Institute of the American Hotel Lodging Association, 2001), 116.

［2］ Kenneth N. Wexley and Gary P. Latham, *Developing and Training Human Resources in Organizations*, 3rd ed. (Upper Saddle River, N. J.: Pearson Education, 2002), 168.

［3］ Sheryl A. Larson and Amy S. *Hewitt, Staff Recruitment, Retention, and Training Strategies for Community Human Services Organizations* (Baltimore, Md.: Brookes Publishing Co., 2005), 107.

［4］ Nancy K. Austin, "Giving New Employees a Better Beginning," *Working Woman* 20 (July 1995): 20.

［5］ Janernafie Mulvey, "Employee Turnover Rises, Increasing Costs," *Employment Policy Foundation* (22 March 2005), www. epf. org/pubs/factsheets/2005/fs20050317. pdf.

［6］ H. J. Klein and N. A. Weaver, "The Effectiveness of an Organizational-Level Orientation Training Program in the Socialization of New Hires," *Personnel Psychology*, 53 (1) (2000 Spring): 47 –66.

［7］ Robert H. Woods, "When Servers Meet Customers: An Analysis of the Roles of Restaurant Servers," *Hospitality Research Journal* 14 (1990): 539 –552.

［8］ W. D. St. John, "The Complete Employee Orientation Program", *Personnel Journal* (May 1980): 373 –378.

［9］ Wexley and Latham.

［10］ Ronald Henkoff, "Finding, Training, and Keeping the Best Service Workers," *Fortune* 130 (3 October 1994): 110.

［11］ Clive Fullagar et al., "Impact of Early Socialization on Union Commitment," *Journal of Applied Psychology* 80 (February 1995): 147.

［12］ Carol S. Klein and Jeff Taylor, "Employee Orientation is an Ongoing Process at Dupont Merck Pharmaceutical Company," *Personnel Journal* 73 (May 1994): 67.

［13］ Larson and Hewitt, 108.

［14］ Wexley and latham, 172.

［15］ Meryl R. Louis, "Surprise and Sense Making: What Newcomers Experience in Entering Unfamiliar Organizational Settings," *Administrative Science Quarterly* 25 (1) (1980): 226 – 251.

［16］ Edgar H. Schein, "Organizational Socialization and the Profession of Management," *Sloun Management Review* (Fall 1988): 53 – 65 （再版，原文首发于，Sloan Management Review in 1968）.

［17］ Karen H. Tidball, "Creating a Culture that Builds Your Bottom Line," *Cornell Hotel and Restaurant Administration Quarterly* 29 (May 1988): 63 – 69; Richard D. Nurmenn, *Service Management: Strategy and Leadership in Service Businesses* (New York: Wiley, 1984); Jay Barney, "Organizational Culture: Can It Be the Source of Sustained Competitive Advantage?" *Academy of Management Review* 11 (1986): 656 – 665.

［18］ Craig C. Lundberg and Cheri A. Young, "Newcomer Socialization: Critical Incidents in Hospitality Organizations," *Journal of Hospitality and Tourism Research*, 21 (2) (1997): 58 – 74.

［19］ Arson and Hewitt, 111 – 112.

［20］ Larennand Hewitt, 112.

［21］ The rules for choosing a culture consultant are adapted from Woods, "Ten Rules for Culture Consultants," *The Consultant* (FCSI) 23 (Summer 1990): 52 – 53.

［22］ Lursun and Hewitt, 108.

［23］ John Van Maanen, "People Processing: Stratagies of Organizational Socialization," *Organizational Dynamics* (Summer 1978): 258.

［24］ J. Stewart Black and Susan J. Ashfurd, "Fitting in or Making Jobs Fit: Factors Affecting Mode of Adjustmeat for New Hires," *Human Relations* 48 (April 1995): 425.

［25］ Robert I. Sutton and Meryl Reis Louis, "How Selecting and Socializing Newcomers Influences Insiders," *Human Resource Management* 26 (Fall 1987): 347 – 361.

［26］ Lisa K. Gundry and Denise M. Rousseau, "Critical Elements in Communicating Culture to Newcomers: The Meaning is the Message," *Human Relations* 47 (September 1994): 1064.

🔑 主要术语

行为（behavior）　一个人的个人举止习惯，对个人或团体行为、刺激或环境的反应。

企业整体上岗引导（general property orientation）　雇主向雇员介绍企业宗旨和价值观的一种正式培训活动，一般在员工受聘后短期内进行。

规范（norm）　个人或团体的典型的行为模式。

企业文化（organizational culture）　企业中的主导文化或个性。

上岗引导（orientation）　让新员工介入工作及其工作环境的一个过程。

上岗引导资料袋（orientation kit）　雇主在上岗引导中向新员工提供的一整套信息资料，帮助新员工了解企业的政策、工作程序和设施。

社交化（socialization）　雇员了解企业对他们的工作期望的一个过程，包括书面的和非书面的行为准则。

具体工作上岗引导（specific job orientation）　让新员工介入某一特定工作和工作行为中去的过程。

流失率（turnover）　员工离开企业或工作单位的比例。

价值观（value）　指导个人或团体行为的一套信念，一般指社会和文化理念。

📖 复习题

1. 上岗引导计划广义的目标是什么？
2. 上岗引导要提供哪三大类资料信息？
3. 企业整体上岗引导和具体工作上岗引导有什么区别？
4. 上岗引导资料袋中应包括哪些内容？
5. 管理人员要尽量避免使用哪些熟悉培训方法？
6. 上岗引导与社交化训练有什么区别？
7. 社交化训练的目的和好处是什么？
8. 企业文化是什么？为什么它对社交化培训设计很重要？
9. 雇用文化顾问的10个法则是什么？
10. 谁应帮助新员工社交化？为什么？

迷你案例研究

　　新餐馆开张前，鲍伯花了两个星期培训他的员工。随着员工工资和培训费用的增加，开业前期费用也越来越高；但鲍伯对自己说有很多餐馆就是因为服务太差第一年就倒闭了。鲍伯相信长远来看，他的培训费花的是值得的。

　　开业头6个月，鲍伯的员工流失率是50%，实际上他每个星期都在雇新员工。由于鲍伯整天忙于餐馆生意，而且一天三班地盯着厨房以保证饭菜质量，他把上岗引导的工作交给一些餐馆一开张就跟着他的员工去进行。他觉得既然这些员工参加过开业前培训而且对企业也很忠诚，他们培训和自己培训差不多。

　　可惜的是，虽然新员工看起来都很适合于这份工作，但员工流失率却直线上升。上岗引导开始后的3个月内，鲍伯的员工流失率超过了100%，尽管这个比例仍低于行业的全国平均水平，但鲍伯对如此高的流失率很不满意。在一个特别繁忙的星期过去后，他倒了杯咖啡坐下来，认真思考这个问题。

讨论题

1. 你给鲍伯提什么建议？
2. 你认为鲍伯现在的情形有什么特别之处？
3. 上岗引导中的哪些部分可以由员工进行？

第 6 章概要

学习目的

1. 介绍并解释培训周期的每个环节。
2. 介绍如何开发和实施培训需求评估。
3. 介绍不同的培训方法以及如何从

中进行选择。
4. 介绍如何实施培训评估方案。

6

培训与开发

本章与内华达大学拉斯维加斯分校硕士、普渡大学凯利·费伦博士研究生合作完成。

工作的变化速度越来越快了，在美国目前的工作中，有一半以上在 50 年前根本不存在。饭店行业也难逃这种变化的大潮，而且是工作增长和变化最快的行业之一。就拿饭店的前台工作来说吧，20 世纪 80 年代前基本上所有饭店和汽车旅馆都是人工办理入住登记和退房，现在已有很多饭店有自助登记和退房设备了。随着新技术的应用，饭店员工的工作还将不断变化。

虽然员工招聘和选择对于企业的成功起着关键的作用，但不能确保录用的员工将有良好的工作表现。企业必须为新员工提供培训，以使他们将自身潜能转化为良好的表现。在饭店业，服务和质量决定着企业的成功与否。员工决定着服务的水平以及顾客体验的总体质量。因此，要对新员工进行恰当的培训，以确保顾客满意度和最终的效益增长[1]。本章的重点是指导管理者和员工如何适应新的工作。

当今的培训开支

美国企业每年大约在培训上花 620 亿美元[2]，即平均每年用于每个员工的培训费是 826 美元，在过去的 5 年中平均增长了 200 多美元[3]。其中 14% 的培训费用于计算机远程培训，而绝大多数的培训费（73%）还是用于传统的授课培训。美国企业的培训花费在国际企业中算是比较少的。美国最大的企业平均花在培训上的时间是 2% 的总工时，而德国和日本的企业所花的培训时间是总工时的 5 倍[4]。

这些培训开支是怎么支出的呢？据《培训》杂志报道，培训开支中最大的部分（68%）是负责培训的工作人员的工资开销，其他还有培训设备（9%）、研讨与会议支出（7%）、培训硬件（5%）、聘请咨询公司和培训教师（4%）、特殊的培训资料（4%）以及其他材料（3%）。

很多人怀疑饭店行业的培训支出的钱是否值得。有分析家感到美国的服务行业从来没有像现在这么差劲过[5]。有些雇员可能知道应该怎么服务，但更多的雇员根本就不知道也不想知道。有人指出，这说明饭店企业要加强对员工的行为培训。为此很多饭店也加强了培训力量。

美国培训与开发协会曾做过一项研究，雇主投入培训的钱是越来越多了，参加培训的员工人数也越来越多了；但领先企业与普通企业之间还是有相当的差距。在培训方面领先的企业在培训量、投入量和培训方式上各不相同，一般来讲，领先企业对培训的投入较大，尤其在实际操作培训和改进培训方法上比较下工夫。1997 年，企业平均用于培训的支出是 200 万美元，高于 1996 年的 140 万美元；而领先企业的培训开支则从 1996 年的 340 万美元提高到 1997 年的 410 万美元。不仅是组织更多的培训，而且也有更多的员工参加培训。领先企业的员工培训率是 87%，普通企业是74%[6]。

大量研究把员工培训和生产率联系起来[7]。尽管如此，有调查发现很多新饭店花在培训方面的费用只占总预算的 1%。而人力资源专家指出 3% 的培训费用是保持企业竞争力的基本要求[8]。

饭店员工只知道工作怎么做是不够的。由于饭店工作是与公众接触，他们必须了解什么样的行为才算好的服务。技能和行为培训各有不同的方法，本章后面将做详细介绍。

培训周期

很多专家同意培训是一个循环周期而不是一个单一事件的看法。如图 6 - 1 所示，培训周期的第一个阶段是培训需求评估的设计或发现问题，这种问题通常指期望结果与实际行为之间存在的差距。饭店企业中，这种差距可能有很多形式。客人投诉服务、客房的清洁程度、入住登记等候时间过长等都是这种差距的反映；但不会有客人告诉我们问题出在哪里。大部分培训不是由于客人的抱怨而是根据经理或雇员的判断。

第二个阶段是明确培训目标。在这个阶段，经理要确立培训的目标，不同的情况下会有不同的目标，有的是为了改进服务，有的是为了提高劳动效率，压缩成本。

第三个阶段是建立培训标准。指经理用于衡量培训有效性的标准。实际上这些标准就是考察参加培训的人培训是否合格的标准，一般达到标准就可以算培训通过了。

第四个阶段是选择受训人。受训人可以是新员工、潜在员工或当前员工，不论哪一种情况，经理都必须认真选择参加培训的人。培训内容经常不是过于简单就是过于复杂了，两种情况都使培训不能发挥作用。

图 6 - 1 培训周期

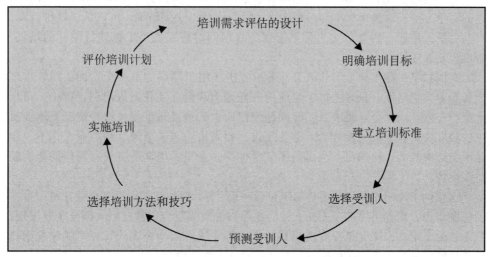

第五个阶段是预测受训人,了解其知识、技能或能力的基础是否适于培训。这种测试的结果可以作为对培训计划的有效性进行评价的依据。

第六个阶段是选择培训方法和技巧。本章后面将讲到各种培训方法和技巧,选择的根据是培训的目标、标准和员工现在的水平。

第七个阶段是实施培训。这个阶段的关键是依事先的计划行事,经理一定要遵循周期完成前所有的步骤后才能实施培训。

第八个阶段是评估培训计划。这是很多前面几步都做得很好的饭店经理很容易忽视的一步,不能有效地对培训是否达到了预期目标进行评估。

进行需求评估

任何培训的第一步都是需求评估,即培训周期的第一个阶段。专家指出,进行需求评估时要从三个方面进行分析:组织分析,任务和行为分析,个人分析。

组织分析

每个培训计划都会影响到企业整体,一个经常用于解释组织分析的例子是制造业。如果对组装流水线上的一个工作单位进行培训要求提高生产效率25%,流水线上的一个单位的生产效率的提高对整个企业毫无意义,因为其他单位的生产效率没有变化。

　　同理可用于饭店，如为了提高餐饮服务效率，对服务员进行培训改用一种较快速的写单方法，这种培训不会起到作用，除非厨师也受到培训，可以认读这种订单。对前台员工培训一种新的客人记账方式，必须同时对夜班员工也进行同样的培训，否则也是无效的。

　　上面只是一些工作培训的例子，组织分析还用于培训的另一个层面，即管理理念和企业文化培训。只有把每个企业的管理理念和企业文化融入培训过程中，培训才会更有效。如果企业要求员工有问题一律向主管或经理汇报，这种情况下培训员工的独立决策能力就是无效的。一般来讲，如果培训与管理理念和企业文化不一致是不会有成效的。比如在一个提倡团队精神的企业里，培训员工独立工作的能力就是多余的。

　　这些例子说明培训目标要与组织目标一致。20世纪60年代很多企业让员工参加敏感度培训，培养员工的个人独立性，让他们更能倾听和创新；但大部分企业发现，员工接受完培训回来完全没有应用到工作实际中去，因为企业的管理模式和奖励体系不鼓励这种行为反而鼓励顺从行为，结果这种培训破产了。

任务和行为分析

　　每份工作都包括几个不同的任务和行为，任务和行为分析就是要看清每份工作都要求哪些任务和行为。首先要进行工作分析，其次是做完整的工作描述和工作指标编写。

图 6-2　需求评估方法

- 咨询委员会；
- 工作描述和工作要求；
- 工作抽样；
- 工作业绩衡量；
- 态度调查；
- 业绩评估；
- 技能测试；
- 业绩档案；
- 顾客反馈；
- 问卷调查；
- 离职面谈；
- 关键事件。

工作分析、描述和指标是管理者考虑培训前的 3 个决定性要素，这些要素涉及了每个工作所需要的知识、技能和能力（KSAs），而经理可以据此确定培训计划的责任和任务。

个人分析

个人分析主要是明确个人在工作中的优缺点，其目的是了解哪个员工需要哪一方面的培训。有时培训计划是为整个部门设计的，有时是为某个人设计的。

例如，餐厅经理经过详细的需求分析，发现他或她的员工需要葡萄酒销售和服务的培训，于是对餐厅的所有员工进行这方面的培训。有的员工对葡萄酒一点儿知识也没有，有的却已经了解很多了，这种情况下从对酒的识别开始的培训就适于一部分人不适合另一部分人。从管理角度讲，对已经对葡萄酒有相当了解的员工进行这种培训就是在浪费钱。为了避免这种浪费，培训前了解员工的知识、技能和能力是很有必要的。

实施需求评估

我们已经了解了为什么要进行需求评估。下面来介绍一下如何实施需求评估。这部分将分别介绍 12 种需求评估方法以及每种方法的优缺点，这些方法详见图 6-2。没有一种方法能通用于各种情况，不同的方法在不同的情况下有效。选择方法时最好先评价一下工作要求的技能和员工的技能水平（图 6-3）。

咨询委员会

一般咨询委员会由评估工作技能和行为需求的经理人员组成，这些经理还同时对比要求与现实工作情况之间的差距，评估方法一般由委员会中的员工代表提出。以饭店客房部为例，客房部的咨询委员会成员应包括客房部助理经理、前台经理、预订部经理以及各部门的员工。这种委员会的一个优点就是其讨论结果一般都非常符合企业实际需要，但缺点是委员会中的员工向管理人员的决定提出相反意见的作用有限，可以用公开听证、欢迎所有有关部门员工参加的办法克服这个缺点。

工作描述和工作要求

第二种进行培训需求评估的有效方法是比较工作描述中对知识、技能和能力的要求与目前的工作表现水平，这种比较一般由部门经理进行，效果可能优于咨询委员会。

图6-3 《全国商业》杂志读者调查：工作的要求和员工的技能水平

在你的企业中员工上岗技能水平如何？
非常好 5%　适中 37%　好 16%　不足 42%

在过去的三年中员工的技能水平有什么样的变化？
改进 7%　下降 46%　维持原样 47%

你遇到的应聘者最常见的缺点是什么？

缺少特定的技能	17%
缺少基本阅读和计算能力	16%
不能进行口头/笔头的良好沟通	19%
不良的工作态度和工作习惯	43%
缺少工作经验	5%

不恰当的培训给你的企业带来过多大的经济损失？
一点或无损失 21%　严重损失 17%　损失一般 62%

平均每年对员工提供多长时间的再培训或教育？
没有 17%　6～10天 15%　不足1天 9%　10天以上 26%　2～5天 33%

主要由谁负责对员工的教育培训？

企业	26%
公立或私立学校（包括社区大学）	67%
政府机构	1%
企业外供应商或咨询公司	1%
行业协会或当地商会	5%

谁支付员工培训费用？

企业	37%
政府或地方政府	13%
联邦政府	3%
员工自己	47%

哪种培训/教育计划最适合在地方一级进行？

公共资助下的政府或私人部门的培训	23%
一站式教育或培训和分配中心	27%
利用联邦资金增加州/地方的灵活性	37%
不需要任何改变	13%

资料来源：《国家商业》杂志，1995年10月，93页。

工作抽样

工作抽样是由专业分析师对工作表现进行系统的观察和评价，分析师只观察不参与其中。这种方法的好处是分析师实际观察了工作进行的过程而不仅是听汇报或看结果，不足之处包括聘请分析师的费用和观察耗费的时间，因为要保证结果的准确性，分析师必须观察大量的员工工作。如果不是观察全部的员工，这种方法是无法有效找出个人培训需求的。

工作业绩衡量

工作业绩衡量与工作抽样类似，两者都要聘请分析师，两者最大的区别在于工作业绩衡量过程中分析师在观察的同时实地参与工作。这种直接参与可以比其他方法更直接地了解工作需要的知识、技能和能力；但是如果分析的工作需要特殊技能，如厨师，就很难找到一个分析师能在未经培训的情况下参与每一道工序。

工作业绩衡量比较费时间，尤其是有些工作职责是不常用到的。不少专家认为，从投入产出比上看这个方法已不可取，主要由于衡量每一项工作都要花大量的时间；另外，用这种方法要事先对分析师进行所分析岗位的工作培训，等于又增加了费用。不过除了费用外，这种方法是最彻底的一种方法。

态度调查

不是所有的培训都是改进具体工作技能的，对于饭店来说，员工对客人的态度和行为更重要。态度调查可以有效地确定什么时候有必要改进服务态度和行为。态度调查也可以看出雇员对工作、同事和管理人员的好恶之处。这种调查有利于通过培训提高员工的满意度，减少员工的流动性。这种方法的缺点是无法用于技能方面的培训。

业绩评估

如果使用得当，定期业绩评估可以使管理层了解员工个人需要的培训，如果有员工不断出现任务行为问题，说明他需要培训。但很多经理不懂得如何有效地进行业绩评估，因而对培训需要也估计不正确。

技能测试

技能测试是一种最通用的培训需求评估方法，这种测试可以检验员工完成一项工作任务的能力。如经理可以让员工演示正确的开瓶和倒酒，并以此来确定员工是否需要培训。这种方法对确定与技能有关的培训需要非常有效，但不能用于行为培训的需求评估。

业绩档案

业绩档案包括关于出勤率、销售量、客人投诉、推荐和生产率的报告，主要用于判别个人培训需求。关于营业额和浪费记录等文件是确定部门培训需求的有用文件。由于有关信息数据是在正常营业过程中记录的，调查业绩档案是确定培训需求最经济的方法；但这种方法对行为培训需求评估没有用处，因为上述档案不记录员工行为。

顾客反馈

很多小饭店经理或业主会告诉你，当他们的客人投诉时他们就知道需要进行培训了。但研究发现客人其实很少投诉，他们不满意的话只是不再光顾这家饭店而已，或者更糟的是告诉熟人也不要来。因此，除非饭店主动争取客人意见，否则投诉不能作为确立是否需要培训的标准。主动的客人反馈意见收集有一个好处，就是这可以证明企业在积极改进服务。

问卷调查

问卷调查用于收集培训需求信息的好处在于可以便捷经济地收集大量数据和信息，如饭店可以让全体员工、经理都填写问卷，看是否需要对客房部进行培训。这种方法对确定是否需要对管理人员进行培训也很有效。专家认为最好在几家饭店同时进行问卷调查，确定是否对某一家饭店的管理人员进行培训。

离职面谈

雇员和经理在离开企业之前往往愿意把一些情况和经验向别人诉说，这会帮助经理了解是否需要培训。如果这种信息收集有效，可以让经理看到一些他无法看到的内幕问题，特别是与员工流动有关的问题。有些企业要求员工离职前必须参加一次离职面谈才能拿到最后的工资。

不过有研究显示，员工在离职面谈时很少提供真实信息，除非确信谈话内容是保密的[9]，没人愿意"自断退路"，万一他们某一天还要回到这家企业来呢；而且这些员工总有些朋友还留在企业里，离职员工不愿意伤害朋友，特别是一般员工离职多半与对经理不满有关。

比较有效的离职面谈是通过与企业无关的第三方或电脑调查系统，这样可以保证提供信息的员工可以匿名。

关键事件

关键事件方法要求观察者（经理或外聘人士），注意并记录员工工作表现中好的和不好的重要片段。这种方法对带有案例研究性的培训非常有用，这些片段可以成为培训教材。

经过一段时间的收集，关键事件的观察可以明确培训的需求。但问题是这些片段的发生不是你需要时就会发生的，因此经理可能会花很长一段时间等待片段的发生。

虽然上述每一种方法都是有用和必要的，管理人员一定不能忽视员工的基本培训需要。一篇《哈佛商业周刊》文章证实，一些基本技能训练（如读写和计算）往往会带来生产率的极大提高[10]。

培训计划设计

有效的培训计划并不能自动生成。为了确保员工能够正确进行工作，必须对其进行恰当的培训。首先，管理者必须正确解读培训目标。其次，必须建立与目标一致的评判标准。受训人的选择对于企业的成功与否有着重要的影响。在培训之前员工选择并对其技能进行评估很重要，管理者可以因此在培训结束后评估其培训计划。

设计培训计划包括确立培训目标、建立培训标准、选择受训人、预先测试受训人。

确立培训目标

培训目标一般分为 4 种：反应式、学习式、工作行为式和结果导向式。

反应式培训目标指受训人如何看待培训过程，有时培训活动仅仅是为了提高员工对企业的感情，如教员工读写、戒烟、减肥等都属于反应式培训项目。这种培训结果往往是间接地作用于企业发展，而直接给受训人带来好处。所有培训项目都应通过反应式评估，而不仅限于那些直接使员工受益的培训项目。

学习式培训目标指在培训中包括学习掌握知识的过程，并以掌握知识为最终培训目的，像前面提到的培训服务员对葡萄酒的知识和服务技能。这类培训目标最常见于管理人员培训和正规的教室培训。

工作行为式培训目标是工作相关行为的目标培训，如服务质量经常用与客人接触的员工的热情友善程度为指标进行衡量的，因此饭店经常制订一些以积极的为客人服务行为为目标的培训计划。

结果导向式培训目标是最常见的一类培训目标。在这类培训中，培训目标是改进可量化的个人或团体工作。如以提高出纳和前台的工作速度、减少厨房的浪费、提高回头客数量为目标的培训都属此类。

有些培训是单一目标的，有些培训是多目标的，如有一种培训计划能使受训人中的成绩优秀者得到奖金，这就是反应式、结果导向式和工作行为式三种目标结合的培训。

在确立培训目标时最重要的是认清你想要达到的具体的、可量化的目标。像"提高雇员满意度"这种很模糊的目标指导下的培训是很难成功的；而"减少员工流失率"（雇员满意度的一种衡量指标）就是一个具体的目标。一般来说，明确具体的目标一般都是以"描述"、"完成"、"做到"、"界定"、"认清"、"参加"等动词开头的语句。

建立培训准则

一项培训要达到预期的效果，除了正确评价需求、认清目标之外，还必须建立一套成功的衡量标准，即评价培训是否达到预期目标的标准。如维珍岛度假村酒店的一套培训计划，该计划为每一阶段的培训都设定知识技能和行为标准，用于考评每个受训人。如食品服务培训阶段的标准是受训人是否知道如何高效率地摆台、跑单和上菜，在设定的时间段内要求受训人能单独完成整个工作程序。工作行为式、反应式和学习式培训目标的实现与否也都各有标准。

选择受训人

哪些员工应参加培训也是决定培训能否成功的因素之一，这种选择可以随着培训的深入而随时进行，包括多个步骤和多个阶段。

这个边培训边选择受训人的方法可以用美国维珍岛上圣约翰的维珍大饭店的例子进行说明。该饭店的一项培训是要把岛上的当地居民培训成合格的前台服务员，所有受训者都没有任何饭店工作经验和基础。这个项目是由美国政府通过商业伙伴计划部分资助的。

培训可以分为几个阶段，每个阶段侧重训练不同的技能。共分8周，每周由不同的人讲授培训内容，时间是从早上8点到下午4点。由于参加人数很多（约100人），因此分成几个班每周轮换上课内容。

每周培训结束后，上课人和培训总监及饭店经理碰头评估每个参加培训的人；

形成统一意见以后，由培训总监与每个参训人面谈，总结上一周的进步提出下一周的目标。如果上一周没有进步的人会收到一张书面通知，建议他下周的努力方向，如果下一周仍不能达到要求他就会被淘汰，因此最后结业时100人中剩下了75人。

预先测试受训人

很多经理在完成了需求评估、确立了培训目标和标准并选定了受训人后就开始进行培训了，但他们漏了一个步骤，即测试受训人的当前水平。如果不清楚受训人当前的知识、技能和能力水平，很难对其培训前后的差异进行比较，因而也就无法对培训效果进行评估。

最好饭店经理将员工分为两组，一组参加培训，另一组不参加培训，并分别对两组进行培训前和培训后的测试。不参加培训的一组被称为控制组，这种测试方法因而被称为控制组参与的测试设计。

通过两组人员（参加培训的和不参加培训的）的测试，经理可以更确切地了解培训的效果如何，当然受训人的知识、技能和能力的提高不能完全归功于培训，因为培训过程中可能还会有其他因素作用于受训人。

不幸的是，很多经理只进行培训后测试，不做培训前测试，这样他们只知道员工培训后的知识、技能和能力水平，却无法了解培训对此有多大的贡献。

选择培训方式

由于技术的进步，培训技巧每年都会出新。几年前只有最复杂的培训才会使用计算机，现在电脑和其他相关媒介在培训中的应用已经非常普遍了，如电脑投影、触摸屏和互动录像光盘的应用，既使受训人可以根据自己的节奏受训也可以在音像的辅助下提高培训内容的丰富性。

饭店行业的培训既采用了很新的方法手段也保留了一些传统方式。不同类型的培训、不同的受训人、不同的培训目标和培训环境决定了培训方式选择的不同。专家认为没有一种方式是适用于所有培训的，培训方式选择是各种条件综合的产物。培训方式的选择有规律可循，图6-4列出了关于成人培训中加强记忆的一些基本原则。

下面将对现在最常用的培训方式进行讨论。培训方式可以分为三大类：管理者培训、非管理者培训、所有员工培训。

图 6-4　一般培训窍门

- 受到鼓励的行为一般为重复出现的；
- 一旦行为达到了要求标准要马上巩固；
- 没有巩固效果的简单的重复效果会很差的；
- 威胁和惩罚对学习的影响不稳定，有时会影响学习过程；
- 因学习成绩的提高而获得的成就感和满足感是最好的鼓励，而且会带动其他方面的改进；
- 外部奖励的价值取决于授奖人，如果授奖人的地位很高，则外部奖励会很有价值；否则就没有什么价值；
- 一领域的学习进度会止于学员心目中所确立的目标点，即他们认为需要掌握的程度；
- 学员会对他们曾参与其中的工作项目的学习内容更有学习积极性；
- 专制的领导会让学员产生对领导的依赖和对团体的怨恨；
- 过于严格的纪律使学员服从、焦虑、腼腆和沉默；较大的宽松度使学员发挥更大的原动力和创造性；
- 很多人由于经历过多的批评、失败和挫折，自信心、创造力和评价力都受挫伤；
- 经历过多打击的人的行为会缺乏参与性、目的性和理性；
- 很少获得成功而总是经历失败的人无法投入学习；
- 人们会在遇到他们感兴趣而富有挑战性的问题或障碍时思维活动能力最强；
- 帮助人们形成一种通用概念最好的办法是在不同情景下反复强调同一理念；
- 花时间回忆以往读过的东西，然后再重读一遍能有效地提高阅读学习效果；
- 人们会记住与他们以往态度一致的新信息，反之他们的记忆程度会减弱；
- 在学完之后的短期内遇到与所学情景类似的情况下，学员们更可能将所学的东西加以运用；
- 认为某种知识有用时是学习这种知识的最佳时机，是学习动力高涨时期。

资料来源：R. 韦恩·蒙迪和罗伯特·M. 诺埃著《人力资源管理》（美国：普伦蒂斯-霍尔，1996 年），235 页。

管理者培训

适合培训管理者的方法包括：

- 案例研究培训；
- 公文处理工作培训；
- 会议培训；
- 行为模仿。

案例研究培训　案例研究将商业环境中真实的或虚构的具体事件的细节提供给受训人，让受训人根据资料发现问题并提出解决方案。研究人员也将这种培训方法称为"啊哈学习法"，因为培训时在对案例进行分析讨论时受训人会突然恍然大悟"啊哈！原来什么是重要的，什么是不重要的"。图6-5显示了这种培训方式对培养受训人解决问题的能力有特殊重要性。

图6-5　培训方法的相对效率

培训方法	知识掌握程度评分	态度改变程度评分	问题解决能力评分	人际关系技巧评分	受训人接受度评分	知识巩固程度评分
案例研究	2	4	1	4	2	2
会议讨论	3	3	4	3	1	5
讲座提问	9	8	9	8	8	8
游戏	6	5	2	5	3	6
角色扮演	7	2	3	2	4	4
电影	4	6	7	6	5	7
定期指导	1	7	6	7	7	1
敏感训练	8	1	5	1	6	3
电视讲座	5	9		8	9	9

分值分布：1＝最好；9＝最差

资料来源：小斯蒂文森J.卡罗尔，弗兰克T.佩恩和约翰J.伊万切维奇，"培训方法的比较效益"，《人事心理学》25（1972）：495-509页。

专家认为这种方法的局限在于案例是在真空背景下讨论的，而决策面对的是时时变化的环境，换句话说，经理所面临的是实际问题而不是案例讨论时的单因素问题。

公文处理工作培训　进行这种培训时受训人要面临大量的问题，这些问题都与他们平时的公文处理工作类似。作为一种培训手段，公文处理工作培训有三个目标：（1）训练受训人选择优先处理的问题；（2）教会他们如何把不必自己亲自完成的事委派给别人；（3）如何同时进行几项工作。

公文处理工作培训有时可用于甄选有潜力的管理人员，作为甄选工具，这种方法主要看受训人分清工作主次和分配工作的能力。有研究表明这种方法能有效预测受训人的未来工作行为。

会议培训　这种培训是受训人和培训人之间一对一的讨论谈话，有助于深入探讨某个问题。例如，一个非商业性食品企业经理可以用这种方法向收银员解释保留每一笔交易的记录的重要性。这种方法的一大好处是通过受训人和培训人之间的近距离接触保证受训人对培训内容有很深的印象，但缺点是针对个人的培训耗时费钱。

行为模仿 有社会学理论认为人的大部分行为是通过观察模仿他人，也就是说大部分人的行为是学别人。根据这种理论模仿培训就是让受训人有机会看典型或样板人物在某一特定情况下的行为表现，以此代替简单的说教。培训要遵循以下几个步骤：

- 通过讲座介绍一些特定的人际技巧；
- 范例人物进行现场表演或通过录像表现这种技巧；
- 培训指导点明范例人物行动中的要点；
- 受训人通过角色扮演对技巧进行练习；
- 培训指导及相关人员对受训人的角色扮演进行评价。

样板人物必须要与工作的实际情况有联系，受训人会更容易接受与他们年龄性别一致的人的示范，否则接受程度较低。这种培训方法的侧重点是示范而不是说教。对管理人员的培训可包括代表、交流、召开会议、面试应聘人及规范雇员。培训人的作用是让受训人更准确地模仿范例人物的行为。大量研究表明这种方法非常适用于主管之类的员工的人际关系技巧培训。

这种方法的不足之处在于仅限于行为模仿，而且培训指导员必须熟悉这种课程的安排。不过，由于饭店管理工作对行为和人际交往技巧要求较高，因此这种方法不失为一种较好的培训选择，特别是对于经理和主管。

非管理者培训

适合培训非管理者的方法包括：
- 在职培训；
- 工作指导培训（JIT）；
- 讲座；
- 教练/辅导；
- 程序指导。

在职培训 在职培训（OJT）是一种非常有效的学习方式，可惜经常使用不当。一般情况下，一名雇员可能被指定对另一雇员进行某种技能的培训，培训人的指定不在于他能有效地教会别人，而在于他能很好地完成培训技能，而工作做得好并不等于也能教好别人。

如果有主管和训练有素的培训人的介入，在职培训是一种非常有效而且经济实用的培训方法，因为培训是在实际工作过程中进行的。从某种意义上讲，在职培训和模仿培训一样都是非常适于饭店行业的培训方法。

与其他培训方法一样，在职培训也有其缺陷。如前所述，培训人指派不当可能影响培训效果。另外培训可能会影响正常的经营运作。由于培训节奏较快，培训人很少有时间对受训人的掌握情况做出反馈或重复强调要点。此外，这种方法是简单重复，因为不论对错受训人只会照着培训人的做法去工作。

工作指导培训（JIT）　这是一种结构性培训方法，要求受训人根据一定的顺序完成一系列培训步骤，详见图6－6。这种培训适用于事务性工作，如操作机器或准备食物。

图6－6　工作指导培训步骤

第一步：雇员准备
- 让雇员放松；
- 激发学习兴趣。

第二步：演示任务及技能
- 指明；
- 展示；
- 解释；
- 演示；
- 答疑和必要的重复。

第三步：试行练习
- 让雇员自行试做；
- 让雇员解释其中的要点；
- 改正错误；
- 如有必要重新讲解。

第四步：后续跟踪
- 让雇员自行进行工作；
- 经常对雇员进行检查；
- 逐渐减少帮助。

讲座　可能是最常用的脱产培训方法之一。由一人面向一批听众进行口头讲述。这种方法的好处是可以在短时间内向大批人灌输大量的信息，因此也是最经济有效的一种方法。

这种方法的缺点是缺乏双向交流，无法适应不同听众层次的要求，如同样的讲座有人觉得太慢太无聊，但也有些人可能还跟不上。最近的研究显示，当今的

"MTV 一代"最愿意参加其他更具参与性的培训[11]。

教练/辅导 由于效果不错，这种方法近年来很受追捧。在会议培训或模仿培训一般都要有教练或辅导员确保受训人技能的提高。现在很多经理都可以被称为教练或辅导员，因为他们所扮演的角色不仅仅是管理者。教练和辅导员与被保护者总的职业发展息息相关。因此，他们不仅仅传授员工如何做好手头的工作，更注重激发被保护者的技能并开发他们的领导能力。辅导人员鼓励员工向更高的工作目标迈进[12]。

程序指导 这种方法可以让受训人以个人节奏进行学习，以往指导的效果由笔试测试，现在笔试由电脑测试所代替，培训也以自由设定的程序所取代，这可以部分地归因于互联网和远程教学的普及。这种培训的效果一般的评价都是比较积极的，更多的雇员喜欢自由安排学习时间，这样他们会学到并记住更多的学习内容。有调查显示，约94%的受训人觉得自我指导学习过程不但学习效果好，而且会引起学习兴趣[13]。

电脑化培训活动有时也被称为电脑辅助教学（CAI）或基于电脑的培训（CBT）。一般电脑教学软件会把教学内容切割成较小的单元，每完成一个单元，程序会要求受训人完成测试题，测试通过后，受训人可以进入下一个单元的学习。要求员工参加这种培训的经理应该充分了解到在同一房间参加培训的人可能正接受不同层次的培训。

互动影碟是现今使用的最复杂的培训软件程序，这种程序结合了电脑和录像技术，受训人可以根据个人情况控制培训进度，培训终端一般是触摸屏电脑和声像播放设备，受训个人或小组可以先看情况录像再通过终端回答相关问题。

互动技术已日益成为培训的重要组成部分，美国的企业与个人每年都在电脑化培训方面投入数十亿美元，其中较先进的技术设备手段包括：镭射碟（LD）、可读光盘（CD-ROM）、互动语音系统、互联网培训、卫星培训等。有不少饭店企业都有这方面的投资，如假日饭店连锁就在多媒体培训方面投入了几百万美元，已有很多文章介绍这种方式及其优势所在。

由于网络学习省时省钱，这种方法已经逐渐取代了课堂。一些专家认为，由于省去了交通、课堂地点和教师的费用，一年的网络学习课程可以省下50%的费用。网络培训的费用将可能达到企业培训和教育费用的一半[14]。互动式技术的一个主要劣势是其最开始的费用，企业可能需要投资上千美元用于选用设备。

所有员工培训

适合对各层级员工进行培训的方法包括：

- 工作轮换；
- 角色扮演；
- 模拟培训；
- 商业游戏；
- 敏感性培训；
- 基本技能培训；
- 团队培训；
- 差异性培训。

工作轮换　让受训人从一个岗位换到另一个岗位。这种方法常用于饭店管理人员培训，让他们在上任前在每个岗位都工作几周。这种做法的好处是使受训人了解各个不同岗位的工作情况，接触他们在管理岗位上将要接触到的雇员。

在对生产线上的雇员进行培训时，这种轮换方法就成了一种交叉培训方式，旨在扩大员工的工作技能范围，熟悉不同岗位要求的工作技能。这种培训的成功与否主要取决于培训过程中的情况说明是否得当，如果轮换到每个岗位都要进行一次在职培训效果可能会较差，这在饭店企业中经常发生。

角色扮演　角色扮演过程中，受训人会亲历真实的或夸张的工作场景。例如，为提高员工人际交往能力的角色扮演培训设计，培训人可能会让一名受训人扮演饭店经理，另一人扮演雇员，让受训人体验处在一个特定位置时的感受。

饭店培训人员通常会让受训人扮演客人和服务员，让他们从客人的角度去观察和感受事物。这种培训方法还包括角色反串，如让男人扮演女人或残疾人等，让受训人了解处于特殊人群行动中可能会遇到的障碍。

这种培训方法的最大好处是使人有机会站在另一个人的角度看问题，引起受训人情感投入的一种培训方法。培训包括四个学习原则：积极参与、表演、反馈和练习。如果运用恰当，这种方法能收到很好的效果。培训人要鼓励受训人投入他/她所扮演的角色中去。最近的一项调查发现，与工作关系密切的角色扮演更容易让受训人投入到[15]。劳动力发展中心的研究表明，员工30%关于工作技能等方面的信息通过正式培训获得，其中70%来自于岗位学习和对其他同事的观察[16]。

模拟培训　模拟培训即利用模拟器虚拟地在工作以外的环境中再现工作情景。这种模拟情景培训的好处是不会被正常工作中的一些事务干扰，这种方法的培训效果很好，但成本较高，主要是由于模拟器本身的成本。这种方法有时很适用于饭店，如培训员工如何使用一些电子设施，像收款机或入住登记系统等。培训时需在一间单独的房间内摆放几台设备要求受训员工进行模拟操作即可。

这种方法的另一个好处是培训管理人员和员工对特殊情况的处理，这样他们在真实工作中如遇到类似问题就知道如何处理了。市场上现有的很多商用企业软件都可以让用户模拟工作环境，复杂一点的软件还可以由用户自行设计模拟组织，大部分软件可以让员工体验模拟工作环境。有两种软件可用于班级或讨论会：Bafa Bafa 和 Starpower，前者让受训人体验造访另一种文化，后者让用户了解如何管理权力[17]。

商业游戏　这是另一种仿真培训方法，受训人通过处理模拟商业环境中的种种问题得到训练，市场上有很多类似的培训软件。这种方法的好处有三点：趣味性强、仿真环境、可以涉及很多现实中可能遇到的问题。这种方法的不足之处是受训人有时太专注于赢得游戏，反而忘了真正的学习目标。

敏感性培训　敏感性培训是另一种常用于人际关系技巧培训的方法，亦称为 T 组或试验性培训，这种培训方法可以让受训人提高对自己行为及其对其他人的影响的意识。

这种方法最早是由科特·列文等学者发现的，常用于 4 ~ 10 人的小组培训。典型的培训过程是让每一个受训人面对小组其他成员的行为，并在小组讨论时表达出自己的感受。由于培训过程要求受训人的情感反应，因此培训人的调控作用是很关键的。这种方法的优点是可以让参与者了解别人对自己行为的反应，缺点是如果没有恰当的调控，培训可能会引起过于私人化，因而有产生人际矛盾的危险。

基本技能培训　在美国，将近 9000 万成年人是文盲，他们无法读懂标志等文字信息。员工缺乏基本技能对美国企业造成的损失为平均每年 600 亿美元[18]。因此，对员工基本技能的培训是非常重要的，培训内容包括读、写、计算机以及对英语为非母语的员工进行的英语培训。在拉斯维加斯的米高梅大饭店，85% 的清洁工的母语不是英语。为了方便他们的工作使他们能够顺畅地与客人交流，所有新来的清洁工都要经过为期 6 个星期的培训。培训的每天上午他们学习英语，下午学习清扫有关的规则和程序。

团队培训　饭店业的日常工作中经常需要团队协作，但是团队协作的培训却几乎没有。趋势显示，"我们对他们"的思维定式很容易形成一种抵御机制。一些企业采取团队拓展训练等团队协作形式，通过冒险挑战活动向员工传递合作意识和团队精神。有很多团队协作技巧供企业选择。例如，宣伟国际公司派遣了 8 名公共关系执行官到一个餐厅开展名为"成功的诀窍"的团队协作活动。参与者组成团队完成具体的任务，这有助于提高他们解决问题的能力和发号施令。[19]

根据下面的要素，管理者可以开发自己的成功的团队培训计划：

- 团队建设是个复杂和艰难的过程。想在短时间打造一个团队是不现实的。最成功的团队是长时间磨合的结果。
- 团队发展并不永远遵循"组建期、激荡期、规范期和执行期"的模式。成员和管理者要注意到，虽然培训有助于每个阶段的工作，但是也会产生差错。

- 积极的切身体验产生最好的结果。通过课堂解决问题使团队成员无法相互交流意见[20]。

差异性培训　随着员工文化的多元化，企业也在不断地为员工设计出差异性培训项目。这种类型的培训有助于使员工能够敏感于同事的需求，有礼貌地对待客人。发生了大量关于歧视的法律案件之后，亚当斯马克饭店针对11000名员工进行了差异性培训。每个员工都要参加一整天的讲座，使其对宗教和种族有所了解[21]。

饭店企业在选择培训方式时应遵循以下原则[22]：

- 鼓励受训人改进表现；
- 清楚地示范要求达到的技能标准；
- 让受训人积极参与；
- 给受训人练习的机会；
- 及时接受受训人的反馈；
- 利用各种方法巩固受训人新学到的东西；
- 从容易到复杂的结构性培训安排；
- 适应问题的科学性；
- 鼓励受训人把培训中学到的东西用于工作实践中去。

实施培训

培训的实施与培训方法、培训人和受训人的选择同样重要。很多经理培训计划做得很好却不能成功地实施培训，在许多情形下经理们仅使用了计划中最容易实施的培训，这显然会影响培训目标的实现。认真实施每一个计划的培训步骤是非常重要的。

实施的方法有很多种，创新的方式尤其能收到好的效果。例如纽约的银行信托商开发了一种电脑游戏软件，用于对其经理和员工培训银行的战略和财务原则，反正员工用公司的电脑打游戏是常有的事，与其在无用的游戏中浪费时间不如让他们在娱乐的同时学点东西[23]。这种方法值得饭店企业借鉴，比如饭店前台不忙的时候前台员工可以通过专门的管理游戏软件熟悉业务。

在实施培训计划时还应注意的是如何有效地对残疾员工进行培训。有研究表明如果培训结构更适于残疾人，培训内容更有可能转化为实际生产能力。培训计划的设计和实施必须考虑到培训环境是否适于残疾人学习[24]。

考虑到对变化的抗拒力

雇员和经理都会抵制变化，主要是出于对过去的留恋和担心将来的饭碗。很多美国企业都在进行精简、合理化调配、业务外包、流程再造等，即使你可能没有亲历这些变化，你也会从朋友那里或报纸上了解到。其实美国的就业机会不但没有减少而是在增长，甚至在精简的企业中。一项对美国企业的调查发现在过去的 12 个月中有 64% 的企业减少了工作数量，而有 87% 的企业增加或补充了工作数量，两者相抵，实际上有 46% 的企业增加了工作数量（另有 22% 持平）[25]。此外，工作的流动性越来越强了，有人甚至认为以后"工作"只是一种社会的人造物，将来的工作可能更像是一次听音乐会之旅，而不是一份固定职位。比如，"滚石巫术大厅"旅游的收入高达 3 亿美元，而只有 6 个全职员工，大部分员工都是临时的，一次旅游结束后就离开岗位从事其他工作去了[26]。

这种变化的威胁会影响到社会阶层的划分以及不同阶层之间的关系。在培训计划实施之前，经理必须建立起员工的信任和自信，畅通沟通渠道以免产生闲言碎语，如果可能，让员工也参与这种变动决策过程[27]。

培训评估

仅有培训方案是不够的，大量事实证明由于培训效果差和员工的退步，相当一部分企业的培训投入是一种浪费[28]。培训过程中最重要的一步是培训评估，可惜这个步骤总被忽略，结果企业并不真正了解培训到底对员工和企业有没有帮助。

经理不对培训进行评估可能出于以下几个原因：只要有一个或几个员工的工作有了改变就认为培训是有效的；只要进行了培训肯定会有改进；作为培训的始作俑者，有时经理不愿对培训进行客观评估，因为担心最后的结果是发现培训是不值得的。

当然不进行评估的最主要原因可能是管理人员不知道如何进行评估，以下介绍的几种模式可用于培训评估，特别是对于一些关键步骤的评估。

在学习这部分内容时要牢记培训计划是否成功将取决于对培训整体的有效评估。管理人员更注重结果，有时会忽略培训过程中的一些个人因素，其实通过不断的反馈调查让受训人感到他们是整个计划中的一部分，能提高他们的学习效率和培训满意度。此外，如果受训人能准确地说出培训过程中的问题说明他们对培训内容掌握较深入。

在一项对受训人培训反馈的调查中，研究人员发现了培训过程中的 4 个问题：

（1）受训人希望更多的培训；（2）他们担心一些偏见会影响领导的评价；（3）培训计划中评估程序不受重视；（4）评估标准往往不把雇员的反映列入其中[29]。

考察改进情况

任何培训的首要目标是改进现状。经理在进行评估时应考虑这样两个问题：现状有改变吗？这种改变是源于培训吗？以此了解培训是否带来了改进。如果经理对上述两个问题的回答是肯定的，他们还应再深入地问几个问题：这种变化对整个企业有好处吗？同样的培训将来是否仍然有效？这种培训是否应该改进？要注意改变带来的后果可能是不同的。最好的考察方法是对比培训前和培训后的测试结果，而不要仅进行培训后测试[30]。

本章前面曾提到4种培训目标：反应式培训目标、学习式培训目标、工作行为式培训目标和结果导向式培训目标，现在还应加上一个，即员工中的乐观向上情绪。有时员工仅有学习动机和学习积极性是不够的，还应对学习本身有乐观的期待。在很多情况下，雇员会产生一种被心理学家称为"学习无助"的心态，即放弃对自己生活的控制，而将这种控制权交给其他人。这种现象在工作中非常普遍，因为员工们无权对自己的行为作决定。现在这种情形发生了变化，企业需要员工的自主能力和个人决策能力。

在员工中建立乐观向上情绪有助于把学习无助现象转变为有效的培训，否则受训人就是带着失败的期望来参加培训，期望会左右结果的，这种期望也就预期了失败的结果。与受训人一起确定量化和定性的培训期望值可以有效地克服上述难题[31]。

培训评估可分为5种目标，一个好的评估应包括所有这5种目标，下面将介绍与这5种目标相关的问题及明确答案的常用方法。

反应 反应指受训人对培训计划的最初看法，包括：他们是否喜欢这种培训；是否喜欢培训的方法；他们能否建立达到同样目标的其他培训方法；他们对培训辅导员和培训设施的感觉如何；他们是否希望以后仍举行类似的培训。一般，经理可以通过调查问卷或培训后的谈话了解受训人对上述问题的回答。

尽管反应是很重要的，但有时它只能反映出对培训辅导员和培训课程的评价，而对企业和受训人来说最重要的是他们是否真正学到了东西，他们所学的东西是否已应用于实际工作中了，即培训是否达到了预期的效果[32]。

学习 管理人员要了解受训人是否从培训过程中学到了东西，这种评估可以用以下的方法：测验（口试、笔试或工作表现）和工作或演练观察。

我们再次引用前面关于培训服务员葡萄酒知识的例子，这里演练观察就是一种有用的评价方法，如在培训结束后管理人员可以让受训人演示他们所学到的东西，以此来评价培训是否有效。

工作行为 评价与培训有关的在职行为与业绩评估中的工作行为评价是不同的。企业在定期进行的业绩评估中对员工工作行为进行评价主要是考察雇员的进步和职业水平提高情况。

在培训结束后马上对员工行为进行评价是培训评估的一种有效方法。这种行为评价可以由主管、领导、其他员工、客人或四个兼有的群体进行。这种方法可以测知员工在培训中学到的行为方式。员工态度调查也是一种考察改进在职行为培训效果的方法。

结果 培训的最终测试是看它对企业或部门带来的影响如何，好的培训会带来正面影响。要了解培训的影响，管理人员应根据所有的可量化标准进行评价，如根据营业收入考察为提高员工满意度而计划的培训效果。生产率是评价某些旨在提高劳动效率的培训标准，如客人入住登记和备餐时间。产品或服务质量的评价可从客人处了解，如客房服务员在客房清理培训之后，向客人了解客房的清洁程度。成本也是一个明显可量化的评价指标，培训后企业成本是否比培训前有所降低？浪费是否得到控制并有减少？员工完成同样的工作量所需的时间是否比培训前少了？新增利润是否与培训有关？

找出原因

只找出变化所在是不够的，有效的培训评估必须明确变化是否是由培训引起的，如果这点不能明确，管理人员仍不能认定培训的效果，因为他们观测到的结果可能由其他原因引起。要明确培训是否是变化的根源，本章前面提到的建立事前—事后观测组环境是一种有效的方法。

培训失败的原因

不是所有的培训计划都能成功，经理们当然希望所有的培训都能达到预期的目标，但结果往往不能尽如人意。培训的失败未必全是由于设计的失误，导致培训失败的原因有很多，如培训教材不合适，受训人不理解教材内容，管理层没明确真正的培训需求是什么，培训地点或培训手段选择不恰当，培训目标或标准不合适等。

关键是如果预期的改进没有发生，问题可能不单出现在培训中，因此管理人员要致力于找到问题的根源，这时 5 个培训成功的标准——反应、学习、工作行为、结果和乐观态度能帮助管理人员找到培训无效的问题根源。

培训投资回报

有足够的案例证明如果投入适当，培训投资的收益是丰厚的。如果企业真正花时间进行需求评估，确立培训目标和标准，选择合适的培训人和培训方式，培训是企业收益最大的投资。饭店企业中，迪士尼公司非常重视培训。所有的新员工都要经过几天的定向培训，培训期间，新员工将学习企业的历史、质量标准、传统，甚至专门的迪士尼语言（所有的员工都是演员，工作的时候就是"在台上"，工作服就是"戏服"）。企业理念贯穿在培训中以使新员工记住：培训的地点是在迪士尼大学，教室里的照片是米老鼠和高飞。关于华特·迪士尼本人的电视片段也在不停播放使新员工能够了解公司早期艰难的历史。员工还没有进入部门前就要接受这个公司范围的培训。虽然在外人看来这种培训有些多余，但在迪士尼却显示出这种培训是成功的。迪士尼每年的员工更换比率为15%，而饭店业整个行业的平均员工离职率为60%[33]。

培训回报的一个最生动的例子是摩托罗拉，该公司每年投入1.5亿美元用于培训，132000名员工（占企业员工总数的4%，高于美国企业的平均比例1%）每年至少参加40小时的培训。其结果是惊人的，自从该计划实施以来，摩托罗拉的年销售额增加了18%，收入增加了26%，生产率提高了139%。摩托罗拉的员工可以在14个地点从600多个课程中选择自己想参加的培训，企业还准备将年培训时数增加到80小时到100小时[34]。

培训中技术的应用

现在仅进行室内或室外的培训是不够的，计算机和互联网正改变着商业培训的趋势。我们前面已经提到过，基于计算机的培训项目（CBT）可以编入任何培训内容，由受训人按照自己的节奏接受培训。不过关于这点还有很多内容值得介绍，以下将介绍培训中技术应用的一些最主要观念。有关这个话题的内容还有很多款被包括在内，而且有关信息每天都在翻新，在网上搜索"雇员（或管理人员）培训"可以找到很多新信息。

互联网的局域网是当今培训界的热门话题，尽管很多信息存在于外部网，但企业内部的局域网也起着重要的作用，将互联网的设计用于企业内部，方便企业内部的静态和动态的交流，企业数据、员工福利和培训、工作空缺招贴、电话表等信息共享，难怪美国企业对局域网如此依赖。在利用局域网之前企业要认真权衡系统的利弊，包括费用的投入、技术支持及这种技术是否能满足企业的需要[35]。

了解互联网培训的局限性也很重要。前劳工部秘书长罗伯特·赖克和《情商工作》的作者丹尼尔·科尔曼之间曾就这个问题有过一段谈话。丹尼尔认为当前培训界过分强调技术培训，忽视情商技能（包括适应力、自信心、工作热情等）的培训，他认为技术只能把员工引进门，情商可以帮助员工进一步修行。罗伯特对此颇为认同，同时他还担心少数先进企业和大多数企业之间的培训差异问题。罗伯特还指出企业应将员工看做财富而不是成本，对员工进行更卓有成效的培训，为此财务分析人员应更注重对培训项目的投资回报分析。

在培训领域普遍使用的一种有效技术工具是可读光盘（CD-ROM）。根据《饭店及汽车旅馆管理》杂志的芭芭拉的统计，有45%的美国饭店旅馆企业拥有这项技术但没有很好地使用它[36]。大部分企业将可读光盘用于:(1)入住/退房培训(27.6%);(2)服务培训(20.4%);(3)预订培训(22%);以及少量企业用于:(4)收益管理培训(5.8%);(5)调动员工积极性（5.4%）。使用互联网和可读光盘的培训的一大好处是灵活，受训人不必在教室里坐上几个小时接受培训，其他好处还有:

- 可进入性——消除培训人和受训人之间的时间、空间距离;
- 成本费用——除硬件设备投入外，这种培训费用较低;
- 更新——内容修改更新可随时进行，光盘可以很容易地进行打印分发;
- 频度——光盘可供随时调用;
- 节奏——学员可根据自己的进度掌握学习节奏;
- 讲解——这种技术可以让最优秀的讲解人对更广泛的听众进行讲解;
- 参与性——每个受训人都有机会参与，这是教室培训无法做到的[37]。

另一种越来越流行的培训模式是网络教学（WBT），在《培训与开发》一书中玛格丽特·德里斯科尔提出了一套如何进行网络教学培训的实施步骤，共分12个步骤:

（1）明确指导目标——最初设计。

（2）明确并列出所需的最高层支持——总经理或总裁。

（3）组建一个核心小组并明确扩展小组成员——大部分核心组成员是有跨部门组织能力的人，以便多方寻求支持。

（4）建立一整套评价标准。可以让每个成员都列出清单，内容是评价项目是否成功的标准，如:

培训:85%的领导人员参加培训,95%的参与者能完全掌握培训内容，课程开发迅速。

管理信息系统（MIS）:少于7%的人要求帮助，软件符合企业标准。

现场管理人员:减少忙于工作的时间，增加日程安排的灵活性。

学员:70%的人认为系统使用简便。

（5）建立一个收集数据的方法，知道从哪里获取你需要的资料。

（6）技术与论题相吻合。用简单明了的词汇概括论题并以此为基础进行工作。选择与企业系统相兼容的技术，确保教学目标的实现，要有技术支持，维护费用低等。

（7）使用修复程序或自我开发程序。

（8）准备推广——先进行小组试行，调整再测试，再调整，然后再推广。

（9）进行试运行——让志愿者试用程序。

（10）出培训项目，明确开始和终止日期，鼓励每个人都完成第一阶段。

（11）收集数据。

（12）总结经验，提出建议[38]。

网络教学如此流行的原因之一是由于成本低于其他培训方式。人力资源学者杰克·威尔逊注意到了这一点并给出网络教学流行的 4 个原因。互联网培训会给当今的企业带来 5 大好处：（1）节省费用——传统培训中 45% 的花费用于交通；（2）提高效率——由于员工的学习变成了零敲碎打，这样他们的学习兴趣和学习效率会更高；（3）没有顾虑——员工们不愿意坐在教室里，觉得自己显得很傻，这样更自主一些；（4）有趣——互联网教学更能吸引员工的注意力，人们对他们所做的事能记住 80% ~ 90%，而对听到的事只能记住 10% ~ 15%，网络教学属前者；（5）不断跟踪学习——可以保持你的进步和成本[39]。

天天酒店（Days Inn）集团是一个有效使用网络教学的例子。该集团较早采用这种培训方法，集团共有 18000 名员工，分布在 1800 个单体饭店中，员工的年流动率是 100%，因此培训工作已经成了长期的日常工作，使用网络培训法后培训成本降低了 50%，其中第一年成本降低了 20%，以后的年份降低 50%[40]。

职业发展

专为成长中经理的培训，一般称之为职业发展、管理开发或职业规划。这些说法都指向了相同的工作要素：提高管理业绩、增加工作满意度、提高知识技能和能力，以及明确管理的长处、缺陷和利益所在（图 6-7）。

管理人员一般通过发展的职业阶段晋升，从企业角度来讲，最常见的晋升阶段包括：进入企业，当管理人员意识到这种现实将成为他或她的终生职业时的心理震惊，中年或职业中期综合征，接近退休和最终的退休。帮助管理人员适应各个阶段是发展管理项目的核心内容。

不同的发展管理计划适用于不同的阶段，在进入企业阶段，很多企业侧重社交化管理发展培训，让受训人学习如何适应饭店业的商业环境，如何有效地进行管理。这种培训强调管理角色理论、领导方式、人际交往技巧、评价中心、角色扮演、示范效应及其他一些这阶段常用的管理模式培训。

图6-7　什么是职业发展

现在"职业发展"一词被赋予了新的意义，它不再指在企业内部的纵向提升或仅指从员工升为管理人员。

现在职业发展指每一个致力于开发自己潜力的员工的持续的成长性、业绩和回报。

但是，虽然我们知道职业发展已经有了新的意义，但总不免在实践中回到传统的理解中去，现在让我们仔细对比一下两种意义的区别。

传统意义	新的意义
只存在一个合适的事业，在中年时可以达到顶峰。	随着技术、劳动力、经济和价值观的改变，"唯一适合的事业"已经不再适用了。雇员要在其事业生涯中不断挑战和回馈自我以达到其贡献的最大化，因此多职业是通常的，对雇佣双方都是有利的，也是对个人和社会回报最大的。
实现事业的发展和满足感的唯一途径是顺着管理阶梯往上爬。	雇员可以不必在企业中往上爬梯子而同时不断丰富自己的知识技能。平行事业基础历来是很多成功的医生、律师和科学家的发展道路。管理层在建立企业内的事业阶梯时应清楚地考虑企业的需要。雇员的期望还与生活质量有关，广泛的经验也有助于人们满足感的实现。
老员工就不再寄希望于知识技能的提高了。	退休对于企业和个人来说都不是什么大事了，如果有机会接受新的挑战，老员工还可以做很大贡献。学习和发展适用于所有年龄层和各个事业阶段。
只有教室和正式的培训项目才能带来发展。	大部分职业员工的发展都是工作带来的，主管、下属、领导和工作期望都对事业发展有很大作用，对有些员工来讲，正式培训和单位的变更并不是最好的丰富事业经验的方法。
发展只对年轻员工或新员工有帮助。	员工事业的早期、中期和晚期发展都能使企业受益，发展意味着为现在需要做准备并防止以后被淘汰。

续

| 很多工作很难丰富其内容和经验。 | 如果有机会，很多员工能对丰富工作体验提出很多现实可行的建议。增加员工个人对工作职能的控制程度可以丰富工作体验。学习新知识新技能的机会也能达到同样的效果。让员工更多地了解自己工作内容与整个企业目标的关系会让他们觉得工作得更有意义。工作任务的更新变化和团体协作意识都能起到丰富工作体验的作用。某项工作获得的支持程度、设施和工具的完备程度都会影响工作的性质和效果，以及员工的投入程度。 |

资料来源：工作生活公司，1995，工作生活咨询中心，澳大利亚新南威尔士。

在现实冲击阶段，企业管理发展计划一般强调提升责任和成长性，让管理人员放心，企业中是有适合他们的位置的。中年或事业中期综合征的一般症状是对工作产生厌倦心理，这个时期的发展计划重点应放在新挑战和新目标的树立上，收益和激励是关键。

当管理人员接近退休时，培训重点应放在如何辅导和培养年青一代管理人员上，教练和示范模仿是这阶段培训的常用方法。由于很多管理人员在失去工作后同时丧失了社会地位，因此有必要培训他们如何找回自尊和进行休闲活动。

注释

[1] John P. Walsh，"Employee Training Leads to Better Service，Increased Profits，" *Hotel & Motel Management* 19，no. 1（2004）：14 – 15.

[2] Sally Roberts， "Training Starting to Click，" *Business Insurance* 34（January 2000）：21.

[3] "Employee Training Expenditures on the Rise，" *The American Saleman* 49（January 2004）：27.

[4] Wesley S. Roehl and Skip Swerdlow，"Training and Its Impact on Organizational Commitment among Lodging Employees，" *Journal of Hospitality and Tourism Research* 23（May 1999）：176 – 194.

[5] Keith Naughton, "Tired of Smile—Free Service?" *Newsweek* 135, (March 2000) 10: 44 – 45.

[6] L. J. Bassi and M. E. Van Buren, "Sharpening the Leading Edge," *Training and Development* 53, (Jan. 1999) 1: 23 – 27.

[7] Andrew Eaglen, Conrad Lashley, and Rhodri Thomas, "Modeling the Benefits of Training to Business Performance in Leisure Retailing," *Strategic Challenge* 9, no. 5 (2000): 311 – 326.

[8] Dina Berta, "Funds for Training Top Discussion at CHART Confab," *Nation's Restaurant News* 37 (August 18, 2003): 20.

[9] 关于离职面谈的资料见 Robert H. Woods and James F. Macaulay, "Exit Interviews: How to Turn a File Filler into a Management Tool," *Cornell Hotel and Restaurant Administration Quarterly* 28 (November 1987): 39 – 46.

[10] Regina Fazio Maraca, "Looking for Better Productivity: Don't Forget the Three R's," *Harvard Business Review* 74 (August 1996): 9.

[11] Alexandra Rand, "Technology Transforms Training," *HR Focus* 73 (November 1996): 11.

[12] Mickael H. Shenkman, "Manage for Today, Mentor for Tomorrow," Nomprofit W. orld 23 (Sept. /Oct. 2005): 28 – 30.

[13] Lynnette M. Godat and Thomas A. Brigham, "The Effect of a Self-Management Training Program on Employees of a Mid-Sized Organization," *Journal of Organizational Behavior Management* 19, (1999) 1: 65 – 83.

[14] "The pay-offs of E – learning Go Far Beyond the Financial," *HR Focus* 80 (October 2003): 7.

[15] Robert F. Poell, Ferd J. Van de Krogt, Danny Wildemeersch, "Strategies in Organizing Work, Related Learning Projects," *Human Resource Development Quarterly* 10, (Spring 1999) 1: 43 – 61.

[16] "Training Experts," The Controller's Report (April 2003): 14.

[17] 关于 Bafa Bafa 的详细介绍及其在饭店培训中的作用见 Robert H. Woods, "Lessons from Bafa Bafa," *Cornell Hotel and Restaurant Administration Quarterly* 31 (August 1990): 115 – 119.

[18] George Bohlander and Scott Snell, *Managing Human Resources* (Mason, Ohio: Thomson/Sout-Western, 2004), 270.

[19] Jeff Barbian, "New Work Cooking," *Training* (February 2001): 26.

[20] Bohiander and Snell, 273.

[21] "Adams Mark Hotel Resorts Launches Diversity Training Progrn," Hotel & *Motel Management* 216, no. 6 (2001): 15.

[22] Wayne F. Cascio, *Managing Human Resources: Productivity, Quality of Work Life, Profits* (New York: McGraw-Hill, 1989), 251.

[23] Alan Greenberg, "Bankers Trust Markets Corporate Gameware for Training," *Infoworld* 17 (24 April 1995): 28.

[24] Stefan Groschl, "Current Human Resources Practices Affecting the Employment of Persons with Disabilities in Selected Toronto Hotels: A Case Study," *International Journal of Hospitality Tourism Administration* 5 (October 2004): 15 – 30.

[25] Barbara Ettore, "HR's Shift to a Center of Influence," *HR Focus* 73 (June 1 996): 16.

[26] Ettore: 16.

[27] R. Wayne Mondy and Robert M. Noe, *Human Resource Management* (Englewood Cliffs, N. J.: Prentice-Hall, 1996), 228 – 230.

[28] Lisa A. Burke and Timothy T. Baldwin, "Workforce Training Transfer: A Study of te Effect of Relapse Prevention Training and Transfer Climate," *Human Resource Management* 38, (1999) 3: 227 – 234.

[29] Donald B. Fedor, Kenneth L. Bettenhausen, Walter Davis, "Peer Reviews: Employees" Dual Roles as Raters and Recipients," *Group & Organization Management* 24, (March 1999) 1: 92 – 120.

[30] Peter Wart, Catriona Allan, Kamal Birdi, "Predicting Three Levels of Training Outcome," *Journal of Occupational & Organizational Psychology* 72, (September 1999) 3: 351 – 375.

[31] Peter Schulman, "Applying Learned Optimism to Increase Sales Productivity," *Journal of Persoual Selling & Sales Management* 19, (Winter 1999) 1: 31 – 37.

[32] Nancy M, Dixon, "Training: Meet Training's Goals Without Reaction Forms," *Personnel Journal* 73 (September 1994): 51.

[33] Randolph Cirilo and Brian H. Kleiner, "How to Orient Employees into New Positions Successfully," *Management Research News* 26 (2003): 16 – 27.

[34] Linda Grant, "A School for Success: Motorola's Ambitious Job-training Program Generates Smart Profits," *U. S News and World Report* (22 May 1995): 53.

［35］Urea G. Gupta, Frederic J. Hebert, "Is Your Company Ready for an Intemet?" *S. A. M Advanced Management Journal*63, (1998) 4: 11 – 15.

［36］Barbara A. Worecater, "CD ROM Training on the Rise," *Hotel and Motel Management* (June 15, 1998): 49 – 50.

［37］Gary Weidner, "Interactive Training: Is It In Your Future?" *Plant Engineering*, 53 (July 1999) 7: 50 – 54.

［38］Margaret Driscoll, "How to Pilot Web-Based Training (WBT)," *Training and Development* 52, (11) (November 1998): 44 – 60.

［39］Jack Wilson, "Internet Training: The Time is Now," *HR Focus* 75, (March 1999) 3: 6 – 7.

［40］Bill Roberts, "Trsining Via the Desktop," *HR Magazine* 43, (August 1998) 9: 98 – 103.

🔑 主要术语

咨询委员会（advisory committee）　　委员会由管理人员构成，其职责是检查工作技能和组织行为需求，并将这种目标状态与员工现状进行对比。

态度调查（attitude survey）　　需求评估的一种方法，用于决定何时需要进行行为培训，也是一种利用问卷及其他资料收集方法了解员工对有关工作问题的看法的调查方法。

商业游戏（business game）　　培训方法的一种，受训人通过在虚拟商业环境中处理问题而获得提高。

案例研究（case study）　　培训方法的一种，把一些虚拟或真实问题或事件放在员工面前，要求受训员工在指定背景情况下解决问题。

会议培训（conference training）　　培训人和受训人一对一会面探讨问题的一种培训方法。

关键事件（critical incident）　　工作分析的一种技巧，通过捕捉和记录实际工作中的事务细节片段，并对记录进行综合整理形成对实际工作要求的完整描述，对于描述服务性工作尤其有帮助。这种方法也适用于培训和业绩评估。

离职面谈（exit interview）　　雇主与即将离职的雇员面谈以期找出企业的培训需求或其他与工作有关的问题。

公文处理工作培训（in-basket training）　　培训方法的一种，要求受训员工处理一些他们会在工作中遇到的问题。

个人分析（individual analysis）　　帮助管理人员了解针对某人的某项工作的特定培训需求的过程。

工作指导培训（job instruction training，JIT）　　结构性培训的一种方法，要求受训人依次完成一系列培训步骤。

工作业绩测评（job performance measurements）　　评估方法的一种，由训练有素的分析师通过亲身工作实践了解每份工作需要的知识、技能和能力。

工作轮换（job rotation）　　把员工从一个工作岗位转移到另一个工作岗位，或变更工作职责，以期提高员工的工作兴趣和综合能力的方法。

KSA（KSA）　　知识、技能和能力的统称。

示范模仿（modeling）　　培训方法的一种，鼓励受训员工模仿样板人物的示范行为。

需求评估（needs assessment）　　培训活动的第一步，企业要评估培训需求。

脱岗培训（off-the-job training）　　受训人在实际工作以外的环境下学习关于工作程序的相关内容的一种培训。

在职培训（on-the-job training）　　在实际工作中受训人通过观察、谈话，辅助有经验的员工工作，学习与工作有关内容的一种培训。

组织分析（organizational analysis）　　评价整个组织对培训需求的过程，通常包括评价培训对组织的影响。

表现文件（performance document）　　反映出勤、销售、顾客表扬和投诉情况的文件，是用于了解培训需求的一种途径。

预先测验（pretesting）　　在培训进行前对员工进行测验，了解他们当前的知识水平，以便发现培训需求。

程序指导（programmed instruction）　　培训方法的一种，受训员工可以按照自己的节奏控制培训进度，以往的笔试培训现在多被电脑代替了。

角色扮演（role playing）　　培训方法的一种，受训员工充当实现工作中的一个角色并进行表演。

敏感性培训（sensitivity training）　　让员工对自己的行为及人际关系更敏感的一种培训方法。

任务及行为分析（task and behavior analysis）　　确定每个工作要求的任务和行为的过程。

培训标准（training criteria）　　培训成功与否的标志。

培训周期（training cycle）　　围绕培训过程的一系列连续的步骤。

培训评价（training evaluation）　　培训周期中确定培训是否有效的一个步骤。

培训目标（training objective）　　培训计划的一种可测知的最终结果。培训目标一般可分为反应式、学习式、工作行为式和结果导向式。

模拟培训（vestibule training）　　脱岗培训的一种方法，模拟工作场景，要求受训员工展示或演示其实际工作要求的知识、技能和能力。

工作抽样（work sampling）　　个人分析中的一种需求评价方法，受过专业训练的分析师，通过观察员工的工作行为确定培训需求。

📖 复习题

1. 为什么把培训看作一个"循环过程"？
2. 培训周期中都有哪些阶段？
3. 需求分析中的 12 种方法分别是什么？
4. 什么时候应使用态度调查分析培训需求？什么时候应用技能测试？
5. 离职面谈为什么能帮助培训决策？
6. 培训目标和培训标准有什么不同？
7. 什么时候应该采用案例研究方法进行培训？
8. 什么时候应用范例模仿法培训？
9. 什么情况下应使用公文处理工作培训法？
10. 组织分析、任务和行为分析及个人分析的区别是什么？

💻 网址

以下网站可以提供更多的相关信息，注意网址可能会变更，如果无法找到某个网站，可以使用搜索引擎找更多的网站。

美国质量协会
www. asq. org

国家技能标准局
www. nssb. org

工作生活咨询中心
www. worklife. com. au

美国培训协会
www. astd. org

思考及培训服务器

www. learning. thinq. com/index. htm

通过"职业发展"进行关键词搜索还可以找到与此有关的服务机构的网站。

案例研究

"反正我从来也不想当主管"

约翰是湖滨饭店的一名餐饮服务员，这家饭店有 200 间客房、一间咖啡厅和一家名为"蜂鸟"的餐厅。两年前，约翰刚进饭店时是咖啡厅的跑单员，由于表现突出，他很快被调到蜂鸟餐厅当服务员。

约翰在新的岗位上表现依然很优秀，上班准时，对客人态度良好，很好合作，如果跑单员没跟上他会主动帮忙，如果其他服务员需要帮助他也会主动多服务一位客人，他甚至与厨师的关系都很好。新上岗几周后，他记住了所有人的名字，而且在休息室里也经常是中心人物。随着时间的推移，他已经多次成为当月优秀员工，多得他都有点不好意思了。

菲利·布朗是蜂鸟的餐厅主管，约翰的顶头上司。由于约翰与所有员工关系融洽，菲利让约翰每周三当值班主管，因为菲利这天休息而且这也是一周中最悠闲的一天。约翰的值班主管干得不错，很少会有什么问题，即使有问题周四约翰也会向菲利汇报，由他来进一步处理。

不久，菲利被调到集团的另一家饭店去当餐厅经理，他鼓励约翰应聘这家餐厅主管的空缺，"我觉得你会成为一个很好的主管，这个空缺告示会在企业内部张贴 3 天，我不知道谁会应聘，但我会极力推荐你的"。菲利觉得这不仅对约翰有利，而且从自己的下属员工中提拔一个领班自己也面上有光，况且他知道公司是鼓励内部员工填补空缺的。

起初约翰对此很有积极性，"我很喜欢自己的工作"，他告诉菲利，加上菲利的极力鼓动，他终于决定应聘这个职位了。对他进行面试的是 3 个人，菲利、菲利的老板——餐厅经理艾伦和饭店人力资源总监苏珊。在面试过程中约翰表现得很外向开朗而且很有风度。面试结束后，菲利以约翰有较高的工作热情、工作能力、领导技巧、工作量和服务质量为由，认为他应得到这份工作，尽管艾伦和苏珊对约翰缺乏正规的主管培训有点担心，他们最终认为，鉴于他以往的良好表现应该给他这个机会。

第二天，约翰和菲利一起到菲利新任职的餐厅接受为期一周的培训。起初，菲利给约翰列了一个主管工作需要掌握的内容清单，并给了约翰一套培训材料。在这一周中，菲利帮助约翰完成了一个餐厅主管需要填写的各种文件记录。一周结束后，菲利预祝约翰一切顺利，并和他作了一次上岗前的谈话，告诉他有问题随时和自己联系。

第二天早上约翰到蜂鸟报到了，虽然新制服和领带还有点别扭，他还是对新工作岗位充满信心。不久，他就发现自己最需要调整的是与原来同事之间的关系，当他是服务员时所有人都是他的朋友，不论工作时还是休息时，现在他被孤立出去了。在很多情况下，他以前的同事让他觉得自己已经不再是他们之间的一分子了。这就已经够糟了，他甚至开始怀疑他以前的朋友现在的下属在占他的便宜，尤其是他们不把他当主管看。他从餐厅走到厨房，人们都不跟他聊天，或者只跟他打个招呼，或者根本对他视而不见，继续该忙什么忙什么。因为他们对约翰太熟悉了，他们总让他帮忙，"我能和利萨换晚班吗？""我明天能休息吗？""我能和山姆对调负责的台面吗？""你知道我是个保龄球迷，你能别安排我星期四晚上上班吗？下周联赛就开始了。"这些要求一个接一个，约翰很快就明白了，他不可能写一个满足所有人要求的固定不变的排班表。有几次他不能按照员工的要求让他们休息，他们到时就打电话来说病了。约翰怀疑他们在说谎，但他不能证明什么，也不想证明他们会这样对待他。总之，他现在觉得受到了侮辱和利用，而这些人正是他以往非常亲近的朋友。

尽管有这种感受，约翰还是想维持与下属的关系，并讨好新老板。他没告诉艾伦他所面临的压力，尽量满足每个员工的要求。结果他发现自己不得不经常做回自己的老本行，招呼客人、跑单，甚至刷盘子，他的下属不是找种种借口不来上班，有的根本连招呼也不打就不来了，就是上班也消极怠工。约翰经常是一边上菜，一边填写堆积如山的文件，一边监督其他服务员的工作，因为他们的工作效率不及以往的一半。

头几周下来，约翰发现玛莎的表现非常令人失望。玛莎是个老服务员，她接替了约翰的位置成了服务员领班，约翰希望她能在团队中带个好头，在他休息时顶替他的工作。可惜玛莎干得一点儿也不比其他人多，对他几乎没有任何帮助。为什么她不能像自己当初那样多干一点呢？

一个星期一的早上，与往常的星期一一样，蜂鸟餐厅异常忙碌，等候早餐的队伍比平时更长，因为几批销售管理人员刚入住，准备参加为期4天的会议。约翰正在自己的桌上填写报告，这些是他答应艾伦昨天就交上去的，他知道没多久就会被叫到餐厅里去了。他的 3 个上午 6 点钟上班的服务员正在竭力应付越来越多的早餐客人。詹尼斯，他的一个上午 7 点钟上班的员工昨晚打电话来说要到上午 11 点才能来上班，因为她家的地下室漏水，早上要等人来修理。所以今天他得在少一个人的情况下供应完早餐。

上午 7 点钟，约翰的电话又响了，他的心在下沉。是萨莉，另一个应该上午 7 点钟上班的员工，她病了来不了，她一直是一个很好的员工，从来没有称病缺勤过，因此约翰克制住慌乱情绪告诉她安心养病，不要担心什么。刚挂上电话，瑞克，第三个上午 7 点钟上班的服务员又打来电话声称自己病了，这已经是约翰当领班以来两个月中的第四次了。他知道瑞克喜欢在周末喝酒，以前菲利当主管时他自己还替过瑞克的班。不过这次瑞克听起来身体好像的确不妙，于是约翰打消怀疑，告诉瑞克如果觉得好点了就晚点过来。

约翰不再写报告了，他拿起员工通讯录，只有两个人他可以打电话找了，温迪和玛莉亚，温迪家没人听电话，玛莉亚在家，但她要带着她 6 岁女儿参加六年级郊游，她是带队家长，她很抱歉但实在来不了。

"好吧。"约翰筋疲力尽地说，然后很夸张地把话筒放回座机上，这是他用最后一点儿克制力控制着没把电话摔出去。本应 6 个人服务的早餐，现在只剩 3 个人了，而且用餐的人流还在不断增加。他完全孤立无援了，甚至艾伦都找不到，他在和总经理开会。约翰严肃地正了正领带，向餐厅走去。

一走进厨房，他就听到了强大的工作压力下的喧闹声：厨师们在大声喊叫，盘子碰撞的声音，撞门的声音。他通过两扇摆门，刚好碰到斯蒂芬，一个跑单员，边往右手上缠毛巾边向餐厅入口走去。

"她怎么了？"约翰问玛莎。

"她太着急了，打碎了咖啡杯，割破了自己的手，我让她去看医生，看起来需要缝针。"

太乱了，约翰边想边环视了一下周围。所有的桌子都坐得满满的，上百人的谈话声轰响着，餐厅快跟厨房一样嘈杂了。约翰从来没见过这么满的餐厅，而且餐厅门口还有等候就餐的长龙一直排到大厅。

做了一下深呼吸，约翰马上投入工作中去。他同时在几个工种上开工，下单、倒咖啡、让客人就座、结账，尽量不去注意客人因服务太慢而皱起的眉头，客人的抱怨声不绝于耳，"这地方像什么样子？""服务太好了！"* 每一声抱怨都鞭打着约翰。他克制着无助和愤怒，不断地鼓励每个员工。他正在向一群抱怨的客人道歉时，

---

* 此处顾客显然说的是反话。——译者注

眼角注意到玛莎正在结账台踮起脚生气地向他挥手，她周围站着一条等着结账的长龙。

他微笑着脱开身，迅速走向玛莎，"怎么了？"

"我不知道，"玛莎上气不接下气地说，"系统停机了。"

约翰面对着安静的机器，他根本不知道该怎么办，"你做了什么？"他向玛莎吼起来。

"我什么都没做，这不是我的错。"玛莎无奈地说。

"也不是我的错，"约翰厉声说，"见鬼。想想停机前你做了什么？"

"嘿！"队伍中的一个客人向约翰叫起来，"上菜要等，结账要等，现在连给你们钱都要等，干点正事吧。"

"我正在努力，先生。"约翰咬着牙说。

"是啊，快点吧，我实在是等烦了。"队伍里的其他客人低声附和道。

约翰用力抓住玛莎的胳膊把她推向厨房方向，"去我办公室拿计算器来。"

"我不知道在哪儿。"玛莎甩开他。

约翰一拳打到柜台上，叫道："见鬼，什么都得我自己来？！"

一个嘘声传遍餐厅，每个人都呆住了，所有的眼睛都盯向约翰。玛莎努力止住眼泪，想说什么又没说，她盯着约翰，又看到约翰的身后，马上她的眼睛因惊异而睁大了。约翰转过身看到了他的老板——艾伦。艾伦以难以置信的眼神环视了周围，问道："这到底是怎么回事？"

那天后来发生了什么？

在艾伦办公室里，他看着桌子对面的约翰叹了口气，怎么会变成这样？早上的事是约翰上任后一系列问题中的最近一起，自从他当上主管后，艾伦发现他不懂预算，跟不上管理工作程序，如总是迟交报告、笨拙的采购计划、发票不签字等，失误清单还可以列得更长。而且约翰好像并不擅长对人的管理，已经有好几个员工投诉说他利用排班职权照顾关系。而今天早上抓玛莎胳膊一事，艾伦只好希望玛莎不会给饭店找什么麻烦。

过了好一阵，在咖啡厅经理乔治的帮助下，蜂鸟餐厅终于恢复了秩序。危机过后，艾伦让乔治暂时负责餐厅，把约翰带到了自己的办公室准备进行一次长谈。但现在他不知如何开始这次谈话。

"约翰，"他终于说话了，"怎么回事？当我看到你当着那么多客人的面发火，我简直不相信自己的眼睛。"

"你知道，"约翰为自己辩护道，"我忙得要命，你不在的时候我们一直在缺少人手的情况下应付着，而收款机又坏了，我不知道该怎么办，我已经尽力了，这种情况的处理我从来没有受过培训。"

"可是约翰,你已经接受了培训,你花了一周时间和菲利在一起,他说你已经准备好了。你已经在餐厅工作两年了,我不知道你还需要什么样的培训。"

"我对这种紧急情况根本没有准备。"

"但没人能预见到今天早上的情况!"艾伦生气地说,"而且主管应能应付各种突发事件。这就是为什么我们把你放到这个位置上,我们认为你能处理得好。"

"好吧,可能你们错了,"约翰脱口说出,"可能你根本就不该把我提拔到这个位置上来。"约翰看看自己的脚尖耸耸肩说,"反正我从来就不想当主管。"

讨论题

1. 菲利和艾伦在提拔约翰的问题上错了吗?为什么?
2. 艾伦应对约翰做什么?
3. 如果艾伦想让约翰继续当主管,他应该马上采取什么措施?
4. 如果约翰继续当主管,艾伦和约翰应对约翰发火时影响的人采取什么措施?

案例号:3566CA

以下专家帮助编排整理了这个案例:纽约复兴饭店人力资源部经理菲利普·J.布雷松和乔治亚州亚特兰大阿拉马克公司人力资源部经理杰里·费伊。

第 7 章概要

绩效评估的作用
 表现反馈
 员工培训及发展
 技术和绩效评估
 决策工具
 培训、政策或计划的评估
 选择过程的有效性
绩效评估的潜在问题
 效度和信度
 偏见性
 其他评估不准的原因
主要评估计分系统
 性格评分
 行为评分
 结果评分
绩效评估方法
 排序法
 强制分布
 图表尺度评价法

 行为锚定等级评价法
 行为观察评价法
 叙述文章
 关键事件
 目标管理
谁来进行绩效评估
 同事评估
 下级员工评估
 自我评估
 顾客评估
 多方评估系统
 360 度评估
绩效评估培训
 注意事项
绩效评估的频度
评估及法律
关于员工绩效评估的思考

学习目的

1. 介绍业绩评估及其作用。
2. 介绍业绩评估相关的潜在问题。
3. 介绍业绩评估时所使用的主要评判系统。
4. 介绍业绩评估常用的方法。
5. 确定谁应该进行业绩评估，说明对经理和主管进行业绩评估培训的重要性。
6. 介绍业绩评估的频度，指出与业绩评估有关的法律问题，介绍有效的员工业绩评估体系的关键因素。

7

评价雇员工作绩效

本章与内华达大学拉斯维加斯分校硕士、普渡大学凯利·费伦博士研究生合作完成。

评价一个雇员或管理人员的业绩总是很困难的，有专家曾把业绩评估比作对别人说，"嗨，我是多么地想念你的婴儿"一样不切实际[1]。在业绩评估时，不论你说什么，作为接受方的雇员常常会把你看作一个基点。

业绩评估对于美国企业来说并不陌生。最初是亨利·福特在其汽车组装厂成立之初使用的。当时的形式是，员工下班时穿过一间小房间，里面有很多小格子，每人一个格子，员工会从格子中拿一张小纸条，这是对员工当天的业绩的评价结果，如果是一张白条，说明你明天还要来上班，如果是一张粉红色的纸条，说明你已经被解雇了，这就是现在所说的"粉单"[2]。

一项预测表明，美国97%以上的组织因为各种目的使用绩效评估体系[3]。但是，很多管理者无法正确使用绩效评估体系，所以无法达成他们的原有目的。绩效评估的失败有很多原因，有些原因可以追溯到管理者如何看待体系。

一项调查表明，70%的员工反馈绩效评估没有使他们了解他们被期望所达到的标准。此外，只有10%的员工认为绩效评估体系是成功的[4]。大部分员工感觉评估后比评估前还困惑。

拉斯维加斯哈拉斯赌场饭店的副总裁、总经理助理戴维·赫内迈尔曾任拉斯维加斯哈拉斯赌场饭店运营总监。戴维·赫内迈尔认为绩效评估是一种重要却会让人沮丧的工具：

　　我们必须通过公平和公正的方式来评估团队成员。哈拉斯的评估体系是我见到的最好的评估体系之一。但是由于多种原因导致某些员工被错误地评估，导致评估结果过高或过低。员工和管理者有很多非正式的交流渠道。如果有些人在评估过程中有不好的体验，这会很快成为一个民心问题。管理者必须立刻修改完善评估体系。饭店业是与人有关的工作，而且竞争越来越激烈。现在,我们的评估过程应该比以往任何时刻都重要[5]。

一些企业意识到它们的绩效评估体系并不奏效。例如,一项调查发现,51%的企业认为它们现有的体系对组织几乎没有价值[6]。2005年的一项调查中,126个企业的48000名员工、管理者及首席执行官中,只有13%的员工和管理者及6%的首席执行官认为他们的企业绩效评估体系是有用的[7]。

难道这意味着管理者应该摈弃这个体系不评价员工绩效吗?当然不是。管理者的作用是最大程度地发挥员工的绩效。因此,管理者需要体系来评估员工的表现。

业绩评估受人的情感和判断影响,因此错误是难免的。很多经理没有认识到他们根本无法得到完全公平客观的员工业绩评估,而且他们也没意识到其实他们并不想得到完美的评估。人毕竟不是机器,精确的行为不是不可能而是不需要。管理人员可以尽可能地使业绩评估更加有效,但他们必须清楚完善的评估过程是不可能的。管理人员和雇员的业绩评估都受人的因素影响。

有时经理用业绩评估来激励员工,如果以此为目的,管理人员应着重发现员工表现中好的一面。有时经理受政策因素的影响,如他们考虑企业的利益,将工资和晋升的数量最小化,他们会对员工给出边际性评估。

据统计,业绩评估的成本为每名员工1945美元到2200美元,很多经理觉得评估成本没那么高,这是因为他们没把评估以后的生产率短期下降计入评估成本[8]。这么高的成本也可以从侧面说明有效的业绩评估对企业是非常重要的。

本章的目的是让经理了解如何运用业绩评估而不作任何方式推荐,恰恰相反,我们希望经理能掌握业绩评估的核心理念,让他们在运用时做到灵活、针对实际,最重要的是公正。

阅读本章时应牢记评估的重要性,对饭店企业来说,不管评估的方式方法如何,评估本身是非常重要的[9]。图7-1研究结果也证实了这一点。

图7-1 评估的重要性

对业绩的影响	饭　　店	俱 乐 部	餐　　馆	行业整体
对成功非常重要	59.4%	48.3%	38.1%	53.7%
有点重要	35.4%	38.5%	43.7%	41.2%
没有意见	1.2%	5.7%	10.3%	2.2%
不太重要	3.5%	6.7%	4.8%	2.2%
不重要	0.5%	0.8%	3.2%	0.8%
	100%	100%	100%	100%

资料来源:罗伯特 H. 伍兹,迈克尔 P. 夏里尼和杰克 D. 宁迈耶,饭店业中三个部分的评估方法应用:比较研究,《饭店和旅游业教育杂志》,10 (1998) 3:59-63页。

绩效评估的作用

如果你去问经理为什么要用某种评估方法，你可能得到很多不同的答复，业绩评估可以满足企业许多不同的需要。这些需要可以被归为两类：改进工作业绩，工作相关决策。

经理可以用业绩评估给雇员一个意见反馈，这样做的主要目的是肯定或鼓励员工的表现，或帮助雇员的职业发展。评估可以通过区分业绩的好坏帮助人力资源部门决策，包括提升、纪律规范、培训或奖励。评估还能帮助人力资源部门确立培训目标、评估培训需求、效度选择，或诊断企业或部门的问题。

在多数行业中，评估平均地用于上述所有用途，约有28%的各行各类企业把业绩评估与补充决策结合起来，有28%的企业用评估来确立员工目标，另有24%的企业经理以此确定培训需求，17%以此作为提升依据。

不过饭店行业与这些行业不同，饭店经理往往把评估同时用于多种用途，如图7-2所示的饭店企业把评估同时用于3个不同部门[10]。

图 7-2　业绩评估的运用

使用方向	饭店/旅馆	餐　馆	俱 乐 部
报酬决策	86.4%	90.7%	72.2%
员工目标	78.1%	82.6%	77.6%
培训需要	73.3%	80.2%	60.5%
提升晋级	65.0%	77.9%	47.8%

资料来源：罗伯特·H. 伍兹，迈克尔·P. 夏里尼和杰克·D. 宁迈耶，饭店业中三个部分的评估方法应用：比较研究，《饭店和旅游业教育杂志》，10（1998）3：59-63页。

我们可以从图7-2中看出饭店的不同部门把评估用于不同目的，有趣的是，3个部门经理的使用差异如此悬殊。

由于业绩评估可用于许多用途，一种评估系统不可能满足所有的需求，因此设计评估方法时应时时考虑到评估的目的是什么。如管理人员想通过评估明确哪些员工需要培训，为此设计的评估方法能用于决定哪些雇员可以提升或应该解职吗？恐怕不行。一个企业可能根据需要同时使用几种不同的评估体系，下面给出了一些参考原则。

表现反馈

业绩评估的一个最常用的用途是提供表现反馈，肯定员工的表现或帮助他们改进。雇员一般都想知道自己的表现如何，如果他们不能定期地得到反馈，他们可能对自己的表现有不切实际的估计，如觉得自己做得很好或担心自己做得很差。定期进行业绩评估使管理人员能让员工随时了解自己的表现。

显然，大部分管理者可以在表现反馈方面做得更好。2002 年，安德森咨询公司对芝加哥和其他地方的 25 个组织进行了一项调查，调查结果显示 50% 以上的被调查者认为从他们主管那里获得的反馈几乎没有价值[11]。一项对 10000 个人进行的国际调查显示，50% 以上的被调查者认为他们的主管在讨论员工工作表现时"不清楚、不坦诚、不全面"，17% 的被调查者不知道或不确定主管对于自己工作的评价，22% 的人不确定或不知道他们被期望达到的目标；33% 的被调查者认为主管对于提高他们工作绩效没有帮助，也没有和他们正式地讨论过绩效问题。90% 的被调查者都非常愿意就他们的表现进行真正的对话[12]。

拉斯维加斯永利赌场管理者托德·豪沙乌尔特认为应该让员工了解到他们的表现：

我发现正式的评估可以很有效地使主管告诉员工哪些方面表现得好哪些方面需要改正。但是一年一两次的正式面谈无法代表员工的工作表现。我对于员工的评价大多建立在平时表现的基础上。有时，我纠正他们的错误，告诉他们行为标准。其他时候我只是表扬他们以此鼓励他们。如果我特别关注某种不能接受的行为，我会做记录并与员工讨论，以便其日后改正。但是关键问题是，当为了正式的绩效评价而进行谈话时，员工听到的不可能完全是新的内容。我一直让他们了解他们自己的表现，因此在他们来之前就知道了要谈的内容。正式过程的优点是强化了标准，并且让我有机会说"要及时改正"，或者"表现很好，你对于企业是不可或缺的"等。在拉斯维加斯永利，绩效评估体系确保着选择过程。我的大多数下属微笑地面对着对他们的反馈，内心里希望让他们的下一个客户 110% 的满意[13]。

此外，其他饭店企业认为绩效评估阶段应该：

- 没有惊奇——员工应该清楚他们的工作表现；
- 员工参与——鼓励员工表达他们的见解和想法；
- 目标数据——可测量的内容比主观意见更有用、更高效。

员工培训及发展

评估可以明确哪些员工或管理人员需要进行培训，哪些可以获得提升。评估还可以确定是否整个部门都需要培训，如前台部门需要接受关于新的电脑记账系统的培训。管理人员可以通过业绩评估明确培训需求。

技术和绩效评估

对饭店公司员工的个人工作绩效评估越来越严格，软件使企业能够更高效地增加服务行业的产出。

新的建立于网络基础上的员工绩效软件包帮助管理者监测所有方面，从工作时间到顾客投诉处理，甚至员工休息时间。所有这些信息都用于绩效评估。

市场上有一款员工绩效软件是丝绸之路技术公司（www. silkroadtech. com）的Wimg – Span。这款软件帮助管理者从多个评估者的评估那里搜集数据，为绩效评估提供信息。此外，它还有利于管理者将企业战略与员工日常工作结合起来。Wing Span 将上报的个人能力信息与事先设定的专业标准相对比，为主管提供了"精确的、全面的和及时的员工评估数据"。

Halogen eAppraisal（www. halogensoftware. com）将员工评估自动化、简单化。它用于发送文件，使文件在"指定的时间发送到指定的人"，有助于管理者的写作过程，通知主要人员截止日期，便于高级管理层的监督。这款软件使员工评估成为一种简单、持续的过程，而不是沉重的一年一次的任务。

Siebel Hospitality 提供的软件能够将回报与员工绩效和评估联系起来。当与员工绩效测量体系联系起来后，Siebel 的软件使企业能够管理所有的评估需求。

针对技术预算少的小型饭店企业也有很多低成本的员工绩效评估软件。例如Performance Now（www. knowledgepoint. com）和 Employee Appraiser（www. successfactors. com），这两个软件都可以帮助管理者进行员工绩效评估、发现潜在的法律问题并为写作提供协助。

另外，评估还可用于辅助建立长期事业发展规划。根据以往的业绩评估结果，管理人员可以有效地指导员工的职业发展，并提出建议。

根据万豪的一项内部研究发现员工非常关心他们的职业生涯升迁路径[14]。有效的员工评估可以帮助员工在组织中的职业生涯发展，这能给员工带来更大的满意度。

决策工具

作为一种管理工具，业绩评估可以有效地将奖惩制度与工作表现联系起来，表现好的员工会获得好的业绩评估结果，这个结果将给他们带来收入的提高、职位的提升、职业发展。反之如果表现差可能会招致纪律处分、降职甚至开除。

业绩评估是补充、晋升、调动、投诉、纪律规范的决策基础，如奖金一般与员工的工作表现是直接挂钩的。业绩评估可以帮助管理人员决定谁应得到奖金，谁不应得到。有些业绩评估让经理们有机会了解员工如果有更大职权他们的表现会如何，这种评估为提升和调动提供了依据。在纪律规范、解职和投诉的情况下，业绩评估能提供决策背景，员工业绩评估档案可以在投诉、诉讼或 EEO 的歧视调查时保护企业的利益。

培训、政策或计划的评估

培训前后对个人进行评估有助于了解培训的有效性。评估过程中经理和员工的近距离接触，使双方可以就一些相关目标、政策或计划的问题进行探讨。评估过程中经理可以从员工那里了解哪些政策和计划不像计划的那样有效。从这种意义上说，评估也可以用于新政策实施后的效果测评。

选择过程的有效性

选择的目标是预测哪个候选人的工作表现最好、最能适应企业的需要，这种预测的检验会很大地影响选择过程的有效性。业绩评估是一种有效的检验选择效果的方法。例如，通过对新入职员工的业绩评估，经理人员可以了解选择过程是否合理有效。

另外，通过评估了解新入职员工是否能达到公司要求的标准，也可以对选择过程进行评价。此外，评估还可以调整选择过程，如果评估与选择连用可以帮助检验选择预测的有效性。

绩效评估的潜在问题

业绩评估是主观的，受诸多因素影响。例如，一些研究表明，总体来讲，男性评估的结果较女性的评估具有更多的负面性[15]。以下内容将指出导致业绩评估不准的一些相关问题，包括偏见或不公平错误、效度和信度错误。管理人员的动机也可能对业绩评估带来负面影响。管理人员要清楚哪些因素容易造成错误，影响公正准确的业绩评估。

效度和信度

和选择过程一样，效度和信度对于业绩评估是非常重要的，以下是评估中常犯

的错误:

- 构成有效性——业绩评估必须考评真正要评估的内容,如评估服务一定要真正对服务进行评估;
- 内容有效性——业绩评估必须测评整体内容,而不是某一部分,如评价前台的顾客服务不能仅测评服务速度,因为服务除了速度还包括其他内容;
- 评价者之间的可信度——如果两个或更多评价者取得相同的评价结果,则评价者之间的可信度高;如果一个评价者对餐饮服务员评价很高,另一个评价很低,则可信度低;
- 连续性——在评估过程中的每个评价依据都不能只截取某一两个时间点上的数据,如用人均销售业绩评估餐饮服务员的生产率,业绩数据应取一段时间内的而不应仅是某一个时间点的,因此某一点的数据可能受其他因素影响。

偏见性

从法律上讲,根据 1964 年的《民权法》第 7 章,业绩评估应该没有偏见,公平地对待每一个员工,但管理人员很难做到在任何时间都完全没有偏见。有时管理人员在决策时会犯偏松错误、偏紧错误、居中趋势错误、近期错误、固守过去错误和扩大化错误。我们首先来看前 3 种错误。

- 偏松错误——有些管理人员给员工打分时多给几分同情分。如果进行大量的抽样,打分结果可能接近钟形曲线,不是所有的管理人员都会这样做。比如,从 1 到 5 给员工打分 (1 = 最好, 5 = 最差),大多数管理人员的给分会在中点附近。由于存在同情打分现象,管理人员的打分可能接近 1,打分结果可能比实际情况显得好;
- 偏紧错误——有些经理打分过于严厉,这正好与偏松错误相反,打分结果可能更接近 5 而不是 1;
- 居中趋势错误——很多经理打分时不考虑员工的真正业绩,只取中间值打分,这样打分结果可能更接近 3,而不能反映真实情况。

这 3 个错误主要会引起两个问题:首先,由于饭店经理经常更换,员工会不断地由新经理打分,如果第一个经理打分手松,第二个严格,结果可能是员工业绩表现下降了,反之可能表现出员工业绩的提高,有的员工甚至可能因此而受到晋升。

其次,上述错误可能使员工的业绩取决于打分的人,一个在严格打分的经理手下工作的员工可能会错过升迁机会,而在另一个部门即打分松的经理手下工作时则可能得到升迁。

如果从 1 到 5 作为打分标准,1 等于是表现突出,5 等于是表现不达标。有的经理把这种打分与学校的评分相类比，1 = A；2 = B；3 = C；4 = D；5 = E。由于有些经理不愿给员工打低分，他们的给分大多是 1 或 2（A 或 B），这就犯了偏松错误。也有些经理认为 1 是几乎不可能的；2 是突出的；3 是非常好；4 是好；5 是差，这些经理的给分可能很低，结果犯了偏紧错误。犯居中趋势错误的管理人员倾向于给员工打分接近平均水平，即在 1 到 5 的范围内给 3 分。

业绩评估过程中的另外 3 种常见错误是：

- 近期错误——人们对最近发生的事记忆深刻，如经理会记住评估前几周或一个月前员工的所作所为，而不会记住此前 6 个月或 8 个月时发生的事，除非经理全年做记录，否则他们会根据员工的近期表现做出评判；
- 固守过去错误——管理人员给员工的打分一般都与以前的打分相近，如果过去的打分很高，以后的打分可能也很高，即使实际情况已经发生了变化；
- 扩大化错误——这种错误是源于主要根据员工的某一个行为推而广之地对员工的所有行为进行评价，如果这个人有些任务完成得好，有些不好，其他的一般，则犯扩大化错误的经理可能以偏赅全地认为员工的整体业绩是好的。

其他评估不准的原因

上述所有错误都是人们的思维方式和对其他人的反应的结果，因此这些错误是可以认识到并可以用行为学名词解释的，而且一般都是无意识行为。其他导致评估不准确的无意识错误还有：

- 吸引力（特别对于女性评分对象）可能使男性打分人给女性评估对象较高的分数；
- 评估对象有健美的肌肉或有女性的妩媚容易得高分[16]；
- 给个性而不是业绩打分；
- 员工的背景会影响管理人员打分；
- 管理人员因员工的一点儿错误或一个不当行为而对其整体印象很差（又称"妖魔化"）；
- 缺乏明确评价标准的业绩评估；
- 管理人员没有对员工表现进行恰当的观察（或是时间不当，或是环境不宜）；
- 管理人员在员工之间进行对比（又称"对比效应"），而不是依据统一评判标准；
- 有些管理人员把整个过程看得很官僚，对规则、制约、法律保护更有兴趣而不注重员工的发展，这在没有有效地实施业绩评估程序的企业里尤为明显[17]；
- 中层管理者越来越少（由于企业规模变小）意味着每个管理者要肩负更多的评估工作。这会使管理者包袱过重，从而匆忙评估或错误评估；

- 工作复杂性的增加意味着需要更多的主管，而他们对于员工行为的意愿及结果的评价可能与其他人的分值相抵触；
- 工作地点技术应用的增多意味着人际交流的减少，这降低了对于标准的有效沟通，造成了更多的误解；
- 主管和员工的流动性越来越高意味着要真正了解其真正绩效水平的时间相对减少[18]。

研究表明，一个从未对某个雇员进行过评估的评估人更可能给出与以往相近的分数，而做过评估的评估人在以后的评估中更可能给更低的分数[19]。一般情况下（除非整体评分水平都很高）负面因素比正面因素更可能影响评分结果[20]。

管理人员也可能有意对员工打分不准确或不公正，在一项研究中，70%的打分者承认他们故意并不道德地夸大或贬低下属的表现[21]。图 7-3 显示了打分不准的管理人员的动机，有些动机会使员工得分高于实际水平，有些会低于实际水平。不论哪种情况，这种行为都会使业绩评估系统降格成为一种受管理人员操纵的行为工具。正是由于这种操纵使得员工会不信任管理层并一直尝试层级基础上而不是绩效评估结果的基础上涨薪金和提升[22]。

图 7-3　评分错误和操纵评分行为

	膨胀的评分	萎缩的评分
积极的评分者动机	• 保持员工积极性； • 尽量提高奖励工资； • 避免造成永久性损失； • 对最近的良好表现给予奖励； • 帮助员工处理个人问题； • 对一切努力给予奖励； • 对员工个人有好感。	• 认为员工因害怕被停职而尽量表现良好； • 对一个肯定会停职的员工严肃处理，以杀一儆百。
异常的	• 避免脏衣服挂起来； • 让他们看起来很好； • 避免和员工发生直接冲突； • 对有问题的员工进行提升，让他离开经理主管的部门。	• 惩罚员工； • 鼓励员工辞职； • 减少奖励工资； • 严格执行企业公告把分值压低。

资料来源：克林顿·朗尼克和迪安·路德维格，"在重新回访评估中面临的道德两难困境"，《商业道德杂志》，1990 年 12 月，966 页。

主要评估计分系统

在开发一种业绩评估体系时，管理人员必须首先明确打分的行为是什么。评分系统主要有 3 种：性格评分、行为评分和结果评分。

性格评分

性格评分主要用于评价员工的个性，评分依据因素包括：对企业忠诚度、交流沟通能力、对主管的态度、团体工作能力、决策能力。性格评分的业绩评估在法庭上不太能站得住脚，因为评分基础是个性而不是工作业绩。

行为评分

行为评分评价员工的行为而不是个性，如评估员工对客人的热情程度、是否乐于帮助客人、接受客人的小费是否会致谢等。饭店运营中一般很强调员工对客人的行为，对其他员工的行为，这与员工的工作职责同样重要，因此行为评分在饭店企业中会经常用到。

行为评估较性格评估更经常地成为法庭证据，因为行为评分直接与工作表现有关。但这种评分也有自身的问题，因为管理人员发现行为评分能接受很多完全不同的行为，而行为评分对行为的规定缺乏灵活性。例如，一个企业评估系统把某些行为定义为可接受范围，即为了企业的利益，员工必须展示定义范围内的行为。而管理人员在对餐饮服务员进行评分时遇到了难题，有些行为不在评分的范围内而客人常要求这种行为，尽管服务员的行为与公司标准不符，但客人很喜欢这名服务员。如果经理严格按照公司标准，这名员工可能得分很低，尽管客人对服务员的工作评价很高。

结果评分

上述例子中的员工可能在行为评分中得分很低，但在结果评分中就不同了，虽然员工行为与公司标准不符，但由于其结果是客人的褒奖，因此在结果评分中他或她会得到高分。但结果评分系统也不是完美无缺的。

有些经理可能会过分重视结果而忽视了行为和个性。例如根据一定时间内的接待客人量对前台服务人员进行业绩评估时，评分的结果可能是接待人数多的员工得高分，接待人数少的员工得低分。但接待多的员工可能因为在压力下工作，没能给客人留下好印象，不能将客人区别对待，使饭店丧失了未来的销售机会。

餐厅经理在结果评分时也会面临同样的问题，在一个特定时间段内服务的客人越多是不是就等于表现得越好呢？怎么对员工的工作业绩进行比较？如果结果评分只对总销售量打分，则服务客人最多的员工就能得最高分。

决定使用哪一种评分方法是一个复杂的决策过程，有些情况下工作决定了评估系统的选择，如厨师评估适合于结果评分法；而有些情况下应将上述 3 种方法结合起来运用才能收到良好效果。

绩效评估方法

现在有几种常用的评估方法，图 7-4 列举了几种方法在饭店行业内的使用率。每种方法都各有优缺点，下面这部分将介绍这些常用的方法并评价每种方法的优缺点。

图 7-4　评估系统使用类型

类　　　型	饭店/旅馆	餐　　馆	俱 乐 部	行业整体
图表尺度评价法	28%	35.1%	52.5%	24%
目标管理（MBO）	49%	37%	21.4%	31.8%
叙述文章	37%	24.7%	12.1%	33.9%
行为锚定法（BARS）	41%	19.4%	3.9%	NA
360 度反馈	0	26.4%	8.2%	NA
其他	9%	4.6%	1.9%	10.3%

资料来源：罗伯特·H. 伍兹，迈克尔·P. 夏里尼和杰克·D. 宁迈耶，"饭店业中三个部分的评估方法应用：比较研究"，《饭店和旅游业教育杂志》，3（1998）10：62 页。

排序法

有 3 种常用的排序法，都是用于把员工从好到差、从第一到最后进行排序。这 3 种方法是：(1) 简单或直线排序；(2) 交替排序；(3) 配对对比。

简单排序要求评估人对员工从最好到最差进行排序。其好处是排序方法简单，评估结果是将员工从好到差排成一个连续的序列。但这种方法的缺点是排序标准问题，简单排序不能区分不同性质的工作，只能针对一个或少量几个的工作要求进行排序。

评估人可以根据不同的工作职责标准改进简单排序，但在衡量标准上很难有明确的、公认的标准，特别是像3和4这种连续排序标准上很难掌握，有人认为两个标准差距很大，有人认为很小。

交替排序在优缺点方面与直线排序类似，两者只是在如何进行排序方面有差别。在进行交替排序时，评估人把每个人的特点都分别列在单独的一张纸上，先选出最好的和最差的，然后选出次优的和次差的，以此类推。

配对对比方法直接把员工和每个工作标准进行对比，图7-5给出了一个例子。最简单的排序方法是看左侧员工名字的出现次数，次数最多的最好，最少的最差。

图7-5　配对对比排序例子

> 需要排序的员工姓名：麦考雷、辛普森、泰勒、娜森
> 麦考雷比辛普森好
> 辛普森比泰勒好
> 娜森比辛普森好
> 麦考雷比娜森好
> 娜森比泰勒好
>
> 麦考雷排第一
> 娜森排第二
> 辛普森排第三
> 泰勒排第四

从评估者的角度看，交替排序和配对对比可以找出员工队伍中对企业最有价值和最没价值的员工，但无法了解到为什么一个员工比另一个员工更有价值，更有价值到什么程度。

强制分布

强制分布的假设前提是，在正常情况下，所有员工的最终排序在统计上应符合钟形曲线*，即约有5%的员工是表现突出的、10%优秀、15%中上、40%中等、15%中下、10%差、5%很差。强制分布由于建立了一个趋中的模型而剔除了过宽或过严的评价趋势。不过这种方法会引起员工的不满，因为他们讨厌被分类。图7-6

---

* 这是作者的形象说法。在统计学上，我们一般称之为"正态分布"。——译者注

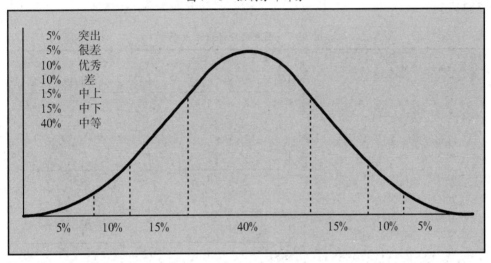

显示了一个强制分布的样图。

在强制分布方面比较有名的例子包括 1981 年作为通用电器公司新的首席执行官杰克·韦尔奇激进的领导方式。韦尔奇希望改变原有的结构，所以他要求下属确定管理者中前 20% 和后 10%。前者是要被提升的，而后者则面临着离开岗位。通用电器公司最终成为最高度市场化的企业，鼓励着很多执行官进行强制分布[23]。

图 7 - 6　强制分布计分

图表尺度评价法

图表尺度评价法常用于计时工。这种方法是对工作的 10 项到 15 项内容进行从 1 到 5 的评价计分。这些内容包括工作特点、工作质量、工作数量、独立性、出勤率、人际关系、工作知识、注意力等。所有的计分最后加总得出员工的整体得分，图 7 - 7 给出一个图表尺度评价法的例子。

这种评估方法使用起来非常简单，结果也简单明了；但这种评价可能会犯偏松错误、偏紧错误和扩大化错误，而且评估人可能觉得评价内容标准不好理解，如独立性是什么意思？每个评估人对独立性的理解是否一样？

这种方法的另一个问题是各个评价内容的重要性不同，每个评估人对每个内容的重要性看法也不同，如有的评估人认为出勤率是最重要的评估因素。不同的看法使评估人的评价标准也各不相同。管理层要克服这些局限，应在评估前先对各个内容进行加权分析，最后在加总前先将各个单项计分进行除权。

尽管图表尺度评价法有各种缺点，但它仍是一种普遍使用的评估方法。不过近年来其使用率下降非常显著，从 1988 年的 50% 下降到 1996 年的 24%[24]。其下降的主要原因是：（1）在员工评估中，不能提出明确的、描述性的数据；（2）不能证明是可以用于法庭举证的评估方法，具有讽刺意味的是，这种方法在 20 世纪 80 年代使用率之所以提高，是因为经理们觉得这种方法可以用于法庭辩护。随着时间的推移，计分方法也在不断改进，通过关键事件和陈述形式进行的业绩评估都可以用于法庭举证[25]。

图 7 - 7　图表尺度评价法例子

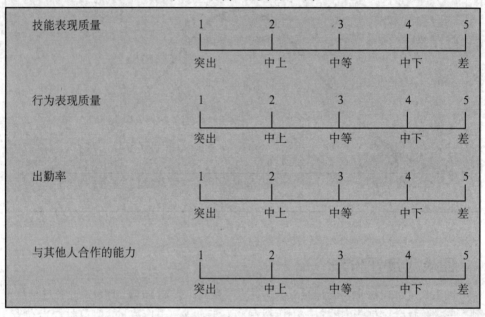

行为锚定等级评价法

　　行为锚定等级评价法（BARS）和图表尺度评价法一样，也是评估人用连续等级计分的方法对员工进行评估，只不过这种方法是根据员工工作中的关键事件或具体行为进行评估。与其他方法相比，这种方法较少依赖评估人的个人好恶判断，关键事件为行为锚定等级评价法提供了好坏的评判标准。

　　关键事件是经理捕捉到并记录下来的工作相关细节，并通过细节的综合形成工作的整体描绘。通常用于行为锚定等级评价法的关键事件，由员工和经理共同参加的讨论得出。由于员工参与评判细节标准的制定，因此这种方法比其他评估方法更能让员工接受[26]，而且对工作整体表现的评估较为准确。

行为锚定等级评价法的主要缺点是系统开发耗时费钱，每个工作都要有完全不同的评估系统，因为每个工作的关键事件不同，因此系统开发起来比较费时，因而开发成本也相应较高。图7-8给出了一个行为锚定等级评价范例。

图7-8　行为锚定等级评价法例子

说明	分值	行为举例
与员工有效沟通并能经常参加会议	7.00	经理召集会议解释饭店为什么要减员，员工可以提出问题并讨论为什么特别减少某些岗位的员工
	6.00	在忙于业务拓展计划时，经理要增加政策制定委员会的碰头次数以保证项目合作顺利，交流顺畅
	5.00	经理每周让几个生产线上的员工到自己的办公室作一次非正式的谈话，介绍企业的做法
与员工的交流令人满意并能有时参加会议	4.00	这个经理当天不和前台经理谈关于行李员人浮于事的现象，但会对客房经理表现出这种担忧
	3.00	这个经理错过了部门会议，不走访下属员工，但在饭店各处留条子说明应该做些什么
与员工沟通困难并很少参加会议	2.00	在执行委员会会议上这个经理批评下属的意见是愚蠢的
	1.00	

资料来源：Robert H. Woods, Michael P. Sciarini, and Deborah Breiter, "Performance Appraisals in Hotels," *Cornell Hotel and Restaurant Quarterly* (April 1998): 25 – 29.

行为观察评价法

行为观察评价法（BOS）是针对行为锚定等级评价法的缺点而开发的；因为后者对一个员工只能有一个评判，而研究人员认为行为锚定等级评价法不能准确地评估那些表现时好时坏的员工。行为观察评价法不是单纯地以关键事件为评判标准，而是要求评估人根据关键事件标准观察员工表现出这种行为的频度。例如在评估员工与团队中其他人合作时是让评估人标出员工是"经常"还是"从不"与人合作得很好，图7-9给出了行为观察评价法的例子。

2000年一项对96名警官进行的调查发现，当使用行为观察评价法而不是行为锚定等级评价法或其他图标尺度评价法时，被打分者对绩效评估过程的满意程度最高。

此外，行为观察评价法中，被打分者对绩效目标的理解是最有作用的。其他专家对此的分析表明，使用行为观察评价法进行绩效评估的绩效改进目标是最可观察的也是最具体的[27]。

图 7－9　行为观察评价法例子

一贯对客人态度良好				
1	2	3	4	5
几乎从不				几乎总是

1.

一贯帮助其他服务员				
1	2	3	4	5
几乎从不				几乎总是

2.

一贯尽量多卖东西				
1	2	3	4	5
几乎从不				几乎总是

3.

一贯很好相处				
1	2	3	4	5
几乎从不				几乎总是

4.

叙述文章

使用这种方法是让评估人以短文形式写出员工的评估结果，最理想的情况是评估人能认真写出评估文章全面概括评估对象的表现，包括以后改进方向的建议，好的评估文章能弥补量化评估方式的不足。不过实际情况很少如此，经理一般很少花时间下工夫去写这种员工评估文章。

关键事件

以关键事件为标准进行业绩表现评估的经理会保留员工的个人记录，其中主要记载特定情况下的员工行为。这种方法对饭店企业尤为适用，因为行为管理的重点往往针对特别需要的和特别要剔除的。

例如，在风雨中把伞借给客人的停车场员工，类似的关键事件是企业对员工行为要求的典型反映。这种方法的优点是为业绩评估提供有用的信息。如经理对某位员工的某一片段的记忆可以据此决定对员工的奖惩。这种关键事件也可以成为一种象征性的目标，要求其他员工学习的典范。如培训录像中可以演播一名行李员把客人小孩丢失在饭店大堂的毛绒熊送到客人房间。这类关键事件能很好地描绘出企业希望员工表现出的行为和对顾客服务的关注。

这种方法的一个不足之处是经理必须仔细记录所观察到的关键事件，即使经常保持记录，经理们也不一定能捕捉到足以评估每一个员工表现的所有关键事件。

目标管理

与其他方法不同的是，目标管理（MBO）需要员工和经理或主管双方一起开会探讨大家共同的目标，为达到这个目标而制订的计划，以及实施手段。一般来讲，目标管理系统要求这种会议定期进行以评价进展情况，最后根据目标的实现情况对员工进行评估。图 7 – 10 列出了目标管理的有关实施步骤，图 7 – 11 是一张目标管理评估样表。

图 7 – 10　目标管理实施步骤

1. 员工对下个评估阶段确立目标。
2. 员工和经理讨论目标，根据需要进行调整，达成一致意见后形成书面文件。
3. 员工和经理就完成目标的具体行动细则达成统一。
4. 经理以非正式评估期间鼓励员工向目标迈进。
5. 评估阶段结束时，员工和经理再次坐到一起讨论完成情况，哪些目标已经实现了。
6. 重复这个过程。

图 7 – 11　目标管理评估样表

饭店＿＿＿＿＿＿＿＿　　　　经理姓名＿＿＿＿＿＿＿＿

评估期间＿＿＿＿＿＿＿＿　　评估人＿＿＿＿＿＿＿＿

业绩目标	结果考评	结果
（1）市场份额	间夜数	增加了 3%
（2）顾客服务/客人评价	好评 94%	从 90% 提高上来了
（3）客房部利润	客房部收入占总收入比例	提高了 1 个百分点
（4）员工道德	投诉率	下降了 5%
（5）员工发展	培训情况参加培训人数	增加了 10%
（6）健康及安全条件	事故数量	下降了 10%
（7）饭店外部关系	领先水平	没有变化

资料来源：Robert H. Woods, Michael P. Sciarini, and Deborah Breiter, "Performance Appraisals in Hotels," *Cornell Hotel and Restaurant Quarterly* (April 1998): 25 – 29.

有些经理和学者强烈认同这种方法，认为这既是一种可行的业绩评估方法，也能体现出良好的管理理念[28]。但也有人认为这种方法有欠缺：如有的经理为了实现良好的记录有意设定很容易实现的目标，导致业绩评估结果良好；而且这种方法会助长员工的奴性意识，事事循规蹈矩而不去另寻其他解决方案，这是企业不希望看到的。有批评家指出目标管理系统更强调短期目标而不是长期目标[29]。在这种环境下所有的意见都是一样的，因此所有意见都没太大价值。另外在目标管理系统中，也很难评价不同员工的不同目标的实现程度，因为有的员工设定的目标比其他人的要困难。这给比较排列员工的评估人又出了一个难题。尽管有上述种种问题，使用这种方法的企业数量却在增长，从 1981 年的 29.5% 增加到 1996 年的 31.8%[30]。这种增长的原因之一是联邦、州和地方政府部门都开始使用并频频推荐这种目标管理方法。

在饭店业，目标管理通常与以顾客为中心的目标设定过程相联系。例如，如果一个饭店餐厅希望提高他们送菜服务速度，这就需要管理者绩效评估中设定速度方面的目标。如果该目标已取得，管理者的绩效评估则反映出正面的结果[31]。

除了具体目标外，目标管理标准应该是有挑战的，但也应该是现实的。主管和员工必须共同建立稳固的目标。如果过程半途而废，目标管理评估则会失去意义。内华达查尔斯顿山饭店总经理哈罗德·约翰逊坚持认为有必要花时间建立具体的目标：

> 目标管理过程使很多管理者和员工感到信心不足，因为它需要一定程度的信任。我喜欢与新员工面谈告诉他我是支持他的。我希望他成功，而且我会帮助他成功。目标管理过程不是一个空架子。它是一个很好的工具，有助于设定每个人都能理解和达到清楚的目标。目标也有"伸缩"的方面，使员工能够真正花力气去实现。除非你找到恰当的平衡的具体目标，否则你做的只是一些文字工作[32]。

同事评估研究表明，目标管理过程提高了员工的绩效水平和企业总体的生产力。当高层管理真正融入过程并且直接参与关键问题时，生产力将会有更大幅度的提高[33]。

谁来进行绩效评估

很多管理人员仅简单地指派工作负责人对员工进行业绩评估，93% 的情况下的评估由主管进行；但这些人可能与所评估的员工实际接触很少。有研究表明，在评估的时间内真正与评估员工的接触时间可能只占5%到10%，而且这种接触是在特定情形下的，真正的互动接触可能更少[34]。这种情况不能不令人怀疑这么少的接触是否足以做出准确的评估。从另一个角度看，员工的直属主管可能是最适合做评估的人选，因为他们了解整个部门和企业整体的工作目标。

有一点很清楚：与更高层面的主管比较而言，直属主管所做的主管评估更多。"老板的老板"通常不清楚具体员工的能力和/或表现，其做出的评价可能会过高，较不准确。在评价标准和不同的员工方面，这种评价都是大同小异[35]。

评分人可能受很多因素影响，员工业绩评估中的年龄歧视会是一个敏感问题。在《年龄歧视雇佣法》的案例中包括业绩评估，如果员工/原告在40岁到49岁之间，企业胜诉的概率要高一些，因为陪审员普遍同情年龄在50岁以上的人[36]。另一个与年龄有关（评分者的年龄）的调查显示，年龄较大的管理人员的整体打分水平较宽松，而年轻管理人员在人际交往能力方面给分较高[37]。这些因素都强调了评估人选择的重要性：（1）有助于正确的企业管理决策；（2）受过训练的评分人能使评估更客观、有效、没有偏见。

学术研究表明，老板们在负面的情绪下容易做出负面的评价。研究也强调在种族、年龄、明显特征等方面管理者对员工下意识的模式化也直接影响他们的评价。因此，企业一直在完善绩效评估体系。下面介绍一些饭店业比较常用的方法[38]。

同事评估

有研究表明雇员的同事评估是最好的评估方法，因为这可以制造员工同事间接触的机会，这对饭店企业的团队合作非常重要。事实上，最近的调查显示，与员工同事之间经常性接触不同，经理人员经常与有的员工接触只是为了解决问题。这可以作为利用雇员同事评估的一个有力依据，而这种评估是经理评估系统中最好用的一部分。大多数情况下，雇员的同事评估与主管评估结果是非常接近的[39]。

研究显示，其实员工有很强的评估能力，在一项研究中，研究者发现在评估客人服务水平时，员工的评估结果与客人的评估结果有高度的相关性[40]。

经常使用雇员的同事评估的企业提出的一个建议是，雇的同事一般与其他人的评估具有同等有效性，而且这种评估的特殊好处是能缓和同事之间的冲突[41]。

下级员工评估

西雅图一家餐厅有一个规定，让员工对每一位上任6个月的经理进行评价，这种评估通常称为180度评估，因为其改变了评估的传统方向[42]。这种评价非常重要，如果分数很差可能会导致经理解职。虽然没有多少企业会把员工评价与经理的任职做如此紧密的联系，但这是一种值得借鉴的管理评估方法。员工最了解经理的人际能力、权威性和领导才能。这种评价方式的一大优点是在短期内能有效预期良性业绩[43]。

员工评估的基础是对员工、管理人员和企业的信任程度，除非评估是严格量化的，否则很难实施。因为经理很清楚那些员工会说什么，而且员工的奖惩大权是握在经理手中的。

自我评估

在业绩评估时待人宽、待己严的原则可能不适用，有研究表明自我评估并不比别人评估更严格[44]。然而也有研究结果说明只有员工具有很强的自尊时评价才可能接近真实[45]。自我服务偏好可能会夸大自我评估。人们会给自己更多成功的砝码，而责怪别人的错误。这种评估方面的另外一个问题是"盲点"引起的夸大。当人们对自己的某些方面不太了解时，通常会过高地估计。此外，自我评估对妇女和少数民族是不公平的，因为这两个群体的自我评估结果都低于人均水平[46]。但不管怎么说，这种评价方法能为确立培训和发展目标提供依据。

顾客评估

起初，饭店经理认为顾客评估是最好的评价方法，因为他们的满意是服务的最终目标，顾客评估也有助于明确培训需求。但是收集准确的顾客评估是很困难的，很多客人根本不填顾客意见卡，除非他们对服务特别不满或特别满意，其结果是顾客评估可能强调两极而不是一般水平。另外在资料处理时也很难将顾客评价结果和具体的工作要求关联起来，也就是说这些评估是不能用于法庭举证的。不过如果顾客评估和其他评价系统结合起来使用可以取得较好的效果。

多方评估系统

多名评估员的评估结果会更准确、公正，是更可靠的管理决策信息，拉斯维加斯度假村大饭店采用多方评估系统鼓励销售员，选出销售之星。管理者将他们的多方评估系统看做企业成功的一个关键因素。店内销售总监朱莉·本森说：

> 作为年度指标的分解，每个销售人员每月要设定自己的销售目标。每个月员工会收到9位销售经理对其的绩效评估。团队方法有两个优点：一是创造出了一种获胜的氛围，销售管理有助于整个销售团队的成功；二是每个管理者可以

根据他/她自己的专长帮助员工提高销售绩效。从这些每月的评估中，管理者总结出培训相关的问题，之后将这些内容融入每周的销售会议中[47]。

多方评估系统可以为反歧视文件上交 EEC，而且能减少评估时间从而节省费用。一种较流行的多方评估系统是 360 度评估。

360 度评估

360 度评估方法的得名是由于评估时涉及多个评估方：主管、合作者、同事、其他部门员工，甚至顾客和供应商。目前有 13%[48]～26%[49] 的美国企业不同程度地使用了这种方法（13% 在评估时包括 4～5 个评估方，26% 至少用 3 个评估方，也有专家称之为"不完全 360 度评估方法"）。世界 500 强中 90% 的企业使用 360 度评估[50]。360 度评估方法在企业界推广速度很快，团体环境的重要性是原因之一。很多行业向自我管理型团队转变，也成为自我为导向的劳动力。随着这些团队的重要性逐渐加强，360 度评估也将越来越多地被采用[51]。

改进绩效评估的 7 个原则

以下 7 个原则可以帮助管理人员改进业绩评估进程：
1. 在系统设计时，让管理人员和员工都介入。这可以提高参与方的自主意识和他们对评估的满意度。
2. 事先清晰地建立业绩评估目标并强调评估的具体目标。经理和员工必须事先同意评估内容和目标，这样员工才知道企业对他们的业绩期望是什么。
3. 强调评估反馈是可以观察到的，与工作相关的结果或表现。管理人员提出与工作无关的意见往往会引起许多麻烦，包括法律纠纷。
4. 避免个人的反馈。正式的业绩评估没有时间和地点。
5. 先听后说。让员工先说并鼓励他们多说，这是良好沟通和理解的前提。
6. 先持肯定态度。先看好的一面，再用建议行事指出其不足的一面。
7. 先证实再表述。在你评价之前先让员工有机会对自己的业绩进行评估，整个过程遵循"开始—倾听—聚焦—证实—计划"的模式。

这种方法让 4～10 个评估方对每一个评估对象进行评价，包括客观评分和意见叙述。通常评估对象也会进行自评，自评结果连同其他资料一起分发给每一个评估方代表。360 度评估反馈是不记名的，员工不知道是谁做的评价，只知道哪个评价是来自哪一个评估方（主管、合作者等）。使用这种评估方法的很多企业认为这个方法很有用，虽然不能完全杜绝但至少可以减少评估的主观偏见性。因此，这种评估结果可用于法庭举证。

360 度评估进行前要进行细致策划，在实施时要考虑下列建议[52]：

- 反馈必须是不记名的、保密的，只有公司一定级别以上的管理人员可以看到评估者信息；
- 要考虑评估对象的任职时间长短，评估人和评估对象的一些历史背景资料是必要的；
- 反馈资料要由专家进行数据分析；
- 一定要做后续工作，在收到反馈资料后制订行动计划并实施；
- 量化评估和陈述评估结果，单有数字不能说明太多问题；
- 避免疲劳评估，不要同时对每个人都进行评估。

尽管 360 度评估非常流行，它也有一些局限性：评估方的意见可能有分歧；处理时间较长、管理复杂；要求管理人员和员工学习一种新系统的培训费用。

2001 年华信惠悦咨询公司的一项关于人力资本指数的研究表明，使用 360 度评估的企业会使股东权与应用传统评估方法相比下降 10.6%（平均值）[53]。尽管华信惠悦认为 360 度评估是一种有用的工具，但也承认它有一些缺点，如耗时、需要大量培训、员工会结成打分同盟从而破坏体系的一体性[54]。圣弗朗西斯科州立大学约翰·沙利文博士说："没有数据显示 360 度反馈可以真正提高生产力，提高保持力、减少不满，或者比强制排序和标准的绩效评估体系优越。整个体系听起来很好，但是没有证据证明[55]。"

使用任何一种新系统都可能带来"霍桑效应"，即短期的改进可能是由于系统是新的[56]，要使用一段时间以后才能证明系统的真实效果。虽然一些研究者质疑 360 度评估的有效性，但大多数使用这个评估系统的企业都认为这个系统非常好，并根据其评估结果决定奖励、提升和合同终止等。

绩效评估培训

培训经理和主管在进行业绩评估时应注意以下 7 个要点，即受训人在培训中应该：

- 了解各种评分方法的误区；
- 了解如何处理观察到的情况；
- 了解如何建立观察的参照系；
- 熟悉当前使用的业绩评估方法；
- 有观察业绩评估过程的经验；
- 练习有效的访问技巧；

- 练习如何进行业绩评估。

好的经理或评估人必须熟悉各种评分方法的误区，这点在本章前面已经讨论过了。了解这方面情况的一种办法就是阅读介绍这些评分方法的材料（如本章内容）。必须培训经理和主管如何处理和记录员工工作的观察结果，如强调对员工行为活动记录的重要性，避免近期错误的发生。

必须培训评估人如何更好地进行观察，向他们明确评分标准并强调对行为活动的观察。以企业要求的行为作为观察参照系，这种参照系中包括关键事件范例、录像和员工行为观察结果。这些范例可以帮助评估人明确对比标准。

受训人还要通过听当前评估人的讲授和与当前管理人员的讨论了解企业现行使用的业绩评估系统。观察当前评估人的评估过程以增强受训人的实感。访谈技巧的培训也能帮助未来的评估人提高他们的访谈效果。

访谈应侧重业绩评估中的问题解决方法，这能激励员工的参与性。访谈人要认真听取员工的谈话并与员工一道制定双方都认可的目标。

解决问题的访谈是值得推荐的，经理有时会用"告知并推行"或"告知并听取"的方法进行。前者强调管理人员对访问过程的控制，建议经理将评估结果告知员工以期改进或实施访问结果。后者经理要告知员工他或她的评估结果并征求员工对改进目标的意见及讨论如何实施评估。

练习是评估培训的最后步骤，和现任评估员一起进行角色扮演是最好的培训方式，这个可以马上反映出受训人对评估方法的掌握程度。培训的最后由评估人进行业绩评估访问。

在绩效评估培训方面，客户服务咨询师埃米莉·胡林推荐经典著作：肯尼斯·布兰查德和斯潘塞·约翰逊的《一分钟经理》。该书作者认为管理者应该经常进行一分钟评估和一分钟斥责。这样，主管就不会将正式的绩效评估看做一项沉重的工作[57]。

注意事项

在绩效评估培训中有两点需要格外注意：全球市场中不同劳动者之间的文化差异以及"虚拟工作者"现象。

全球市场的文化蕴意　绩效评估离不开国际环境，因此要考虑到文化问题。在西方社会，人们期望并接受绩效评估。传统的集体主义社会则刚刚开始接受资本主义或者那些更强调东方哲学的社会强调员工评价体系中的和谐、人际关系以及组织一体化[58]。

某些社会的文化无法接受现代的双向评价体系。例如，在中国，权力和年龄是两个非常重要的因素，因此很难建立有效的员工评价体系，也很难进行下属评价主管的工作[59]。在印度，当强调不合格的表现时就会涉及"听天由命的合理化"，在这些国家影响有效评估体系的因素和美国是不同的。有些不受控制的领域不需要接受传统的美国式的绩效评估[60]。

底线是今天多样化的劳动力和全球饭店业环境需要了解并敏感于不同信仰的员工的感受、需求和价值观。为了在国际环境中最大化绩效评估的效用，高效的饭店管理者应该是灵活的、思想开明的。

虚拟工作者　很多现代企业允许员工在家工作。世界500强企业中95%的企业允许某些员工通过远程技术工作[61]。劳动部的数据显示，近2000万美国员工不在公司地点工作[62]。由于主管很少看见这些员工使得主管很难评估他们的绩效。一些销售人员经常在外工作，很少回公司。饭店业有很多类似的工作者：会议和团队销售代表、后台的会计以及经常上夜班的人（他们不去公司，但是白天工作的老板们也对他们进行评价）。

一个国际企业的人力资源总监对虚拟工作者进行绩效评估时应该[63]：

- 建立清晰的目标——确保要关注到每个人；
- 评估底线：结果和绩效是最主要的。但是，成为团队成员，接近客户也是绩效的一部分；
- 建立一种监控或负责程序，要有定期面对面的会议、设定提交报告期限；
- 在过程中展示出信任，但是最后要客观地分析员工绩效。

虽然一些研究者假设评分者和被评分者之间的距离将降低对虚拟工作者的评估的有效性，到目前为止，在这个问题上还没有总结性的结论[64]。

绩效评估的频度

不断有研究显示，每年一次到两次的业绩评估是远远不够的；尽管如此，这却是一种常规做法。你也许不信，但全国雇主调查显示，大部分评估是在12月24日进行的[65]。半年到一年一次的评估的问题是评估员要记住在过去长达12个月中发生的事，评估员长年保持记录的习惯虽可以减轻问题的严重性，但不能根本解决问题。人的记忆不可能好到记住那么久以前发生的事情的一切细节。每天一次的反馈当然不现实，但经理应尽可能频繁地进行反馈。

在饭店行业中，管理人员的高流动率给半年到一年一次的评估带来新的难题。由于这个行业的管理人员平均年流动率是50%到100%，甚至可能更高，这就意味着员工在评估期间可能经历了几任领导，除非有良好的记录，否则评估可能前后差异很大。

如果可能的话，饭店应该每季度做一次评估，如考虑到管理人员的流动性应更频繁。另一种选择是对某一种工作任务进行员工评估，如培训结束后应进行评估并确立业绩标准和目标。为特殊项目工作的员工应在每个项目结束后接受评估。

图 7 - 12 饭店行业业绩评估频度

频 度	饭店/旅馆	俱 乐 部	餐 馆	行业整体
每 季 度	5. 6	1. 1	11. 7	3. 6
每 半 年	18. 2	16. 5	27. 3	15. 6
每 年	67. 1	80. 1	41. 6	62. 9
其 他	9. 1	2. 3	19. 5	18. 0

资料来源：Robert H. Woods, Michael P. Sciarini, and Jack D. Ninemeier, "The Use of Performance Appraisals in Three Segments of the Hospitality Industry: A Comparative Study," *Journal of Hospitality and Tourism Education* 10 (1998) 3: 61.

业绩评估只有经常进行才能有效，然而大部分饭店一年才进行一次。如果一年进行一次的话，所有的评估要在同一时间进行。如果在不同时间段交错进行的话，就会出现例如对某些员工的评估是在第一季度，而对其他员工的评估是在第三季度的情况。避免交错进行的原因主要是考虑到公平。假设对某位员工评估时企业 2 个星期后就要面对的法律案件使得所有管理者都很紧张，而对另外一名员工的评估是在 6 个月后，那时企业一个季度的业绩使每个管理者都很兴奋。作为一个被评分者，你希望在哪个时间段被评估[66]？

根据上表信息，我们发现餐馆的评估可能最有效，因为进行频度最高；俱乐部正相反，依赖于每年一次对 80% 员工的评估[67]。员工也希望经常进行评估，这样他们可以及时得到关于自己表现的反馈意见。

评估及法律

由于业绩评估直接影响雇佣决策，因此要对其过程进行仔细推敲以免引起歧视，一般有关的调查要点在于工作相关性和客观性，因此业绩评估必须直接与工作职责有关。在有些企业客观性是个问题。

研究人员还发现有效的业绩评估系统与业绩客观考评及正确预测未来工作的成功指数具有较高的相关性。专家们建议经理们应对评估方法进行 10 个测试以了解其合法性，其中 5 个与工作内容有关，另外 5 个与工作程序有关。其中与工作内容有关的测试有[68]：

- 业绩标准必须基于工作要求分析；
- 评估必须基于工作表现的某些特定层面，而不是一个单一的、宽泛的测评；

- 业绩标准应客观和具有可观察性；
- 评分应记录归档；
- 应评价评估人评分的有效性；
- 业绩标准必须事先与员工沟通取得他们的理解；
- 具体评估内容必须写成书面形式；
- 尽可能采用不止一个人的多人评估方法（以产生评估人之间的相互信任）；
- 评估人应认真向员工反馈评估结果；
- 每个企业应建立一套申诉机制并让员工了解这种机制。

此外还有两点值得注意：定期进行系统评估和业绩评估全部文件归档。归档的文件应包括评估发现、访谈笔录和员工签署的评估结果。系统应定期进行评估并仔细检查整个过程是否符合工作相关性的要求。工作的职责变化后，业绩评估要相应地做改变。整个过程的文件可以在必要时为企业进行辩护。另外经理要注意评估的前后一致性，经常有评估成绩良好的员工被解雇，这又被称为"借口"（一个虚假的理由掩饰了实情），这很可能引起错误解雇的官司[69]。

绩效评估在关于解聘员工的案件中是重要的证据。在一个饭店业的案件中，斯坦纳诉演艺船赌场饭店，第九巡回法庭根据证词判断此案件与员工绩效打分低有关。原告认为对其打分低主要是因为打分人因非工作原因打击报复她。但是根据证据，法院不同意原告的说法并认为评估结果客观地反映出了原告的工作表现[70]。案件的结果反映出了其他问题，但显而易见，如果员工起诉的话，将对员工绩效评估做法律检查。

在希尔斯特罗姆诉 TLC 最佳西方饭店（美国第一巡回法庭）的案件中，关键事件记录管理发现了员工的错误行为。虽然员工认为这引起了很多种启示并触犯了《家庭和医疗休假法》，法院认为饭店并没有行为不当。关键事件记录相关的完备程序要求作为证据对法院决定产生了影响[71]。

威利斯诉哈拉斯伊利诺伊公司，第七巡回法庭接到案子是关于一位曾经是饭店衣帽间的服务生被提升为赌场礼品店零售主管后被开除。被提升之后，该名员工对顾客"无礼"并且"很难与之相处"。新来的这位主管"整个轮班时间缺勤"、"无法恰当完成薪水报告"。哈拉斯的文件记录了员工的行为，限期 30 日内改正。虽然刚刚提升后却把他开除看起来很不一致，法院仍倾向于赌场礼品店。绩效评估和关键事件报告提交法院后又提交了程序和协议等证据，法院判定饭店解聘该员工是合理的[72]。

鲍尔诉梅茨面包公司，爱荷华州地方法院收到的案子是关于饭店中的年龄歧视。若干年里，诸多主管都对一名年纪较大的员工进行过绩效评估。这些评估被认为在评估员工绩效方面"一定程度上是不一致的"。虽然文件上确实显示出了不一致，法院仍然驳回了该起诉。企业记录了原告很多不足表现，并后续对其进行培训和指导。由于企业是为了帮助该员工改正问题，最终证明企业没有责任[73]。

美国关于饭店和绩效评估的案件越来越多。虽然无法使一个饭店企业完全摆脱涉诉，但可以对所有的评估活动进行记录，并要公平和友善地对待员工，这样企业才可以经得起法律的挑战。虽然对绩效评估方法和结果的诉讼很普遍，管理者不应就此放弃绩效评估，毕竟绩效评估的好处远远大于劣处。

关于员工绩效评估的思考

虽然没有一种业绩评估方法能适用于各种情况，但肯定可以开发出一种完全适合你所面临的情况的方法。总结本章内容，我们认为成功进行系统开发的要诀是：

- 认清业绩评估功能（肯定或改进工作表现、动力，明确事业目标和进展方向，使选择更加有效等）；
- 为系统制定合理的标准（有效的、可靠的、与工作相关的）；
- 明确考评的业绩表现类型（性格、行为、结果）；
- 选择最适合现实情况的评估方法（如目标管理、图表尺度评价法或文章等）；
- 确定由谁来进行评估并培训评估人；
- 确信系统是符合有关法律规定的；
- 定期重复评估过程，确保每个评估功能仍符合企业目标。

虽然设计和实施业绩评估是一个复杂的过程，但有总比没有强。

注释

[1] Berkley Rice，"Performance Ratings—Are They Worth the Trouble?" *Psychology Today* (September 1985)：30.

[2] Tom Moffit，"Origin of the Pink Slip，" *HR Focus* 72 (1995) 6：15.

[3] Brier N. Smith，Jeffrey Homsby，and Roslyn Shirmeyer，"Current Trends in Performance Appraisals：An Examination of Managerial Practices，" *SAM Advanced Management Journal* 61 (Summer 1996)：10 – 15.

[4] James Goodale，"Improving Performance Appraisals，" *Business Quarterly* 57 (Fall

1995）：65 - 71.

［5］ 与拉斯维加斯哈拉之家赌场饭店副总裁兼总经理助理 David Hoenemeyer 的访谈，2005 年 10 月 25 日，内华达州拉斯维加斯.

［6］ Donald J. McNerney，"Improved Performance Appraisals：Process of Elimination," *HR Focus* 72（July 1995）：1 - 4.

［7］ D. Brown，"Performance Management Systems need Fixing：Survey," *Canadian HR Reporter* 18，no. 7（2005）：5.

［8］ Bob Filepczak et al.，"What to Do with an Egg-Sucking Dog," *Training* 33（October 1996）：17 - 21.

［9］ Robert H. Woods，Michael P. Sciarini，and Jack D. Ninemeier，"The Use of Performance Appraisals in Three Segments of the Hospitality Industry：A Comparative Study," *Journal of Hospitality and Tourism Education* 10，（1998）3：59 - 63.

［10］ Woods，Sciarini，and Ninemeier：61.

［11］ D. Brown，"Re-evaluating Evaluation," *Canadian HR Reporter* 15，no. 7（2002）：5.

［12］ L. Pickett，"Transforming the Annual Fiasco," *Industrial and Commercial Training* 35，no. 6（2003）：237 - 238.

［13］ Interview with Todd Haushaulter，Casino Administrator at Wynn Las Vegas Hotel and Casino，2005 年 10 月末，内华达州永利拉斯维加斯饭店。

［14］ Robert H. Woods and James E. Macaulay，"Retention Programs that Work," *Cornell Hotel and Restaurant Administration Quarterly* 30，no. 1（2001）：84.

［15］ Neil Brewer，Lyrme Socha，and Rob Potter，"Gender Differences in Supervisors' Use of Performance Feedback," *Journal of Applied Social Psychology* 26（May 1996）：786 - 804.

［16］ Lisa M. Drogosz and Paul E. Levy，"Another Look at the Effects of Gender, Appearance，and Job Type on *Performance Decisions*," *Psychology of Women Quarterly* 20（1996）：437.

［17］ Delores McGee Wanguri，"A Review，Integration，and Critique of Cross Disciplinary Research on Performance Appraisals，Evaluations，and Feedback 1980 - 1990," *Journal of Business Communication* 32（July 1995）：277.

［18］ 此列内容的最后四点引于 James E. Neal，Jr.，The #1 Guide to Performance Appraisals：*Doing It Right*! 4th ed.（Perrysburg，Ohio：Need Publications，Inc.，2003），16.

［19］ H. Canan Sumer and Patrick A. Knight, "Assimilation and Contrast Effects in Performance Ratings: Effects of Rating the Previous Performance on Subsequent Performance," *Journal of Applied Psychology* 81 (August 1996): 436 – 443.

［20］ Yoar Ganzach, "Negativity (and Positivity) in Performance Evaluation: Three Field Studies," *Journal of Applied Psychology* 80 (August 1995): 491 – 500.

［21］ J. E. Pyres, *Human Resources Management for Public and Nonprofit Organizations*, 2nd ed. (San Francisco, Calif: Jossey-Bass, 2004), 211.

［22］ Pyres, 199.

［23］ K. Clark, "Judgement Day," U. S. News & World Report 134, no. 1 (2003): 1 – 1. Retrieved 11/21/2005 from the Academic Source Primer database.

［24］ Smith, Homsby, and Shirmeyer: 11.

［25］ Wanguri: 267 – 293.

［26］ 要详细了解行为锚定等级评价法，请参阅 Donald P. Schwab and Herbert G. Heneman III, "Behaviorally Achored Rating Scales," in Herbert G. Heneman and Donald Schwab, eds., *Perspectives on Personnel/Human Resource Management*, revised edition (Homewood, Ill.: Irwin, 1982), 73 – 74.

［27］ A. Tziner, C. Joanis, and K. R. Murphy, "A Comparison of Three Methods of Performance Appraisal with Regard to Goal Properties, Goal Perception, and Rates Satisfaction," *Group Organization Management* 25, no. 2 (2000): 175.

［28］ George S. Odiome, *Management by Objectives: A System of Managerial Leadership* (Belmont, Calif.: Fearon, 1965), or Karl Albrecht, *Successful Management by Objectives: An Action Manual* (Englewood Cliffs, N. J.: Prentice-Hall, 1978).

［29］ 要了解与目标管理有关的内容，请参阅 Jeffrey S. Kane and Kimberley A. Freeman, "MBO and Performance Appraisal: A Mixture that's Not a Solution, Part I," *Personnel* (December 1986): 26 – 36.

［30］ Smith, Homsby, and Shirmeyer: 11 – 12.

［31］ Kathleen M. Iverson, *Managing Human Resources in the Hospitality Industry: An Experiential Approach* (Upper Saddle River, N. J.: Prentice Hall, 2001), 179.

［32］ Interview with Harold Johnson, General Manager of the Mt. Charleston Hotel, 2005 年 11 月 8 日，内华州拉斯维加斯查尔斯顿山饭店。

［33］ D. A. DeCenzo and S. P. Robbins, Fundamentals of Human Resource Management, 8th ed. (Hoboken, N. J.: Wiley, 2005), 257.

［34］ D. L. DeVries et al., *Performance Appraisal on the Line* (New York: Wiley,

1981).

[35] M. R. Edwards and A. J. Ewen, 360° *Feedback*: *The Powerful New Model for Employee Assessment and Performance Improvements* (New York: AMACOM, 1996), 40.

[36] C. S. Miller, J. A. Kaspin, and M. Schuster, "The Impact of Performance Appraisal Methods on Age Discrimination in Employment Act Cases," *Personnel Psychology* 43 (1990): 555 – 578.

[37] Wanguri: 277.

[38] Clark: 1 – 1.

[39] Wanguri: 277.

[40] Carol A. King and Jenene G. Garey, "Relational Quality in Service Encounters," *International Journal of Hospitality Management* 16, (March 1997) 1: 39 – 63.

[41] Ali Cybulski, "Conflict Resolution: People's Court: Peer Review Eases Conflicts," *Restaurant Business* 96, (September 15, 1997) 18: 43 – 44, 48.

[42] D. V. Tesone, *Human Resource Management in the Hospitality Industry*: *A Practitioner's Perspective* (Upper Saddle River, N. J.: Pearson Education, 2005), 155.

[43] Wanguri: 277.

[44] L. M. Shore and G. C. Thornton, "Effects of Gender on Self-and Supervisory Ratings," *Academy of Management Journal* 29 (1986): 115 – 129.

[45] Wanguri: 275.

[46] Edwards and Ewen: 38.

[47] Interview with Julie Benson, Director of Training, Hilton Grand Vacations Club, 2005 年 11 月 23 日, 内华达州拉斯维加斯希尔顿度假大饭店。

[48] Don L. Bohl, "Minsurvey: 360 – Degree Appraisal Yield Superior Results," *Compensation and Benefits* 28 (September / October 1996): 16 – 19.

[49] Mary N. Vinson, "The Pros and Cons of 360 – Degree Feedback," *Training & Development* 50 (April 1996): 11 – 12.

[50] E. Carruthers, "Nothing But the Truth," *Australian Financial Review*, 14 November 2003, 78.

[51] Tesone: 155.

[52] Vinson: 12.

[53] B. Pfau, I. Kay, K. M. Nowack, and J. Ghorpade, "Does 360 – Degree Feedback Negatively Affect Company Performance?" *HR Magazine*: *On Human Re-*

source Management 47, no. 6 (2002): 55.

[54] Clark: 1 – 1.

[55] Pfau, Kay, Nowack, and Ghorpade: 57.

[56] Bohl: 19.

[57] E. Huling, "Bad Management Can Have High Costs," *Rough Notes* 145, no. 10 (2002): 48.

[58] S. Groeschl, "Cultural Implications for the Appraisal Process," *Cross Cultural Management* 10, no. 1 (2003): 69.

[59] Groeschl: 71.

[60] Groeschl: 72.

[61] C. Bogdanski and R. J. Seliff, "Leaderless Supervision: A Response to Thomas," *Human Resource Development Quarterly* 11, no. 2 (2000): 197.

[62] G. Manochehri and T. Pinkerton, "Managing Telecommuters: Opportunities and Challenges," *American Business Review* 21, no. 1 (2003): 9.

[63] "Performance Appraisals for Virtual Workers," *Getting Results for the Hands-on Manager* 42, no. 12 (1997): 3.

[64] G. E. Thomas, "Leaderless Supervision and Performance Appraisal: A Proposed Research Agenda," *Human Resource Development Quarterly* 10, no. 1 (1999): 92.

[65] Timothy D. Schellhardt, "Mr. Cratchit, Let's Have a Word Before You Go Home Tonight," *Wall Street Journal*, 24 December 1996: B 1.

[66] Barbara I. Steiner, Plaintiff-Appellant, v. Showboat Operating Company, d/b/a Showboat Hotel a Casino, Defendant-Appellee, No. 92 – 16882. (U. S. Court of Appeals for the Ninth Circuit 1994) Retrieved 11/22/2005, from Lexis Nexis.

[67] Woods, Sciarini, and Ninemeier: 61.

[68] Umbreit, Eder, and McConnell: 62 – 63.

[69] Jonathan Segal, "Evaluating the Evaluators," *HR Magazine* 40 (October 1995): 46 – 50.

[70] Pynes: 199 – 200.

[71] Roy Hillstrom, Plaintiff-Appellant, v. Best Western TLC Hotel, Defendant-Appellee, 03 – 1972 1 (U. S. Court of Appeals for the First Circuit 2003). Retrieved 11/22/2005, from Lexis Nexis.

[72] Shirley F. Willis Plaintiff-Appellant, v. Harrah's Illinois Corp. Defendant-Appellee. 98 – 2655 1 (U. S. Court of Appeals for the Seventh Circuit 1999)

. Retrieved 11/22/2005, from Lexis Nexis.

[73] Judy A. Bauer, Plaintiff, vs. Metz Baking Co. Defendant. C 98 – 4058 – MWB 1
（U. S. District Court for the Northern District of Lowa, Western Division 1999）
. Retrieved 11/22/2005, from Lexis Nexis.

🔑 主要术语

交替排序（alternative ranking）　排序方法的一种，评估人列出所有的员工名字，先选出最好的和最差的，再选出次优的和次差的，以此类推。

行为评分（behavior-based rating）　根据员工行为进行打分的评分系统。

行为观察评价法（behavioral observation scale, BOS）　计分方法的一种，评估人找出员工达标行为的次数。

行为锚定等级评价法（behaviorally anchored rating scale, BARS）　计分方法的一种，评估人对员工某些特定行为的展示进行评分。

居中趋势错误（central tendency error）　业绩评估或访谈时会犯的一种错误，经理或访问者给大多数员工的评分接近于平均水平。

关键事件（critical incident）　工作分析技巧之一，以捕捉和记录实际工作中的事件为基础，将这些支离的事件组合后形成描述实际工作要求的完整画面。这种方法尤其适用于服务行业规范描述、培训或业绩评估的标准。

强制分布（forced distribution）　评估方法的一种，管理人员根据严格的完全钟形分布曲线对员工进行排序。

图表尺度评价法（graphic rating scale）　评价方法的一种，评估人根据一些具体可测知的标准为员工打分。

扩大化错误（halo error）　业绩评估或访谈中的一种错误，经理或访问者仅根据一件正面事件而推广得出整个分析结果。

工作相关性（job relatedness）　评价系统与实际工作的相关程度。

偏松错误（leniency error）　业绩评估或访谈中的一种错误，经理或访问者给员工的评价过于正面化。

目标管理（management by objective, MBO）　业绩评估系统之一，经理与员工见面，一起确定具体工作目标，一段时间后双方再次会面评估目标的完成情况。

叙述文章（narrative essay）　评价系统的一种，评估人写下叙述性文章形容每个员工的优缺点。

配对对比（paired comparison） 业绩评估的一种方法，对两个员工进行表现、行为、技能或知识的对比。

固守过去错误（past anchoring error） 业绩评估时的一种错误，经理或接见者根据以往的评分评价员工。

业绩评估（performance appraisal） 经理和员工之间的会面，其目的是评估员工的业绩表现、行为、知识和能力。

业绩反馈（performance feedback） 经理在业绩评估时给员工的反馈。

预测有效性（predictive validity） 预测值在多大程度上符合未来的行为。

近期错误（recency error） 业绩评估或面谈时的一种错误，经理和接见者对员工的评估主要依据最近的事件和行为。

结果评分（results-based rating） 评分系统的一种，测试员工的工作结果在多大程度上符合要求。

偏紧错误（severity error） 业绩评估或面谈时的一种错误，经理或接见者对员工的评价过于严厉。

简单排序（simple ranking） 把所有员工在一个简单清单中排序的方法，又称为直线排序。

性格评价（trait-based rating） 根据员工的个性特征打分的评价系统。

📖 复习题

1. 业绩评估的基本功能是什么？每个功能如何使用？
2. 结构有效性和内容有效性有什么区别？为什么这两种有效性在建立业绩评估系统时是重要的？
3. 为什么工作相关性是业绩评估中的重要问题？
4. 有哪 4 种常见的评估错误？
5. 让领导和客人当业绩评估的评估人有什么好处？又有什么问题？
6. 图表尺度评价法和行为观察评价法有什么主要区别？
7. 评估中用叙述文章法有什么好处？又有什么问题？
8. 评估人培训应包括哪些内容？
9. 饭店企业应多长时间进行一次评估？为什么？
10. 分析业绩评估系统是否符合有关法律时管理人员应仔细考虑系统的内容和程序，两者有什么区别？

🖥 网址

以下网站可以提供更多的相关信息，注意网址可能会变更，如果无法找到某个网站，可以使用搜索引擎找更多的网站。

康奈尔法学院法律信息研究所　　　　　　　美国教育部
www. law. cornell. edu/　　　　　　　　www. ed. gov

全国业绩评估
www. govinfo. library. unt. edu/npr/
default. htm

案例研究

提高业绩水平

30 天前，拉文·威尔森为她能在著名的梅尔罗斯酒店担任执行客房经理——她的新岗位而激动不已。梅尔罗斯酒店是把她从一个竞争对手饭店挖过来的，当时许诺更高的待遇、地位和更大的工作责任。当她仔细审视这家饭店时发现，酒店的客房管理有明显的疏漏，其实她到酒店上班的第一天，欢迎她的就是一堆垃圾桶和大堂地上随处可见的烟头。

拉文浏览了客人意见卡和客人满意度调查，客房问题被反复提到，客人的抱怨涉及客房的方方面面，从褪色的床单到破损肮脏的文具。最糟的是经常有客人物品被盗事件发生，而且迄今仍未解决。总之，从客人满意度报告看，过去 6 个月中客房部及其服务一直得分很低。

对拉文的真正挑战是她在阅读去年客房部员工业绩评估时发现的。业绩评估的打分范围是 1 到 5（5 = 杰出，4 = 超出期望水平，3 = 达到期望水平，2 = 需要改进，1 = 不满意）。拉文惊讶地发现所有客房部员工都得了最高分。"怎么会这样？"她心想，"在各小组的工作表现绝对未达标的情况下，部门员工的业绩评估怎么可能得这么高的分？"

拉文是梅尔罗斯酒店管理层的新人，她决定先侧面了解一下。她先找到了总经理征询建议。总经理已经了解到这方面服务表现出的问题有一段时间了，正急于想和拉文一起商量解决办法。他明白如果这个问题得不到解决，从长远看饭店将遭受财务上的损失，他让拉文放手去干。在与总经理的谈话中拉文了解到了一个重要信息，企业奖励制度的改变，这让她的工作更加复杂了。企业现行的奖励制度，包括加薪和奖金，不是和员工个人业绩挂钩的而是和部门整体业绩挂钩。会面结束时，总经理指出客人满意度的评分应该成为影响加薪的主要决定因素。

拉文有点不知如何下手。她如何说服各个工作小组改进服务质量呢，尤其是这种工作已经成了多年来的习惯。她是酒店里的新人，部门里没人愿意和她一起兴风作浪。当天晚些时候，拉文找到人力资源总监罗德尼·拉米尔兹，诉说自己的担忧。

"罗德尼，"拉文说道，"我遇到了问题。我部门中有些工作小组表现不佳，而员工在每年的业绩评估时又都得分很高。我想和小组主管谈谈，但我首先想听听你的意见。我怎么能让主管更客观现实地评价员工，给他们提出改进意见呢？我知道他们听到这些是不会高兴的，但如果情况继续这样下去，我的部门会有大麻烦的。"

罗德尼想了一下然后说："是啊，你的处境的确挺难的，尤其是你想改变现状，你肯定会遇到抵制的，不过我们雇你就是认为你能处理这种情况。让我们一起想办法。我可以为你的工作小组安排新的培训，不过关键是这个酒店里不同的部门用不同的业绩评估方法满足不同的目的。要想以后进行有效的评估，你得重新制定评估标准，整个部门的评估标准要完整统一。从某种意义上说你对员工更严格了，但也更公平了。记住你所做的改变会使我们的客人受益的。"

拉文谢过了罗德尼所花的时间和提出的有益的建议，她开始想下一步的行动。她计划了一次会议，要求问题最严重的3个小组的主管参加：梅立卡，客房检查员；苏珊，洗衣房主管；克莱伦斯，公共区域主管。经过几天时间的准备，她决定直击痛处了。

第二周开会时，拉文直截了当地说："谢谢你们今天来开会，我想你们也清楚我们部门的问题。今天我叫你们来是因为问题直接指向你们所负责的几个小组。我想问问你们，你们觉得客房服务质量的标准是什么？"拉文坐在椅子上，双手抱在胸前，目光扫过每一位主管，等着他们的回答。

梅立卡首先发言："当然是干净的房间和床单，留意细节。"

克莱伦斯补充说："看起来舒服的大堂和干净的卫生间。"

"对，"拉文肯定道，"那么为什么客人意见卡上写的都是对饭店不利的话？看这个，一位客人说她住的房间非常脏。另一位客人抱怨床单已经褪色了，还有人说大堂有股养鸡场的味道。你们对此有什么想法？"

拉文停了停，苏珊的背挺直了，脸色不太好看，梅立卡和克莱伦斯对望了一下，没有说话。

"我希望在这些方面都看到变化，"拉文接着说，"但奇怪的是，我发现你们的员工业绩评估结果每个都得分很高。怎么会员工业绩评估都拿最高分,而你们几个小组的表现还低于部门的平均水平呢?我们的工作目标是服务客人,如果客人不满意,根据投诉情况看他们的确不满意,那么我们的工作等于没做。"

拉文又停了一会儿,观察了一下3位的反应,梅立卡和克莱伦斯显得有点焦躁不安,苏珊没有任何表情。

拉文决定接着说:"在下次年度业绩评估之前,你们必须重新考虑员工评估方法,我们需要统一的评估准则;而且评估时必须严格遵循,不得有例外。换句话说,你们有责任重新评估你们的员工,我希望在下两个月中看到实质性的改变。我们不能再替员工遮丑同时又希望他们能做得最好。提醒你们,明年的奖金和加薪将基于整个部门的业绩,如果现状没有改变我们就什么都拿不到。现在我想听听你们的意见。"

洗衣房主管苏珊首先开口:"威尔森女士,我对你很尊敬,但你来这儿的时间还太短了,我在这儿已经12年了,虽然我同意你提出的一些问题,但你的前任从来没有这样教训过我们。我们一直希望能有一个团结协作的工作环境,而且我认为你把问题矛头只指向我们是不公平的。员工重新评估可能是一个改变提高的机会,但部门中的其他小组呢?问题中就没有他们的事吗?"

梅立卡插话道:"我觉得重新评估我们的员工是愚蠢的。喜欢不喜欢,我得留住我的员工,现在劳动力紧缺,人们不再排着队等着来这儿工作了,如果有员工不干了,倒霉的是整个小组。评估时给他们打高分,鼓励他们做到最好要容易得多。我不愿改变我们现在的做事方法,我得为我的员工着想。"

克莱伦斯是一个快嘴快舌的人,也是火气最大的一个,"我在这个茅屋酒店待了10年了,到现在为止一切都挺正常的。你还想让我们怎么着啊?设备陈旧,你也知道这饭店不够现代。这儿的员工都是我的朋友,为什么要改变?老弗兰克是我一进酒店就认识的员工,现在我是他的主管,你难道要我告诉他说他的工作不合格,别想了。你还说如果我们不卖命干活就得不到加薪,但现在的薪水根本不值得我们这么干。"

讨论题

1. 拉文怎么能说服不同的主管?
2. 拉文下一步应该怎么做才能说服每个主管让他/她提高员工的服务水平?

案例号:3567CA

以下专家帮助编排整理了这个案例:纽约复兴饭店人力资源部经理菲利普·J.布雷森和乔治亚州亚特兰大阿拉马克公司人力资源部经理杰里·费伊。

第三部分

薪酬及劳工问题

第 8 章概要

影响薪酬计划的因素
　　生活费用
　　劳动力市场影响
　　工会影响
　　政府影响

激励员工
　　内容理论
　　过程理论

决定工作价值
　　外部与内部价值
　　工作评价方法

建立工资体系
　　有竞争力的工资政策
　　工资等级
　　决定工资级差
　　双轨工资体系
　　技能工资
　　应召工资
　　以团队为基准的工资

当前薪酬管理中的问题
　　薪酬保密
　　工资压缩及扩张
　　可比价值
　　工资及工时核算

学习目的

1. 介绍薪酬类型及影响薪酬计划的主要因素。
2. 介绍动机的主要内容及其理论演变，以及如何将这些理论应用于薪酬计划。
3. 简单介绍决定工作价值的方法及各自的优缺点。
4. 建立支付体系的步骤及有关选择。
5. 介绍当前与薪酬管理有关的话题。

8

薪酬管理

　　本章与内华达大学拉斯维加斯分校的金基秉（Keepyung Kin）、安杰拉·耿以及李浩仁（Hojin Lee）硕士研究生合作完成。

　　大部分人一听说"薪酬"这个词就会联想到工资，其实工资只是员工得到的薪酬中的一部分。高效的薪酬体系包括现金和非现金形式回报。两种形式都是为了支持企业的薪酬理念，鼓励和回报符合公司目标的绩效，带来好的投资回报率。

　　企业的薪酬理念反映出企业在市场环境中的薪酬政策，也反映出企业如何回报和鼓励员工。雇佣者回报员工的方法，包括现金、公平和收益等，被称为"全面薪酬体系"。"全面薪酬体系"包括金钱薪酬和非金钱薪酬。非金钱薪酬主要是指企业的文化方面。本章主要讨论的是金钱薪酬。

　　金钱薪酬可以分为直接薪酬和间接薪酬，两者有时还被更进一步分为即期薪酬和延期薪酬。尽管薪酬的某些因素可以很容易进行归类，但现在复杂的薪酬体系中也包括一些容易被忽视或不易归类的薪酬。

　　一般来讲，直接薪酬包括雇主向雇员支付的金钱（即期和延期的）用于交换雇员的生产性劳动[1]。直接即期薪酬包括基本工资、效益工资、奖励工资、奖金、计件工资、夜（加）班差额等。直接延期薪酬指员工在当期挣的钱要到下一期才能兑付，如为了留住人才，执行层的薪酬包括一个为期几年的计划，这部分薪酬只有在管理人员在某个岗位工作满一定年限时才能兑付，这种形式又被称为"手铐"。

　　很多员工会有间接薪酬。一般来讲，间接薪酬是一种雇佣条件而不是生产性劳动的直接交换，如员工加班一周，这一周的工作在直接薪酬（工资）中会有体现，但作为间接薪酬的医疗保险方面就没有体现。间接薪酬包括各种保障计划、带薪假期、各种节省计划、各项服务和小费津贴。保障计划包括医疗保险、养老保险、伤残保险、社会保险、失业保险和工人工资保险。带薪假期包括休假、假日、病假、受伤劳保假期等。节省计划包括401（k）计划和各种"延期薪酬"计划（是一种避税计划，指员工根据税务规定把一部分可免税的钱存起来）。小费津贴包括企业用车、旅行津贴、公司产品或服务的优惠。一般间接薪酬只适用于当前在职的员工，

图 8-1 是一个不同类型薪酬的基本图表（远未把所有薪酬列全）。

图 8-1 薪酬体系

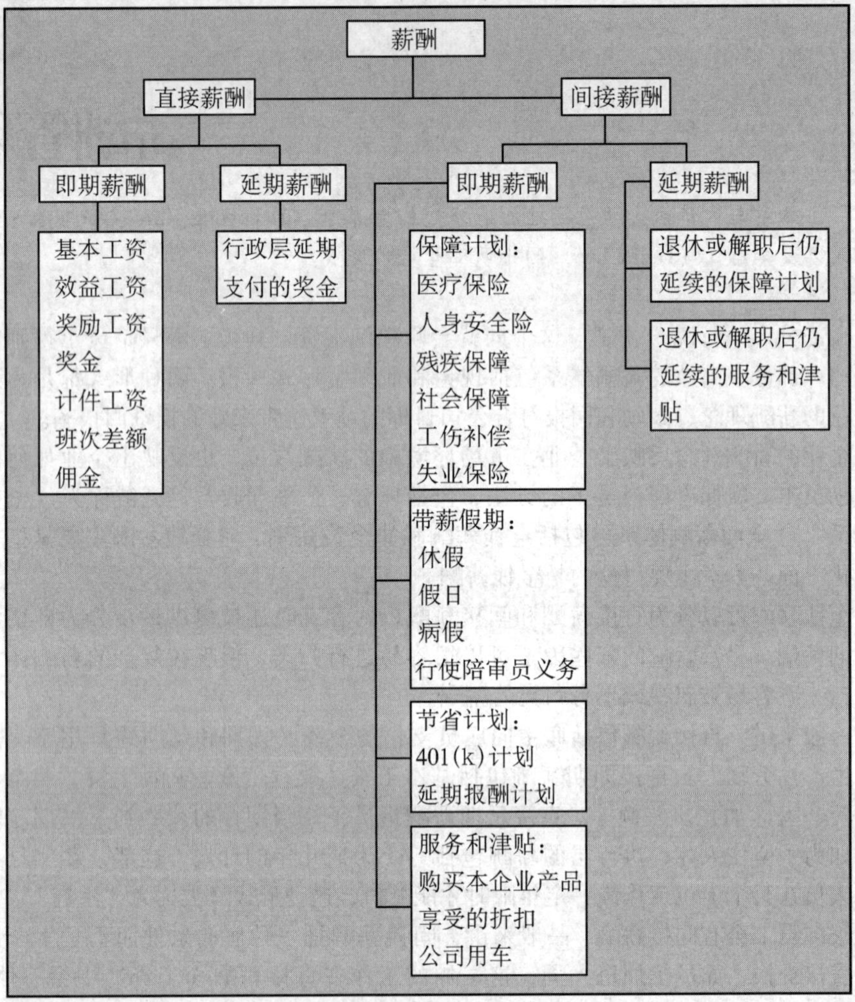

影响薪酬计划的因素

很多人认为薪酬直接与工作量有关，但实际情况很少如此。在大多数饭店企业报酬受很多因素影响，包括企业和社会的经济条件，企业内部、外部劳动力市场，报酬支付理念，工会及政府的影响等。本章将对影响报酬的各种因素分别进行分析。

生活费用

生活费用指工人购买力的实际货币价值，消费物价指数是了解工资的真实价值或购买力的有效指标。消费物价指数基本上反映了商品或服务零售价格的变化，是通过对比当前的商品或服务的价格和基期价格得出的。美国消费物价指数由隶属劳工部的劳动统计局每月公布一次。

消费物价指数随经济环境和各种经济因素的变化浮动，如果消费指数上升，货币的购买力下降。例如，消费指数上升5个百分点说明，以前花1美元可以买到的东西现在要花1.05美元才能买到。消费物价指数通常用于形容通货膨胀，高通胀时，美元会快速贬值，其结果是报酬会有较大幅度的涨升；反之，低通胀时，美元贬值缓慢，企业会在保持其劳动力市场的竞争力的情况下对报酬进行适当调整。

报酬受各地区不同的生活费用影响，如俄克拉何马州马斯科吉的25000美元工资比明尼苏达州明尼阿玻利斯同等工资的实际收入（或购买力）高。同理，北卡罗来纳州新伯恩的一份支付30000美元的工作使员工获得的实际收入要高于纽约的同等工资收入者。工作场地会影响工作报酬[2]。

劳动力市场影响

全国、地方或地区劳动力市场上的劳动力人数都各不相同。如果全国的失业率高，劳动力市场就比较大，劳动者的就业意愿较强；相反，如果失业率低，可选择的劳动者数量就比较少。劳动力供应的多少也与工作种类有关，在饭店业面临潜在员工短缺时，有些行业却待业人员过剩。

劳动力的供给也和当地和地区的经济状况有关。20世纪80年代，由于油价下跌，路易斯安那、得克萨斯和俄克拉何马几个产油州的失业率较高，导致该地区劳动力供给过剩；而同期新英格兰地区的失业率却很低，主要是由于与技术相关的就业机会的增加。由于高科技就业的增加，新英格兰地区的饭店很难找到愿意加入饭店行业的人员。当时四季酒店集团设在波士顿的酒店就很难雇到客房清洁人员，结果他们不得不从得克萨斯等地引进劳动力，把酒店客房改造成员工宿舍。

报酬与劳动力供给有很大关系，如前所述，20世纪80年代的劳动力市场形势迫使新英格兰地区的饭店提高即期及延期报酬以吸引就业；同时，俄克拉何马等产油州的饭店则可以基本保持，甚至降低报酬水平。

企业内部环境也会影响报酬的，尤其是企业的赢利能力。高赢利的企业可以比不太赚钱的企业给员工更高的报酬。对消费物价指数变化反应迅速的企业对劳动力市场的变化也应该很敏感[3]。有研究表明，饭店企业比其他行业企业对通胀的反应要快，因为它们可以每天调整房价。对此反应灵敏的企业也会迅速调整员工报酬的，以保证企业保持在劳动力市场上的吸引力。

工会影响

工会通过对奖励的偏倚影响报酬分配。无工会企业对员工的报酬一般依据其表现、技能、知识或能力水平，工会协议一般强调同工同酬。如纽约的一个饭店客房清洁员（有工会的饭店）根据他的级别取得报酬，而不依据他对企业所做的贡献；相反，无工会饭店会根据他或她的贡献支付报酬。

从短期来看，工会一般会提高整体报酬水平；但从长期来看，尚无证据证明有工会的饭店的报酬水平要高于无工会的饭店。有工会的饭店的报酬水平一方面取决于员工的业绩；另一方面取决于工会的谈判水平。水平高的工会可能使饭店的员工报酬水平高于市场平均水平；反之，报酬水平可能低于平均水平。

一般工会协议中最容易带来较高报酬水平的条款是生活费用调整条款，20 世纪70 年代到 80 年代间，这种调整成了很多饭店工会的标准。根据这种规定，员工的报酬水平要随消费物价指数的增长而增长。换言之，工会企业工资与消费物价指数同步浮动，以确保员工生活水平不受通货膨胀因素影响。

政府影响

自 20 世纪 30 年代初以来，美国政府对私人企业的员工报酬有很大的影响力。法律规定了最低工资、工资等级、加班工资、禁止使用童工、退休津贴、公平就业机会、可比价值等影响企业报酬水平的问题，图 8 - 2 列出了影响私人企业对员工报酬的主要联邦法律。

不是企业里的所有员工都受上述法律保护的，不受最低工资和加班条款保护的员工有：不涉及跨州贸易的企业员工，季节性行业（连续营业时间不足 20 周的）、行政层管理人员，职业人士或跑外销售人员是受最低工资的加班豁免的。这些就业群体被称为豁免员工，而非豁免员工则是受最低工资的加班法律规定保护的。

激励员工

报酬计划必须能激励员工的工作热情，不过每个员工的要求和需求都各不相同，因此不是所有报酬计划都能激励所有员工。人们会轻易地认为钱是激励员工的主要因素，其实不然，钱只对部分员工有作用，更多的员工受他们的需求驱使。因此，只侧重金钱刺激的报酬体系往往是不成功的。

图 8 - 2 影响报酬的联邦法律

法律名称	主要相关条款
戴维斯—佩根法案（1931）	要求工人工资不得低于当地普遍工资水平
沃尔什—希利法案（1936）	如果每天工作超过 8 小时，每周超过 40 小时，要支付加班工资（正常工资的一倍半），只限与政府有协议企业
公平劳动标准法（1938）	确定了最低工资；确定了所有员工每周工作超过 40 小时要支付加班工资；确定了童工标准（16 岁以下）
社会保障法	（1935）退休计划 （1939）死亡员工家庭收入 （1956）残疾人计划 （1965）医疗保障
公平薪酬法（1963）	禁止基于性别的薪酬歧视
消费者信用保护法（1968）	关于债务人工资的部分扣发的规定，雇主仅因一起债务而停发员工工资是非法的
退休收入保障法（ERISA）（1974）	关于退休金的筹集、管理、归属和发放标准的规定，保护员工享受退休金计划
联邦/州立儿童援助强制计划（1975）	允许在强制性工资内扣除一定比例用于儿童辅助计划
儿童援助强制计划修正案（1984）	雇主因与儿童辅助计划有关的问题处分、开除或拒聘员工
综合预算调节法案（COBRA）（1985）	员工及其家属有权在死亡、致残、自愿或不自愿离职（严重过失除外）后选择购买健康保险
税制改革法（1986）	对员工福利纳税的规定

动机理论主要分两大类：内容理论和过程理论。内容理论认为所有人都受一些共同需要驱使，不同的理论学派对人的需求有不同的分类方法。过程理论则相反，它力求找到任何一个特定条件下决定个人是否受驱动的因素。

内容理论

最著名的内容理论有马斯洛的需求层次理论，奥尔德弗的生存、关系和成长理论，赫兹伯格的双要素理论，麦克莱兰德的需求—成就理论和经济人理论。

经济人理论：该理论认为金钱是人们工作的唯一重要目标。人们工作是为了拿到薪水后购买生存所需，金钱是一些人工作的主要动力。这个理论与马斯洛需求层次理论中的第一个层次相呼应。该理论的反对者则认为长期来看金钱不会对员工的生产力造成影响。

马斯洛的需求层次理论：该理论认为人有 5 种基本需求（图 8-3），在不同的时候有不同的首要需求。马斯洛的理论把这些需求依重要程度分层，认为只有低层次的需求满足后，人才会有动因去追求高一层次需求的满足。根据这个理论，经理只有了解员工所处的需求阶层才能有效地激励他们。马斯洛指出的 5 种需求是：

自然需求——包括人生存的基本需求，亦被称为生理需求，如热、光、食物、舒适等。

安全的需求——马斯洛认为，一旦自然需求得到满足，人最需求的是安全，保护自己远离危险、伤害、威胁、损失等。在组织中这种需求包括员工需要的工作保障、等级晋升、工作环境的安全、劳保、保险、退休计划和解雇费。

社会的需求——在自然和安全的需求得到满足后，人们会追求社会需求的满足，包括对同伴、爱和归属感的需求。在企业中，这种需求可以通过工作团体、团队及公司组织的活动来满足。

图 8-3 马斯洛的需求层次

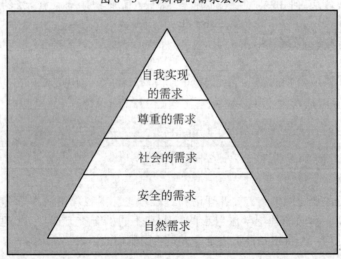

尊重的需求——满足了低层次的需求后，人们会转向满足自我方面，自尊或对自己的满意程度包括一个人的价值观、完满感、成就感、权利意识、成熟感、独立意识和自我尊重。在企业里，这种需求包括个人名誉、认同感、头衔、奖励、地位

象征、职责、提升和夸奖。

自我实现的需求——马斯洛认为在前 4 个需求都满足后，人的需求会侧重于自我实现的满足，力求发掘自己的所有潜能，增加知识和技能，更有创造性，或仅仅是希望"尽自己所能做到最好"。这种需求既是对个性发展的也是对事业生涯的。

根据马斯洛的理论，一个处于满足安全需求层次的人可能会寻求最高的工资，而一旦安全的需求满足了，金钱报酬变得不如自尊和成就感重要了[4]。有很多研究支持马斯洛的这一理论，发现对员工和管理人员而言，激励措施比工资更有效。不过这个理论在应用上也存在问题，经理很难清楚地了解员工的真正需求以及需求的变化。另外，不是所有员工都同时有同样需求的，如果一个餐厅经理认为所有的员工都处于安全需求层次的话，他就错了，因为有人可能处于这个层次，有人可能处于更高的层次。虽然马斯洛的理论不能为报酬计划提出明确的解决方案，但可以帮助企业思考如何激励员工[5]。

奥尔德弗的生存、关系和成长理论（Alderfer's ERG Theory）：与马斯洛一样，奥尔德弗也认为人们的基本需求可以按顺序依次排列，这些需求之间是有区别的，因此可以分门别类。马斯洛将这些需求分为 5 类，但奥尔德弗将之分为 3 类：

生存——可以满足生存需求的因素包括食物、空气、水、薪金和工作条件。类似于马斯洛提出的生理和安全需求。

相互关系——指人们对于保持重要的人际关系的要求。与马斯洛的社会需求相对应。

成长发展——它表示人们富有创造力地、高效地完成有意义的工作任务的需求。类似于马斯洛的自尊需求和自我实现需求。

奥尔德弗的生存、关系和成长理论和马斯洛需求层次理论最大的不同是生存、关系和成长理论增加了"受挫—回归"模型。和马斯洛需求层次理论一样，生存、关系和成长理论也认为较低层次的需求满足后人们就会希望满足较高层次的需求。但与马斯洛需求层次理论不同的是，生存、关系和成长理论认为当满足较高层次需求的企图受挫时，会导致人们向较低层次需求的回归[6]。

赫兹伯格的双要素理论：根据这个理论，员工有两种不同的需求，保健要素和激励。第一组需求指维持要求或不满意因素；第二组需求指满意因素。

赫兹伯格理论认为保健要素不能让员工对工作环境感到满意，但他们觉得这应该是现实存在的；从另一方面讲，如果缺乏保健要素，员工会感到不满意。保健要素包括企业工资制度、领导和员工之间的关系、个人生活、地位和安全感。

与之相对的是激励要素，激励可以让员工感到满意，更有工作积极性。激励要素包括成就感、认同感、责任感和晋升机会等。赫兹伯格理论认为激励要素的存在与否与员工的满意度有很强的相关性，而这方面要素的缺乏会引起员工的不满意，至少不会引起员工的满意感。也有学者将指向员工满意度的激励要素称为内部回报要素，将保健要素称为外部回报要素[7]。

根据赫兹伯格理论，钱不是激励要素，员工认为做了工作自然就会得到工资。虽然有些研究不支持该理论，但已有企业成功地将该理论应用于工作拓展计划中了。由于一些基本激励要素或满意要素能提高员工的工作满意度和工作积极性，工作拓展计划应被纳入报酬体系中。

麦克莱兰德的需求—成就理论：该理论认为人有 3 种需求：成就、权力和联系。根据该理论，每个员工都有自己的 3 种需求的组合，企业可以根据员工业绩预测了解每个员工的需求。此外，麦克莱兰德理论认为有较高成就需求的员工会成为好的管理者，因为这些人的特点是选择中等风险程度，需求具体的业绩反馈，具有处理问题的责任感，倾向于设立不太扎眼的目标，具有较强的组织和计划能力。要想激励这部分员工，企业必须为他们创造让他们开创、执行和完成工作的机会。

麦克莱兰德理论将权力的需求说成是对领导权的渴求。在很多企业中，这个需求是有积极意义的。联系的需求反映了员工需求与其他人建立亲近、合作和友善的关系。根据这个理论，具有强烈联系需求的员工更适合于社交或人际交往要求高的工作。

麦克莱兰德理论认为经理可以分为 3 类：机构型经理、个人权力型经理和联系型经理。机构型经理对权力的需求多于联系的需求，有较高的自我控制力。个人权力型经理对权力的需求多于联系，但乐于接纳社会交往。联系型经理对联系的需求多于权力，乐于社会交往。相关研究证明个人权力型经理和机构型经理管理效率更高，因为他们对权力有更大的渴求[8]。

过程理论

动机过程理论适用于解释如何能激励员工工作。从某种意义上讲，这些理论在教管理人员如何管理动机。公认的过程理论有：预期理论（维克托·弗罗姆）、公平理论（J. 斯泰西·亚当斯）、目标设定理论（爱德温·洛克）和强化理论（B. F. 斯金纳）。

预期理论 根据预期理论，动机与个人对如下 3 个要素的看法有关[9]。

- 预期——努力导致业绩表现的可能性；
- 工具——业绩表现带来某些结果（正面的和负面的）的可能性，一个"业绩表现"可能带来几个结果；
- 效价——结果的附加价值。

从员工角度看，这可以用 3 个问题代替："如果我努力完成某个任务或达到某个标准，我能成功吗？如果我能成功结果会是什么呢？我会不会喜欢这个结果呢？"如果一个员工相信努力工作会带来更好的业绩，这个预期是强的；如果一个员工看到的结果与业绩表现是没有联系的，这个预期是弱的；如果一个员工缺乏知识、培训或完成一项任务的器材，简单地努力工作是达不到企业要求的业绩标准的，这样努力工作的动机就没有了。

另一个要素是员工对努力工作的结果的看法，即这种业绩表现会带来奖励、加薪、提级及工作安全性，同时也会招致其他员工怨恨妒忌。如果一名员工对努力工作的结果做如上估计，手段认同感会较强。再如一名员工的就业企业将业绩表现与工资紧密结合起来，而与其他结果无明显相关性，则较低的手段认同感会导致员工积极性低下。

动机的第三个要素是效价，即个人对可能结果的态度和渴求程度。对结果的渴望会成为一种激励因素，而对不希望得到的结果或对结果的渴望程度较低会挫伤积极性。

最大的激励来自员工相信自己能达到某种业绩表现水平，而达到这种水平就会有一定的回报（或奖励），而且这种回报（奖励）是员工所希望得到的。反之，如果业绩与回报不相关，或回报不是员工所希望的，员工的积极性会较低。

管理人员和企业应对动机问题从上述 3 个阶段进行分析。如果想让员工有动力做到企业要求的业绩表现水平，必须让员工相信这个水平如果他们努力是可以达到的。选择和培训都必须有效，让员工掌握达到这种水平所需使用的工具和设备，并强调只要努力这种水平是不难达到的。为了进一步激励员工，企业必须将奖励回报体系与这种企业要求的水平相联系。最后企业还要有把握这种奖励回报是员工所期望的，有时企业在这一点上自以为是，结果错误地把握反而挫伤了员工的积极性。

公平理论　公平理论指员工把自己的待遇与同样职位的其他员工相比较，看自己是否受到了公平的对待。这种理论的假设前提是所有员工都会自己想两个问题：

- "我所做贡献的回报是什么？"
- "其他人所做贡献的回报是什么？"

公平理论认为员工通过回答上述两个问题在心中会形成一个比例，图 8 - 4 介绍了这种比例的形成。值得注意的是员工对公平是否存在的看法会影响他们的积极性。

265

图 8 - 4　公平理论

$$\frac{个人收入（工资、福利、工作满意度）}{个人投入（教育、知识、经验、努力）} = \frac{其他人的收入}{其他人的投入} \qquad 公平$$

$$\frac{个人收入}{个人投入} < \frac{其他人的收入}{其他人的投入} \qquad \begin{matrix}不公平 \\ （回报不足）\end{matrix}$$

$$\frac{个人收入}{个人投入} > \frac{其他人的收入}{其他人的投入} \qquad \begin{matrix}不公平 \\ （回报过分）\end{matrix}$$

如图 8 - 4 所示，只有当个人付出（教育、知识、经验、努力）与回报（工资、福利、工作满意度）比例与参照人（现实中与员工类似或不类似的其他员工）的比例相等时才是公平的；相对的，如果个人比例高于或低于参照人比例，都是不公平的。根据这个理论，等式的平衡是重要的，不平衡往往让大部分员工觉得不舒服。

如果员工觉得不公平，他们会：

- 因为觉得别人薪酬高于自己而不努力工作；
- 因为觉得自己得到的薪酬高于其他人而特别努力工作；
- 劝别人不要那么卖力工作以恢复公平；
- 劝别人也更努力地工作以恢复公平；
- 调整对公平的看法；
- 改变参照人。

公平对比的参照人可能是企业内的同事（内部公平）或其他企业中的同类岗位（外部公平）。如果一个员工觉得其他饭店的同类岗位给的薪酬高于自己现在的水平，他或她会要求提高待遇或跳槽到另一家饭店[10]。

目标设定理论　爱德温·洛克提出的目标设定理论认为设定具体目标对于绩效具有激励作用。该理论认为，不明确的目标如"尽我们所能"无法对个人产生激励。如果个人接受具体和具有挑战性的目标的话，这些目标可以有助于产生更高水平的绩效[11]。

该理论强调要使具体的挑战性的目标产生更高的绩效需要考虑以下因素：

能力——虽然一个艰难的目标会带来更好的绩效，但是管理者在设定目标之前要考虑到要完成该目标的员工的能力。如果管理者设定的目标过于艰难，员工没有能力完成的话，该目标就无法实现。

承诺——当员工接受目标后就表示承诺要完成。员工越准确地理解该目标就越可能轻松地完成。

反馈——为了提高绩效，管理者应该提供反馈，这会有助于员工了解他们能否取得目标。

取得目标、评估员工绩效之后是分配回报。和预期理论一样，如果回报是有价值的或是令人满意的，员工动机就会很高[12]。

强化理论 B. F. 斯金纳创造的强化理论的前提依据是，人们会对刺激有条件反射，在工作中，强化理论认为员工的行为受过去的经验影响，影响过程是一个简单的 4 阶段模型（图 8-5）。

图 8-5　斯金纳的强化理论

刺激────→行为────→结果────→未来行为

强化理论指出，如果经理想让员工做出某种行为或反应，必须反复不断地强调这种行为，这种强化行为可用于各种不同反应的诱导。该理论对员工行为要求 4 种管理行为：

- 正面强化——经理通过对行为的奖励鼓励所希望的行为；
- 负面强化（撤销）——经理通过解除处罚或令人不快的刺激（如批评）鼓励所希望的行为；
- 消除——经理通过忽视某种行为而抑制它；
- 惩罚——经理通过惩罚员工的行为抑制这种他不希望看到的行为的再度出现。

应用这种理论的经理应注意：

- 注意只能强调所希望的行为（对行为的奖励），这样企业能得到它所鼓励的员工行为。如果企业的薪酬激励体系不能在事实上奖励这种所希望的行为，这个体系可能会起到反作用；
- 消除可能同时作用于企业希望的行为和不希望的行为的强化，如果经验不能对所希望的行为进行强化，员工以后就不会再有类似的行为了[13]。

强化理论已成功地被一些行为学者或咨询企业应用于企业人力资源管理，如肯·布兰查德就将这种理论用于他的畅销书《一分钟经理》。在书中布兰查德强调正面奖励是对企业的所希望行为的最好刺激，想使用这种方法的经理必须注意捕捉员工工作中的上佳表现，并对员工进行褒奖。布兰查德还建议公开表扬，使受表扬员工感觉良好，同时在企业中树立榜样[14]。

决定工作价值

每个企业都必须建立起一套决定工作价值的体系，有的企业通过与市场上的其他企业比较建立这个体系，有的企业向内寻找价值体系。这部分内容将介绍几种工作价值的评价方法及每种方法的优缺点。

外部与内部价值

在确定工作价值时经理可以应用外部或内部公平原则，外部公平是将工作的价值与市场上类似企业进行对比得来，而内部公平与企业内部的工资等级有关。

为了确定工资水平，有些企业会对其竞争对手做一些正式或非正式的调查，有些企业本身没有这种调查分析的人员，会聘请大学教授或专业的咨询公司进行这种调查。

工资调查是很复杂的，要彻底分析外部公平情况必须考虑很多因素，包括其他企业的综合薪酬水平，工会的影响力，受雇员工的人口统计特征，劳动力市场和企业外部的经济、财政环境等，并由企业进行结果分析。

另外，研究被调查企业的工作设计也是很重要的，一般薪酬和工资顾问会比较所谓的可支付薪酬的要素，即工作的共同要素，以此消除在比较企业不同工种时的偏见。得到认可的可支付薪酬要素会提高员工和管理人员的满意度。另外，工资调查必须仔细策划和预测以确保其指标的准确性。

政府机构可以为外部公平的建立提供有用的信息，如美国劳工部劳动统计局公布的工作就业统计就对外部公平分析很有帮助。像人力资源管理协会之类的私人组织也能提供不少有价值的信息。不过所有这些信息不是太笼统就是不具有行业针对性，不足以据此提出整个报酬方案。

详细的外部公平分析有赖于从市场上的竞争对手处直接收集信息资料和对所收集信息资料的专业进行分析，大部分分析都需要找到平均工资水平、中等工资水平、大众工资水平（最大多数员工的工资水平）、支付比例、工资分配或不同工作的工资级别范围。细致的调查结束后，这些信息要与可支付薪酬因素进行比较，然后才能了解到外部工作报酬的真实情况。

如前所述，内部公平与一个企业中的工资等级有关。外部公平的工作调查一般包括工作描述中的工资等级分析，内部分析要做同样的分析；另外，内部分析还必须回答一个问题，即一个工作的等级与另一个工作的等级应有多大的差别。

在饭店行业中，内部公平应考虑客房清洁员工和行李员工、白班员工和夜班员工、午餐厨师和晚餐厨师之间的工资差距，认真分析各岗位的差异，让员工在进行工作和报酬比较时感觉到公平。

内部公平分析取决于有意义的可支付报酬要素的建立、开发和运用到整个工作评价系统中。下面将具体介绍工作评价的不同方法。

工作评价方法

最常用的工作评价方法有 4 种：

- 排序法；
- 职位归类法；
- 要素计点法；
- 要素比较法。

在设计工资等级时还会用到一些其他方法，如现在越来越流行的技能工资，也适用于一些饭店企业，技能工资将在本章后文中进行介绍。

排序法　所谓排序法就是由一个经理小组（或包括员工在内的评价委员会）对工作进行排序，这个小组或委员会一般会先集齐所有的工作描述，然后对工作进行连续排序，从最难的到最容易的，从技能要求最高的到最低的，从最重要的到最不重要的。

表面上，这种方法是一种简单、快捷和省钱的工资等级决策方法，但这种方法有点像拿苹果和橙子进行对比，很少有工作具有相同的可支付报酬要素，因此这种比较往往是不准确的。另外这种方法不能确定排序中两种工作之间的差距有多大，如通过这种方法可以得出厨师比洗碗工的工作重要，但不知道重要程度差多少。最后，除了很小的企业外，大部分企业很难找到一个管理人员队伍对所有工作都非常在行的。

配对对比法能有效改进排序法，在一对一的基础上把每个工作与工作标准进行比较，然后再排序，把每一个具体工作与其他所有工作的总体进行比较比单纯的简单排序更能完整地体现工作价值。不过这仍不能解决两种工作之间差距的问题。

职位归类法　职位归类法有时也被称为职位分级法，是指将每一个工作与事先设定的等级或级别进行比较。美国政府和很多州政府都用这种方法进行工作评价。例如，联邦政府的 GS（通用级差）等级就是把每个工作和预设的等级进行比较得来的。联邦政府共使用了 18 个等级（最高的 3 个等级只给高级管理层），其中 1 级到 15 级分别是：

- 职员和非主管人员（GS1 到 GS4）；
- 见习管理人员（GS5 到 GS10）；

● 全体管理人员和高级专业工作（GS11 到 GS15）。

这个体系同时还能体现出处于同一级别的每个人的工作时间长短，如 GS7 - 4 就比 GS7 - 1 工作时间长，这种附加分类主要是用于提薪和晋升。

这种方法虽然解决了如何评估每一个岗位的问题，但自身也存在一些问题。建立一套有效的晋级标准是非常耗时费钱的，而且每一次技术的改革都会改变工作的性质和必要性，从而使原晋级标准过时。工种的复杂多样会使分类定级非常困难。另外这种方法最大的一个弊端是完全依照工作描述分类定级，使得经理、主管和员工都认为只要重写工作描述就能涨工资。这种方法的一个突出好处是新工作很容易被归入这种分类体系中去。

要素计点法 要素计点法可能是工作评价中最常用的一种方法，即根据一系列定好的标准对每个工作评分并加总，并根据总积分对工作定级。建立起一套评分系统是非常复杂的过程，一般需要聘请咨询公司进行，很少有企业在内部员工中能找到这种专业人士。不过一旦设计出评分系统，使用起来是很方便的。

要素计点法包括 3 个基本要素：明确可支付报酬要素，对每个要素进行加权比较，在每个要素内建立等级。

第一步，明确可支付报酬要素。这要从工作分析开始，通过工作分析将类似的工作进行编组归类，区分大的工种。如有些企业把所有行政管理员工归为一类，所有办公室文员为另一类，服务性员工单为一类等。为了避免将报酬结构搞得非常复杂，大部分企业都只分出少数几个大的工作种类。工作编组归类结束后，找出其中的可支付报酬要素，即企业重视并愿意为此支付报酬的工作要素，这些要素必须得到受报酬体系影响的所有人的认可，并与企业的文化价值观一致。可支付报酬要素包括受教育程度、经验、技能、努力程度、分析问题和解决问题的能力、自主性、责任、与其他员工的交往、工作条件等。要避免出现重合的要素，以免发生对某些工作要素奖惩不当。

可支付报酬要素都是企业认为有价值的，但不是等价的，因此必须对要素进行加权分析以确定其相对重要性，如最重要的权值可以为 25%。

可支付报酬要素明确同类工作中的构成要素，加权评估则提供了一个对不同工作进行分级的方法体系，通过对可支付报酬要素分级对工作做出完整的分析。每一级都应有详细的文字说明，图 8 - 6 是一个行政管理/办公室文员工作分级说明的例子。

下一步就是对每个级别进行简单的分值分配了。定分可为任意分值，一般的取分范围为 600 分到 1200 分，总分乘上各个要素的权重就得到每个要素的最高分值了。例如，总分是 1000 分的，一个权重 25% 的要素的分值就是 250 分。要素总分除以级别可以得出每个级别的分值，如果上述要素有 5 个级别，则每一级 50 分。分值分配完毕后，就可以用于每项工作的评估了。评估以后可以根据积分建立薪酬体系。

图 8-6　可支付薪酬要素：设备的使用

| 定义：员工使用工具或设备完成岗位基本工作职能的要素。 |
| 解释：责任包括设备的使用，从最简单的工作设备到最高科技的电子设备，操作某种设备的能力与技能水平评估标准的吻合。 |

程度	工作要求
1	工作不要求事先的知识经验或特殊培训，在岗训练就可以掌握这种技能。
2	工作要求使用先进的办公设备，如个人电脑，但使用程序有限，只是普通的文件处理和标准格式，如打信件、输入数据等。
3	工作要求使用先进的办公设备处理文件，主要是文字处理工作，需要适当的电脑培训。
4	工作要求使用先进的办公设备，一些特殊软件的知识，如电子表格、统计等，要求对信息进行处理以供其他人使用。
5	工作要求定期使用先进的办公设备，另外还要熟练掌握一些特殊软件，能对资料进行输入、分析和修改，并能从其他来源处读取资料。
6	工作要求操作的设备需要综合性培训，获得证书或操作执照，这会影响到工作人员本身和其他人员的安全。

要素比较法　要素比较法常用于那些关键工种，即被评估小组认为是对企业最重要的工作，如餐厅里的厨师、迎宾员和服务员。在使用要素比较法时小时工资是比较标准的。如果厨师、迎宾员和服务员的小时工资分别是 11.50 美元、7.00 美元和 7.50 美元，评估小组会以此反推工作中的每个要素的薪酬额。图 8-7 是个例子，其中可支付薪酬的要素有身体要求、技能、责任、工作条件和人际交往能力。

对关键工作的每一个可支付薪酬要素的小时薪资分配结束后，可以此为标准对其他工作的要素进行比较并评定薪酬额度，图 8-7 的后半部分显示了如何将标准用于其他工种。

　　这种方法的好处是能针对企业的具体情况，简便易行。但这种方法比较琐碎，特别是对主管和管理工作定级时，而且这种方法不容易向员工解释清楚。图 8-7 的例子只列举了 5 个要素，实际的要素要多得多，很难完全将工资分配到每一个工作要素上。另外，关键工作的选择、工作小时薪资标准、非标准工作的要素等的主观决定都可能引起员工的不满。

图 8-7　确定工资等级的例子

工作标准	身体因素	技　能	责　任	工作条件	交际能力	普遍工资
厨　师	2.75	2.75	2.75	2.25	1.00	= 11.50
服务员	1.75	1.00	1.50	0.75	2.50	= 7.50
迎宾员	0.50	1.50	1.50	1.00	2.50	= 7.00
工作标准	自然因素	技　能	责　任	工作条件	人际能力	普遍工资
洗碗工	2.25	1.00	0.75	2.00	0.25	= 6.25
预　厨	1.75	1.75	1.25	1.75	0.25	= 6.75
服务助理	2.25	1.00	0.75	1.25	1.00	= 6.25

建立工资体系

　　确定如何评价不同的工作只是支付结构难题中的一部分，企业还必须确立支付等级、工资的市场竞争力以及在某一级别的薪酬水平。下面将对支付结构选择进行概括。

有竞争力的工资政策

　　每个饭店企业都必须决定如何定位其支付政策，使其具有市场竞争力。收集竞争对手和其他旅游企业（包括饭店、餐馆等）的工资福利信息对企业成功的招聘和留住人才是至关重要的。两家公司兼并时，合并的不仅是资产也是薪酬理念，因为两家公司的薪酬理念可能完全不同。文化的冲击使企业经理不得不收集竞争对手的工资信息，否则企业很可能流失大量员工[15]。一般来讲，企业可以通过 3 种方法明确自己的定位：

- 工资领导者——高于市场平均工资水平，因为更高的工作能吸引更好的雇员；

- 工资追赶者——低于市场平均工资水平，因为压低工资能提高利润；
- 迎接竞争者——工资水平符合市场主流。

对《财富》1000强企业中的341个企业的一项调查发现，其中75%的企业有隐含奖金，另有6%正准备实施这种办法。此外，有45%的企业用保留奖金的办法留住有才华的员工，另有15%的企业准备使用这个办法[16]。

工资等级

每个饭店企业都要确定工资等级数。很多企业发现不论使用哪一种工作评价方法，评价结果都能转化为一个表格。比如一个企业用积分法评价每个工作的应付工资，其结果是每个工作都有一个积分，如图8-8所示。

图 8-8　如何决定工作的工资等级

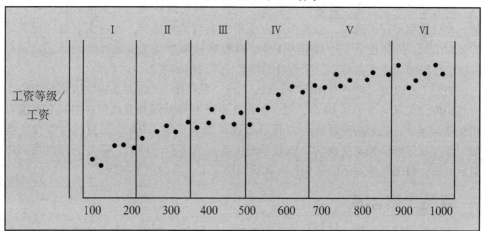

假设图8-8中每个点代表一个工作，已经显示出每个工作应属于哪一个工资等级，如积分为110的工作的工资应低于积分为250的一个工作，问题是低多少。要回答这个问题，企业应确定适当的等级数及级差。

图8-8中，纵轴表示工资等级，显示企业共有6个等级，如果最低一个等级始于最低工资，那最高工资应该是多少呢？如最低工资是每小时5.15美元，那这个等级是从5.15美元到5.65美元呢，还是从5.15美元到5.40美元呢？一般来说，低级工资的级差要小于高级工资的级差。

重要的是建立每个级别之内的级差，使员工不必变更等级就能获得加薪。如洗碗工，年长的有经验的工人拿到的工资应高于没有经验的洗碗工。

传统观念认为效益工资应较高，高到足以回报员工的业绩，并能让员工感觉到工资的差别和工作表现差别之间的关系。但布罗姆的研究显示工资结构中级差过大反而会导致企业效率的低下，尤其在对团队工作和合作要求较高的企业中[17]。有些企业中最高工资和最低工资之间的比率高达 200∶1[18]。根据布罗姆的研究，过大的差距会产生不公平感，降低合作精神、质量水平和长期忠诚度。

决定工资级差

以上述两个洗碗工为例，一个比另一个更有经验，经验和资历是同级工资中划分层次的标准之一，特别是有工会的企业，因为很多工会协议中都明文规定资历是决定员工工资的重要因素。根据资历晋升的工资对无工会企业也很有效，尤其适用于低薪雇员层。

绩效是另一个决定工资级差的要素，工会一般支持基础工资上的效益工资，这是一种已长期实行的政策。很多饭店企业把工资与绩效挂钩，效益工资是一种有效的奖励措施，能激励员工一直努力工作。有专家认为效益工资在经理和员工之间有高度信任感的企业尤其有效，因为员工相信管理层的绩效评估体系[19]。

决定工资级差有两种方法："综合法"和"职位法"，前者是排除大部分综合工资和职位分类只剩 3 个到 10 个，每一级相连带都有最低限和最高限，中间有可能有相互重合部分，从最高到最低的差异不超过平均水平的 130%。职位法与综合法类似，但与职务职位关系更密切，级差不是由高到低进行分列的，而是根据市场调查确定等级，根据竞争对手的工资标准和级差决定本企业的工资等级[20]。

双轨工资体系

双轨工资体系是建立两种员工工资结构，这种体系常用于有工会的企业，因为工会同意管理层用减让的工资费作为未来报酬的一部分。这种系统对现有员工的支付报酬较高，而对晚于一定时限入职的员工的支付报酬较低。如工会可能同意对现有客房管理员支付每小时 7 美元的报酬，而新雇员每小时为 6.65 美元。这种政策应在甄选过程中向应聘人说明。

现有员工和管理层都是双轨工资体系的受益方，只要现有员工还在该企业工作，他或她就能一直享受这种待遇，管理层可以通过减少新员工的工资降低人力成本，而且等老员工退休后，剩下的就只有薪资较低的员工了。

理论上说，这种系统是管理层降低人力成本的一种有效方法，但这种体系会引起员工的不公平感，会有员工认为和自己干同样活的员工拿的工资比自己高，这种不公平感会迅速传递，结果导致薪资较低的员工的生产效率下降。最近使用这种支付体系的企业呈递减趋势[21]。

技能工资

另一个决定员工工资的方法是技能工作体系，即企业对工作能力强的员工支付更高的工资。工资由员工掌握的技能数量决定，经验资历也起一定的作用[22]。根据这种报酬体系，员工的工资不是由工作种类决定的，而是根据员工的知识技能决定的。假设所有员工的底薪都一样，一名员工增加自己的知识技能水平会获得加薪，即报酬计划与员工所能胜任的工作数量是直接相关的。

知识工资是技能工资的一个变种，即工资的高低与知识而不是技能相关。在这种系统中，员工可以通过积累对某项工作的专业知识而获得加薪。

技能工资的主要好处是员工一般觉得这种系统比其他系统更公平。通过一项对600家企业的研究，研究人员发现员工对技能工资体系有强烈的认同感，认为这比其他主观工资定级体系更公正客观[23]。另外，这种方法会鼓励员工学习与工作有关的技能，这些员工能在企业人手短缺时补充到其他岗位上去，有助于形成学习的氛围。在新技术要求新的工作技能或知识时这种支付方法尤其有效。技能工资体系还有助于建立某些职业的事业阶梯，改进员工业绩，减少不必要的员工流失，改进企业的新员工招聘工作[24]。总之，这个报酬体系会为员工树立起另一个值得进取的事业阶梯。

在事业阶梯较短的服务行业使用技能工资或知识工资后效果较好。如20世纪80年代末，这种体系被引入医院的护士行业。之前，护士只有两个选择，进入管理层（摆脱手工和服务性护理工作）或一直当护士。技能工资和知识工资体系引入后，护士可以有第三条出路，即通过提高自己的知识技能水平获得专业职称并提升工资。

一些饭店企业有类似的成功经历，如星期五餐厅在20世纪70年代末建立了技能知识工资体系，根据这个计划，如果员工掌握了新的技能，会在员工制服的标志上显示出来（像童子军的优秀徽章一样），并同时获得加薪，而且掌握技能越多升职的可能性就越高[25]。

像很多其他系统一样，这种报酬体系也有不足之处。其一，这种体系需要花时间建立起来，如果企业决定使用这种体系一年，可能还没等真正派上用场，使用期就已经过了，因为员工需要机会和时间去学习掌握新技能。其二，随着员工掌握技能数量的增加企业的人工成本会越来越高[26]。其三，一些员工掌握了企业所需要的所有技能后在企业里就无任何发展空间了。其四，掌握了新技能的员工会希望长期得到一份相应的新工作，结果可能只得到一份临时性的工作，而导致希望落空。另外，使用这种体系的企业还应注意如何对技能进行分类，哪些技能会随技术的更新逐渐被淘汰。虽然有上述种种不足，但这种体系的好处还是远大于缺陷[27]。

应召工资

一项研究"应召工资"或有时也被称为"睡眠者工资"作用的调查显示，有 65%的企业会为他们的应召员工支付津贴，包括在非工作时间召员工来上班的加班工资[28]。

以团队为基准的工资

团队对于提高组织绩效正在发挥越来越重要的作用。一个团队包括几个具有互补技能的人，他们为共同的目标努力。团队成员可以相互合作也可以各自独立。团队和团体是不同的，因为团体成员更多是为了个人绩效目标工作，但是团队成员是为一个共同的目标工作。此外，相对于团队来说，团体缺少自治，受到更多的控制。因此，支付个人的薪酬体系可能不是非常适合以团队为基准的组织。

团队为基准的支付体系根据团队的产出支付员工薪金，更强调团队的目标完成情况。例如，房地产销售团队中的成员一起分享佣金。

当前薪酬管理中的问题

薪酬管理是一个不断变化的问题领域，仅几年前，饭店经理们根本不会介意可比价值、工资压缩等问题，但现在情况已经发生了很大变化。饭店经理们现在必须了解影响他们薪酬计划的所有相关问题，下面就着重介绍一下当前薪酬管理中的问题：薪酬保密、工资压缩及扩张以及可比价值。

薪酬保密

饭店经理在进行报酬计划决策时必须解决的一个基本问题是：是否对薪酬保密。这个决定包括两个问题：首先，企业是否将工资级别和级差向员工公布（甚至公开员工个人的工资水平）；其次，企业是否更需要保密，是否允许员工之间谈论此事。

很多人觉得工资的完全公开会引起员工的不满，因为他们会觉得不公平，其实未必如此，很多联邦或州政府机构都实行工资全部公开，一些州立大学也已经公开了所有教授和员工的工资。

有研究认为如果薪酬保密，员工会猜测领导和经理的工资，而且往往猜得不正确，猜得过低而不是过高。大部分私人企业都沿用薪酬保密制度，根据美国全国事务局的统计，美国只有 18% 的企业建立了薪资信息系统[29]。2001 年对人力资源总监的一项工资信息系统需求的调查得出相似的结果，只有 13% 的企业允许公开谈论工资[30]。不过这种情况在将来会慢慢得以改变，有调查显示有 80% 的人力资源总监在企业调查时相信薪酬公开化是一件好事，因为让员工了解实情总比他们散布小道信息好[31]。有的经理觉得公开薪酬能提高员工的道德水平，通过薪酬水平的讨论可以了解员工对某种业绩表现的定义标准和薪酬态度[32]。

虽然美国大多数私人企业禁止或不鼓励员工谈论工资水平，但有趣的是这种企业制度是不合法的。美国全国劳动关系局经常查处这种不公正劳资行为，认为这种规定侵犯了《国家劳动关系法》所保护的员工权利，他们有权和其他员工谈论工作条件。根据这项法律，很多因谈论工资问题而被解雇的员工必须得到复职。有很多雇主错误地认为这项法律不适用于无工会企业。事实上工资保密制度仍在推行，至少在美国的部分地区或企业，因为很多员工不了解自己在这方面的合法权益[33]。

工资压缩及扩张

工资压缩起初是因与其他企业竞争新聘用者而产生的。由于合格应聘者的短缺，很多公司会提高新员工的底薪以提高在劳动力市场上的竞争力。而对于企业现有的员工来说，这种竞争不那么激烈，因此老员工的工资不会随之提高。雇主不给老员工以像新员工一样幅度地提高工资的理由很多，主要原因是老员工离开企业的可能性相对较小，因为他们已经在企业有了一定的积累。

工资压缩的结果是资历浅的员工甚至是新员工拿的报酬可能与老员工一样多，大学教授的工资就是一个例子，现在新入职的大学教授比同系其他老师当初入职时的底薪要高得多。这主要是由于大量的大学竞争较少量的合格人选。尽管有些现任老师有奖金和生活费津贴，但一般都挣得不如新老师多。结果是频繁地调动可能比总在一处供职赚钱多。

从长远看，工资压缩会因为不断缩小新老员工之间的工资差距而引起现有员工的不满。有人认为现有员工比新员工更有价值，因为他们对企业和工作更有经验。但现实中有限的劳动力资源和劳动力市场上的竞争使得新员工的底薪提高的速度要高于效益工资和生活费津贴。这种做法引起现有员工的不公平感使企业陷入了可能失去老员工的困境。即使有些员工因受企业的福利系统的牵制没有离开企业，但他们的劳动生产率也会因此下降。

工资扩张是指企业提高现有员工的工资保持与新入职员工的差距。理论上说，这个方案会提高企业的整体工资水平，很多饭店企业都负担不起。如果一个饭店为了保持工资等级的公平，在提高新客房部员工工资以吸引劳动力时必须提高所有客房部员工的工资，更高层的员工也必然要求工资相应提高以保持原有级差，结果雇主会被迫不断地提高所有员工的工资待遇。

解决工资压缩和扩张的最好办法是分析每个员工的总成本，有意思的是相对于员工收益而言，老员工的成本一般要高于新员工。因此，用更高工资的新员工取代老员工的做法表面上看起来提高了人力成本，其实不然，因为加入新员工企业的整体的人力成本实际上是下降了。有些企业为了解决工资压缩问题会重新分析整个薪酬体系。

可比价值

很多人把可比价值和公平工资混为一谈，他们常会引用 1963 年美国政府用以消除基于性别和种族的不公平工资现象而设立的《公平工资法》来说明，其实可比价值和公平工资是完全不同的话题，公平工资法禁止的是同一工作中的歧视现象，而可比价值是指类似工作的薪酬问题。

在美国，男性和女性主要从事的工作类型是有差别的，虽然情况在变化，有些工作仍被视为是以女性为主的工作，有些工作是以男性为主的工作。例如，大部分秘书是女性，而建筑工人主要是男性。工作上的性别隔离也体现在饭店行业，如大部分客房服务员是女性，厨师是男性。尽管有例外，但很多工作仍然是以某一性别为主。

可比价值指出了一个事实，即薪酬是根据岗位分类，而不是根据每个岗位上的实际工作内容。尽管以女性为主的工作难度与以男性为主的工作一样，但传统的"女性岗位"的工资往往只有"男性岗位"工资的 2/3。

人们为解释相似工作的工资差异列出了很多理由，如男女性工资差异是由资历决定的，而不是出于歧视，因为男性一般工作时间比女性要长，因此工资拿得高。也有人表示差异源于男性和女性一般会选择不同的工种职业。劳工领袖和女权主义者对上述说法持反对意见，理由是女性和少数民族从事的工作即使其中的可支付薪酬要素与男性从事的工作完全一样时，他们得到的薪酬也少于男性。

很多劳资问题专家认为可比价值是企业所面临的最严重的劳工问题。专家们经常举的例证包括劳工队伍中女性人数的增加，两性工作界限的模糊化，歧视案例中支持可比价值的法庭裁决。对于这个问题至今仍没有统一的意见，但有一点是肯定的，如果法庭认定相似工作中的不同薪酬现象属于歧视行为，这会极大地影响饭店企业的薪酬制度，因为饭店中有约 70% 的员工是女性，这种裁决会导致饭店彻底改变其薪资体系。

工资及工时核算

所有工资政策和薪酬支付过程都受《公平劳动标准法》约束，任何实施与该法律不符的政策或过程的企业都会被处以罚金，并责令补足欠发工资。

如企业经理所知，美国劳工部会依据《公平劳动标准法》对企业的工资和工时进行监督检查。为应付这些检查，经理必须了解和准备主要的检查内容，图 8-9 列出经理需要准备的 17 项内容。通过自检，经理们可以在工资工时调查员到来之前及时纠正一些政策及实施过程中的错误。

图 8－9　工资工时调查重点内容

以下 17 条是美国劳动部审查小时工资时所使用的调查标准，可能会对经理们有帮助。

1. 豁免和非豁免员工

要达到豁免要求，员工必须是行政层、管理层或职业人士，这个要素在工作分析、工资等级、支付方式和员工的实际工作中都要有所体现。

2. 支付报酬的时间段

非豁免员工可以拿到加班费，《公平劳动标准法》要求给每周工作超过 40 小时的工时支付加班工资，工作周指任何一个连续 7 天的时间段，调查员会对此进行调查，并对加班工资进行计算。

3. 工作时数

调查员要检查员工是否被告知如何出入签到，一些基本工作内容如清扫和准备是否已被列入工作报告，考勤表或卡是否仔细检查过。

4. 报酬时间

在调查中，调查员会检查哪些时间中员工工作了但没有得到薪酬。

5. 计算加班工资

对于某些员工，固定的日工资和小时工资可能不同，如行李员每小时工资 7 美元，但每拿一次包还会另外得到 1 美元，这样工资总数就等于是每小时 7 美元外加每个包 1 美元，而加班工资是根据固定的小时工资计算而不是根据实际工资收入计算的。

6. 正常工资的例外情况

调查员会检查员工得到的佣金、服务费是怎样支付的，以及员工能从这种收入中得到多少薪酬（如平均收入和小时收入）。

7. 有一份以上工作的员工

员工做两份工作应得到两份收入，加班工资也应以两份收入计而不是以一般的加班工资计。

8. 小费和服务费

饭店企业必须保持准确的员工服务费记录，如宴会服务和客房送餐服务等。

9. 小费记账单

雇主可以建立起一个小费记账单，定期检查小费是否都已支付给员工了。

10. 小费集中分配

雇主对任何小费分配都应有记录，小费集中分配的比例、雇主对分配过程的监督及管理参与。

续

11. 歧视

饭店经理必须谨防薪酬过程中的歧视问题，男女同工同酬是调查的重点，经理们应经常检查是否做到了公平工资支付，包括合理的等级差异，如奖励或资历等。

12. 政策及手册

很多法庭认为员工手册和企业制度体现了雇佣双方的一种合同关系，调查员经常会审查这些文件，看雇主的承诺是否兑现了。

13. 记录

饭店企业必须在一定时间内保持员工记录，并经常更新这些记录以保证其时效性。

14. 独立协议

有些经理不想保留记录，与某些员工保持着独立协议。调查员也会检查这些协议并调查这种协议关系的实质。

15. 培训时间

调查员会检查受训人在接受培训时是否得到了应有的工资，当然这个工资额度会因其实际工资的不同而有差别。

16. 解雇支付手续

解职员工一般必须在离职时得到所有的工资包括应得的休假。调查员会检查这个额度及相关福利的准确性。

17. I-9 图表

雇主必须及时准确地为每名员工做好相关文件，包括 I-9 图表，雇主应检查是否所有文件都已齐备。雇主的一个可能的问题是 I-9 图表要求的有关工作许可证明材料的种类，雇主应仔细阅读图表说明，并严格按照说明准备材料。

资料来源：节选自 Jay Krupin，"Wage and Hour Policies and Procedures Training Manual for Compliance with U. S. Department of Labor Regulations Affecting Hotels," presented at the *Human Resources Executive Forum*, Indian Wells, California, 5 February 1992.

注释

[1] Valerie L. Williams and Stephen E. Grimaldi, "A Quick Breakdown of Strategic Pay," *Workforce* 78, (December 1999) 12: 72-76.

[2] 不同城市地区的生活消费指数可以从几种社会工作年报和季报中得到，私人的行业出版物也会报道不同地区指数的升降以及与全国水平相比的相对水平，其中有一份出版物每年都公布美国 100 个城市的生活消费指数，参见 *Places Rated Almanac*：*Your Guide to Finding the Best Places to Live in America* by Richard Boyer and David Savageau（New York：Prentice-Hall Travel）.

[3] Avner Arbel and Robert H. Woods，"Debt Hitch-Hikers：The Paradox of Zero Cost of Capital in the Hotel Industry," *Cornell Hotel and Restaurant Administration Quarterly* 31 （November 1990）：103 – 109.

[4] Robert W. Eder and N. Roth Tucker，"Sensitizing Management Students to Their Misperceptions of Five Worker Job Attribute Preferences," *The Organizational Teaching Review* 12 （1987 – 88）：93.

[5] 要详细了解马斯洛的理论请参阅 Abraham H. *Maslow*，*Motivation and Personality* （New York：Harper and Row，1954）. 马斯洛的另一篇文章也对此有详细分析，"A Theory of Human Needs," *Psychological Review* （1943）：370 – 396.

[6] Clayton P. Alderfer，*Existence，Relatedness，and Growth*：*Human Needs in Organizational Settings* （New York：Free Press，1972）；and John M. Ivancevich and Michael T. Matteson，*Organizational Behavior and Management*，6th ed. （Boston：McGraw-Hill，2002）.

[7] 要详细了解赫兹伯格理论请参阅 Frederick Herzberg，"One More Time：How Do You Motivate Employees," *Harvard Business Review* （January-February 1968）.

[8] David McClelland and D. Burnham，"Power Is the Great Motivator," *Harvard Business Review* （March 1976）：100 – 110.

[9] 要更多了解预期理论请参阅 Victor Vroom，*Work and Motivation* （New York：Wiley，1964）.

[10] 要更多了解公平理论请参阅 J. Stacey Adams，ed.，"Inequity in Social Exchange," *Advances in Experimental Social Psychology* vol. 2 （New York：Wiley 1977），93 – 112.

[11] E. A. Locke and G. P. Latham，*A Theory of Goal Setting and Task Performance* （Englewood Cliffs，N. J.：Prentice Hall，1990）.

[12] Ivancevich and matteson.

[13] 节选自 W. C. Hammer，"Reinforcement Theory and Contingency Theory Management in Organizational Settings," in H. L. Tosi and W. C. Hamner *eds*，*Organizational Behavior and Management*：*A Contingency Approach* （New York：

Wiley, 1977), 93 – 112.

[14] 要详细了解博氏模型请参阅 Kenneth Blanchard and Stephen Johnson, *The One-Minute Manager* (New York: Morrow, 1982).

[15] Mike Malley, "Surveying the Surveys," *Hotel and Motel Management* 213, (March 16, 1998) 5: 24 – 26.

[16] "Pay Raises to Remain Stable in 2000," *HR Focus* 77, (1) January 2000: 16.

[17] Matt Bloom, "The Performance Effects of Pay Dispersion on Individuals and Organizations," *Academy of Management Journal*, (1999) 3: 25 – 50.

[18] Tim Gardner, "When Pay for Performance Works Too Well: The Negative Impact of Pay Dispersion," *Academy of Management Executive* 13, (November 1999) 4: 101 – 104.

[19] Nathan Winstanley, "Are Merit Increases Really Effective?" *Personnel Administrator* 4 (1982): 23 – 31.

[20] Kathryn Tyler, "Compensation Strategies Can Foster Lateral Moves and Growing in Place" *HR Magazine* 43, (October 1998) 5: 64 – 71.

[21] "Labor Letter", *The Wall Street Journal*, 16 (June 1987): 1.

[22] John L. Morris, "Lessons Learned in Skill-Based Pay," *HR Magazine* 41, (1996) 6: 136 – 141.

[23] Cynthia Lee, Kenneth Law, and Philip Bobko, "The Importance of Justice Perceptions of Pay Effectiveness: A Two Year Study of a Skill-Based Pay Plan," *Journal of Management* 25, (1999) 6: 851 – 874.

[24] Bobette M. Gustafson, "Skill-Based Pay Improves PFS Staff Recruitment, Retention and Performance," *Health Financial*, *Management* 54, (January 2000) 1: 62 – 64.

[25] 要更多了解餐饮企业使用这类知识技能工资的实例请参阅 Robert H. Woods, "More Alike than Different: The Culture of the Restaurant Industry," *Cornell Hotel and Restaurant Administration Quarterly* 30 (August 1989): 82 – 98.

[26] John L. Morris, "Lessons Learned in Skill-Based Pay," *HR Magazine*, 41 (1996) 6: 136 – 141.

[27] 要更多了解知识技能工资计划的利弊之处请参阅 Fred Luthans and Marilyn Fox, "Update on Skill-Based Pay," *Personnel* (March 1989): 26 – 31.

[28] Robert W. Thompson，"Executive Briefing：Strategic Intelligence," *HR Magazine* 45，（2000）2：21 – 23.

[29] "Bureau of National Affairs"，*Wage Administration*，21.

[30] Kemba J. Dunham，"Employers Ease Bans on Workers Asking，'What Do They Pay You？'" *Wall Street Journal*（May 1，2001）：B10.

[31] "Employers Are Willing talk Pay More Often," *HR Focus* 71（August 1994）：14.

[32] "Tossing the Coin：Pay Secrecy." 2000. Online. Internet. 11 August 2001. Available. http：//www. themanagementor. com/Enlightenmen Areas/HR/Hrcontent. tossingthecoin. ASP.

[33] National Labor Relations Act，section 7；Sevice Merchandise，Inc（1990）299 NLRB No. 160，1989 – 90 CCH NLRB 16，274；*NLRB v. Brookshire Grocey Co. dba Super One Foods*，#601（5th Cir 1990）117 LC 10，466. 另见 http：//www. workforce. com/artchive/article/000/13/16. xc，"Silencing Salary Talk Can Lead to Trouble."

🔑 主要术语

奥尔德弗的生存、关系和成长理论（Alderfer's ERG Theory）　将人们的基本需求分为 3 类：生存、相互关系和成长发展。

分类法（classification method）　通过评分对工作进行评估的一种方法，又称为工作评分法。

可比价值（comparable worth）　对进行基本同样技能的男女员工的公平工资问题。

可支付薪酬要素（compensable factors）　每个工作中的一般要素，可作为报酬支付的依据。

消费物价指数（consumer price index）　商品及服务零售价格变化指数。

生活支出（cost of living）　指体现工人真正购买力的货币价值。

直接薪酬（direct compensation）　雇主对雇员用于交换员工的生产劳动的金钱报酬（即期的或延期的），其中包括工资、薪水、奖金、计件工资等。

经济人理论（economic man theory）　该理论认为金钱是人们工作的主要原因。

公平理论（equity theory）　指与其他人相比，员工觉得受到公平或不公正待遇。

豁免雇员（exempt employees）　行政管理人员、职业人士、跑外的销售人员等加班得不到额外收入的雇员。

预期理论（expectancy theory） 激励理论的一种，认为动机激励涉及个人对三个变量（预期、设备和装饰）的看法。

外部公平（external equity） 存在于企业外部的公平。

外部回报（extrinsic rewards） 根据赫氏双要素理论，员工意料之内的要素是不会引起员工的满意感的。

要素对比法（factor comparison method） 工作评估的方法之一，明确工作的要点并与其他工作的要点进行比较。

目标设定理论（goal setting theory） 如果个人接受具体和具有挑战性的目标的话，这些目标将有助于产生更高水平的绩效。

赫兹伯格的双要素理论（Herzberg's Two-Factor Theory） 认为某些工作要素会影响员工的满意度，另一些要素是在员工意料之中的一种理论。

保健要素（hygiene factors） 在赫兹伯格双要素理论中，有些要素是员工意料之中的，因此不会激起员工的满意感，又称为外部回报。

间接薪酬（indirect compensation） 和员工劳动生产不直接相关的报酬，包括各种保障计划，带薪休假、节省计划及小费津贴等。

内部公平（internal equity） 企业中雇员之间的公平。

内部回报（intriasic rewards） 赫兹伯格理论中能够激起员工满意度的要素。

工作评估（job evaluation） 确定工作价值的方法。

关键工作（key jobs） 要素比较评估法中用于找到评价标准的工作。

知识工资（knowledge-based pay） 依据员工的知识水平定级的工资体系。

马斯洛的需求层次理论（Maslow's Hierarchy of Needs Theory） 动机理论的一种，认为人有5种基本需求层次：自然需求、安全的需求、社会的需求、尊重的需求和自我实现的需求。

麦克莱兰德的需求—成就理论（McClelland's N-Achievement Theory） 动机理论的一种，认为人有3种需求：权力、联系和成就。企业可以通过预测员工的表现了解员工看重哪一种需求的满足。也即"成就的需求"、"联系的需求"和"权力的需求"。

奖励工资（merit pay） 在预定的时期内根据员工的表现而支付的奖励性报酬。

激励要素（motivators） 赫兹伯格理论中能够带来员工满意感的要素，又称内部回报。

成就需求（need for achievement） 根据麦克莱兰德的需求—成就理论，具有强烈成就需求的人一般能成为很好的经理。

联系需求（need for affiliation） 根据麦克莱兰德的需求—成就理论，具有强烈联系需求的人一般会在要求较高社会人际交往能力的工作中表现突出。

权力需求（need for power）　根据麦克莱兰德的需求—成就理论，具有强烈权力需求的人会成为很好的领导者。

非豁免雇员（non-exempt employees）　周工作小时超过 40 小时有权获得加班报酬的所有雇员。

配对对比（paired comparison）　工作评估的一种方法，把每个工作与其他工作进行一对一的比较以确定整体工作排序，也是对比员工业绩、行为、技能或知识的一种方法。

工资级别（pay grades）　企业中某一项工作的工资额。

工资级差（pay range）　企业中最高工资和最低工资之间的差额。

积分法（point method）　最常用的工作评价方法，根据工作的具体任务对每个工作分配分值。

排序法（ranking method）　工作评价的一种方法，由一组专家（一般是经理）对企业中所有工作进行排序。

强化理论（reinforcement theory）　由 B. F. 斯金纳创立的理论，认为人们会对刺激有条件反射，反复地强调巩固会引导人的行为。

资历为基准的工资（Seniority-based pay）　根据员工的经验和资历支付工资。

技能工资（skill-based pay）　根据员工所掌握的技能数量确定工资级别的报酬体系。

团队为基准的工资（team-based pay）　基于团队产出的支付体系。

全面薪酬体系（total reward program）　雇佣者回报员工的所有方法，包括现金、公平和收益等。

双轨工资体系（two-tier wage system）　建立两种不同的员工工资结构的报酬体系，一套系统用于老员工，另一套系统针对新员工。这种体系常见于建有工会的企业。

效价（valence）　在预期理论中，对某种结果的个人偏好力量。

工资压缩（wage compression）　由于劳动力市场供不应求而造成新员工的工资高于企业现有员工的工资，从而引起的工资不平等。

工资扩张（wage expansion）　为了调整因工资压缩而带来的工资不平等，雇主提高现有员工的工资使之与新员工工资水平持平。

📖 复习题

1. 在你所处的市场中，分析报酬体系的内部、外部影响因素。根据这种情况你会向一个新开张的饭店经理提出什么建议？
2. 动机与薪酬有什么关系？
3. 全面薪酬体系指的是什么？
4. 3 个主要动机理论的内容是什么？
5. 在饭店企业内公平理论和薪酬有什么关系？什么是预期理论？
6. 有专家批评斯金纳的强化理论过于简单，你觉得这个理论对饭店经理有实用价值吗？为什么？
7. 经理们用于评估工作价值的 4 种方法是什么？
8. 排序法的缺点是什么？
9. 企业在建立工资结构时应考虑哪些因素或政策？
10. 效益工资和资历工资之间有什么主要区别？
11. 为什么比较工资在饭店行为是一个热门话题？如果法庭认定要求类似工作技能的工作必须支付同样的工资，你认为会对饭店行业带来什么影响？
12. 工资压缩是本章讨论的一个问题，作为一个饭店经理你将如何看待这个问题？

💻 网址

以下网站可以提供更多的相关信息，注意网址可能会变更，如果无法找到某个网站，可以使用搜索引擎找更多的网站。

消费者信息中心
www. pueblo. gsa. gov

美国统计
www. stat-usa. gov

联邦工资及劳工法律研究所
www. fwlli. com

美国人口普查局
www. census. gov

Hay 集团
www. haygroup. com

美国政府雇佣标准局 （ESA）
www. dol. gov/dol/esa/

美国政府印刷办公室　　　　　　　美国工资及工时处

www. access. gpo. gov　　　　　　www. gov/esa/whd. whd _ org. htm

迷你案例研究

由于特别活动，你的员工最近经常加班，但你付不起一倍半的加班工资，于是你和员工们协商：如果他们这周工作 50 小时，他们下周可以工作 30 小时，过个大周末，结果皆大欢喜。这样做合法吗？如果你的做法被"逮着了"会有什么后果？

第 9 章概要

有效奖励计划
  奖励计划的优势
  个人和集团系统

个人奖励计划
  计件奖励计划
  标准工时计划
  佣金计划
  奖金计划
  知识（技能）工资
  绩效工资
  个人奖励计划的缺点

团体奖励计划
  成本节省计划
  利润共享计划
  员工持股计划
  金钱或实物奖励哪个更好
  团体奖励计划的缺点

员工福利
  强制福利
  选择/自愿福利
  养老金及退休福利
  其他福利

学习目的

1. 介绍有效奖励制度的特点及优势。
2. 介绍几种常见的个人奖励措施以及这些措施在什么情况下会有效，什么情况下会无效。
3. 介绍几种常见的团体奖励措施以及这些措施在什么情况下会有效，什么情况下会无效。
4. 介绍 4 个常用员工福利种类及制订福利计划时应考虑的要素。

9

奖励及福利管理

本章与内华达大学拉斯维加斯分校的埃林·周（Erin Chou）、戴维·托尔曼硕士研究生合作完成。

雇主们一般把奖励和工资福利放在一起作为员工的总体报酬。大部分雇主明白奖励和业绩之间的关系，从20世纪90年代早期开始，研究者将收入和绩效联系起来。研究组织行为理论的学者也同意这种方法[1]。例如，不论公平理论还是预期理论都指出有效的业绩工资管理能激励员工的工作积极性，提高劳动生产率。也有研究者指出如果工资与业绩挂钩，个人和企业都会受益。大部分饭店经理应该问的问题不应该是他们是否需要奖励机制，因为所有的公司都应该有奖励机制。他们应该问的是如何构架奖励方案。本章主要介绍如何通过构架奖励或福利计划激发更高的生产率和完成最好的业绩。

有效奖励计划

一些饭店经理对奖励措施对改进员工业绩的能力有怀疑，主要是由于他们对如何实施奖励方案没有信心，而不是方案本身。对于管理者来说，最重要的就是如何有效地激励员工更好地工作。

关于管理者如何有效地开展和执行奖励方案有很多研究[2]。一个有效的方法是管理者思考球队中教练的作用对团队和队员成功的重要程度。大多数情况下，管理者都会认为教练的目标设定和动机与团队的绩效息息相关。研究也证明了这一点[3]。如同教练极大地发挥队员的潜能一样，管理者必须扮演教练/激发者的角色。

- 方案必须有一个得到员工理解的清楚的具体目标[4]；
- 目标必须实际，而且容易量化评估。经理们往往根据自己的主观判断建立奖励机制，这样做会使员工怀疑这种奖励的公平程度。员工们更希望奖励是有客观标准的，而且这种标准是经理和员工都能理解的；
- 生产率和业绩必须有提高空间。如果员工的表现已经达到很高水平，那么一再坚持让该员工改进就可能会使员工失去动力；

- 目标必须现实可行，必须让员工看到希望，否则他们会干脆放弃[5]；
- 不论钱或实物，奖励必须足以起到激励作用。经理们经常设定的奖励使员工觉得不值得为此付出努力[6]；
- 提高生产率和业绩应与诸如提升等其他奖励联系起来。目标与远期的提升和近期奖励联系起来的做法会比单纯与近期奖励联系的做法更有效[7]；
- 奖励应和产出相联系，而不是和所耗费的时间相联系。任何奖励计划的基本原则都应是通过将奖励与生产率挂钩激励员工产出更多[8]；
- 奖励应迅速及时，强化奖励理由。奖励工资通常滞后于正常工资，如果滞后时间太久，员工会觉得企业在占他们的便宜，或企业对提高生产率更有兴趣[9]。管理者可以假设自己是员工，然后问自己是希望立刻得到奖励还是希望一段时间后再拿到。

奖励计划的优势

将奖励与业绩相连主要有 4 点好处，它可以帮助企业：

- 留住合格的员工；
- 提高生产率；
- 降低人工成本；
- 提高员工与企业目标的一致性。

第一个好处是奖励计划给员工带来了长远利益。把工资和业绩挂钩的企业通常会发现得到奖励最多的员工往往是业绩最好的员工，这些员工也更愿意留在企业内[10]。相反，受奖励最少的员工业绩表现也最差，而且很可能会离开企业。长远来看，企业通过业绩奖励制度可以实现拥有表现顶尖员工的目标。

第二个好处是企业通过奖励计划获得生产率的提高。当工资和业绩挂钩时，员工有理由工作得更卖力，产出更多商品或更好的服务。研究也证明了这一点[11]。

第三个好处是节省开支，这点很多企业都已认识到了。通过业绩奖励机制，饭店经理可以把工资和企业效益联系起来，企业效益好时工资高，效益差时工资低。员工理解效益好坏的影响。指导目标也会使员工理解薪水和绩效之间的关系。

第四个好处是效益工资体系可以使员工和企业目标一致，只要员工的工资与企业的目标紧密相连，所有员工都会为这个共同目标而努力，使得企业最终达到这个目标[12]。

上述四个好处都是效益工资带给企业的，但很多企业不能很好地实施这个方案，他们在实施中会遇到许多困难，主要包括：

- 奖励太低不足以激励员工（员工不信任、低绩效）；
- 由于业绩评价标准不明晰使得奖励与业绩之间的联系不明确（这会导致员工不信任公司、公司无法实现组织目标、员工感觉付出和回报之间不对等）；
- 由于主管抵制业绩评估或评估不当引起员工的不公平感；
- 员工工会（有工会企业）反对。工会一般认为这个方案会弱化资历工资晋升和生活费用提升计划（工会的成功依赖于资历为基准的体系）；
- 整个方案的设计与实施都应注意每个细节，有些企业或不愿或没能力对这个方案给予足够的重视（员工对此也会有所了解并会看低管理者的能力。这会引起很多问题）。

个人和集团系统

个人和集团奖励都会对提高生产率起到显著作用，很多企业同时使用两种奖励系统。个人奖励计划对强调独立性的工作作用明显，团体奖励计划则适用于强调团队协作的工作。团体计划近年来已被越来越广泛地应用于企业的团队系统中。

个人奖励计划

个人奖励计划共有 6 大类：
- 计件奖励计划；
- 标准工时计划；
- 佣金计划；
- 奖金计划；
- 知识（技能）工资；
- 绩效工资[13]。

计件奖励计划

计件奖励计划是指对超过最低生产率标准的员工进行奖励。如果工作中包含简单劳作，刺激计划将激励工作者最大程度地产出[14]。这样，企业的绩效就会提升。例如，在实行计件奖励的餐饮部，可能要求员工在规定的时间内清洗 500 个盘子。那么，如果员工清洗的盘子的数量多于 500 个，就应该得到奖励。同样，在制造业中，要求员工生产 50 个零部件，只要员工生产超过 50 个就应给予奖励。

计件奖励被广泛应用于饭店业和其他服务行业。如食品企业经理可以对所做的三明治数量给以定额，超过定额的员工给予奖励。饭店清洁员的薪酬有时也是以计件为基准，例如根据他们在规定时间内清扫房间的数量计算薪酬。服务员的收入也可以纳入计件奖励体系：服务员除工资外还可以获得销售增加带来的小费收益。

标准工时计划

标准工时计划的奖励依据是每小时（或每天）完成的生产件数。饭店经理可以将这个计划用于客房服务员，具体做法是，经理先确定员工每小时应打扫的房间数，用小时工资除以客房数得到每间客房的标准工资。如假设员工每30分钟打扫1间房，1小时应打扫两间；如果员工每小时的工资是10美元，则每间客房的标准工资应为5美元（10美元/2）。根据这个标准，如果服务员每小时打扫的客房数多于两间就能得到更高的工资；反之，则工资更低。

在使用这种标准工时奖励计划前，经理必须建立清晰明确的员工表现评估标准，如在上例中，经理必须明确什么样的房间才算"清理完毕"；同时经理也要考虑到员工的最低工资标准问题以及工资在劳动力市场上的竞争力。

佣金计划

许多饭店员工都是直接与客人打交道的，受惠于佣金机制，特别是食品服务方面，小费是员工因服务或销售而获得的一种佣金形式。饭店销售部的工资往往主要取决于佣金。分时度假销售人员的收入主要来自佣金。

在建立佣金计划时，饭店必须考虑如何建立奖励结构，一般奖励会随销售量的提高而增加。这种结构为每一个目标的实现提供奖励，如饭店销售人员，销售量越高奖励越多。渐进式的奖励计划激励销售人员不断追求新目标层。

奖金计划

奖金计划结合了基本工资和奖励工资。奖金计划一般有两种。一种是企业达到经营目标后员工分到的奖金，比如某一饭店达到了目标销售量后员工们得到的奖金；另一种奖励计划是与个人表现相关的。由于工作中团队合作的重要性，奖金计划越来越盛行了。调查显示美国有35%的企业以一次性奖励取代不断地加薪。奖金的一大好处是不会像加薪那样一年一年延续下去[15]。

一般如果员工和经理共同完成了某个目标都能获得奖金，如经理可以因取得一定额度的利润拿到奖金。对员工同样有效，客房服务员可以因完成一定数量的房间清扫，或将服务质量提高到一定程度拿到奖金。和前面介绍的计件奖励、标准工时、佣金一样，奖金只有在奖励时会增加企业的劳动力支出。这种奖励计划的另一好处是不需要什么资料可适用于各种情况。

知识（技能）工资

知识工资是一种基于员工培训情况的工资，也是一种有用的奖励计划。作为一种奖励，知识工资的发放基础是员工是否完成或超过了当前工作的要求。有人认为这是未来的一种趋势。有研究人员预言到 2015 年，工资中只有 40% 是固定的，其余 60% 将取决于员工为企业创造了多少价值[16]。

绩效工资

实行奖励工资制度的饭店一般会在某一时间结束时提高基本工资。如果使用得当，奖励工资制度能清晰地将奖励与业绩联系起来. 换言之，员工的奖励工资是由季度、半年或全年的业绩评估结果决定的。

这种制度的主要缺点是由于属于工资的一部分，这种奖励会引起工资的普涨，这样涨下去总是表现很好的员工的工资成问题了。如果一名客房服务员总能在业绩评估时取得好成绩，奖励工资依此会不断上涨，时间长了他或她的工资水平会超出岗位工资级别的上限。经理必须注意每个岗位工资都有一个封顶工资水平。而根据奖励工资制度，当员工的工资涨到一定水平不能再往上涨时，员工会因工资不能再涨而感到不满。其他问题还有评估时的主观错误，如晕轮效应、近期效应和偏松效应等。

个人奖励计划的缺点

所有奖励计划都需要管理，有时管理费用会超过计划的收益，而且计划实施结束后要进行详细的文件记录和电脑录入。延时过久的奖励会失去其奖励效用，因为员工会觉得企业在占他们的便宜，骗他们努力工作。有时员工们还会觉得奖励管理不公平，而且企业会用努力工作的业绩对他们以后的工作提出更高的要求。例如，员工们为了获得某种奖励在一段时间内工作特别努力，但他们会认为企业以后会拿这个标准来要求他们一直这样努力。

团体奖励计划

团体奖励计划对强化员工的合作精神很有帮助。理论上说，团体奖励能激励员工向企业目标努力，或提高利润或降低成本。此外，它也有利于在饭店内部创造合作氛围和团队意识。最常用的团体奖励措施为收益共享计划，虽然饭店管理者可能没听过或者没用过这个术语。

收益共享计划是这种等式奖励方法，或提高利润、生产率、降低成本，或通过 3

个目标得以实现。所谓"收益共享"是指通过收益的 3 个部分的共享实现的。这 3 个部分指:

- 成本节省计划(如斯坎伦、鲁卡尔、改进分享计划);
- 利润共享计划(如林肯电子公司);
- 员工持股计划(用于很多饭店,如万豪酒店)。

成本节省计划

成本节省计划亦被称为现金缩减计划,因为它可以缩减企业运作的现金量[17]。

最常用的成本节省计划是斯坎伦计划,这是因 20 世纪 30 年代的工会领袖约瑟夫·斯坎伦而得名。该计划最初是为了提高大萧条时期的就业、生产和利润。该计划的核心理念是组织应该是一个统一的整体,员工如果有机会的话应该向企业提供好的意见和建议,所有的员工都意识到既得利益和企业成功的关系[18]。该计划有时也被称为"没流行起来的最好的工业管理思想"[19]。

斯坎伦计划的依据是劳动力与生产的销售价值之比(SVOP)。SVOP 包括销售收入和库存产品的总价值。这个计划对"劳动力高接触型"企业(像饭店这种重视人与人的交往的企业)尤其适用,因为这可以减少人力成本。要应用这个计划,企业需要有历史数据,即过去 5 ~ 10 年的劳动力与生产的销售价值之比的历史记录以及同期的平均生产成本以取得两者的比例,这个比例可以作为一种企业日后评价整个员工队伍业绩的标准。

计算得出的比例是劳动力成本占劳动力产出商品或服务创造所收入的百分比。如果这个百分比是 33%,就说明以往有 33% 的收入是用于劳动力报酬的。任何低于 33% 的时期都可能是斯坎伦计划的实施结果。这个计划一般用于 75% 的员工和 25% 的企业中。大部分计划是每月进行一次,也有一季度进行一次的。该计划的关键要素是选出数据收集和资金分配监督委员会。委员会应由各级各部门员工组成[20]。

第二种成本节省计划是鲁卡尔计划,指用生产成本比例(SOP)除以劳动力成本。生产成本指产品或服务生产制造过程中的原材料、供应和服务费用。计算的结果是经济生产率指数(EPI),如果这个指数低于历史成本,说明员工在生产过程中成本控制得较好,应均摊节省下来的钱。这个计划可以根据净销售(扣除产品成本)和成本之间的差距对员工进行奖励。与斯坎伦计划一样,这个计划也需要历史数据,并由员工委员工会监督。

第三种成本节省计划是改进分享计划,即"通过共享计划改进生产"。根据改进计划,企业可以计算每一个产品或服务的单位工时劳动力成本标准,以此标准衡量员工生产力和效率。如果现有成本低于历史成本标准,员工可以得到奖励。这一方法非常适用于饭店业刺激员工减少高昂的劳动力成本。该方法可以常年运行，也可以在某些季节或季度里进行，以此不断鼓励员工节约成本。

利润共享计划

利润共享计划背后的理论是，如果员工能通过压缩成本或调整生产提高利润，他们应分享这部分利润。严格地说，利润共享计划应包括任何利润分配计划，奖励为企业目标的实现作出贡献的员工。

有些公司认为利润共享计划是提高生产力和利润的有效办法，但在另一些企业中这却变成了另一个保健要素*，不论个人贡献如何，员工们都认为分享一部分利润是理所当然的。

根据利润共享计划的类型、用途和设计，没有利润的增加不会有任何款项的增加，有人认为这是该计划的一个优点。另外，这个计划有时会使员工更多地意识到整体营运成本、市场竞争压力以及管理层不一定会因员工的努力而发迹这一事实。不过，如果年景不好，不论员工为企业做多大贡献都可能得不到奖励。除非员工委员会参与计划的开发和分配，否则员工们会认为管理层有意保留利润用于长期的成本摊销而拒不支付他们应共享的那部分利润。

利润共享计划共有 3 个类型：现金计划（当前分配计划）、远期计划（远期分配计划）和复合计划。每个计划都需要一定的等候时间。

现金计划　现金计划亦被称为当前利润共享分配计划，因为利润分配是在利润期结束近期。根据现金计划，现金、实物或两者兼有的分配是根据企业的利润率而定的，往往每季度分配 1 次，有的每月分配 1 次。

林肯电子公司计划是最有名的现金计划之一。1914 年，詹姆斯·林肯的员工表示如果他们能分享一部分利润他们答应会帮助企业提高利润。林肯从那时起使用这个计划直到 20 世纪 70 年代。由于员工的贡献突出，有时他们的奖金甚至会超过工资。林肯计划的一个关键要素是保证每个员工有 49 个工作周只排 30 小时的班。

远期计划　远期计划也被称为远期利润共享分配计划，与现金计划类似，只不过员工得到的是一个期票，奖励是在一段时日之后支付的，一般在员工退休时或开始领养老金时。由于员工不能在利润中得到奖金分配，业绩与奖励报酬的联系不紧密。

复合计划　将现金计划和远期计划混合起来使用，一部分奖金在利润当期支付，另一部分留待退休时支付。

---

* 保健要素的概念可参见第 8 章中介绍的赫兹伯格双要素理论。——译者注

员工持股计划

员工持股计划（ESOP）指为每名员工建立一个账户，企业根据员工对企业的投资或企业利润分配现金或实物。投资一直属该员工除非他退休或离开企业。一般ESOPs由员工持股基金（ESOT）管理。

在 1975 年《减税法》立法以前，员工持股计划主要应用于经理和执行层。随着时间的推移，这个计划的应用范围已拓展到企业的各级员工层。员工持股计划能提高员工对企业的投入程度、忠诚度和积极性。研究发现使用员工持股计划的企业销售量增长速度要高于不用 E 员工持股计划的企业[21]。很多使用员工持股计划的饭店企业也发现这个计划能留住员工并提高他们的积极性[22]。

员工持股计划主要有两种：

- 普通员工持股计划——企业为每个员工建立年分红账户，这些分红反过来用于购买公司的股权，购买股权的钱从员工账户上扣除，员工在退休或聘用期结束时领到剩余的净资产；

- 平衡的员工持股计划——指员工持股计划从银行或其他借贷机构贷款资助企业的项目，企业在向员工持股计划支付报酬的同时也向银行偿还本息。

员工持股计划能提高生产率，降低人员流动率、缺勤和成本，同时从税务上也对各方有利。研究显示，至少是在短期，这在股市上是利好因素。不幸的是，不是所有这样的计划都能成功。例如，美国联合航空公司从 1994 年起采用员工持股计划，但缺少恰当的规划，该计划直到 2002 年企业宣布破产时才停止。一些专家认为，美国联合航空公司的计划在执行之初就注定失败：该计划遭到了很多雇员（航空服务人员）及新的管理层的反对，但依旧执行[23]。

有专家认为员工独立投资比参加员工持股计划获利更多。但这种批评不足以减弱员工持股计划对股权拥有者、借贷者或员工的吸引力，至少员工持股计划的确能让员工省钱，而且使用得当的话能激励各方的积极性。企业可以减少为员工持股计划贷款还本付息额度（减少额度不超过年工资的 25%），借贷方因员工持股计划贷款所获的利息收入可以减免一半的利息税，股权拥有者因职工股的收入可以获得税收减免（前提是职工股占公司总资产的 30% 以下），对于员工来说，企业付给员工ESOP 账户上的钱可以不必交税，直到他们离开公司真正得到现金或股票时[24]。

虽然很多企业都认可员工持股计划的优点，但该计划也有一些缺点。很多经济学家指出以下因素可能会导致该计划的失败[25]：

- 搭便车问题：即使团队中的大部分员工希望更努力地工作，但仍会有一些员工偷懒，让其他人做更多的工作；

- 员工并不像执行计划的企业那样看重所有权；
- 如果员工所有者占大多数而且真正控制组织，那么员工将会希望更高的工资和短期收益，而不是企业的长期投资和赢利。

当该计划作为养老金计划的一部分时，企业股权就会引起其他的问题。例如，当由于养老金计划的原因而购买大量公司股权时（很多公司以此维持股价的升高），员工和企业的绩效过度捆绑在一起[26]。例如安然公司，上千雇员失去了他们所有的储蓄。由于接受企业高层的建议，他们把所有退休金都购买了公司的股票。当企业破产后，这些雇员变得一无所有。

股权选择：企业会首先向执行层和最高管理层认购股权，只要认购人在本企业工作，认购价格就是认购协议价，不论现在股票市值已经涨到多高了。

这种股权选择曾经一度是激励管理层努力提高企业利润，拉动股票价格的一种有效手段。但自 1986 年《税制改革法》立法以来，股权选择的吸引力有所减弱，因为股票带来的现金收入也要纳税，因此员工持股所带来的收入中一大部分需纳税。很多公司认为股权选择仍是一种吸引新经理的方法，但一定要与基本工资福利配套[27]。

管理者必须严格遵循《萨班宾斯—奥克斯利法案指引》（*Sarbane – Oxley Act guidelines*）。该法案 2004 年通过，目的是通过强化公司对外披露、要求公司和高层遵守严格的道德规范从而减少美国的不道德商业行为。

金钱或实物奖励哪个更好

经理们常在金钱奖励和实物或旅游奖励之间徘徊犹豫，两者各有各的好处。实物比金钱持续时间长，可以不断提醒员工自己曾受到过奖励，而且每次看到奖品他们都会考虑如何做得更好，再度获奖。实物是员工一种可资炫耀的东西，是成功的可见标志。另外这种奖品企业可以以低于零售价的价格买来。

从另一方面看，现金很容易被花掉，不会留给员工任何东西与业绩奖励有关。但现金也具有实物不可比拟的好处，如专家指出"没有什么能比钱更能满足人最广泛的需求了"[28]。员工可以用奖励得来的钱购买他们需要的任何商品或服务，特别是员工正缺钱满足他们某方面需求时；而实物奖励（如去夏威夷旅游）反而因种种原因对他们没有吸引力，比如伴侣不能请假同去，没有人带孩子或请不起人带孩子，旅游需要自己支付很高的附加费用等。总之，企业选择的奖励方式既要能反映企业的目标，又要能满足员工的需要。

团体奖励计划的缺点

员工有时觉得个人奖励计划会给个人带来麻烦，如奖励让员工特别卖力工作结果使雇主用更高的标准要求员工的正常工作水平。

这种缺点在团体奖励计划中也有同样的反映,团体奖励,特别是利润共享型奖励还有更多的问题。即使员工的表现已经超过了正常水平,他们仍可能因为企业整体效益下降而影响收入水平。另外团体奖励分配过程中也常会出现不努力的员工拿到了与努力的员工一样的奖励这种不公平现象。

很多专家认为个人奖励计划的效果比团体奖励计划好,团体奖励中,奖励与个人表现联系得不紧密,这种奖励甚至会引起矛盾,因为总有不努力的员工搭团体奖励的便车,而努力的员工会觉得自己的付出与回报不相称,产生不公平的感觉。

在不同的环境下可以用不同办法克服上述矛盾和不公平感。在教学中,小组成绩可以根据小组成员填写的权重分配表对各人成绩加以区别,这种方法也可以用于工作中,让团体中的员工个人有机会对每个团体成员的贡献程度加以评估,即员工也有能力左右奖励的分配。

员工福利

福利是一种吸引并留住员工、激励员工、提高员工满意度的有效手段。更多的一揽子福利,涉及高额成本和对员工福利的义务承诺[29]。然而,由于福利与业绩不挂钩,因此它的激励和提高满意度的作用是值得商榷的。由于福利在美国企业中非常普遍,很多员工视之为当然的报酬,而不是一种激励因素。美国劳工部的数据显示,2004 年员工收益占企业工资总支出的 30%[30]。

2005 年 3 月,只有 53% 的员工参加了企业提供的医疗保险计划[31]。饭店业中没有健康保险的员工比例更高。

根据"食品企业研究论坛"的《行业选择报告》,员工离开这个行业的第三大理由是福利不好。报告显示健康保险对这个行业是很重要的,而实际上有 64% 的员工是不受这个险种保护的。退休福利也很重要,而 62% 的饭店行业从业人员不享受退休福利。当然也有例外,如星巴克就被美国总统认为是道德标准企业,其原因之一就是完善的福利计划,甚至对钟点工也如此。星巴克的员工福利包括医疗保险、牙科及视力保健、精神健康及药物保健福利、短期和长期的残疾、人寿保险、病假、带薪假期、401 (k) 退休基金、股权选择(指咖啡股)及每周 1 磅免费的咖啡[32]。

对美国餐厅的一项研究显示,很多企业给经理提高了福利待遇,主要是为了吸引并留住好的经理,其中包括提高薪资、奖金、工作场地选择权、休假时间、退休计划(常被称为"手铐"式长期雇佣)和股权认购优先等。图 9 - 1 对餐馆行业的 4 个部门的报酬体系(包括福利)的支出情况和人员流动率进行了分别对照,最右边一栏所列的数字包括工资和福利。

很多福利都已变得很平常了，如医疗保险、每年两到三周的带薪假期等。

图 9-1　薪酬是如何影响餐馆行业的员工流动率的

部　　门	平均流动率（%）	平均每个流动的 成本（美元）	平均每个流动的现金 补偿额（美元）
快　　餐	38.3	26944	43075
中等规模	32.6	24500	65100
大规模便餐	25.9	25923	68100
高档正餐	18.0	50000	102000

资料来源：Padma Patel and Beth G. Chung, "Changes in Multiunit Restaurant Compensation Packages," *Cornell Hotel and Restaurant Administration Quarterly* 39,（1998）3：45－53.

企业所提供的福利一般可以分为 4 类：

- 强制福利；
- 选择/自愿福利；
- 养老金及退休福利；
- 其他福利。

经理应在建立和评价福利体系时问自己如下的问题：

- 我必须提供什么福利？
- 我可以提供什么选择福利？
- 我如何管理福利？
- 这些福利包括哪些成本？

以下将分别对这些问题进行论述。

强制福利

强制福利是由联邦或州政府司法监督的福利项目，其中由联邦政府根据 1935 年《联邦保险法》（FICA）保障的强制福利就是一般所说的社会保险。这个制度是用以保障员工及其抚养人得到退休收入、残疾收入、医疗保险及生存福利。其他强制福利还包括工伤补偿和失业报酬保险。

社会保险　社会保险是指给员工及其家属提供的一种财政保障，对雇主来说这是一项费钱的计划。现在雇主和员工都需要上交年薪的 7.65% 作为社会保险金，具体金额根据通货膨胀率每年都有变化,员工退休后可以从中获得收益。

与其他保险计划不同的是,社会保险用现在的保险金收入资助退休的员工,也就是说现在在职的员工在支付退休员工的福利。多年以来,社会保险制度满足了社会的需要,特别是帮助了低收入者,但专家们指出由于多种因素,这个制度也面临着很多问题。如现在低收入的员工越来越多,说明社会保险的经费来源越来越少了。另外由于婴儿潮(1946~1964年)期间出生的人的老龄化问题,在未来20年中退休的人群会不断扩大,而紧随其后的婴儿低潮期(1965~1980年)造成了现在大量的退休人群要靠少量的在职人群供养的现状。50年前,16个在职人员供养一个社会保险福利享有人;今天,33个在职人员支付一个退休人员的保险福利[33]。

现有的社会保险条例允许以往的员工及其配偶自65岁起终止缴纳社会保险并领取保险金,如果有要求,他们可以从62岁起就领取保险金,但领取额度会有所减少,并随着时间的推移减得越来越多。现在如果从62岁起领取保险金,金额减少比例是20%,到2022年减少比例增至30%,这说明政府在努力维持社会保险制度。

另一个变化是美国国会在不断提高"正常"退休年龄,2009年当婴儿潮出生者普遍退休时,领取社会保险金的年龄将提高到66岁,2027年再次提高到67岁。这种改变会影响到所有1942年以后出生的人。

失业报酬保险　另一种《联邦保险法》强制的福利是失业报酬保险(UCI),根据目前的规定,原先的员工如果失业(由于个人过失被解雇者除外)并正在积极寻找工作期间,他或她可以获得正常工资的50%到80%的收入。这个规定由联邦政府强制执行,但失业报酬保险由州政府管理,各州的管理条款不尽相同。联邦政府的失业税为第一笔7000美元以上的工资收入的0.8%,各州的缴纳标准根据雇主的要求数量而定,可为工资总成本的1%到10%。

工伤补偿　工伤补偿为因公致残或死亡的员工提供补偿,不论事故的责任人是谁,因此也被称为"免责"计划。这个计划一般由雇主交纳的保险金支付,保险金交纳比例根据企业的伤残历史记录而定,伤残记录高的企业的保险金支出要高于记录低的企业,受益标准各州也各不相同。工伤补偿的最低标准从2001年到2004年增长了50%。饭店行业由于员工流动率高、缺乏培训,员工索赔数量与员工人数不成比例[34]。

减少饭店企业的员工补偿支付的一个办法是建立中心汇报制度,各部门经理要及时向免费电话呼叫中心的风险经理汇报员工受伤情况,以此代替提交相应表格的过程。公司用这个制度可以有效地减少因伤残记录不准造成的额外福利成本[35]。

饭店企业也可以向员工说明可能造成伤害的问题以减少员工索赔。例如,滑倒事故占美国饭店业用于员工索赔的总额的40%,平均每次关于滑倒的索赔金额为5400美元。案例研究表明,如果企业能够使员工懂得如何挑选防滑鞋,那么企业此方面的损失将减少 90%[36]。

20 世纪 80 年代中期，天空厨师公司平均每年因腰背拉伤损失 18000 个工作日，于是企业对员工进行培训，告诉他们如何在搬运过程中避免自己受伤，并为安全搬运设立现金奖励，到 1994 年公司因伤病损失的工作日减少到 8500 个，到 1995 年减至 5000 个。以每起赔偿平均 25000 美元计，这项措施已为公司节省了大量的开支[37]。

对索赔员工的调查发现几个有趣的事实。15% 的员工提出的索赔占索赔案例总数的 85%，这 15% 中有 60% 是腰背损伤，主要是户外工作造成或使病情加重的。RTW，一家明尼阿波利斯的员工补偿专业公司能通过预先发现这类员工或开发让这些员工早日恢复工作的计划为企业降低 50% 左右的损失。这类公司每年能为雇主节省数千美元[38]。

选择/自愿福利

企业能提供很多可选择的福利，但有些福利已经非常标准化了，被很多行业的员工认为是理所当然的。健康和人寿保险福利属于员工一般认为应该必备的选择福利。很多饭店企业这方面做得很好，而且在保险计划上做文章吸引员工，但也有些饭店企业在这方面仍做得不够。

团体人寿保险　团体人寿保险是根据员工的收入水平而定的，当然员工可以根据自己的需要自愿多买。计算人寿险的基本原则是员工年收入的两倍，即如果一名员工年收入 2 万美元，人寿险支付 4 万美元，长期残疾保险一般与人寿险连同赔付。

团体健康保险　迅速增长的医疗费用使得健康保险成为员工得到的最贵的一项福利。根据 2001 年对雇主、保险人和保健商的调查，雇主为了应付不断上涨的医疗费用普遍采用了提高奖金和员工个人支付部分的策略[39]。

近年来医疗保健费用提高的另一原因是 1985 年通过的《综合预算调节法案》（COBRA），根据这个法律，在"适当的情况"下，如解雇、死亡、离婚，雇主必须允许终止合同的员工及其家属能继续购买不超过 18 个月（员工）或 36 个月（家属）的团体健康保险。前员工或家属必须向雇主支付保险费，根据法律规定，雇主可以向前员工或家属收取 2% 的手续费。

但手续费根本不足以抵消雇主的支出，该法律不仅要求雇主照料符合规定的人员，而且对通知、跟踪、记录所有相关事件的全过程有很复杂的规定。如果受到监督方的起诉或监督，雇主必须能证明自己的行为是符合《综合预算调节法案》法律规定的。除了管理费用（邮寄、工资、一般管理费等），雇主还要支付延续的健康医疗费用以及因《综合预算调节法案》诉讼引起的延期费用，一般是单个员工成本的1.6 倍。雇主平均要为每个《综合预算调节法案》人员支付 7021 美元的费用[40]。

企业要为《综合预算调节法案》支付的费用

- 《综合预算调节法案》培训证据；
- 书面的《综合预算调节法案》程序（有相关说明的员工手册）；
- 程序设计文件（1986 或 1987）及程序更新（到最近）；
- 程序执行监督文件；
- 初期通知；
- 其他事件通知；
- 残疾延期通知；
- 转换通知（如果雇主团体健康计划有转换选项时必须进行的事情）；
- 事件报告到雇主或计划管理人的记录文件，事件指离婚/家属事件或残疾；
- 公开报名通知；
- 通知失效（建议不提出明确要求）；
- 不明显保费支付不足通知（可能的通知）；
- 保费结算过程（选择性的，不是必需的）；
- 完全准确地向保健部门汇报；
- 消除过程（自愿的和非自愿的）；
- 正确选择的证据。

　　雇主和员工支付的保健费用越来越高也是由于承担费用的人数越来越少了，约有 75% 的人就医不必支付全额医疗费，有些是享受政府资助的，医疗费用相对较低，有些能得到蓝十字或蓝盾等私人协会补助的医疗费折扣，也有些人少付医疗费是因为他们没有任何保险或基金保护。额外的开支都要由其余付全额医疗费的 25% 的人负担。这在医疗保险术语中被称为"费用转移"，即医疗费用由受益人支付转为有支付能力的人支付。

　　雇主也要认真监控费用支出以确保他们得到了应有的折扣，有些医疗管理计划将与医院医生谈好的折扣储藏起来而不用于计划的资助人和参与者，图 9 - 2 指出这种不正当做法会给雇主带来的支出。

　　此外，由于雇主与保健供应商和雇员是协议合作关系，很可能被收取更高的费用[41]。

　　其他保健计划　由于医疗保险的成本很高，一些其他保健计划应运而生，受雇主青睐的健康维持组织及自我保险都说明企业想尽一切可能的办法降低医疗保险的成本。

图 9-2 你得到折扣了吗

下面的资料说明保健计划是如何由于没有执行医疗服务协议折扣而多收钱的。

医院收费	$ 10000
协议折扣 25%	$ 2500
实际收费	$ 7500
员工支付 $ 10000 的 20%	$ 2000
员工应支付 $ 7500 的 20%	$ 1500
员工多支付	$ 500
雇主支付 $ 10000 的 80%	$ 8000
雇主应支付 $ 7500 的 80%	$ 6000
雇主多支付	$ 2000

资料来源：Sedgwick Noble Lowndes, printed in *HR Focus* (January 1996): 7.

健康维持组织（health maintenance organizations, HMOs）只要交固定的年费，健康维持组织就可以为企业提供全面的医疗保险服务。企业特别强调预防性保健，如果员工能定期与医生见面，他们受到伤残的可能性要小得多。1973 年的《保健法》规定有 25 名以上雇员的雇主必须提供健康维持组织服务（只要当地有类似机构），作为可选择的保健福利。如果这种服务的费用高于医疗保险，员工支付高出部分费用。健康维持组织的意义在于通过指定病人的保健医生降低企业用于医疗保健的成本。如健康维持组织的病人必须在申请医疗金之前先与健康维持组织的专家会面。

优先供应组织（preferred provider organizations, PPOs）提供健康保险的依据是雇主与保健商签订的协议。一般优先供应组织提供的保健服务能减少参与方的成本，病人只能去指定的医生诊所看病，这些医生属于优先供应组织网络，这可以保障雇主和医疗供应商的利益，雇主可以以较低的成本投保医疗保险，保健商可以得到稳定的客户来源。

有些雇主使用自我保险方法减少医疗保健费用，通过自我保险雇主可以直接把医疗保健费用支付给员工而不用通过保险公司。企业使用这种方法是希望这样比为员工购买医疗保险更省钱。在很多情况下，使用自我保险的企业也与市场上的一些医疗供应商协商以较低的价格为员工提供医疗保健。一些饭店企业，特别是较大的企业，一般用自我保险计划。很多饭店企业发现这种方式能有效控制医疗开支。

《餐馆业》上的一篇文章指出自保餐馆（通常参加本州餐馆协会的医疗保健计

划）通过自我保险节省了开支。如在路易斯安那州，自我保险的费用为每 100 美元工资 4.83 美元，低于 7.08 美元的商业保险标准[42]。但雇主在比较成本时必须注意，最近有调查显示自我保险的费用高于其他方案，如图 9 - 3 所示，最大的企业能实现最大额度的节省。饭店经理在采用自我保险计划前应仔细比较各种方法，包括向州或国家级协会咨询，因为这种方法可能省钱也可能更费钱。

图 9 - 3 自我保险：总体更贵

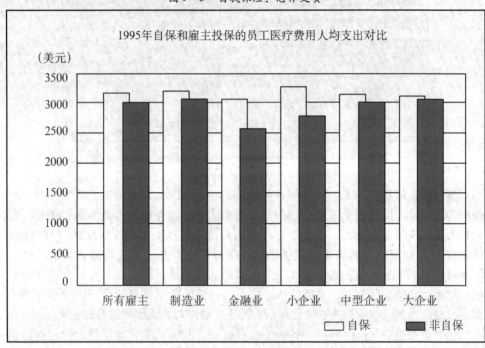

1995年自保和雇主投保的员工医疗费用人均支出对比

资料来源：Business & Legal Reports, Inc. , printed in *HR Focus* (June 1996)：7.

其他保险方案包括免除计划，如蓝十字/蓝盾，员工可以不受限制地访问医生专家，但这对企业来讲会更费钱。另一种方案是医疗储蓄账户（MSA），这个账户的资金来源是从员工自己的税前工资中扣除的，这部分钱可用于常规的医疗保健。这些计划还必须有大规模的医疗保险为补充，以保障大病的医疗费用。

自我保险、健康维持组织和优先供应组织不是雇主节省费用能使用的仅有方法，有些企业侧重对出诊治疗而不是去医院治疗。这些企业支付出诊的全部费用，医院治疗采用共同支付计划。也有些公司提高可压缩费用，指每年保健费用支付之前每个员工及其家庭成员必须自付费用，员工会尽可能缩小医疗保健范围。另一种控制费用的方法是建立一种共同支付计划，即员工和雇主共同承担医疗费用，一般雇主付80%到90%，员工支付其余的10%到20%。有些公司也要求员工在选择医生或医疗服务时听取第三方的意见。

雇主还可以要求员工更多地注意自己的健康以期减少保健费用。很多医疗专业人士认为人们可以通过改变自己的生活方式或保持自己的生活规律将生病的可能性降到最低，这种观念被称为预防性保健，有些企业举行"健康交易会"用以鼓励员工考虑并采用预防性保健计划。塔夫茨（Tufts）一家新英格兰第三大健康维持组织定期为一些饭店企业实施预防性保健计划[43]。

自选计划：兴起于1978年的《收入法》的自选式计划包括两种基本形式：（1）单保险金计划（POP），最常用的一种计划；（2）灵活支出账户（FSA）。大公司可能还会提供一个"全自选式计划"，企业可以通过这个计划把一定额度的钱分给员工由他们从一系列福利中进行选择。

纯保险金计划从员工的税前工资中扣除保险金。这种计划的好处是使员工减少税前工资，从而增加实际拿到手的工资，也能减少企业必须从工资中支付的7.65%的FICA和医疗税。灵活支出账户给员工提供的是用税前工资支付不含在保险范围内的医疗费用或家属医疗费的计划，选择这个方案的员工每年要单列出一笔用于此目的。

减少福利成本的一种越来越流行的方法是很多公司提供"自愿"福利，即员工可以从企业提供的各种福利中选择自己所需要的。一般这些福利都放在一个自选式计划中（或更准确地说一个IRS部分的125计划），员工可以从中选择。

养老金及退休福利

养老金及退休福利是很多员工认为理所当然的另一种选择福利，这些福利每个企业都各不相同，有的企业雇主支付全部费用，有的则员工和雇主共同负担费用，不论哪种情况雇主支付的费用都很高。美国劳动部的一项研究表明，平均每个员工总报酬中的4%是用于退休福利或其他基金福利的[44]。

企业提供养老金及退休福利的主要原因是建立员工队伍的稳定性和可靠性。表面上，这种计划能很理想地解决饭店行业面临的问题，包括高员工流动率和员工对饭店工作的态度。然而饭店行业在这个计划的使用推广上远不及其他行业。

1997年国会通过一项法律，让小企业，特别是家庭型企业更多地采用养老金计划，这是《小企业工作保险法》中的一个条款。根据这个计划，家庭型企业可以向所有为企业工作的家庭成员提供退休福利。以往小企业只能提供一个"总体汇总的计划"禁止家庭成员向 401（k）计划交足全额费用。根据以前的计划，如果父子或夫妻要向 401（k）支付费用，他们的支付额不得超过汇总计划，不是个人总额。这实际上削减了他们的养老金支付额度[45]。

2001 年 6 月，布什总统签署的一项减税案使餐馆行业从中受益，法案是用于调整雇主建立员工养老金计划程序的，使之更安全更灵活。全国餐馆协会褒奖这个法案是"对雇主员工都有利的"，因为它给员工和雇主在制订退休计划时更大的自主权[46]。

大部分养老金和退休计划的目标之一是把现在的税务支出推到以后，或者说推到个人收入较低的时候（如退休时）。后面提到的所有养老金及退休福利计划都符合这个推迟内部税费原则的"条件"。养老基金投资所得的利息和分红也可以延期纳税，所有税费都是在钱被提出用于支付养老金时一起结算。

雇主们使用的养老金和退休计划一般分为两类：

捐助退休计划：指员工和雇主共同向养老账户存款，最常见的分配方法是雇主和员工各负担一半；非援助计划，指只有雇主投入的员工退休计划。

固定的援助计划：固定的援助计划亦被称为"金钱购买"或"利润共享"。每个员工建立一个账户，定期划入固定额度的钱，源于员工或雇主的投入。员工持股计划（ESOP）是固定的援助计划的一种，员工退休时获得的可兑现收入包括利润、资产积累和分红。这个计划非常流行，因为它更强调企业的增长和成功，不过它的安全性较其他由外部企业管理的基金账户要低。

固定的福利计划：根据固定的福利计划，退休福利视受雇年限长短和平均收入而定。为了保障员工的利益，雇主一般将这个计划中的基金交由第三方管理。根据固定的福利计划，员工可以事先就明确知道他们准确的退休收入。

1974 年的《员工退休收入保障法》：1974 年的《员工退休收入保障法》（ERISA）要求建立汇报要求、委托责任和向参加者、归属者和退休养老金筹措者提供的指南。成立一个联邦保险代理机构——养老金福利保障公司，确保即使援助企业倒闭，固定的退休福利和养老金计划仍能得以实施。为此，雇主必须符合一定条件，定期支付保金不得少于每名员工 15 美元。根据《员工退休收入保障法》，任何 21 岁以上（含 21 岁）的员工为企业工作一年以上都有权参加公司的退休或养老金计划。该保障法还包括有禁止雇主对公司长期雇员优先给付养老金的条款。《员工退休收入保障法》立法时，国会有两个目的：其一，鼓励雇主为其员工建立并维持退休收入；其二，以法律形式使员工退休后的福利得到保障。两个目的基本都达到了，养老金计划无论从参加者数量和总金额上看都有了长足的发展。《员工退休收入保障法》的实施对两个方面影响最大：（1）从固定福利（DB）计划转变为固定援助（DC）计划；（2）《员工退休收入保障法》的重点和影响力主要侧重于雇主提供的保健。由固定福利计划到固定援助计划的转变将投资风险从计划担保人（或养老金福利保障公司）转移到员工个人。现在员工要对自己的投资更负责，投资决策在于员工个人而不是担保人。

《员工退休收入保障法》的立法者没有料到的是当前为退休员工提供医疗保健成本的上升。这项法律通过后，主要侧重于对退休福利的规定，而由此带来的日后的医疗成本的上涨是法律工作者所始料不及的。为了补救这一点，国会又再立了两项法律：综合预算调节法案（COBRA）和健康保险灵活性及可靠性法案（HIPPA）。今后国会还将针对《员工退休收入保障法》的有关问题进一步制定相关法规，如关于预占问题的规定，因为预占有时会致使工人和退休人员在生病时得不到医护治疗[47]。

个人退休账户：个人退休账户（IRA）最初是由《员工退休收入保障法》建立的，针对不参加雇主退休计划的员工。近年来，有很多可退税的账户供已经参加了雇主退休计划的员工使用。不过1986年的《税制改革法》对个人退休账户增加了很多限制，以往可退税的个人退休账户投入现在只适用于低收入且无公司担保的退休计划保障的纳税人。近年来个人退休账户的形式开发了很多。由于个人退休账户是个人基金的载体（不是雇主提供的福利），因此不属于本章所讨论的范畴。

工资扣减计划［401（k）计划］：通过工资扣减计划，员工可以将延迟纳税的养老金投入存到公司利润共享计划中的退休账户。这个方案也被称为"401（k）计划"和"资本积累计划"。截止到2001年，个人401（k）计划年投入金的上限是10500美元[48]。根据2001年6月布什的减税计划，401（k）计划年投入金的上限将逐渐增至15000美元。根据这个计划，税收将延迟到退休后从账户中取钱时再结清。

很多公司鼓励员工参加这些计划，并付给员工一定的补助，一般补助比例是员工每投入这个计划1美元，企业补助0.50到0.60美元，补助总额占员工工资的6%到8%。

其他福利

员工还可以享受公司资助的许多其他计划所提供福利，其中最常见的是教育福利、员工援助项目、子女或抚养人照料计划、自选式及弹性福利计划、法律顾问服务、长期护理保险及带薪假期。

教育福利：教育福利现在已经非常普遍了，一般只要雇主同意员工参加的课程企业都可以报销学费，有时甚至包括子女及配偶的学费。有的企业除学费外还报销与教育有关的一切费用，如书本费等。有些企业报销全部学费，有的报销部分。员工要报销学费必须取得课程毕业资格。

一些饭店餐饮企业开发出自己的教育福利计划。麦当劳的计划就很著名，还有汉堡王，员工经同意可以报名参加各种课程，并报销部分学费。美国第一大快餐企业（Chick – Fil – A）也采用这种学费报销计划，并发现这能极大地提高员工对企业的忠诚度，减少缺勤率[49]。

员工援助项目：美国提供员工援助项目（EAPs）的企业越来越多了，其原因之一是提高禁毒意识。员工援助项目是 20 世纪 40 年代为了杜绝工作酗酒问题而产生的，现在这个项目主要针对与吸毒和酗酒有关的问题，也涉及员工婚姻问题、个人财政、事业发展及其他影响工作的问题。员工援助项目在美国已经非常普遍了，有80% 的企业有内部员工援助项目，其他通过与外部专业员工援助机构的协议为员工提供相关服务。

子女或抚养人照料计划：1981 年，国会通过了一项法令，允许雇主从员工的纳税收入中扣除不超过 5000 美元的经费用于补助其子女及抚养人的照料费用。这样员工就可以用税前收入支付这部分费用，从而间接地增加了他们的收入。1981 年前员工得从他们的税后收入里拿出这部分开支。研究发现服务行业中 3/4 的员工要照料子女，平均每个员工一年为子女问题请假 8 天[50]，因此这项福利计划能明显地惠及饭店行业从业人员。

自选式和弹性福利计划：以往雇主只决定提供什么福利计划，然后在所有员工身上实施，现在大部分企业对此都做了根本改变，欧维希市场研究咨询公司（Opinion Research Corporation）的一项国家范围的调查表明，被调查人群中对传统的固定模式福利计划满意的人数比例不超过 20%。欧维希公司在全国范围内的民意测验显示，对现有福利满意的只有 50% ~ 55%。显然，应该允许员工自由选择福利，以最大程度地满足他们的要求[51]。现在由于自选式和弹性福利计划的实施，员工对福利选择有了更大的自主性。

自选式和弹性福利计划是两种不同的福利方案，虽然看起来是一样的。自选式计划为员工提供福利或相当于福利的现金，而弹性福利计划只提供福利。如图9 – 4所示，这种选择对员工来说是非常重要的。

图9-4　员工福利选择的重要性

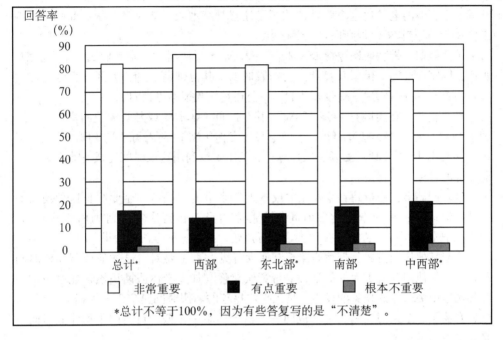

资料来源: Pulse Surveys of America, Inc., by the Colonial Life and Accident Insurance Company and The Employers Council on Flexible Compensation, 1992, printed in *HR Focus* (April 1995): 7.

　　自选式及灵活的福利计划能给员工带来实质性好处,特别是双职工家庭,夫妻两人可以分别在各人公司选择不同的福利。自选式和弹性福利计划包括3类:核心支出账户计划、阶段支出账户计划、弹性支出账户计划。

- 核心支出账户计划为每个员工提供一系列"核心"福利,加上一个其他福利清单由员工自行选择;
- 阶段支出账户计划为每个员工提供几种福利"套餐",员工可从中选择一种;
- 弹性支出账户计划把企业准备用于福利的钱给员工,由员工根据自己的需要决定用什么福利。这个计划与核心支出账户计划类似,只是企业不指定"核心"福利。

　　自选式及灵活的福利计划的好处非常明显,员工有更大的选择自由度。不过这种计划也有缺点,最主要的是增加了企业的日常文书工作量。

　　长期护理保险:另一种近年来普及率增长很快的福利是长期护理保险,这个险种是用以弥补医疗保险的空缺功能的,医疗保险只能支付医院治疗费用的2%,家庭护理费用的一半。自 1987 年以来，长期护理保险的购买量增长了 27%，而且随着婴儿潮出生人群的老龄化这个险种的购买量还会继续增长。如果有意购买此险种，员工应在 55 岁前购买，否则保费会贵很多。

带薪假期：带薪假期包括带薪休假、病假、子女照料假、宗教假日、个人假期、丧假、国家兵役期、保留兵役期、受伤假期以及其他带薪假期。大部分企业允许员工在为企业服务一年后享受带薪休假，各公司具体政策不尽相同。

有些企业（在美国有 14%～24%）甚至给员工休假年或延长休假的待遇。麦当劳于 1977 年建立了休假年制度，全日制员工工作年满 10 年者可享受 8 周的休假，满 20 年可休假 16 周。休假必须一次性休完，员工可以利用这段时间完成一些个人的或职业上的目标。

带薪假储蓄：雇员缺勤率及相关成本近年来呈上升趋势，企业制止这种现象的一种方法是把所有的带薪休假时间集中起来由员工自行决定如何利用这些时间。图 9－5 把带薪假储蓄方法与其他方法进行比较，显示这种方法的效果。

比起其他休假方式，带薪假储蓄有两大好处：员工要对自己如何调配休假时间负责，而且他们拥有更大的灵活性。带薪假储蓄（加上未休假期积累）能避免员工在年尾集中突击休假现象的发生。员工平均每年的病假时间是 7 天。根据有关研究，把所有休假、个人假和病假都算成同一名目下的单一休假，员工的平均休假时间不是长了，而是短了[52]。

图 9－5 带薪假储蓄

返回工作

比较以下每一项对缺勤率控制的有效性，分值跨度为 1～5，1 最有效，5 最无效。

带薪银行假日	1.86
无过错计划	2.46
纪律处分	2.53
回购计划	2.59
年度复查	2.81
奖金	2.90
对个人成绩的认可	3.37

资料来源：CCH, printed in *HR Focus* (December 1995)：9.

灵活的工作时间：目前的趋势是企业为员工提供灵活的工作时间。管理者认识到人们应该有时间不工作，更加关注个人的需求。研究表明，2005 年，57% 的企业允许灵活的工作时间。工作的灵活性使员工能够平衡工作与个人生活。由于身体不适、照顾小孩或者送小孩上学等可以接受的原因，员工可以灵活地安排工作时间。灵活性体现在很多方面，包括病假、家庭和医疗假、远程工作、共同完成工作、压缩工作周、阶段性退休等[53]。

最大化工作时间：饭店业的工作大多要求工作时间长，包括晚上、周末和假期。这样造成的结果是低级别的管理者流动性高。面食公司（Noodle & Company）的创始人和首席执行官艾伦·肯尼迪意识到管理层人员流动对企业的影响。为了鼓励管理者留在企业，他调查这些管理者最看重什么福利。他发现，管理者非常看重他们的自由时间、与家人相处的时间以及享受他们爱好的时间。因此，该企业推出了一个慷慨的计划包，包括传统的健康、退休和休假；此外，还包括健身会员、租车、保证工作时间为每周 45 小时以及免费的滑雪场门票（公司位于科罗拉多博尔德）。面食公司目前拿薪水的管理者的离职率为 10%，大大低于行业平均水平。肯尼迪每年在每个分店福利上的花费平均为 25000 ~ 30000 美元，但这远远低于在聘用和培训新管理者上的花费[54]。

注释

[1] M. Singh, "Integrated Pay for Performance：The High-Tech Marriage of Compensation Management and Performance Management," *Compensation & Benefits Review* 37, no. 1 (2005)：18 – 25.

[2] "Design Your Own Incentive Pay Plan to Improve Performance," *Receivables Report for American's Health Care Financial Manager* 16 (August 2001)：9 – 10.

[3] C. M. Spray, C. K. Wang, and S. J. Biddle, "Understanding Motivation in Sport：An Experimental Test of Achievement Goal and Self Determination Theories," *European Journal of Sport Science* 6, no. 1 (2006)：43 – 51.

[4] John Meyer, "Employee Commitment and Motivation：A Conceptual Analysis and Integrative Model," *Journal of Applied Psychology* 89, no. 6 (2004)：991 – 1007.

[5] Gary Latham, "Goal Setting and Goal Orientation：An Integration of Two Different yet Related Literatures," *Academy of Management Journal* 47, no. 2

(2004): 227 – 239.

[6] Larry Howard and Thomas W., Dougherty, "Alternative Reward Strategies and Employee Reactions," *Compensation & Benefits Review* 36, no. 1 (2004): 41 – 51.

[7] Melissa S. Baucus and Caryn L. Beck-Dudley, "Designing Ethical Organizations: Avoiding the Long Term Negative Effects of Rewards and Punishments," *Journal of Business Ethics* 56, no. 4 (2005): 355 – 370.

[8] Ken Bates, Hilary Bates, and Robert Johnston, "Linking Service to Profit: the Business Case for Service Excellence," *International Journal of Service Industry Management* 14, no. 2 (2003): 173 – 183.

[9] Kelly C. Strong, Richard C. Ringer, and Steven A. Taylor, "The Rules of Stakeholder Satisfaction," *Journal of Business Ethics* 32, no. 3 (2001): 219 – 230.

[10] Sara Rynes, Barry Gerhart, and Laura Parks, "Personnel Psychology: Performance Evaluation and Pay for Performance," *Annual Review of Psychology* 56 (2005): 571 – 600.

[11] Angela G. Morgana and Annette B. Poulsenb, "Linking Pay to Performance Compensation Proposals in the SP 500," *Journal of Financial Economics* 62 (2001): 489 – 523.

[12] Steven Currall, Annette Towler, Timothy Judge, and Laura Kohn, "Pay Satisfaction and Organizational Outcomes," *Personnel Psychology* 58, no. 3 (2005): 613.

[13] Casey Ichniowski and Kathryn Shaw, "Beyond Incentive Pay: Insiders' Estimates of the Value of Complementary Human Resource Management Practices," *Journal of Economic Perspectives* 17, no. 1 (2003): 155 – 180.

[14] Thomas B. Wilson, "Is it Time to Eliminate the Piece Rate Incentive System?" *Compensation Benefits Review* 17, no. 1 (2003): 155 – 180.

[15] "Taking Your Lumps," *HR Focus* (January 1996): 15.

[16] Jude T. Rich, "Future Composition Shock," *Compensation & Benefits Review* 28 (November-December 1996): 27 – 33.

[17] Mary Jo Ducharfme and Mark Podolsky, "Variable Pay: Its Impact on Motivation and Organizational Performance," *International Journal of Human Resources Development and Management* 6, no. 1 (2006): 68 – 76.

[18] Kenneth W. Thornicrofl, "Promises Broken: Reciprocity and the Scanlon," *Employee Relations* 13 (1991): 12 – 20.

[19] Chris Lee, "Best Idea That Got Lost in the Shuffle," *Training* 36 (2) (1999): 35 – 36.

[20] 关于斯坎伦计划的详细资料可参阅 A. J. Geare, "Productivity from Scanlon Type Plans," *Academy of Management Review* 1 (1976): 99 – 108.

[21] Corey M. Rosen and Michael Quarrey, "How Well Is Employee Ownership Working?" *Harvard Business Review* (September-October 1987): 126.

[22] John Yarras, "ESOP's Fable," *Restaurant Hospitality* 74 (September l990): 40 – 41.

[23] Cory Rosen, John Case, and Martin Staubus, "Every Employee an Owner Really.," *Harvard Business Review* 83 (June 2005): 122 – 130.

[24] Raymond S. Schmidgall and Christian Bechtel, "ESOPs: Putting Ownership in the Employee's Hands," *Cornell Hotel and Restaurant Administration Quarterly* 30 (February 1990): 81.

[25] Rosen, Case, and Staubus.

[26] Lisa Meulbroek, "Company Stock in Pension Plans: How Costly Is It?" *The Journal of Law and Economics* 48 (2005): 443 – 474.

[27] 要了解1986年的《税制改革法》对持股选择的影响请参见 Phillip C. Hunt, "Tax Reform: Its Impact on Compensation and Benefits," *Employment Relations Today* (Spring 1987): 39 – 52.

[28] Wayne F. Cascio, *Managing Human Resources: Productivity, Quality of Work Life, Profits* (New York: McGraw-Hill, 1989), 440.

[29] Angela Maas, "Small Companies, Big Rewards," *Employee Benefit News* (electronic version, February 2005).

[30] 美国劳工部, 美国劳工统计局最受关注的数据 (2005 年 11 月 19 日) http://data. bls. gov/cgi-bom/surveymost? bls.

[31] 美国工部, News: Employee Benefits in Private Industry, 2005 (August 24, 2005), www. bls. gov/news. release/pdf/ebs2. pdf.

[32] Ben Van Houten, "Employee Perks," *Restaurant Business* 96 (May 15, 1997): 85 – 87.

[33] Paul Frumkin, "Industry Mulls Cost, Intricacy of Social Security Reform," *Nations Restaurant News* 39 (March 7, 2005): 1.

[34] Gail E. Sammons, "Reducing Workers' Compensation Claims," *Hospitality and Tourism Education* 6 (Winter 1994): 43 – 46.

[35] Susan Werner, "Call-in System Improves Injury Report Procedure," *Business Insurance* 25 (18 February 1991): 53 – 54.

[36] "Fighting Back Against Slips and Falls," *Lodging Hospitality* 59 (October 1, 2003): 15.

[37] Mark. D. Fefer, "Taking Control of Your Workmans' Compensation Costs," *Fortune* 130 (3 October 1995): 131 – 135.

[38] Nina Munk, "Can't Lift Boxes? Then Sweep Floors," *Forbes* 158 (4 November 1996): 167 – 170.

[39] Michael Prince, *Business Insurance* 35 (March 1 2, 2001): 22.

[40] Michael Bond, "Using Health Savings Accounts to Provide Low-Cost Health Care," *Compensation & Benefits Review* 37, no. 2 (2005): 29 – 32.

[41] "About Cobra Compliance Systems (CCS): We are Here to Help," COBRA Compliance Systems, Inc. Online. Internet. 11 August 2001. Available http://www. cobracs. com/about. htm.

[42] Steve Brooks, "Comp and Circumstance," *Restaurant Business* (1 March 1993): 62 – 68.

[43] Christopher Kenneally, "Celebrating Health to Lower Stress Insurance," *New England Business* 13 (February 1991): 46 – 47.

[44] United States Department of Labor. News: Bureau of Labor Statistics (USDL: 00 – 186) (June 2000) n. page. Online. Internet. 19 April 2001. Available http://stats. bls. gov/echome. htm.

[45] Paul Moomaw, "Nest-Egg Knowledge," *Restaurants USA* 17, (1998) 5: 9 – 12.

[46] "National Restaurant Association Achieve Priorities in Tax Relief Bill," Restaurant. org (May 30, 2001). Available http://www. restaurant. org.

[47] Sherwin Kaplan, "The Next 25 Years of ERISA-and How to Prepare for Them," *Employee Benefits News* 14 (April 1, 2000): 41 – 44.

[48] Carter M. Young, "Major Tax Cut Provisions," ABC News. corn (June 7, 2001). Available http://abcnews. go. com.

[49] Todd Englander, "Chick-Fil-A: Not Just Chicken Fee," *Incentive* 163 (January 1989): 24 – 26.

[50] Stephen LaJacono, "Mildly Il1/Backup Child Care: A Benefit for Employees and Employers," *Employee Benefits Journal* 25 (December 2000): 48 – 51.

[51] Ministry of Manpower, Flexible Benefits Plan (October 29, 2005), http://

www. mom. gov. sg/MOM/LRD/Publications/731 csflexiben. pdf.

［52］ Michael M. Markowich. "HR's Leadership Role in the Third Wave Era," *HR Magazine* 40 (September 1995): 92 – 100.

［53］ Leah Carlson, "Firms Balance Workplace Flexibility and Business Demands," *Employee Benefit News* (Electronic Version, April 2005).

［54］ Dina Berta, "Noodles Company Proves Perks Are Key to Retaining Employee," *Nations Restaurant News* 34, no. 40 (2000): 18.

☞ 主要术语

奖金计划（bonus plan） 个人奖励制度的一种，结合基本工资和奖励工资，一般奖金发放的依据要看是否达到了预定的目标。

自选福利计划（cafeteria benefits plan） 福利计划的一种，指或提供一系列可选择的福利，或向员工提供与福利相当的现金。

《综合预算调节法案》 1985 年通过《综合预算调节法案》，根据该法律，雇主必须在员工终止合同后继续为其提供不超过 18 个月的医疗保险，为退休或辞职的员工继续提供不超过 36 个月的医疗保险，有些保险还包括员工的抚养人。

佣金（commission） 根据可测知的单位数量（一般指销售量）给员工支付的奖励金。

援助退休计划（contributory retirement plan） 养老金和退休计划的一种，雇主和员工都负担一部分养老金投入。

核心支出账户（core spending account） 福利计划的一种，向员工提供一系列福利，外加由员工自选的福利项目清单。

固定福利计划（defined benefit plan） 养老金和退休计划中，雇主单拿出一笔钱用于定期定额退休福利投入。

固定投入计划（defined contribution plan） 养老金和退休计划中，每个雇员都为将来的养老基金投入一定额度的钱，一般由员工和雇主共同投入。

员工援助项目（Employee Assistance Program, EAP） 雇主资助的咨询项目，用于帮助员工处理个人问题，包括吸毒、酗酒、紧张感、家庭问题、财务问题、事业发展及其他影响工作的问题。

1974 年的《员工退休收入保障法》（*Employee Retirement Income Security Act*, ERI-SA） 关于退休及养老金计划的立法，主要规定了汇报要求、委托责任以及有关退休及养老金计划的参与、归属、筹资等方面的原则。

员工持股计划（Employee Stock Ownership Plan，ESOP）　报酬计划中以员工名义建立起的个人账户，由企业根据员工对企业的贡献往账户上分配企业利润的做法。

弹性福利计划（flexible benefits plan）　福利计划的一种，可由员工从一系列福利计划中自行选择自己需要的福利。

弹性支出账户（flexible spending account）　福利计划的一种，向员工发放一定数额的钱，让他们用于福利支出，一般雇主会向员工列出一系列福利计划及其费用，由员工自行决定用这笔钱买哪些福利。

收益共享计划（gainsharing program）　等式型团体奖励计划之一，指企业的获益部分给员工分享。

团体奖励计划（group incentive program）　设定目标的团体奖励系统，把团体业绩与工资挂钩，以求提高生产率，降低成本，激励员工，达到企业的目标，这类计划包括：Scanlon 计划、Rucker 计划和 Improshare 计划。

健康维持组织（health maintenance organization，HMO）　自愿保健福利计划之一，在交纳一定年费的基础上为员工提供保健福利。

改进共享（Improshare）　节省开支的团体奖励措施，如果团体的开支比标准开支少了，省下的开支由员工共享。

个人奖励计划（individual incentive program）　根据目标给予报酬的一种制度，工资与个人表现挂钩，用以提高生产率、降低成本、激励员工和保证企业目标的实现。这类计划包括奖金、知识工资和奖励工资。

个人退休账户（individual retirement account，IRA）　根据 1974 年的《员工退休收入保障法》建立的退休计划，使员工可以在雇主退休账户以外再存入一部分钱用于养老金，这部分钱属税前收入，只有在最后支取时才计税。

平衡 ESOP（员工持股计划）（leveraged ESOP）　用员工股集资用于企业未来项目发展的计划。

奖励工资（merit pay）　根据一段时间内员工的表现支付的报酬。

阶段支出账户（module spending accounts）　福利计划的一种，雇主向员工提供一系列福利套餐，由员工挑选。

非援助性退休计划（non-contributory retirement plans）　只有雇主投入的一种养老金和退休计划。

带薪假期（pay for time not worked）　休假、病假、假日等。

计件奖励（piecework incentive）　根据完成的工作任务件数支付报酬的奖励制度。

优先供应者组织（preferred provider organization，PPO）　健康福利计划之一，向

参加者提供较便宜的保健服务。

鲁卡尔计划（Rucker plan）　节省成本的团体奖励计划，根据劳动力成本和生产成本之比衡量团体是否节省了成本。这个计划使用的衡量标准被称为经济生产率指数。

工资压缩计划［401（k）**计划**］｛salary reduction plan［401（k）plan］｝　从员工税前工资收入中扣除一部分钱存入养老金账户，在最后提取养老金时再完税的一种报酬计划，亦被称为资本积累计划。

斯坎伦计划（Scanlon plan）　根据劳动力成本和生产销售价值（SVOP）之比确定的成本节约团体奖励计划。

自我保险（self-insurance）　福利计划的一种，雇主直接向员工支付保健费用，而不是间接地通过保险公司向员工提供保健福利。

标准工时奖励计划（standard hour incentive plan）　根据每天完成的工作单元数量而订的一种奖励计划。

失业报酬保险（unemployment compensation insurance，UCI）　强制性福利的一种，雇主必须为员工购买失业报酬保险福利，使员工能在失业时有一定的收入，这项福利计划由各个州自行管理。

工伤补偿（workers'compensation）　为因公死亡或致残的员工提供的"免责"福利计划，资金由雇主投入，福利金各州不同。

📖 复习题

1. 为什么很多研究人员和业界人士不再把福利视为一种员工激励因素？

2. 什么是有效的奖励计划？这种计划的好处是什么？

3. 个人奖励和团体奖励有什么区别？

4. 个人奖励中计件工作、标准工时和奖励工资的区别是什么？哪一种更适用于饭店一线员工？为什么？

5. 团体奖励中斯坎伦、鲁卡尔和改进共享计划有什么区别？

6. 雇主必须向员工提供哪些强制性福利？

7. 雇主提供的一般保健福利有哪些？如何区别？

8. 美国企业一般提供什么养老金和退休计划？这些计划有什么区别？1986 年《税制改革法》是如何影响这些计划的？

9. 根据你所了解的饭店员工的人员结构，你觉得哪一种福利计划对饭店最有用？

10. 一般通过员工辅助项目提供什么样的服务？

🖥 网址

以下网站可以提供更多的相关信息，注意网址可能会变更，如果无法找到某个网站，可以使用搜索引擎找更多的网站。

康奈尔大学劳动关系学院
www. ilr. cornell. edu/CAHRS

康奈尔大学
http：//www. ilr. cornell. edu/depts/
CAHRS/

ESOP（员工持股计划）
www. esopassociation. org

HMO 网页
www. hmopage. org

人力资源杂志
www. shrm. org/docs/hrmagazine

内部收入服务
www. irs. ustreas. gov

路透社新闻中心
www. reutershealth. com

社会保险管理
www. ssa. gov

美国卫生与公众服务部
www. hhs. gov

美国政府劳工部职业安全健康管理局
www. osha. gov

劳动力在线
www. workforceonline. com

迷你案例研究

你是一个中型饭店的客房部主管，现在的报酬体系是客房服务员按工时支付报酬。最近有些员工向总经理反映希望改变这种报酬体系，改为计件报酬体系。总经理让你建立一个用于客房服务的计件报酬体系，并分析其优缺点。

第 10 章概要

统计和趋势

关于劳资关系的法律

 1935 年《瓦格纳法案》

 1947 年《塔夫托—哈特利法案》

 1959 年《兰德勒姆—格里芬法案》

 1978 年《民事服务改革法案》

 1991 年《工人调整及保留通知法案》

工会结构和组织

 组织运作

 选举

 取消承认工会

 雇主策略

工会的未来

学习目的

1. 分析员工加入工会的原因，根据有关统计数字分析工会的发展趋势。

2. 解释美国主要劳资关系法律的目标及内容。

3. 定义行业及产业工会，组织、认证或解除认证工会的程序。

4. 分析工会是如何改变以适应发展趋势的。

10

工会

本章与内华达大学拉斯维加斯分校的法学学士威廉·维尔纳、李明伦
（Ming-Lun Lee）博士研究生、钱滋朱（Tzu-Chu Chien）硕士研究生合作完成。

　　管理层有时错误地认为员工加入工会是因为他们希望更高的工资；其实工资只是员工加入工会的原因之一，而且往往不是一个主要原因。

　　员工加入工会主要是认为工会能帮助他们实现自己的目标。经济安全性是目标之一，其他目标还有舒适的工作环境、受到尊重、工作安全、对自己工作的掌控等。另外，驱使员工参加工会的因素还有对纠纷的解决方案不满意，企业沟通不畅、解聘和执行的政策不一致、管理的不公平等。

　　员工加入工会更多是因为他们对管理不满，而并不是因为对工资不满。员工希望被公平地对待、关于沟通有相关的政策和程序并能够享受到工作安全。当管理者不能满足员工的上述期望，他们就会去找工会。他们通常认为工会能够提高他们对工作场所的控制程度，使他们免受不公正待遇。因此，员工选择工会意味着他们对管理不满[1]。

统计和趋势

　　工会的受欢迎程度在 1945 年达到了顶峰，当时全美有 35.8% 的非农业劳动力属于工会，从那以后这个比例一直在缓慢下降，到 1995 年降到了 15%，2004 年工会劳工（不包括政府工作人员）的比例下降到了 8% 以下。数字显示各州参加工会的劳动力比例各不相同，从北卡罗来纳的 4.2% 到夏威夷的 26.5% 和纽约的 25.4%。在饭店行业，工会会员占劳动力总数的比例在 5.5% 到 8.9% 之间[2]。比例的下降并不说明工会会员绝对人数的下降，实际上这个数字在增长，从 1945 年的 1500 万增长到 1993 年的 1760 万[3]；然而，美国劳动力总人数的增长速度要远高于工会会员的增长速度。

　　美国工会会员比例下降的一个主要原因，是美国的主要经济产业从制造业转向服务行业。1970 年，23% 的劳动力在制造行业工作；到 1990 年，只有 16% 的劳动力在制造业流水线上工作，而 46% 的劳动力在服务行业一线工作，其余 38% 的劳动力

在制造业和农业相关部门工作。由于工会最有力的基地在制造行业，经济结构的转型影响和削弱了工会的影响力[4]。这个趋势是否会继续，据美国劳动标准局的统计显示，1999 年的工会成员占劳动力的比例是 1.9%，出现了止跌反弹的迹象[5]。《新闻周刊》的一项民意测验显示，由于美国企业努力控制成本削减员工工作，使得员工对工会的支持率达到了自 20 世纪 60 年代以来的最高点（62%）[6]。

制造业到服务业的转变虽然是工会人员人数下降的主要原因，但却不是唯一原因。另外一个重要原因是保护员工权益的各种法律法规陆续出台。法律规定、工作健康和安全、工资、公平就业机会以及员工福利等措施减少了员工对工会的依赖。

随着制造业的衰落，被吸收到工会中的白领员工人数有所增加。1970 年只有21.8% 的工会成员可被称为美国的白领员工；1978 年这个比例增加到 25.8%；到1985 年白领员工占工会成员的比例达到了 41%[7]。

白领工会成员主要来自两个经济部门：公务员和教师。现在，美国几乎有一半的工会成员员工（710 万）为地方、州或联邦政府工作。最大的公共工会全美州县市镇被雇佣者联合会（AFSCME）是现在美国最大、最有影响力的工会。1962 年以前，法律禁止公务员参加工会，1962 年肯尼迪总统签发的第 10988 号行政命令改变了这种情况。根据这个规定，联邦政府工作人员可以参加工会集体与雇主谈判。虽然这个法令不允许联邦政府雇员参加工会组织的罢工抗议活动，但至少允许工会组织在政府中存在了。

此后，州政府雇员也获得了相应的权利。30 年过去了，联邦政府雇员在工会中的比例大大提高了[8]。教师工会也是美国工会组织中的重要组成部分，1967 年全国教育协会（NEA）投票表决同意如果集团协商失败，其成员将举行罢工。从那以后，该工会成员增加到 230 万人，其中 21% 是教师，成为目前最大的工会组织。

饭店和餐馆工会的经历与上述其他行业的工会基本一致，饭店雇员和餐馆雇员工会（HERE）是行业中最活跃的工会组织，其成员数量从 1970 年的 50.7 万人下降到 1989 年的 28 万人，到 1998 年又回升到 30 万人，但 2004 年又降到了 25 万人[9]。20 世纪 90 年代的这个回升可能部分由于受加拿大工会的文化同化[10]。饭店及餐馆行业的工会认证和非认证选举也显示工会势力下降的趋势是不会停止的，饭店雇员和餐馆选举失利的次数大大超过当选的次数。

饭店雇员和餐馆不能团结饭店行业的大部分员工的一个主要原因，是饭店行业员工很难组织。这个行业中有 40% 的员工每周工作时间不足 35 小时；另外，员工流动性很强，大部分员工不太在意工作的安全性和稳定性，反正他们没有为一个雇主工作很长时间的打算[11]。工会在饭店行业不受欢迎的另一个原因，是从业人员中女性和少数民族占大多数，这些人群有反感工会的传统。

饭店工会在以下 12 个州比较普遍：加利福尼亚、宾夕法尼亚、纽约、内华达、华盛顿、伊利诺伊、俄亥俄、夏威夷、新泽西、佛罗里达、密歇根和马萨诸塞。餐馆工会在以下 8 个州比较普遍：加利福尼亚、宾夕法尼亚、纽约、华盛顿、伊利诺伊、俄亥俄、密歇根和俄勒冈[12]。

工会在费城等城市开始在饭店行业内投资，一方面想通过这方面投资获得利润，另一方面为将来的发展作准备。费城工会用成员的 2 亿美元养老基金投资到兴建新饭店和旧饭店改造。在宾夕法尼亚州兰丁的丽晶凯悦饭店至少投入了 4000 万美元。这些投资是非常聪明的，因为投资与工会成员的就业直接相关。作为投资人，工会在饭店管理中拥有最大的决策权力[13]。现在劳联—产联（AFL - CIO）* 也在往饭店行业投资。这个工会每年约有 10 亿美元的养老金收入，每年都用其中的 10% ~ 15% 投资到饭店行业中。得到劳联—产联投资的饭店从此就被套住了，饭店建设或改造必须用该工会成员工人，必须与工会签订中性协议，使工会成员较容易地进入饭店就业；而且饭店业主必须承认工会，如果其员工中的大部分是该工会成员。这种投资的饭店有：费城的希尔顿花园宾馆、旧金山的假日高速公路套房饭店、杰克逊维尔的希尔顿饭店和伊利诺伊州沿普兰湖雷迪森套房饭店[14]。

关于劳资关系的法律

自大萧条以来，美国有很多关于工会的法律。大萧条前（1926 年），国会通过了《铁路劳工法》，该法律为了减少铁路劳资纠纷给经济带来的影响，提出了及时调解双方矛盾的一些办法。法律还允许铁路工人组建工会并建立调停和仲裁系统以处理铁路公司的劳动纠纷。20 世纪 30 年代罗斯福利用新政期间也曾试图调整劳资关系，并从理论上认为政府调解劳资关系能刺激经济。

《铁路劳工法》的成功使国会进一步就雇佣劳资关系进行立法。《诺利斯—拉瓜地亚法案》（1932 年）也是在新政期间通过的，该法案禁止借助法庭指令制止罢工。该法案通过前，雇主经常用联邦法庭指令阻止工人罢工或破坏罢工。根据这项法案，雇主只有在能证明罢工会引起严重的、无法挽回的破坏、暴力或伤及无辜时才能得到法庭的阻止令，而且阻止令只有 5 天的有效期。

《铁路劳工法》和《诺利斯—拉瓜地亚法案》说明政府能建立起有效管理劳资关系的法律。这些法律不能防止雇主巧妙地破坏工会或惩罚参加工会的员工，雇主仍然能时常地侵犯员工的权利。

＊ 劳联—产联的全称是"美国劳动联合会（劳联）和产业组织联合会（产联）"，于 1955 年合并成立的，是美国 100 多家全国工会和国际工会的自愿的联合组织，影响很大。从某种意义上讲，劳联—产联几乎成为工会的代名词。——译者注

1935 年《瓦格纳法案》

1935 年通过的《瓦格纳法案》是第一部禁止管理层欺压员工的法律，也被称为《全国劳动关系法》。该法案使员工有权组织并进行集体谈判，至今仍然适用。该法案对工会与管理层关系方面有很大的影响，如要求雇主必须真诚地与员工谈判，以利于劳资纠纷的尽快解决。

根据该法案成立了国家劳工关系委员会（NLRB），法案还授予该委员会监督并制裁雇主阻碍员工组织集体谈判的行为，并可以通过法庭命令、逮捕关押、罚款和禁令强制执行。委员会和法案主要禁止五种不正当劳工处理方式，即雇主不得：

- 干涉或强迫员工离开工会或制止他们加入工会。企业不应威胁员工或向员工许诺额外福利以干涉员工加入工会；
- 试图决定或影响工会的运作。《瓦格纳法案》实施之前，雇主有时会与工会结成"亲密关系"，通过贿赂工会领导人达到强迫工会成员接受公司调解方案的目的；
- 因员工的工会会员身份或工会活动背景而在聘用或委任时进行歧视；
- 对向国家劳工关系委员会申诉的员工打击报复；
- 不真诚地谈判。

国家劳工关系委员会成员由美国总统指定，并经参议院通过，6 年 1 个任期，成员选择方法根据法律的有关规定。图 10 - 1 列出了国家劳工关系委员会上诉的有关程序，是以 1994 年大联盟棒球赛罢工为例的[15]。

1947 年《塔夫托—哈特利法案》

1947 年《瓦格纳法案》进行了修订和更名，改为《劳资关系法》，或称《塔夫托—哈特利法案》。该法案主要用于协调工会和雇主之间的关系。前面你也许注意到了，《瓦格纳法案》主要针对雇主行为，《塔夫托—哈特利法案》则主要试图让工会与雇主之间进行沟通。该法案的主要条款有：

- 禁止关闭工会办公地。因为关闭工会办公地意味着工会无法接受员工的申请，如果工会与企业有特殊协议可以要求员工等候一段时间（一般为 30 天）后再正式成为工会成员，这种协议被称为"安全协议"；
- 根据工作权利法律制定各州的相关法律。目前已有 21 个州建立相关的工作权利法规。这些州法禁止工会办公地及"成员保留"条件，所谓"成员保留"条件指员工不论是否仍在同一岗位工作，或是否有工作，他或她参加工会后必须留在工会相当一段时间。大部分有这方面立法的州都地处阳光地带和南方[16]；

- 建立不公平劳工行为处罚制度,工会成员及雇主都可以抨击工会。受抨击的行为包括强迫员工加入工会或在选举时选择某一个工会;
- 禁止雇主通过歧视员工影响工会成员;
- 规定工会必须真诚地与雇主谈判;
- 禁止在工会内形成二级抵制,即在工会内不得存在反对派,当工会利益与雇主没有矛盾时挑起矛盾,在双方有矛盾时通过中性雇主给矛盾一方的雇主施加压力[17];

图 10 - 1 国家劳工关系委员会工作程序

工会因不正当劳资行为对雇主提出的上诉会经过委员会以下的工作程序:

▶ **工作提出上诉**:12月27日,演员工会就不正当劳资行为向委员会纽约地区办公室提出上诉,理由是雇主在谈判进行到法定疆局前就非法宣布实行工资上限制度。

下发强制指令:委员会主席弗莱德·费斯坦在五人小组同意下可以要求地区法院发出初步强制令。法庭可以命令雇主在委员会处理上诉期间撤销规定工资上限的决定维持原状。雇主不服强制令可以向上诉法庭提出上诉。一旦强制令发出,委员会必须加快案件的处理过程。

▶ **地区主管调查**:地区主管丹尼尔·西福曼立即开始调查此事,调查需要4～6周,之后将由委员会主席弗莱德·费斯坦决定是提出指控还是下发强制指令。

▶ **如果提出指控**:将由当地法庭开庭审理。

▶ **开庭后**:双方各自要提交相关证据,法庭会裁决支持或否决原告指控。

▶ **败诉方不服可再度向委员会上诉**:由委员会华盛顿总部的五名成员对此案进行复议并公布最终裁决。

▶ 败诉方还可以向巡回法庭上诉。

▶ 败诉方也可以向美国最高法庭上诉,但最高法庭是否受理由法庭决定。

资料来源:《今日美国》,1995 年 1 月 20 日 3C。

- 禁止工会切断供应链;
- 规定工会不得阻止员工越过双方僵持线去工作;
- 禁止工会要求雇主雇用更多(超过需要)的员工,或为没有实施的工作付钱;
- 建立联邦调解服务机构(FMCS)帮助工会和管理层达成协议,并派出调解劳资纠纷的和解员；

- 对不遵守协议的任何一方（雇主或雇员）提起民事诉讼。
- 如果双方都没有不公平劳动行为，法律赋予国家劳工关系委员会强令调停的权力并通过法庭强制执行；
- 管理层有权与员工谈论工会的好坏，但不得以加入工会为由惩罚员工，或以不加入工会为由奖励员工。

有关国家劳工关系委员会样表，详见图 10 - 2 和图 10 - 3。

1959 年《兰德勒姆—格里芬法案》

麦克莱伦（McClelland）反诈骗委员会揭露了一些工会中的侵权、不道德行为和受贿行为，由于这些行为的曝光，1959 年国会通过了《兰德勒姆—格里芬法案》（Landrum-Griffin Act）规范和管理工会的行为，这项法案亦被称为《劳资报告和揭发法案》。该法律有条款禁止雇主雇用顾问在选举中设法击败工会或取消工会。根据这项法律，这类顾问必须在美国劳工部登记并提交报告。

该法律关于制止工会领导腐败的条款内容包括：

- 根据《人权宣言》，工会成员有权集会、提名候选人、选举投票、参加会议及其他工会事务，一旦员工权利受到了侵害有权向法庭提起诉讼指控工会，工会成员个人有权索要集团谈判的协议复本；
- 全国和国际工会每 5 年选举一次，选举方式为无记名投票或无记名投票选出的代表在工会代表大会上投票；
- 要求工会向美国劳工部提交工会章程和组织结构文件；
- 要求工会在组织或发现纠察行为后的 1 个月内做文件备案，如果有一票反对工会，这种纠察行为不得超过 12 个月；
- 行使工会纠察权利，但如果工会要穿越纠察线上班不得阻止；
- 规范与工会经费有关的交易。

虽然《兰德勒姆—格里芬法案》禁止了在工会中一度盛行的诈骗行为，但有人认为这并未削减组织犯罪的影响。1985 年，有组织犯罪总统委员会注意到了组织犯罪在兄弟会、劳工国际、国际码头工人组织和饭店及餐馆员工工会的影响重大[18]。该委员会所认定的犯罪包括向某些企业榨取反罢工"担保费"，（与雇主的）"亲密"协定交易，以及工会福利基金使用不当。

《兰德勒姆—格里芬法案》允许工会成员中"财政核心"的存在。美国劳工关系的有关法律允许工会在会员加盟后的一定时期内收取会费，但工会不得要求员工必须参加工会组织的活动。美国第三巡回法庭根据这项法律认定员工可以改变其会员资格为"财政核心"并在罢工时返回工作岗位，只要事先通知工会即可，自愿跨过纠察线的会员不应受工会纪律处罚[19]。

图 10-2　国家劳工关系委员会样表：针对雇主的起诉

美利坚合众国 国家劳工关系委员会 **针对雇主的起诉**		不要在此处书写	
		案件编号	归档日期
提示：把这份起诉的原版及4份复印版归档			
1˙ 被指控的雇主			
a˙ 员工姓名		b˙ 员工数量	
c˙ 地址（街道、城市、州、邮政编码）	d˙ 员工代表	e˙ 电话号码	
		传真号码	
f˙ 企业类型	g˙ 主要产品和服务		
h˙ 之前提到的组织、涉及劳工使用不公平的机构包含在8（b）之内。国家劳工关系委员会中的_____（列举细分机构），并且这些不公正的行为将触犯法案。			
2˙ 指控事由（给出一个清晰明确的陈述，指出控告不公平劳工的事实）			
3˙ 填写诉状的组织全称（如果是劳工组织，给出全称，包括当地的名称及代码）			
4a˙ 地址（街道、城市、州、邮政编码）		4b˙ 电话号码	
		传真号码	
5˙ 国家或国际劳工组织的全称			
6˙ 我声明我已阅读过以上申请书，这项陈述符合我的知识及信仰（申请人签名） 代表签名_____ 头　衔_____ 传真号码_____ 地　址_____ 电话号码_____ 日　期_____			
如果你提交虚假申请，你将会被处罚款或监禁			

资料来源：National Labor Relations Board, Washington, D. C.

图 10-3 国家劳工关系委员会样表：针对工会的起诉

美利坚合众国 国家劳工关系委员会 针对工会的起诉	不要在此处书写	
	案件编号	归档日期
提示：把这份起诉的原版及4份复印版归档，第一栏中提到的不公正劳工发生的国家劳工关系委员会的地区委员会的每个组织、地区及个人另外复印一份		
1. 被指控的劳工组织		
a. 姓名	b. 联系代表	
c. 电话号码	d. 地址（街道、城市、州、区号）	
e. 之前提到的组织、涉及劳工使用不公平的机构包含在8（b）之内。国家劳工关系委员会中的＿＿＿＿＿＿＿＿＿＿（列举细分机构），并且这些不公平的行为将触犯法案		
2. 指控事由（给出一个清晰明确的陈述，指出控告不公平劳工的事实）		
3. 员工姓名		4. 电话号码
5. 涉及的机构的地址（街道、城市、州、邮政编码）		6. 可联系的员工代表
7. 企业类型	8. 主要产品和服务	9. 雇员数量
10. 填写起诉的组织全称		
11. 详细地址		12. 电话号码
13. 我声明我已阅读过以上申请书，这项陈述符合我的知识及信仰（申请人签名）		
（代表签名）＿＿＿＿＿＿＿＿＿＿＿＿＿＿＿＿＿＿＿＿＿＿＿＿ （头　衔）＿＿＿＿＿＿＿＿＿＿＿＿＿＿＿＿＿＿＿＿＿＿＿＿ 地　址＿＿＿＿＿＿＿＿＿＿＿＿＿＿＿＿＿＿＿＿＿＿＿＿ （电　话）＿＿＿＿＿＿＿＿＿＿＿＿＿＿＿＿＿＿＿＿＿＿＿＿ 　　如果你提交虚假的申请，你将会被处罚款或监禁		

资料来源：National Labor Relations Board，Washington，D. C.

1978 年《民事服务改革法案》

1962 年肯尼迪总统颁布了第 10988 号行政命令，允许政府雇员组织起来与雇主进行集体谈判，关于政府雇员的这方面权利在 1978 年的《民事服务改革法》中得到了重申。这项法律：

- 建立了联邦劳动关系局以监督这项法律的执行。这个独立的机构包括总咨询办公室，有权调查和处罚对员工的不公平待遇；
- 限制了管理层和劳工之间的可谈判的问题；
- 建立了仲裁机制调解纠纷；
- 禁止政府雇员罢工。

1981 年里根总统重申了禁止政府雇员罢工的规定，他解雇了 11301 名专业空中交通控制组织的联邦雇员，因为他们参加了罢工。

1991 年《工人调整及保留通知法案》

近年来通过的关于劳工关系的最重要的法律是《工人调整及保留通知法案》（WARN），该法案规定了雇主在停业或大规模裁员时必须提前 60 天通知员工。这项法律适用于有 100 名雇员以上的企业，或有 100 名以上全日工和钟点工，每周总劳动工时超过 4000 小时的企业。企业经营业绩不佳而导致裁员属于该法案的管辖范畴。美国最高法院认定如果雇主没有在裁员 60 天前通知员工，员工有权起诉雇主要求补偿欠发的工资，或由工会代表员工起诉。究竟哪些人受这项法律保护，哪些人不受保护，哪个行业会受影响，这些问题还在争论中并很大程度上取决于法庭对法律的解释[20]。图 10 - 4 列出了影响劳资关系的主要法律。

工会结构和组织

工会主要有两个类型：行业工会和产业工会。行业工会代表一些具有相同手艺或技艺的人，如木匠工会或电工工会都属此类。产业工会代表某一项产业的工人，如汽车工人工会、钢铁工人工会或饭店餐馆员工工会。

一般工会的组织与管理层的组织结构类似，工会工作人员的责任与一线主管管理职能相似，工会的商业代理或主任会员的职责与部门经理接近，地方工会主任相当于企业的总经理，全国或国际工会主任相当于首席执行官。

工会与企业管理层结构和职能也有不同的地方。地方工会分会与国家或国际总会之间有明确的关系，地方工会由国家或国际工会直属领导，上级监督下级的行为并对下级发号施令。根据《兰德勒姆—格里芬法案》，国家级工会有权罢免地方工会的管理层，如果他们没有实现国家级工会下达的指令；同时国家级或国际级工会也为地方工会提供上诉处理、仲裁、罢工和政治代表等服务。

图 10 – 4 影响劳资关系的法律

《瓦格纳法案》（NLRA，1935）

目的：减少影响州际或国际商务中的劳资纠纷，成立国家劳工关系委员会（NLRB）。

主要条款：

1. 成立国家劳工关系委员会（NLRB）。
2. 明确什么是雇主的不正当劳资行为。
3. 员工可以选择代表进行集体谈判。

《塔夫托—哈特利法案》（LMRA，1947）

目的：《瓦格纳法案》的修正案，对影响商业活动的劳资纠纷作了更具体的规定，劳工组织与雇主双方都有同等法律责任。

主要条款：

1. 禁止关闭营业处。
2. 明确什么是工会的不正当劳资行为。
3. 各州可以制定自己有关工作权利的法律。
4. 制定全国紧急僵局处理程序。
5. 明确要求资方雇用超过工作需要的人员的行为是非法的。

《兰德勒姆—格里芬法案》（1959）

目的：保护员工组织或选择谈判代表的权利，要求劳工组织、雇主及官员在管理自己的组织时要遵守一定的道德规范确保商业流通的正常进行。

主要条款：

1. 制定了工会成员的人权法案。
2. 明确了工会选举准则。
3. 明确烫手货物＊协议为非法（规定如果雇主与一个工会发生矛盾，工会可以不处理与这个雇主有关的一切货物的协议）。
4. 要求工会和雇主都要建立汇报和结案程序。
5. 确立托管制度原则。

《民事服务改革法案》（1978）

目的：保护所有不穿制服的、非管理职能的联邦服务机构及其员工。

主要条款：

1. 员工有权选择自己的谈判机构。
2. 有权对非经济和非雇佣问题进行谈判。
3. 要求就未解决的申诉进行仲裁。

《工人调整及保留通知法案》（1991）

要求部分雇主在停产或大规模裁员前 60 天通知工会。

　　资料来源：节选自 Marc G. Singer，*Human Resource Management*（Boston：PWS – Kent Publishing Co.，1990），393 页。

＊ 烫手货物是指有劳资争端公司的货物。——译者注

经理关于工会要了解的最重要的信息是工会是如何组织工人的。工会在组织工人时必须遵循有关法律规定，主要是 1947 年的《塔夫托—哈特利法案》。图 10 – 5 是一个国家劳工关系委员会通告的样本，这个通知明确了员工的结社权利及近期的组织成立动议。

图 10 – 5　国家劳工关系委员会通告样本

雇员公告

发布者：国家劳工关系委员会

兹收到一个申请要求此联邦机构进行一次投票以决定员工是否愿意由某个工会代表。此申请正在调查中，尚未形成决议。如果国家劳工关系委员会确定形成进行投票将公开张贴告示说明投票细节。
建议你的雇主张贴此公告，以便国家劳工关系委员会告知你《国家劳工关系法》中你所享有的基本权利。

根据联邦法律

你有如下权利：

· 自发组织；
· 形成、参加或支持劳工组织；
· 通过你自己选择的代表进行集体谈判；
· 集体行动进行集体谈判或争取其他的援助或保护；
· 在没有工会介入的情况下可以拒绝谈判，进入一个法律保护的工会协议需要初期的入会费和定期交纳的会费。非会员可以申请工会只为自己的个案作为谈判代表并支付因此代来的所有费用（包括谈判、协议管理和调解）。

如果有人申请投票，你作为一个雇员可能会被要求参加投票，虽然目前尚无决议，但国家劳工关系局希望所有有权投票的人能够清楚自己在投票中的法定权利。
劳工关系局推行各种相关法规确保投票的公正、诚实并尊重参加者的自由意愿。如果工会和雇主任何一方面干涉了你的自由意愿，劳工关系局将终止投票，并采取其他适当的办法解决问题，如恢复被解雇员的员工地位或要求责任方赔偿损失。

注：以下干涉雇

员自由意愿的行

为可能会导致投

票被废止。

· 雇主或工会威胁参加者可能会失去工作；
· 通过加薪、升职等利益承诺影响雇员的投票选择；
· 雇主通过了解雇员工限制或鼓励工会的行为，或为支持工会活动造成员工被开除；
· 在投票前的24小时内的工作时间召集员工集会或发表煽动性演说；
· 雇主或工会任何一方的种族或宗教歧视性质的行为；
· 工会或雇主对员工的暴力威胁影响他们的投票。

请相信，只要进行投票，你的自由意愿将受到法律保护，不正当行为是法律所不容的。相关各方都必须遵守法律规定的公平投票的原则。国家劳工关系委员会为美国的政府机构，不介入投票选择。

国家劳工关系委员会

美国政府机构

本政府官方文告，任何人不得损毁。

资料来源：National Labor Relations Board，Washington，D. C.

组织运作

工会可以通过以下三种方式成为员工的代表：首先，雇主能主动获知大部分员工需要工会并开始与工会协商；其次，国家劳工关系委员会可以通过无记名投票了解大部分员工是否需要工会；最后，在极少数情况下，国家劳工关系委员会可以不通过表决认定工会的合法代表性。

只要能证明某个企业中有 30% 的人明确希望工会的存在，工会组织者就可以举行投票表决。工会组织可以通过收集员工的签字或授权卡了解有这种意愿的员工比例。虽然有 30% 的员工签字就可以了，但一般工会都会收集 60% ~ 65% 的授权，收集场合一般是家访或社交集会。工会一般会在车辆上、工作场地门口发放宣传册或直接打电话宣传以吸引员工的注意力。有时，工会还会进行媒体攻势以赢得公众对工会事业的支持，并说服员工签署授权卡[21]。美国最高法院 1995 年的一项裁决（国家劳工关系委员会诉城乡电力公司案）对工会非常有利，法庭支持工会派组织者到非工会企业工作并吸收该企业员工入会的做法。

在极少数的情况下，当有证据证明雇主对员工的不公正待遇彻底改变了工会组织投票或选举的结果时，国家劳工关系委员会可以不通过表决认证工会。在这种情况下，国家劳工关系委员会会颁发一个谈判令，指明工会为员工的合法代表。但工会必须能够证明在不公正待遇之前，大部分员工都支持工会，意向卡可以作为此方面的证明。

最近工作采用了一种新的组织方式，包括让员工签署意向卡，并以意向卡数量向雇主施加压力举行投票表决。这种新策略不在《国家劳工关系法》的监督范围内，这种策略的实施结果是工会通过企业向员工施加压力，让员工入会[22]。

这种"查卡"程序在一些企业的工人组织上是非常有效的，如克利夫兰的雅各布园区和布朗体育馆、洲际饭店，洛杉矶、明尼阿波利斯、皮奥里亚（伊利诺伊州）的新原料市场，底特律米高梅大酒店及汽车城和尼拉（Neyla）餐厅赌场，还有位于泰森角、费城、拉斯维加斯、夏威夷等地的喜来登大酒店，全国各地的铁路三明治商店等[23]。

选举

国家劳工关系委员会授权的工会代表选择是在正常工作时间的工作场地举行，如果因客观环境原因（如大风雪）不能在工作场地进行选举时可以采用邮寄投票方式。任何投票都以无记名方式进行，图 10 - 6 是一个国家劳工关系委员会选票的样票。

　　选举的发起是收集30%的员工签名支持某个工会，可以有不止一个工会参加投票，每个工会的员工支持率应不少于10%，如果有一个工会，则投票要解决的唯一问题是"你是否希望被这个工会代表?"一个简单多数的投票结果就可以决定了。如果候选工会不止一个，则员工在几个工会中进行选择，获多数票的一个工会成为员工的合法代表，如果没有一个工会获得多数票，则由两个得票最多的工会再进行一次决胜投票。

图 10 - 6　　无记名投票样票

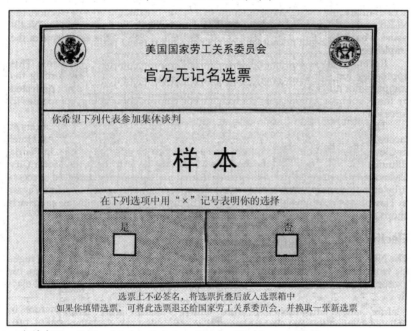

　　资料来源：National Labor Relations Board，Washington，D. C.

　　如果大部分员工倾向于某一个工会，国家劳工关系委员会会向该工会颁发证书，指定该工会为谈判单位的合法代表。在这种情况下，雇主必须依法真诚地与工会谈判，并就雇主与雇员关系的细节与工会达成协议。图10 - 7归纳出了工会组织动议的几个步骤。

取消承认工会

　　员工也可以决定取消承认工会，吊销工会证书与向工会颁证相反，指员工不再希望由现有工会代表他们。1977年到1989年间，饭店企业中有120个取消承认工会表决，在餐馆行业中有 275 个，大部分取消承认的工会都是"饭店员工餐馆员工工会"（HERE）的组织[24]。整体看来，有 70% 的饭店工会在取消承认工会的表决中失败，餐馆行业的这一比例为 83%，这与其他行业的趋势差不多。

图 10 - 7　工会组织动议的步骤

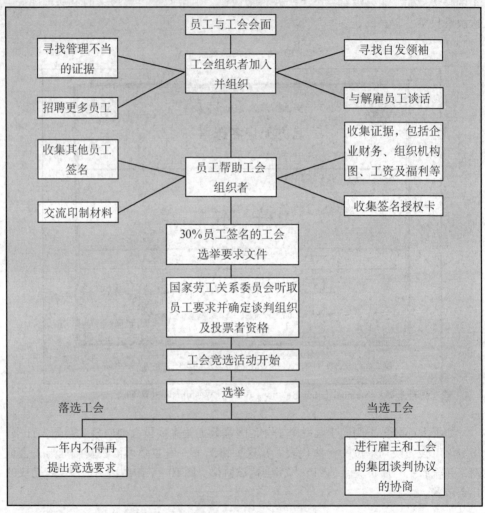

资料来源：David Wheelhouse, *Managing Human Resources in the Hospitality Industry* (Lansing, Mich.：Educational Institute of the American Hotel & Lodging Association, 1989), 409.

取消承认工会的表决程序与确立工会的过程基本一样，也是至少要有 30% 的员工动议取消承认工会，但确立工会后的 12 个月内不能取消承认。要提起取消承认工会动议，必须向全国劳工关系委员会提交一份申请，雇主不可以对此过程施加影响。图 10-8 是一个取消承认工会或其他相关行为的申请书样本。

图 10-8 国家劳工关系委员会申请书样本

美利坚合众国国家劳工关系委员会 申请书	不要在此区域书写
提示：把这份申请书的原件及4份复印件交给雇员所在地的国家劳工关系的地区委员会，如果任何一个项目需要更多的空间，添加新的一页，按顺序排列。	
这份申请书宣称以下的情况存在，请求国家劳工关系委员会依照《国家劳工关系法案》按照法律程序审理。	
1. 申请目的（如果选择了代表确认、员工申请、再确认，或8(b)(7)的行为被整理归档，我们不能相信描述下面对请愿书的陈述） □代表确认——大量员工都期望为着集体谈判的目的而被代表，也期望这份申请书能代表员工。 □员工申请——不止一个人及劳工组织提交过申请书，这些人被当做员工代表。 □再确认——大量的员工声称目前被认可的谈判代表已经不能代表他们了。 □联邦工会工商机构——在谈判组织中，30%或更多的员工在他们的员工及劳工组织之间达成了一项协议：希望这样的机构回避。 □单位声明——此劳工组织目前能得到员工的认可，但申请人员想澄清特定员工的更换的说法 □此说法目前未被证实_____ 此说法已被证实（见案件_____） □修正——申请人想要修正案件_____（添加描述具体修正办法的描述）	
2. 员工姓名：	可联系的代表： 联系电话：
3. 涉及的企业的地址（街道号码、城市、州、区号）：	
4a. 企业类型：	4b. 主要商品和服务：
5. 包含的机构（如果是单位声明，描述目前谈判的单位并添加具体描述） 包括： 不包括：	6a. 组织的员工数量 目前：
□7a. 作为谈判代表被认可的日期_____ 员工表示认可的日期_____（如果未得到回复，在这里声明） □7b. 申请书目前被谈判代表认可，需要在法案下确认	
8. 被认可的谈判机构的名称（如果没有，请注明）	机构
地址及电话号码	被认可的日期
9. 目前的合同失效日期（月、日、年）	10. 如果你选择了1中的联邦工会工商机构回避，注明执行日期（月、日、年）
11a. 企业的员工是否在罢工？是___ 否___	11b. 如果是这样，大概有多少员工参加？
11c. 我们选择员工或代表_____ 劳工组织地址_____ 自从（月、日、年）_____	
12. 申请员工之外的组织及个人有作为代表的兴趣的代表及其他组织和个人，请在第五板块注明	
姓名	单位 地址 声明日期
我声明我已阅读过以上申请书，这项陈述符合我的知识及信仰（申请人签名） （代表签名）_____ （头衔）_____ 地址_____ （电话）_____ 如果你提交虚假申请，你将会被处罚款或监禁	

资料来源：National Labor Relations Board，Washington，D. C.

雇主策略

《瓦格纳法案》禁止雇主通过强迫或制止的手段干涉工会的组织建设，员工有参加工会的权利。管理层任何这方面的干涉行为都被视为不公正劳工待遇行为。开除同情工会者、停业或奖励对工会投反对票的员工都属于不正当劳动行为，与招聘和晋升歧视性质一样。在决定聘用前先考察员工对工会投票的态度也是不正当劳动行为的一种。

雇主开发了一些主动或被动避开工会组织的方法和措施。主动措施是削弱员工对工会的需求，这主要是通过公平的工资政策、良好的工作环境、双向沟通、申诉机制等行为实现的，如果上述要求都做到了，工会则无法向员工提供更多的好处了。

不过不是所有的公司都使用主动措施，有些采用被动措施。他们可以雇用这方面的专攻律师，或专业的咨询公司。这种由外部咨询公司和律师建议的方法一般突出罢工期间的困难，强调当前的福利报酬以及工会接管后劳资关系的改变。不论主动措施还是被动措施都能达到一定的效果。

工会的未来

工会的未来很难预测，正反两方面都不乏证据。1986 年华盛顿邮报的一项美国全国性的民意测验显示，56% 的美国人认为属于工会的员工比不属于工会要好[25]；另有近半数（48%）的受访者认为美国仍需要工会；然而 61% 的受访者认为工会领导脱离群众。到 1994 年，只有 41% 的受访者倾向于工会，持反对意见者占 45%[26]。尽管美国人仍认为有工会是很理想化的；但他们对当前工会的管理和表现有诸多批评。

未来工会的主导力量可以通过青少年对工会的态度研究得出。有大量研究表明：约有 35% 的青少年支持工会，大部分支持者是男性，女性的支持率很低[27]。

企业管理层估计如果工会消亡了或员工不再对工会感兴趣了，结果是工会反而会再度兴起；因为如果工会消失了，雇主会忽视员工的需要，不再琢磨任何应对工会组织的措施，结果工会将更容易形成。反之工会的形成会较困难。

工会已经成功地吸引了 710 万公务员的加盟，尽管 1962 年以后他们才被允许参加工会组织。现在工会吸收新成员的重点在服务行业，以及新兴的信息处理、通信、计算机等行业企业[28]。2001 年，劳联—产联称工会组织在家庭医护、纺织工人、大学毕业生雇员以及私人及公共部门员工圈子内发展是很成功的[29]。工会加强了对饭店餐馆行业员工的发展工作，如饭店员工餐馆员工给已建立了几支训练有素的工作队伍，其长期目标是建立有效的组织战略[30]。

佛罗里达中部是工会组织活动的目标区域之一。这个地区市场传统上是没有工会的，不过迪士尼的所有饭店都有工会组织。基于在迪士尼的成功，国际操作技师工会把目标设定在迪士尼以外的其他饭店，并称佛罗里达中部饭店的员工没有得到合理的报酬和公正的待遇。有专家表示该地区的工会普及率的确有所上升，工会可能会逐渐占到上风[31]。但是，虽然佛罗里达和其他州的一些饭店工会在 20 世纪 90 年代可以组织几千名新的成员，但"9·11"恐怖袭击事件造成几千名员工失去工作后，工会的成果也几乎殆尽。与 20 年前相比，工会代表的饭店员工的比例没什么大的变化。

在某些州工会得到了公众的支持，如在旧金山，饭店员工餐馆员工支持饭店开发商给新饭店开发造成的拆迁户提供较便宜的住房。工会认为新饭店的开发会造成房价上涨，结果低收入员工根本买不起。工会认为开发商应出钱资助这些人。1987年 10 月在旧金山开发的饭店为此付出了 778562 美元。工会向旧金山规划委员会提交了一个计划，要求每个开发商每间房付 1400 美元[32]。另外，饭店员工餐馆员工还强令要求所有在洛杉矶市区的开发项目都必须帮助洛杉矶社区居民获得有保障的工资和福利[33]。2000 年饭店员工餐馆员工的成员有保障的工资和福利人数超过了 30 万，但 2004 年又下降到了 25 万人[34]。

近年来，大部分工会吸引会员的策略都有所改变，新方法显然非常有效。劳联—产联和其他工会采用包括政治介入、渗透、遍布社区及企业战略在内的四叉法吸引员工入会。政治介入指直接支持各级支持劳工的候选人；渗透指派训练有素的工会成员加入某企业中宣传工会并发展会员，这个方法已被证实是非常有效的，因为训练有素的渗透人员比一般员工更容易组织；遍布社区指派一些组织者到社区内完成一些宣传目标；企业战略指向企业发动各方面的进攻，施加压力，包括：通过企业的借贷机构或债权人向企业施压，通过当地政府或社会团体向企业施压，监视董事会成员的家，发起股票代理风潮，向当地报纸发信，向有关调查及管理部门（如职业安全与健康管理局、劳工部和国家劳工关系委员会）提起诉讼，企业几乎无法应付这些来自方方面面的压力[35]。

工会在饭店行业内的势力仍很强大，特别是某些地区，如前面提到的奥兰多，还有纽约和旧金山；而拉斯维加斯是目前少有的"美国最大的工会城市"之一，工会在当地势力强大。尽管米高梅大酒店等一些饭店曾想打破这种局面，但并不成功。在 1994 年一个值得记住的日子里，米高梅大酒店与"本地 226"厨师工会的冲突引发了一场有 17000 人参加的大罢工，抗议米高梅大酒店想依靠非工会会员员工保证酒店开业运营，这次罢工险些酿成一次暴力冲突。从那以后，"本地 226 工会"与大量企业签订了协议，雇主保证保持中立，只要出示工会证的员工占大多数，企业自动承认工会组织，第一个签这份协议的雇主是斯蒂芬·怀恩——梦幻金殿、金银岛和淘金乐园 3 家酒店的老板[36]。

私人部门劳动力中参加工会的比例不到 10%，专家们对于这个数字的变化趋势持不同意见。这并不意味着工会已经没有生命力了。这 10% 的会员的绝对数量比第二次世界大战前工会当红时的会员人数还要多，因为劳动力总人数在膨胀。工会的会员结构也发生了变化，目前 50% 以上的会员是女性，大部分是公司文员或从事专门的服务行业，而且这部分会员份额有增长的势头[37]。

显示工会威力的事例还有与明尼阿波利斯雷迪森酒店长达 8 年的纠纷、对洛杉矶新大谷饭店和花园饭店的抵制，以及米高梅大酒店宣布成为非工会饭店后引发的大规模游行示威。

拉斯维加斯的厨师工会（目前有 5 万名会员）和当地 226 名工会会员是全国发展最快的工会组织。从 1990 年到 2000 年，该市的工会会员人数增长了 2 万，新增会员包括博拉吉奥赌场酒店的 4300 名新员工。这个增加率使拉斯维加斯取代底特律成为美国的基本工会化城市。1997 年该市的 1 名商店服务员在工会的支持下竞选参议员，并最终以 64% 的得票击败了共和党参议员候选人，足见工会在当地的势力之大[38]。

尽管工会会员在劳动力市场中的比例连年下降，工会的整体势力并未减弱，新的吸引会员的计划还是很成功地吸引了不少新会员。随着工会会员的白领化，工会与犯罪的关系也在减弱，这使得公众以后可能更容易接受工会。根据美国劳动标准局的统计，1999 年会员人数的增长是 21 年来最强劲的，从 1621 万人增加到 1648 万人，增长了 26.5 万人；会员占劳动力总数的比例维持在 1.9%，止住了下降趋势。因此，工会还是一个不可忽视的力量因素。

注释

[1] 关于员工为什么要参加工会的更多资料参见 Jeanne M. Brett, "Why Employees Want Unions," *Organizational Dynamics* (Spring 1980): 47–59; W. Clay Hamner and Frank J. Smith, "Work Attitudes as Predictors of Unionization Activitity," *Journal of Applied Psychology* 63 (August 1978): 415–421; and Daniel G. Gallagher and Charles Greer, "Determinants of Unionism: A Review of the Literature," *in Research in Personnel and Human Resources Management* 4, edited by Kendrith M. Rowland and Gerald R. Ferris (Greenwich, Conn.: JAI Press,

1986）：269 - 306.

［2］美国劳工部主页，http：//www. dol. gov.

［3］George J. Church，"Unions Arise," *Time* （13 June 1994）：56 - 59.

［4］本段中引用的统计数字来源于 1988 年 5 月 16 日《商业周刊》上的几篇文章，这几篇文章都是反映美国工会的现状及发展历史的。

［5］AFL-CIO 网址，http：//www. aflcio. org.

［6］Marc Levinson，"It's Hip To Be Union," *Newsweek* 128 （8 July 1996）：44 - 46.

［7］*The Changing Situation of Workers and Their Unions*：*A Report by the AFL-CIO Committee on the Evolution of Work* （Washington，D. C.：AFL-CIO，February 1985）：15.

［8］Charles Muhl，"Union Members in 1994," *Compensation & Working Conditions* 47 （February 1995）：14 - 20.

［9］饭店雇员与餐馆雇员工会，www. hereunion. org.

［10］Suzanne K. Murrmann and Kent F. Murrmann，"Union Membership Trends and Organizing Activities in the Hotel and Restaurant Industries," *Hospitality Research Journal* 14 （1990）：491. 其他代表少量饭店餐馆雇员的工会还有国际兄弟会，国际营运工程师工会，服务业员工国际工会，联合食品及商业工人会和零售批发百货商店工会。

［11］Murrmann and Murrmann：503.

［12］Murrmann and Murrmann：494.

［13］"Union Smart to Invest in Hotel Projects"，*Philadelphia Business Journal* 18 （December 3，1999）：50.

［14］Kathy Seal，"Union Pension Funds Fill Financing Void for Hotel Projects," *Hotel and Motel Management* 215 （March 6，2000）：15 - 16.

［15］*USA Today*，20 January 1995，30.

［16］通过工作权利法的州有：阿拉巴马、亚利桑那、阿肯色、佛罗里达、佐治亚、爱达荷、艾奥瓦、堪萨斯、路易斯安那、密西西比、内布拉斯加、内华达、北卡罗来纳、北达科他、南卡罗来纳、南达科他、田纳西、得克萨斯、弗吉尼亚、怀俄明和犹他。

［17］Brent Zepke，Labor Law （Totowa，N. J.：Littlefield，Adams & Co.，1997），125.

［18］"Trade Unions：The Usual Suspects," *The Economist* （4 May 1985）：29.

［19］William E. Lissy，"Election of Financial Core' Union Membership," *Supervision*

51 (September 1990): 22 – 23.

[20] Gilliam Flynn, "The Unions' Power to Sue Is Growing," *Personnel Journal* 75 (September 1996): 135 – 138.

[21] Constance B. DiCesare, "Salting," *Monthly Labor Review* 119 (April 1996): 29 – 30.

[22] D. V. Yager, "Corporate Companies and Card Checks: Creating the Company Union s of the Twenty-First Century," *Employee Relations Journal* 24 [4] (1998): 21 – 56.

[23] http: //www. hereunion. org/newsinfo/orgvictory/.

[24] Murrmann and Murrmann: 500.

[25] "Washington Post Poll," *Washington Post*, 13 September 1987, 1.

[26] "Union Members: Demographic Change, Differences," *Campaigns and Elections* 15 (September 1994): 55 – 57.

[27] Brian Heshizer, "Gender Differences in the Attitude of Teenager Toward Union s," *Mid-American Journal of Business* 2 , (1997) 2: 47 – 56.

[28] "Unions Today: New Tactics to Tackle Tough Times," *The Bureau of National Affairs* (Washington, D. C. : The Bureau of National Affairs, Inc. , 1985), 1.

[29] http: //www. aflcio. org.

[30] Murrmann and Murrmann: 503.

[31] Russell Shaw, "Union Eye Central Florida Hotels," *Hotel and Motel Management* 206 (10 June 1991): 2, 66.

[32] Kathy Seal, "Union Wants Input from New Hotels for Housing Fund," *Hotel and Motel Management* 206 (10 June 1991): 2, 46.

[33] Kathy Seal, "Wage Policy Delays Ritz-Carlton Project for Downtown L. A. ," *Hotel and Motel Management* 206 (29 April 1991): 3, 22.

[34] www. hereunion. com.

[35] John E. Lynchecki and John M. McDermott, "Unions Employ New Growth Strategies," *HR Focus* 73 (September 1996): 22 – 24.

[36] Mike Davis, "Armageddon at the Emerold City: Local 226 vs. MGM Grand," *The Nation* 259 (11 July 1994): 46 – 51.

[37] http: //www. hereunion. org

[38] Diane E. Lewis, "Hotel Union Gains Clout for Labor Movement in Las Vegas," *The Boston Globe*, October 7, 1999.

🔑 主要术语

授权卡（authorization cards）　要求员工签名以发起工会认证表决的文件。

真诚的谈判（bargain in good faith）　1935 年的《瓦格纳法案》的规定，要求管理层和工会在就纠纷问题进行谈判时应表现出的态度。

谈判令（bargaining order）　国家劳工关系委员会（NLRB）签发的指定某一工会能代表员工的资质的认证命令。只有国家劳工关系委员会认为有证据证明在工会选择表决过程中有不正当行为时，这个命令才有效。

谈判单位（小组）（bargaining unit）　经国劳工关系委员会同意，工会指定的一组谈判员工。

1978 年的《民事服务改革法案》（*Civil Service Reform Act* of 1978）　明确联邦雇员有权选择自己的谈判代表的法律，并对围绕纠纷处理仲裁的相关问题作出了法律规定。

行业工会（craft union）　工会所代表的工人都有同一种技能或能完成同一种工作，如管工或电工。

（工会）取消（decertification）　员工要求终止某个工会的代表权力的过程。

超过需要的人员雇用（featherbedding）　工会防止失业的一种做法。要求雇主雇用多余的人手或限制生产率，让本应满负荷工作的人不满负荷工作而又能得到全部工资。1947 年的《塔夫托—哈特利法案》禁止给没有完成的工作支付报酬。

行业工会（industrial union）　代表某一行业员工的工会，如汽车行业、饭店行业等。

1959 年的《兰德勒姆—格里芬法案》（*Landrum-Griffin Act* of 1959）　规范工会责任、行为道德标准和选择表决过程的法律，有时也被称为工会会员的"权利法案"。

国家劳工关系委员会（National Labor Relations Board，NLRB）　根据 1935 年的《瓦格纳法案》产生的独立的联邦机构，受该法律管辖。该机构监督管理层与工会之间的关系，有权处以罚款、下令逮捕、签发法庭令或禁令处理劳资关系中的不正当行为。

组织动议（organizing drive）　工会组织者收集员工签名的授权卡以期举行工会选择表决的阶段。

工作权利法（right-to-work law）　允许工会企业内的员工自由选择是否加入工会的法律。

安全协议（security agreement）　工会与管理层协议中的一个条款，工会可以要求申请员工等一段时间再成为正式会员，一般等 30 天。

1947 年的《塔夫托—哈特利法案》（*Taft-Hartley Act* of 1947）　禁止关闭工会办事机构，针对工作的不正当劳资行为的法律。该法案的其他内容还有：规定各州有权自行建立工作权利法，禁止超过需要的人员雇用行为，并建立了全国僵局紧急处理程序，是 1935 年《瓦格纳法案》的修订版。

不正当劳资行为（unfair labor practice） 联邦和州法禁止的一种劳资关系处理行为，主要针对集体谈判或企业法规的实施。

工会认证（union certification） 认定一个工会作为员工的合法代表的选择表决过程。

1935 年的《瓦格纳法案》（*Wagner Act* of 1935） 明确管理层与工会集体谈判责任和不正当劳资行为的法律，亦被称为《全国劳动关系法》。

1991 年的《工人调整及保留通知法案》（*Worker Adjustment and Retraining Act of 1991*） 要求雇主在裁员和停业前 60 天通知员工的法律。

📖 复习题

1. 《瓦格纳法案》的主要条款是什么？
2. 《塔夫托—哈特利法案》的主要条款是什么？
3. 《兰德勒姆—格里芬法案》的主要条款是什么？
4. 《民事服务改革法案》的主要条款是什么？
5. 1981 年里根总统为什么能合法地解雇 PATCO 的罢工参加者？
6. 行业工会与产业工会的区别是什么？
7. 工会认证表决以前企业中必须有多少员工签署授权卡？
8. 工会取消过程的程序是什么？
9. 从人员结构上看，工会在饭店及餐馆行业不成功的原因是什么？
10. 工会近期为了改变公众形象所做的努力有哪些？

💻 网址

以下网站可以提供更多的相关信息，注意网址可能会变更，如果无法找到某个网站，可以使用搜索引擎找更多的网站。

劳联—产联新闻
www. aflcio. org/

WARN 信息
www. doleta. gov/programs/factsht/
warn. htm

劳工网　　　　　　　　　　　　　国会图书馆
www. labornet. org/　　　　　　　www. loc. gov/

全国劳动关系委员会
www. nlrb. gov

网上有很多关于世界各国工会情况的资料，可以用"工会"进行关键词搜索相关网站。

迷你案例研究

你听说你的饭店里的一些员工在劝说其他员工加入他们宣传的工会，为了了解情况，你在一次公司资助的垒球比赛中偷听了员工的谈话，并发现有 3 名员工在向其他员工征集签名授权卡。

第二天，你把那 3 名员工叫到办公室，直接把问题提了出来。其中两人承认在劝说员工加入一个工会，另一人否认。为了减轻这个工会的"威胁"，你把 3 人都改为零点工，并只给他们排周末的班。同时你还召开了全体员工大会，并公开谈到你所听到的话题，并许诺如果员工们不签署授权卡，他们每年将得到额外的假期，并将提高他们的医疗保险。两周后，国家劳工关系委员会的 1 名代表出现在你的办公室，指控你有不公正劳资行为。你有罪吗？为什么？

第 11 章概要

谈判要点
　　强制性问题
　　选择性问题
　　非法性问题
条件谈判的幕后原因
　　谈判准备
选定谈判队伍
谈判策略
　　分配谈判
　　综合性谈判
　　姿态构造
　　组织内部谈判
　　博尔沃主义
调解及仲裁
　　调解
　　仲裁
　　调解仲裁
罢工
　　罢工类型
　　罢工期间的管理方法
　　美国及世界上的罢工运动
投诉
　　投诉的原因
　　投诉程序
　　避免投诉
关于非工会企业
　　建立非工会企业投诉程序

学习目的

1. 介绍强制、自愿和非法集体谈判
   问题以及谈判背后常见的经济和
   非经济问题。
2. 介绍经理应如何准备集体谈判,
   选择适当的谈判队伍和谈判战略。
3. 调解与仲裁的区别, 解释它们是
   如何影响谈判的。
4. 介绍罢工在集体谈判中的作用,
   以及管理层应对罢工的一些措施。
5. 分析投诉的主要原因, 介绍典型
   的投诉程序, 以及在工会企业内
   如何预防投诉。
6. 介绍非工会企业应如何处理投诉
   程序。

11

谈判及集体条件谈判

本章节与内华达大学拉斯维加斯分校威廉·维尔纳法学学士合作完成。

《瓦格纳法案》和《塔夫托—哈特利法案》等劳动法要求管理方与工会都要本着真诚的精神就强制议题进行谈判，否则会因不正当劳资行为受到起诉。

要知道，即使企业没有和工会就任何一件事情上达成协议，企业也要本着真诚的精神。原则上讲，强制议题是会直接影响到雇佣关系的议题，包括工资、福利、工作规章、雇用、辞退以及工作条件等。只有强制议题需要谈判，其他议题是自愿谈判议题或非法谈判议题。本章将分析探讨这些与集体谈判相关的问题，并介绍几种管理方与工会协议、协商的战略。

谈判要点

美国有很多关于集体谈判的联邦法规，所谓集体谈判就是在罢工期间进行，因罢工引起的工会与管理方进行协议协商过程。这些法规是为了促成或强令管理层和工会在谈判桌前求同存异，尽快达成协议，减少罢工人数和时间。

根据 1935 年的《全国劳动关系法案》（《瓦格纳法案》），雇主拒绝与员工选出的代表进行谈判是不正当劳资行为，国家劳工关系委员会（NLRB）负责监督执法。1947 年，这项法律改名为《劳动管理关系法案》，亦称《塔夫托—哈特利法案》，该法案继续作为基本劳动法对美国的工会组织和集体谈判作了有关规定。

国家劳工关系委员会根据《塔夫托—哈特利法案》制定了判断哪一方没有真诚地进行谈判的具体标准，根据这些标准，谈判一方可能因没有进行真诚的谈判而受到起诉。这些标准包括：（1）不能提供相关资料信息；（2）表面谈判（只是表面走过场不想真正解决问题）；（3）从谈判一开始就拒绝妥协（态度强硬，要么全盘接受，要么干脆不谈）。以往的谈判历史也对判断双方态度是否真诚有一定意义[1]。

集体谈判是一个复杂的过程，没有实际经验是很难理解的。一些仿真模拟练习可以帮助管理人员了解真实情况，很多培训人员认为现实是最好的练习机会[2]。

　　有集体谈判经验的管理人员注意到谈判中一般涉及 3 类问题：强制、自愿和非法问题。只有强制性问题要求管理方和工会必须进行真诚谈判，双方中的任何一方都可以拒绝自愿性问题的谈判，非法问题的谈判则是被禁止的。

　　如果双方一直在努力谈判但没有产生结果，可以宣布谈判陷入僵局，需要进行调停和仲裁。但是这样企业就会有机会单方面执行它上一次提出的最低报价。只有强制性问题谈判才可以宣布陷入僵局。

强制性问题

　　强制性谈判问题包括直接关系雇佣双方关系的问题，但劳工法并未提出明确的绝对的清单。有时在决定某一问题是否属于强制性问题时，一方可以提起诉讼，届时法庭将做出裁定，宣布某一问题为强制性问题。一般强制性问题包括：

- 工资；
- 工时；
- 奖励工资；
- 加班；
- 裁员和复职；
- 工会安全条件；
- 管理权条件；
- 投诉程序；
- 论资排辈；
- 安全；
- 福利（保险、休假等）；
- 退休（持股选择、养老金计划和利润共享）；
- 停止罢工条件；
- 毒品测试。

选择性问题

　　如果双方愿意可就选择性问题进行谈判，这些问题有时被称为随意谈判问题，法律不要求任何一方就任何这些问题进行谈判。选择性问题包括：

- 主管报酬；
- 主管纪律；
- 业绩表现与工会和管理层的关系；
- 协议通过程序；
- 企业价格和产品问题。

非法性问题

在集体谈判过程中，禁止双方讨论非法议题，其中包括：

- 任何违反公平就业机会法律的行为（如歧视性雇佣和提拔）；
- 关闭办事机构协议；
- 超过需要多雇员工；
- 在实行保障非工会会员劳工就业权（right – to – work）的州，工会或工会代理制企业条款。

条件谈判的幕后原因

集体谈判协商经济和非经济因素，经济因素的谈判往往重点在工资或福利，这也往往是管理方和工会之间最主要的分歧之处。协商的经济起因包括：

- 工资；
- 不同工作的级差；
- 定级的管理判断；
- 通货膨胀引起的工资调整（生活费用的上涨等）；
- 利润共享；
- 奖金计划；
- 养老金；
- 保险项目的福利；
- 假期、度假、事假或病假。

工会希望管理层明确一些工资问题，如工资级差标准化以缩小员工与管理人员之间的差距，对涨工资做出书面规定。工会希望管理层能在协议中明确怎样涨工资，当前，年底或甚至全年期间。

近年来，非经济因素在谈判中显得越来越重要了。管理层希望协议中能有管理权限条款，保证管理层有权控制企业提供的产品或服务的种类，有权决定员工纪律内容并监督实施。工会希望协议中包括正当理由条款，限制管理层对员工执行纪律处分和开除的权力。正当理由条件是指独立于企业制之外的一套特殊的纪律体系。另外，正当理由条款要求雇员工主解雇要有明确的理由。

对双方都比较重要的非经济因素有：

- 工作生活质量问题（如工作场地安全、培训、福利套餐、受教育机会及儿童照料）；
- 工会安全（主要是论资排辈和处理解雇和纪律问题时的"正当理由"与"管理权限"之争）；

- 工作制度（确定如何工作的具体原则制度）；
- 工作人员规模（每个工作内容分派的员工人数）；
- 不同员工群体能做或不能做的工作类型（确保管理层不会通过合并工作内容减少整个员工群体）；
- 投诉程序（保证员工就工作相关问题能顺利地进行投诉）。

谈判准备

大部分集体谈判发生在协商初期，此时双方进行争议和让步的可能性较大，工会和管理层应就建议书和反建议书进行认真讨论。在谈判之初得到进展是非常重要的，因为随着谈判的深入，双方会越来越坚持己见。导致很难最终达成统一意见。

成功的协商取决于细致完善的准备工作，也取决于管理层是否能完全理解当前的协议、待解决的问题以及为什么这些问题对工会成员来讲是重要的。要想在协商之初取得进展，管理层要事先做好谈判准备，了解工会需求的潜在影响。

在准备过程中，管理层应首先确定谈判目标，准备几套方案建议书，并确定让步的底线。大部分专家建议管理层先彻底分析员工的人员结构构成，当前协议期间的投诉记录，本企业和竞争对手的工资及福利体系。

谈判准备经常在谈判开始前数月甚至几年前就开始了，其实专家们建议管理人员此次协议签订之后就马上开始下一次集体谈判的准备工作。

有专家建议在集体谈判准备过程中有几件事是很关键的，管理层应[3]：

- 认清管理目标并确定协商计划；
- 审议和分析当前协议下的投诉文件；
- 对比本企业的合同和其他行业合同，回顾以往谈判中的工会要求；
- 分析其他行业及团体的工资和福利；
- 指定协商小组；
- 指定协作委员会起草谈判原则；
- 建立沟通渠道与其他行业雇主或相关行业雇员进行交流，了解可以取代现有员工的后备员工队伍；
- 设计一个后备计划以应付谈判僵持局面；
- 建立沟通渠道向员工传递协议协商进程；
- 分析协议，找出可以商讨的问题和需要提起与工会谈判的问题；
- 确定谈判战略；
- 确定谈判原则并交由最高层管理人员通过；
- 最终计划编写；
- 整个准备计划的主要管理者。

图 11 - 1　谈判准备

谈判准备核查表
一种确保你为下一次谈判做好充分准备的系统工具。
☑　在完成项目前的方框内打钩：

A. 关于你方
☐　1. 你的总体目标是什么?
☐　2. 面临的问题是什么?
☐　3. 每个问题对你的重要程度如何?
　　　一个评分体系：
　　☐　(a) 列出所有重要的问题。
　　☐　(b) 把所有问题进行排序。
　　☐　(c) 对每个问题进行权重分值分配（总分100）。
　　☐　(d) 写出每个问题可能的解决范围, 你的解决必须是现实可行的, 低限和高限
　　　　　期望应符合行业惯例和你的最高愿望。
　　☐　(e) 给每一个问题的可能结果分配分值。
　　☐　(f) 仔细检查定分系统的准确性
　　☐　(g) 用定分系统评价摆出来的每个条件。
☐　4. 你"最好的其他协议解决方案（BATNA）"是什么?
☐　5. 你的抵抗点是什么（你所能接受的最坏的协议是什么）? 如果你的其他方案
　　　（BATNA)是模糊的, 明确你的可接受的最低条件, 这些条件是什么你必须先收集
　　　一定资料才能确定。

B. 关于其他方
☐　1. 每个问题对他们有多重要(包括任何他们加进来的新问题) ?
☐　2. 他们的最佳其他解决方案是什么?
☐　3. 他们的抵抗点是什么?
☐　4. 基于前三个问题, 你的目标是什么?

C. 现状
☐　1. 底线是什么? 谁更缺乏耐心?
☐　2. 公平法则或参照系是什么?
☐　3. 你避开什么问题或话题? 但如果他们还是问了你怎么回答?

D. 各方之间的关系
☐　1. 协商是否会重复? 如果会, 你考虑使用什么战略、策略或行动?
☐　2.　(a) 你能相信其他方吗? 关于他们你了解多少?
　　　　(b) 其他方信任你吗?
☐　3. 你知道其他方的策略和习惯是什么吗?
☐　4. 其他方当局的限制是什么?
☐　5. 事先与其他方讨论议程。

资料来源：Tony Simons and Thomas M. Tripp, "The Negotiation Checklist：How to Win the Battle Before it Begins," *Cornell Hotel and Restuarant Administration Quarterly* 38（1997）: 14 - 23.

选定谈判队伍

工会谈判队伍一般由商业代理、工会管理员、谈判人员和当地工会主任组成。管理方谈判队伍一般包括人力资源部经理、一名律师和一名受过集体谈判训练的顾问。管理方谈判队伍中应包括擅长口头和笔头沟通、成本分析和预算方面的专家，以及一位熟悉劳动关系谈判中的法律问题的人物。

各方都指定一名主谈判员，主谈判员在谈判中有最终的权威，管理方的主谈判员有权接受或拒绝约束合同，工会方主谈判员没有这种权力。

在集体谈判过程中保密是很重要的，谈判室里谈到的议题在不宜对外公开时是保密的。因此要注意谈判队伍人数规模，人数越少越有利于保密。

谈判策略

协商过程中有几类谈判，采用什么样的谈判类型会影响谈判的策略[4]。

分配谈判

分配谈判是雇主与工会矛盾冲突的焦点，一般在各方提出各自的建议书后，如果一方"赢了"就等于另一方"输了"，这种绝对输赢的建议书被称为零和问题，非此即彼。关于工资问题的提议就是这类问题的典型，如果工会要求工资增加 10 美元，从理论上说，公司就会损失 10 美元。

综合性谈判

综合性谈判指双方不直接冲突的问题，经常是与工作生活质量有关的问题。谈判结果是双方都各有所得，与零和问题不同的是，综合性谈判问题没有明显的胜方和负方，结果可能是互惠互利的。

姿态构造

在谈判过程中，双方都会尽量表现出友好、信任、尊重和合作的态度以影响和控制对方。这种谈判策略被称为姿态构造。当一方力图给另一方造成负面印象时，尤其会采用这种方法。

组织内部谈判

谈判员要尽力"推销"自己内部形成的协议，例如工会谈判员肯定会推销会员达成的协议以获得会员们的支持，资方谈判员肯定会推销雇主协商的结果。这种谈判被称为组织内部谈判，这种谈判一般在正式谈判之前、之中或之后。

博尔沃主义

通用电气公司20世纪60年代为了应付与工会的集体谈判开发的博尔沃主义谈判方式（博尔沃主义得名于当时通用电气公共及人事关系副总裁莱缪尔·博尔沃），根据博尔沃主义，雇主在谈判一开始就提出最后的底线，并坚持不做任何改动。大部分情况下，博尔沃主义被视为一种不正当劳资行为，虽然这个策略并未表现出不正当，但一般不适于谈判。采用这种谈判策略的公司会发现谈判会拖更长的时间，结果要耗费更多的时间和金钱。

调解及仲裁

调解及仲裁指第三方帮助工会和管理方在集体谈判中达成协议，调解与仲裁的区别主要在于第三方的权力大小，除法庭强令情况外，调解和仲裁要有工会与管理层双方的自愿支持。

调解

调解人是一个促成双方协议达成的中间人，可以提建议但不能强迫。联邦调解及复合公司、航空公司国家调解委员会和各州调解机构都可以提供可靠的调解人。工作场地调解一般分为四个阶段：（1）介绍各介入方；（2）收集资料信息，明确问题所在；（3）建立理解，寻找其他解决途径；（4）达成协议[5]。

仲裁

仲裁人的来源与调解人的来源一样，除了上述机构外，也可以从美国仲裁协会和国家仲裁人学会里找到仲裁人。与调解人不同的是，仲裁人有权在谈判过程中强制双方接受协议。仲裁人根据从双方了解到的情况制定协议，一般是取双方意见的中点。有时双方为了争得更多的利益而将各自的条件设到极限，因而无法达成协议。有些问题是可以避免到最后仲裁这一步的。最后仲裁指仲裁人在双方提出的条件中选择一方的条件作为最终结果。如果工会和雇主双方都各自让点步可能不必仲裁就能达成协议了。

调解仲裁

有时，工会和雇主同意用调解仲裁人，此人会先通过调解使双方的意见尽可能靠拢，再进行仲裁，强制双方接受仲裁结果。

与调解人和仲裁人一样，调解仲裁人也可以在联邦调解仲裁机构、美国调解协会、国家仲裁学会或各州调解及仲裁代理处找到。

罢工

罢工和雇主关闭企业都是协商不成最后的极端行为，因为对双方来说都会有严重的经济损失。在同意罢工之前，工会成员考虑他们是否能承担罢工所带来的损失，包括工资损失、缺乏工会罢工资助和失去工作的危险。雇主方必须认真考虑罢工和关闭企业的影响，业务损失、客户流失和正常业务被打乱，所有这些都会带来巨大的经济损失。雇主还应想到其他问题，如业务运行减缓和重新启动的成本，投资人的损失，利润的损失，员工道德精神的低迷和双方的敌对态度，另外罢工带来的沟通团队合作精神的破坏和中断可能需要几年时间才能修复。罢工的时间往往比双方估计的要长，而且经济损失也往往比预计的要多。

罢工类型

不是所有的罢工都是一样的，罢工共分六种类型，不同之处主要在于与法律的关系和得到工会成员的支持程度。

经济罢工：经济罢工是在双方关于工资或工作条件之类强制性议题谈判陷入僵局时产生的。经济罢工期间，管理层有权雇用替代员工或使用穿越纠察线的员工工作。如果管理层雇用替代员工，国家劳工关系委员会不能强令企业在罢工结束时再重新雇用原来的长期雇员，但可以要求企业在替代员工离开后重新聘用长期员工。在经济罢工期间，不得解雇罢工员工。

不正当劳资罢工：工会会员可以因管理层不正当劳资行为而罢工，包括管理层拒绝谈判，干涉工会组织行为或不承认工会。这种罢工期间，如果企业雇用替代员工，国家劳工关系委员会有权要求替代员工离开企业，罢工员工复职。

司法权罢工：司法权罢工涉及两个以上的工会与雇主之间就工会代表权的纠纷，这种罢工的触发原因主要是谈判协议没有详细列明哪一个工会是代表员工的工会。根据《塔夫托—哈特利法案》，这种罢工是违法的。

野猫罢工：野猫（wildcat）罢工是不受工会领导监督保护的，参与人员不以工会会员为主的罢工，罢工的原因主要是一部分员工觉得受到了孤立或不公正的待遇。参加这种罢工的员工可以被合法地替代，而且雇主可以提出诉讼要求工会赔偿损失，除非工会的集体谈判协议中有不得起诉的条款。

静坐罢工：静坐罢工指员工宣布罢工但不离开工作场地。这类罢工是非法的，因为员工只有在工作时才对公司财产享有权利，管理层可以责令罢工员工离开企业工作场所。

二级罢工：二级罢工发生的情况是当一个雇主的合作企业罢工时，该雇主自己的员工也进行罢工。这种罢工的行为是违反《塔夫托—哈特利法案》的，例如饭店供应商的员工不能因为饭店员工罢工而对自己的老板罢工。二级罢工和联合抵制不同，联合抵制是指工会成员拒绝购买某一公司的产品或服务，因为该公司的员工正在罢工。

罢工期间的管理方法

工会和管理层罢工期间的行为必须遵循一些法则。双方必须允许员工穿越纠察线到公司处理一些事务，必须制止任何扰乱公共秩序、暴力和威胁、打斗致伤或交火。工会必须保证进出企业的门口和交通要道的畅通。

管理层要谨防在罢工期间做出不正当的劳资行为，如：

- 对返回工作岗位的员工给予奖励；
- 以失业或其他纪律处分威胁罢工的员工；
- 许诺没参加罢工的员工，他们留在工作岗位会得到好处；
- 开除参加合法罢工的员工。

根据 1935 年的《瓦格纳法案》，上述行为都构成违法。

美国及世界上的罢工运动

第二次世界大战后，美国及世界各地的罢工数量逐渐减少，1990 年到 1995 年经发组织成员国（OECD）的工作停滞时间为平均每年每千名员工 100 个工作日，比 1980 年的 145 个工作日已有所减少。

工作停滞带来的破坏是巨大的，雇主应尽量保证工作环境质量不下降，人力资源顾问认为罢工是问题淤积一定程度的结果。一般饭店企业的投资人是绝不能原谅让劳工问题影响到企业运转的经理的。图 11 – 2 列出了建立健康的员工关系，预防罢工的一些具体建议[6]。

图 11 - 2   工作停滞时

> 一个强有力的员工关系计划远远不能制止员工出走罢工或其他工作中的意外行为，以下是劳资关系律师小费莱德里克的一些建议，小费莱德里克是美国最大的餐馆连锁企业新奥尔良麦格林切·斯塔福德·朗公司的法律代表。
>
> - 建立起良好的管理理念，员工待遇要公平、周到并具有连续性；
> - 雇用具备生产效率和质量的员工；
> - 切实有效的沟通计划；
> - 起用有能力而且善于沟通的主管；
> - 用积极方法实施纪律处分；
> - 正确处理投诉；
> - 采用公平且富有竞争性的报酬体系；
> - 给员工提供合理的福利；
> - 肯定员工的努力；
> - 确保敏感数据的安全性；
> - 保持与社区的良好关系；
> - 评价主管的员工关系处理表现；
> - 定期评价所有员工。

资料来源：Paul B. Hertneky, "How to Deal with a Walk - Out," *Restaurant Hospitality* (February 1995)：65 - 66.

投诉

达成集体谈判协议只是建立可行的工会员工和雇主关系的第一步，虽然双方都受同一协议约束，但双方对协议的解释可能有很大差异。

以一家饭店为例，一个经理根据以往工会认可的书面章程规定明确了工作应该怎么做，一个受协议约束的新经理认为工作可以顺其自然地进行。如果新经理决定重新分配周末客房服务员的工作量，把原来星期六打扫 20 间客房，星期日打扫 10 间客房的规定改为周六、周日各打扫 15 间客房。新经理的理由是周一才会需要大量的客房，没必要在周六赶出那么多干净的客房，工作可以周末平均分配。而员工可能会因此投诉，因为虽然工作总量没变但有些当班员工的工作量发生了变化。

大部分协议包括通过一定的处理程序处理投诉的条款，图 11 - 3 列出了一般投诉程序。

图 11-3　典型工会投诉程序

第一阶段：员工向一线主管投诉一些问题，需要书面报告。约有 75% 的投诉在这个阶段就解决了。

第二阶段：员工在主管或工会官员的陪同下向部门经理或人事经理投诉，要求以书面报告形式进行投诉。

第三阶段：工会官员出面向企业提交书面投诉。

第四阶段：提出书面投诉要求仲裁。

投诉的原因

很多投诉是由于工作和管理层对合同的结束时间意见不一。投诉也可能与其他因素有关，如工会安全、薪酬、工作条件、协议条款措辞模糊、员工忽视规则以及纪律处分。要求变更协议不属投诉原因，与变更协议有关的问题将留待当前协议过期，下一次协议谈判时处理。以下将介绍工会经常记录在案的投诉类型[7]。

工会安全：安全是工会关注的焦点问题，工会永远在监视管理层降低工会及其成员的安全性，因此裁员和论资排辈问题往往是投诉的原因。随着工作时间的延长，工资的分配是另一个投诉问题，如果经理想雇用新员工做新增工作而不愿付加班费让现有的员工做，这就可能被工会及其成员视为威胁到了他们的安全性。

薪酬：关于薪酬的投诉有多种多样，最典型的是关于加班工资的分配问题（谁在什么情况下得到这些钱）。工会也会记录与工作评估（特别是当工作评估与薪酬有关时）和工资级差分配有关的投诉。

工作条件：对工作规定、工作量、资历、裁员、劳保、管理层与工会的控制争夺以及雇佣行为的不满或不同意见都往往成为与工作条件相关的投诉的诱因。很多工作条件投诉的依据前景都是以往的实际行为。很多集体谈判协议都视以往传统的管理为理所当然的，与以往情况不符的现象往往会引起投诉。

协议条款措辞模糊：很多投诉的诱因仅仅是因为合同措辞不明确，当合同语言模糊时工会和管理层常会根据各自的需要进行解释。

员工忽视规则以及纪律处分：最大的投诉内容是当员工无视企业制度时，管理层如何行使惩处员工的权力。管理层一般都希望保留对违反纪律的员工（包括缺勤、不服管理、不诚实及工作不合格等）进行处罚的权力。工会正相反，认为首要的职责是保护员工并考虑什么样的纪律处罚是可投诉的。一般来讲，工会要保证管理层不会滥用对员工进行纪律约束的权力。

分歧的关键与工作和管理层的根本出发点有关，管理层看来是"合理"地行使纪律约束权，常被看做是在行使"管理特权"，而工会认为是否属"正当事件"是决定纪律处罚的标准。

有些被解雇的员工向国家劳工关系委员会提起诉讼，认为自己的解雇是违反了《国家劳动关系法案》（NLRA）中的"保护协议行为"的条款。该法案规定代表其他员工争取工资、工时、工作条件或提起集体谈判动议的员工是受到国家劳工关系委员会第7条保护的，在这种情况下遭到解雇的员工必须给予复职[8]。

投诉程序

员工针对管理层有抱怨或担忧可以提起投诉，几乎所有协议都包括一套解决投诉的具体程序，本章前面的图 11 - 3 中列出了大部分投诉程序中的四个阶段。在第一阶段，投诉包括员工、工会工作人员和直接主管，而到了最后一个阶段投诉会发展到包括一个仲裁人。

大部分投诉都在仲裁前就得到解决了，其原因之一是仲裁对于雇主和工会来讲都费时费钱。一种很有吸引力的替代投诉办法是建立一个员工间的投诉系统，在这个系统只有员工参加并举办投诉听证会。大部分员工认为这个系统比常规投诉系统更公正，因为常规的投诉评价由他们的直接领导进行[9]。管理层也很欣赏这种方法，因为这可以把管理层的决策压力转移到工会身上。

投诉当然不仅限于工会的势力范围，很多企业建立起一套投诉程序以减弱员工对工会的需求。根据美国财务总署的研究，全国有 90% 的企业使用这套程序[10]。

投诉仲裁：如果一项投诉不能通过工会与雇主的协商解决，一般要转交仲裁人最终决定，这个过程被称为约束仲裁。在大部分情况下，协议规定仲裁费用由工会和雇主均摊，这个费用会很高，仲裁费用一般在 2000 美元到 15000 美元。仲裁人的选择依据是他们以往相关问题处理的经验，他们决定的可预知性，以及他们所显现出来的公正性。在人选决定过程中，工会和雇主双方各拟一份候选人名单交给对方，各方每次分别在对方的名单中画掉一个名字，直到剩下最后一个人选为止。

仲裁证据：仲裁的开始是双方各自对事件进行陈述，包括陈述、证人证词、提交文件等，最好是事实证据。好的仲裁人一般会让双方充分出示所有的证据，否则很可能造成不公正劳资行为。国家劳工关系委员会如果认为仲裁人在事件中有利益冲突或在没听完所有举证时作出不负责任的裁决，可以推翻仲裁结果。但这种情况非常少见，仲裁结果一般就是最终结果了。

避免投诉

如果在选择、聘用、培训等方面遵循公平的政策和延续的管理行为，很多投诉是可以避免的。但工会企业的经理应该有准备不时地要面对员工投诉。

既然很多投诉与员工纪律有关，因此建立一整套纪律政策和相关程序就显得非常重要，图 11 – 4 列出了一个企业关于员工上诉程序的政策规定。

图 11 – 4 纪律政策样本：员工上诉程序

<table>
<tr><td></td><td></td><td></td></tr>
<tr><td></td><td></td><td></td></tr>
</table>

雷迪森员工上诉程序（REAP）

目标：让员工有机会提出与雇佣有关的担忧，并在企业内部寻求解决方案，减少外界干预的情况。

政策陈述：

1. 如果在裁定结束后对企业或任何员工有什么不同看法，如对企业的人事制度或程序有不同意见的员工，可以根据些程序进行员工上诉。

2. 雷迪森提出这个上诉程序是出于企业和员工的共同利益，关于一切劳资矛盾，双方都必须依照此程序处理，处理不成才能提起法律诉讼，如果员工先通过此程序上诉，企业将对此前的员工行为的法律责任不予追究。不追究法律责任的承诺仅限于按此程序上诉期间，在此程序处理结束得出最终裁定后，员工还可以再依法进一步上诉。
此程序的目的是鼓励员工在集团企业内部投诉，让员工在诉诸企业外的法律程序之前先在企业内寻求解决方案对企业也有好处。

3. 对使用此程序的员工不会有任何报复行为。

（感谢明尼苏达州明尼亚波利斯雷迪森饭店集团提供上述资料。）

每个饭店企业都应制定并在醒目的位置张贴"内部规定"或其他员工必须遵守的规章制度，这些制度是管理层进行纪律管理的依据。

事件文件记录：赢得投诉处理的最关键步骤是清楚地、完整地、准确地记录事实，任何情况下如果需要进行纪律管理，管理人员必须首先记录事情的完整经过和当时情景，包括日期、时间、当事人姓名、证明人姓名及其他客观事实。

分级惩处：所有员工需要认为他们受到了公正的对待，受到公正对待的一个重要方面是建立和使用分等级的惩处政策。

大部分进展的惩处政策都是根据麦格雷戈的四个"红热炉"法则，即仿照人摸到被烧红的热炉子时的反应，对员工行为的了解必须是：（1）迅速的；（2）事先警告的；（3）延续的；（4）不针对个人的。法则之一，经理在进行惩处管理时应强调不可接受的行为与惩处之间的联系（如果你摸到了烧红的热炉子，你会被烧伤的）。法则之二，经理要事先警告员工违反规定可能的后果（像警告一个孩子触摸烧红的热炉子是危险的）。法则之三，要不断地反复强调。法则之四，执行惩处管理不是针对个人的，惩处在任何时候对任何人都是一样的（任何人任何时候摸到了烧红的热炉子都会被烧伤的）。经理必须强调制度的延续性和无偏见性，惩处的不延续性会让员工无法理解后面的制度。

很多分级惩处政策至少包括四个步骤：

- 口头警告；
- 书面警告；
- 停职；
- 开除。

从字面就可理解，口头警告不需要经理向员工出示任何书面文件，但这不等于经理不用做任何文件记录了，相反经理应记录整个过程包括他所实施的处罚行为。

书面警告要求员工签署一份文件以证明员工本人看过文件，文件中写明他/她所触犯的规章制度及纪律处罚措施，图 11 - 5 是一个书面警告文件样本。这个表格记录了问题的实质、发生的时间和地点、警告的时间和地点以及警告行为的结果。这张表格还记录了员工以往是否受到过警告，当前的警告是否是员工最后一个警告。

员工经常不同意警告中所指控的事件，他或她可以拒绝签字，这时经理可以签署这份文件并附说明，证实员工看到了这份文件但拒绝签字。很多警告表带有一栏员工可以写下自己的意见看法的地方，经理应鼓励员工写下自己的看法，也可以更进一步证明员工确实看过了这份文件。

停职是最后的警告了，这个举措向员工预示了如果他或她的行为没有改变的可能结果。停职会让员工感受一下失去工作的滋味。停职也等于让员工的家属或亲友知道他或她在工作中有大麻烦了，有时这会使员工产生让生活回到正常轨道的愿望。

调查性面谈时工会的权利：大部分工会协议都规定工会成员有权指定工会代表参加调查性面谈。这种面谈是雇主用于调查事件真相，不涉及任何惩处行为。尽管雇主不一定要告知员工有这项权利，但员工一旦提出，他必须尊重员工的这项权利。如果员工提出要求一位工会代表参加面谈，雇主应接受或推迟谈话以便让员工有时间找到自己的代表，不得拒绝员工的要求而直接进行面谈，工会认为这种拒绝行为会引发大量的员工投诉。没有规定要求雇主必须与工会代表谈话，因此谈话中工会代表的作用是非常有限的，除非有必要，否则他或她不能干预谈话。可适用的劳动合同中也可以规定工会参与面谈的准则。

图 11 -5　员工警告通知单样本

员工警告通知单

员工姓名 ＿＿＿＿＿＿＿＿＿＿＿　　　部门＿＿＿＿＿＿＿＿＿＿
问题发生日期 ＿＿＿＿＿＿＿＿＿　　问题发生时间＿＿＿＿＿＿＿

问题性质(请勾出)

( )旷工/迟到　　　　　( )过失　　　　　( )工作表现
( )违反安全规定　　　　( )行为　　　　　( )违反饭店规定
( )态度　　　　　　　　( )不服管理　　　( )其他

关于此次警告的解释(具体写明时间、地点、事件、期限等)

＿＿＿＿＿＿＿＿＿＿＿＿＿＿＿＿＿＿＿＿＿＿＿＿＿＿＿＿＿＿＿＿

＿＿＿＿＿＿＿＿＿＿＿＿＿＿＿＿＿＿＿＿＿＿＿＿＿＿＿＿＿＿＿＿

＿＿＿＿＿＿＿＿＿＿＿＿＿＿＿＿＿＿＿＿＿＿＿＿＿＿＿＿＿＿＿＿

采取的措施:＿＿＿＿＿＿＿＿＿＿＿＿＿＿＿＿＿＿＿＿＿＿＿＿＿＿

＿＿＿＿＿＿＿＿＿＿＿＿＿＿＿＿＿＿＿＿＿＿＿＿＿＿＿＿＿＿＿＿

以往警告( )无　 ( )有　 如有,日期 ＿＿＿＿＿＿＿＿＿＿＿
( )最后警告:员工已被告知,如有类似事件发生或再次违反公司规定,将可能导致终止合同。
员工须知:员工如果在工作中遇有问题, 欲了解详情欢迎与员工辅导中心(位于
＿＿＿＿)或人事部办公室(位于＿＿＿＿)联系, 我们对此严守秘密。
我已与上述部门讨论过此事。

＿＿＿＿＿＿＿　　　　＿＿＿＿＿＿＿　　签名 ＿＿＿＿＿＿＿＿
　　日　　期　　　　　　　时　　间　　　　　　　　主　　管

你在这张表上签名说明你已接到了这个警告通知,如果你觉得这个警告是不公平的,请与人事部办公室联系。

　　　　　　　　　　　　　　　　　　　　＿＿＿＿＿＿＿＿＿＿
　　　　　　　　　　　　　　　　　　　　　　　员工签名

关于非工会企业

很多饭店和餐馆都是非工会企业，在这些企业中雇主也要建立和公开有关制度，实际上这种投诉程序相关制度的设立能有效减弱员工对工会的需求。

建立非工会企业投诉程序

很多雇主建立投诉程序的原因之一就是弱化员工对工会的需求程度，非工会企业的投诉程序与工会企业的不同之处就是没有工会代表的介入，具体步骤详见图 11 −6。

图 11 −6　投诉程序：非工会企业

1. 员工向主管提出投诉。
2. 员工向任何部门经理提出投诉。
3. 员工向由员工和经理共同组成的投诉委员会投诉。
4. 投诉委员会在所有员工都能看到的明显位置正式公开投诉及处理意见。

非工会企业投诉程序是否能成功地实现取决于管理层的支持程度，包括向员工明确他们就有关工作问题投诉的权利，提供投诉场所和系统支持。经理对投诉委员会的决定置之不理会给员工传递一种错误的信息，这说明经理对投诉系统不信任，而且不遵守其决定。如果经理不按章办事，投诉系统的建立可能弊大于利，会给员工树立一个坏榜样，而且可能造成系统的破坏（或腐败）。

注释

[1] 关于集体谈判的历史及有关统计数据请参阅 *Monthly Labor Review* 123 [2] (2000): 53 −58.

[2] 下面文章中有一个关于如何激起集体谈判的一个很好的例子，James R. Pickworth, "An Experiential Approach to Collective Bargaining," *Cornell Hotel and Restaurant Administration Quarterly* 28（August 1987）: 60 −66.

[3] 节选自 R. L. Miller, "Preparations for Negotiations," *Personnel Journal* (January 1978): 36 – 39.

[4] Richard E. Walton and Robert B. Kersie, *A Behavioral Theory of Labor Negotiations* (New York: McGraw-Hill, 1965).

[5] Sybil Evans, "Doing Mediation to Avoid Arbitration," *HR Magazine* 39 (March 1994): 48 – 51.

[6] Paul B. Hertneky, "How to Deal with a Walk-Out," *Restaurant Hospitality* (February 1995): 65 – 66.

[7] Suzanne K. Murrmann and Kent F. Murrmann, "Characteristics and Outcomes of Grievance Arbitration Decisions in Hospitality Firms," *International Journal of Hospitality Management* 16 [4] (1997): 362 – 374. 该文章的两作者收集整理了自 1985 年到 1995 年间饭店行业的投诉仲裁案, 这个研究全面概述了饭店行业的投诉程序, 是主管经理培训的很好教材。这篇文章还介绍了各种类型的投诉的输赢比例, 如文中给出了 "违约" 投诉的数量及相应结果。

[8] Joan M. Clay and Elvis C. Stephens, "Protected Employee Concerted Activity: Hospitality Industry Implications," *Cornell Hotel & Restaurant Administration Quarterly* 35 (October 1994): 12 – 15.

[9] Zane Reeves, "Use of Employee-Based Grievance Systems," *Review of Public Personnel Administration* 15 (Summer 1995): 73 – 80.

[10] "GAO Survey: Business Teans Toward Use of Dispute Resolution," *Dispute Resolution Journal* 150 (October-December 1995): 22.

🔑 主要术语

仲裁（arbitration）　处理工会与管理层之间纠纷的一种方法, 通过第三方（又称仲裁人）根据双方以往达成的协议做出裁定。

姿态构造（attitudinal structuring）　谈判策略的一种, 双方都努力摆出友善、信任、尊重和合作的态度以操纵和影响对方。

真诚的谈判（bargaining in good faith）　1935 年《瓦格纳法案》要求的一种行为, 管理层和工会必须本着希望达成协议的精神就分歧问题进行谈判。

连带仲裁（binding arbitration）　当工会和管理层不能通过谈判解决投诉时需要的仲裁。

博沃尔主义（boulwarism）　20 世纪 60 年代通用电气公司公共及人事关系副总裁博沃尔开发的一种非法谈判策略，要求管理层在谈判初期就定出一个底线，并拒绝改动。

联合抵制（boycott）　工会成员因某一企业员工罢工而拒绝购买该公司的产品或服务的行为。

集体谈判（collective bargaining）　工会和管理层就协议进行谈判的过程。

补偿性损失（compensatory damages）　雇佣法中，原告（雇员）要求赔偿的因失业而造成的收入损失。

分配谈判（distributive bargaining）　工会和管理层就重大问题发生冲突时的谈判，在这种情况下，各方都准备一份建议书，谈判结果必须是一方胜，另一方败。

经济罢工（economic strike）　关于强制性条款如工作或工作条件等的罢工。

联邦调解服务机构（Federal Mediation and Conciliation Service）　联邦政府提供调解人、仲裁人和调解仲裁人的机构。

最终仲裁（final offer arbitration）　仲裁过程中，仲裁人将从工会和管理层的建议书中选择一份，仲裁决定为终局性的。

非法谈判议题（illegal bargaining issues）　集体谈判中被法律禁止的议题，包括关门协议及任何违反公平就业机会法律的议题。

僵局（impasse）　工会和管理层双方各不让步，无法达成协议的局面。

综合性谈判（integrative bargaining）　工会和管理层对某一问题未必有分歧，或双方通过谈判都可以有所得的一种谈判。

组织内部谈判（intraorganizational bargaining）　谈判战略的一种，双方在谈判中都要极力"推销"自己的条件，希望依此达成协议。

司法权罢工（jurisdictional strike）　关于哪一个工会能代表员工问题的非法罢工。

正当理由条款（just cause clause）　集体谈判协议中明确员工纪律处分及解雇的条款，工会一般会要求在协议中有此类条款。

管理方权利条款（management rights clause）　集体谈判协议中的条款，管理方有权控制企业产品及服务的生产制造和销售，有权决定员工纪律处分的方法并付诸实施。

强制谈判议题（mandatory bargaining issues）　集体谈判过程中直接与雇佣关系有关的议题。《瓦格纳法案》和《塔夫托—哈特利法案》规定工会和管理层必须对这类议题进行真诚的谈判。

调解（mediation）　通过第三方（调解人）的协助解决工会与管理层谈判陷入的僵局，达成双方认可的协议。

过去行为（past practice）　过去工作的开展方式。

分级惩处（progressive discipline）　随着触犯纪律行为的不同处分的升级，一般从口头警告到书面警告，到停职，最后到开除。

惩罚性损失（punitive damages）　雇用法中，原告（雇员）要求支付的用于惩罚另一方（雇主）的行为的罚金。

二级罢工（secondary strike）　非法罢工的一种，员工罢工的理由是因为与本企业雇主有商业关联的另一企业的员工在罢工。

静坐罢工（sitdown strike）　员工停止工作但仍在工作场地逗留的一种罢工形式。

不正当劳资行为（unfair labor practice）　联邦和各州法律（特别是集体谈判相关法律）禁止的一种劳动行为。

不正当劳资行为罢工（unfair labor practice strike）　由于管理层拒绝谈判或有其他不公正劳资行为而引起的罢工。

自愿谈判议题（voluntary bargaining issues）　集体谈判过程中双方都认为有必须讨论的议题，这类议题法律没有强制规定。这类议题可包括养老金和福利权益，监督报酬和纪律处分过程，以及企业的产品或定价。

野猫罢工（wildcat strike）　不受工会领导的罢工。这种罢工往往是一部分员工针对某些只与小生产集体有关的问题进行的。这种情况下雇主可以合法地解雇罢工员工并向工会索赔。

零和问题（zero sum issue）　一方取胜而另一方等价失利的议题或建议。

📖 复习题

1. 管理人员在决定应由谁参加集体谈判小组时应考虑哪些问题？
2. 强制谈判议题、自愿谈判议题和非法谈判议题之间有什么区别？
3. 一般在与工会进行集体谈判过程中较常见的六种非经济议题是什么？
4. 什么情况下可以宣布谈判陷入僵局？
5. 管理权利条款和正当理由条款的区别是什么？
6. 分配谈判和综合谈判的区别是什么？
7. 哪一种罢工对员工提供的合法保护最多？哪一种最少？
8. 仲裁和终局性仲裁有什么区别？这种区别是如何影响仲裁结果的？
9. 投诉最常发生的三种原因是什么？为什么？
10. 工会企业建立投诉程序时的关注要点是什么？

💻 网址

以下网站可以提供更多的相关信息，注意网址可能会变更，如果无法找到某个网站，可以使用搜索引擎找更多的网站。

美国仲裁协会　　　　　　　　　　　康奈尔大学法学院
www. adr. org/　　　　　　　　　　　www. law. Cornell. edu/

劳动统计局
www. bls. gov/

迷你案例研究

你饭店的客房部员工对你提出了一项投诉，他们认为饭店没有遵守与工会的集体谈判协议。员工们称客房部主管为了省钱减少员工人数，主管自己和主管助理都亲自清扫客房。员工提起的投诉是"单位工作压价行为"，认为经理挤了他们的工作，并意图减少工作数量。

讨论题

1. 这些员工的投诉是合法的吗?
2. 如何避免这类投诉?
3. 管理层应站在哪一方的立场上?

第四部分

安全、纪律和道德

第 12 章概要

1970 年《职业安全与健康法》
　　职业安全与健康管理局的职能
　　范围
　　职业安全与健康管理局的执法
　　标准
　　法案涉及的员工权利
　　饭店业与职业安全与健康管理
　　局法案
　　健康与安全评估
雇员压力及精神健康
　　压力的来源
　　压力的结果
　　压力的减轻
雇员援助计划
　　建立员工援助计划
　　通过援助计划节省开支
安全与保健的其他问题
　　获得性免疫缺损综合征
　　抑郁症
　　健康计划
　　工作环境吸烟问题
　　工作/家庭生活问题

学习目的

1. 概述《职业安全与健康法》的历史、范围和目标，介绍法律执行的标准和要求。
2. 介绍在法律保护下的员工权利以及这些权利在饭店行业的意义。
3. 介绍压力的来源和后果，列举一些减轻压力的原则方法。
4. 介绍员工辅助计划福利的组织部分。
5. 介绍当前一些健康话题的内涵，包括艾滋病、抑郁症、健康计划、工作场所吸烟问题及工作/家庭生活问题。

12

健康、安全及员工援助计划

本章节与拉斯维加斯内华达大学克里斯琴·法亚硕士研究生，肯尼·艾伦法学学士、硕士研究生以及马克西姆·劳伦斯硕士研究生合作完成。

　　国家安全委员会报告称因工死亡和致伤使美国每年要花掉 400 亿美元，法律规定雇主有责任尽一切努力把工作场地死亡和受伤数量降到最低。1998 年，590 万工人在工作场地受伤，也就是说 100 名员工中就有 6.7 人因工作受伤或生病[1]，最主要的致伤原因包括提、推、拉、举物品（每年为此类受伤花去的费用为 98 亿美元）和从高处坠落（这类伤害的花费为 80 亿美元）[2]。

　　雇主有义务为保证工作场地安全准备一切设施，不允许有严重致伤的隐患存在。为此，雇主必须花一定的金钱和时间改善工作场地的安全与健康状况，避免意外发生。逃避这种责任的雇主要受到职业安全与健康管理局（OSHA）的调查和处罚。然而有不少雇主直到事故发生了或受到职业安全与健康管理局处罚时，才开始意识到这个问题的重要性。积极采取预防措施的经理们发现，其实事先为员工的安全和健康着想能避免很多事故的发生，虽然这种做法需要一定的花费，但比起出事后的赔偿要划算得多。

　　本章从介绍职业安全与健康管理局贯彻工作场地安全及健康规范的运作及规则入手，继而介绍几种可供管理人员用于减少或预防工作场地伤残和改善员工健康状况的方法。

1970 年《职业安全与健康法》

　　第二次世界大战后最值得争议的法律就是 1970 年的《职业安全与健康法》，该法案的立法目的是保护劳动力的安全，扩大工作场地安全的法律规定范围，使之惠及全国所有工人。

　　《职业安全与健康法》的通过是员工集团、国家安全委员会和工会长期游说的结果，这些团体指出虽然有很多美国工人在安全的环境中工作，但还有些人没有这种安全保障。《职业安全与健康法》的通过就是针对这种现象的，该法成为工作场地安全规范的联邦立法和司法标准。

根据该法成立了 3 个政府机构：职业安全与健康管理局（OSHA）、职业安全与健康监督委员会（OSHRC）以及国家职业安全及健康中心（NIOSH）。

职业安全与健康管理局是美国劳工部的下属机构，这个机构的主要职责是发现并规范工作场地安全问题，发布相关的标准并对过失进行制裁，根据《职业安全与健康法》设立的三个机构中职业安全与健康管理局权力最大。

监督委员会是一个上诉裁决机构，由美国总统任命的三位成员组成，主要职责是职业安全与健康管理局和所管理机构之间的意见分歧。

研究中心隶属于美国健康及人力服务部，主要研究评估工作场地的安全与健康状况，一般是职业安全与健康管理局根据中心的研究结果制定有关的规范制度。

职业安全与健康管理局的职能范围

职业安全与健康管理局的首要任务是建立起一套安全标准和规范。起初，职业安全与健康管理局试图建立起一套"无风险工作场地"的政策，为此该机构制定了一些使工作场地无受伤风险的指导准则。

20 世纪 70 年代末，美国最高法院做出一系列不利于职业安全与健康管理局的法庭裁决，使职业安全与健康管理局不得不改变政策。法庭认为"无风险"政策过于苛刻，雇主根本无法严格执行。因此职业安全与健康管理局将"无风险"政策改为"最低风险工作场地"政策。这个政策强调针对可以预见的安全与健康风险对员工提供合理的保护。通过贯彻这个政策，职业安全与健康管理局致力于减少已知的和潜在的工作场地安全与健康隐患。

从事任何商业行为的管理人员都要贯彻职业安全与健康管理局下达的标准，最主要的标准有 3 个：（1）过渡职业安全与健康标准；（2）永久职业安全及健康标准；（3）紧急职业安全及健康标准。过渡职业安全与健康标准由劳工秘书处在职业安全与健康管理局成立两年后就设立了。永久职业安全与健康标准是企业必须长期遵守的准则，这个标准的制定，依据的是职业安全与健康标准研究中心的研究结果，同时参考了一些雇主、工会或行业协会的意见。紧急职业安全与健康标准是由劳工秘书处颁布的，用于紧急问题的处理。大部分饭店行业的标准都属于永久职业安全及健康标准。

职业安全与健康管理局的执法标准

职业安全与健康管理局调查员有权对美国大部分企业进行检查，检查范围包括工作场地所有违反标准的行为。根据有关法律，调查官员的检查应不给予事先通知，检查时出示证件，并要与管理层公开会面。美国最高法院规定雇主有权要求调查员在检查之前出示调查令。

一般调查官员首先检查企业中是否在显著位置张贴了法律规定的有关告示（见

图 12 – 1 的告示例子）。这些告示的内容一般解释了《职业安全与健康法》的有关规定及企业工作安全与健康保护的一些规范要求。

在检查完张贴告示后，调查官员有权对员工进行观察和访问，检查危险隐患，检查急救措施。检查结束后调查官员与管理人员再次会面，讨论他们的检查结果，发出传讯，建议改进措施及整改时间表。雇主在收到传票后的 15 天内可以到职业安全与健康审查委员会（OSHRC）上诉，如果 15 天内没有上诉，传讯就成为终局性的，每个故意或重复违规行为的罚金在 10 万美元之内。故意违规行为的最低罚金为 5000 美元，一般违规行为的罚金在 100～400 美元。

图 12 – 1 职业安全及健康职业安全与健康管理局工作安全及健康保护张贴告示

你有权在一个安全和健康的环境中工作，这是受法律保护的

- 你有权告诉你的雇主或职业安全与健康管理局工作环境有风险，你可以要求 OSHA 为你匿名；
- 如果你认为你的工作环境不安全或不健康，你有权要求职业安全与健康管理局进行调查，你或你的代理人可以参加调查；
- 你可以在工作环境的安全或健康方面受到歧视的 30 天内向职业安全与健康管理局提出投诉或根据职业安全与健康管理局法行使你的权力；
- 你有权要求查看雇主所遵循的职业安全与健康管理局法规，你的雇主也必须在可能出现违规的地方张贴出相关的法规；
- 你的雇主必须在法律规定日期之内清除隐患，同时必须证明这些隐患已经消除或减轻；
- 你有权复印自己的相关医疗证明文件，说明你正处于有毒有害的工作环境中；
- 你的雇主必须在工作地张贴此告示。

《1970 年职场安全健康法》（OSH 法）是保护全国职业人士的工作环境的安全与健康的法律。美国劳工部下属的"职场安全与健康管理局"是该法的主要执法监督机构。相关权力的执行需要根据具体情况而定。

投诉、报告紧急状况或寻求职业安全与健康管理局的咨询或帮助请致电 1 – 800 – 321 – OSHA 或就近造访当地的职业安全与健康管理局办公室：亚特兰大（404）562 – 2300，波士顿（617）565 – 9860，芝加哥（312）353 – 2230，达拉斯（214）767 – 4731，丹佛（363）844 – 1600，堪萨斯城（816）426 – 5861，纽约（212）337 – 2378，费城（215）861 – 4900，旧金山（415）975 – 4310，西雅图（206）553 – 5930，电传号 1 – 877 – 889 – 5627。在线投诉请登录职业安全与健康管理局的网站 www. osha. gov，如果你的工作地处在执行职业安全与健康管理局的州内，你的雇主必须张贴此公告。

1 – 800 – 321 – OSH

www. osha. gov

美国劳工部 职场安全与健康管理局 OSHA M65

图 12-2　职业安全及健康职场安全与健康管理局伤病情况登记表

职业伤病登记					
受伤或疾病					
注释:				可记录在案的病例:你需要记录下来由职业引起的死亡的所有信息;由职业引起的非致命性的疾病的所有信息;这些非命性的职业疾病必须包含以下至少一种:失去知觉、工作或行动受限、变化其他工作或者药物治疗(除急救之外)	
案件或归档编号	建立这个表格是依照91-596号公法的要求,必须在职业安全与健康管理局保留5年,任何保存或邮寄的失误均会影响的引发争议及损失的确定(详见下一页的邮寄要求)				
	受伤日期或开始患病日期	员工姓名	职业	部门	受伤或疾病描述
键入一个不可复制的编号,以便于增补任何其他记录	月/日	姓名	职位名称、当事故或疾病发生时员工的活动。如果没有正式的职位,简要描述一下该员工的工作职责	该员工日常工作的部门,或描述该员工被分配的工作场地,即使受伤或生病当时他在另一个部门临时工作	简要描述事故或疾病并指出受伤或受影响的身体部位
(A)	(B)	(C)	(D)	(E)	(F)
					之前总页数
					下一页是总指引
职业安全与健康管理局 200 号					

美国劳工署

公司名称

企业名称

企业地址

日期：　　　　页数：

工伤时间、类型

恶性事故	非致命伤害 工伤时间					疾病类型 选择一栏你的疾病							恶性事故	非致命性疾病、疾病导致工伤			
与工伤有关的死亡日期月/日/年 (1)	误工时间 如果工伤包含了误工时间，或工作、活动受到限制 (2)	误工时间 (3)	误工天数 (4)	工作受限的天数 (5)	受伤但并不影响工作。如果不属于第一栏、第二栏，点击这里 (6)	由职业引起的皮肤过敏 (a)	矽肺病 (b)	中毒引起的呼吸道疾病 (c)	中毒（有毒物质对内吸收的影响） (d)	身体机能的紊乱 (e)	重复外伤引起的紊乱 (f)	其他类型 (g)	和工伤有关的死亡日期 月/日/年 (8)	如果工伤包含了误工时间，或工作、活动受到限制 (9)	误工时间 (10)	误工天数 (11)	工作受限天数 (12)	患病但并不影响工作。如果不属于第八、第九点，点击这里 (13)
									7								

通过这种自愿保护计划，职业安全与健康管理局与雇主一起寻找并消除工作中的职业安全隐患。有近 40 万小企业接受了职业安全与健康管理局的免费咨询，消除安全隐患达 300 万处。职业安全与健康管理局成立后的最初一个月内关于工作场地安全问题共培训了 210 万人[3]。

违规：调查官员可以在以下 8 个方面有无违规行为进行传讯：

- 近距离危险；
- 故意或重复违规；
- 严重危险；
- 不严重的危险；
- 违规后没有改正；
- 故意违规导致员工死亡；
- 张贴安全要求；
- 最低程度违规。

近距离危险一般会引来法庭发出的禁令，责令企业停止危险部分的操作，或改变有安全隐患的工作环境。

记录保持要求：根据职业安全与健康管理局规定，每个工作场地必须给每名有伤或患病的员工建立并保留一份档案，拥有 10 名雇员以下的雇主可以不必保留这种档案除非有死亡或频繁的医患发生。所有企业都必须登记与工作有关的死亡情况，定期医疗状况，工作损失，禁止工作活动或其他受伤或生病，只需简单急救治疗者除外，图 12-2 是用于此类登记的表格样表。近年来随着电脑的普及，这种登记程序变得越发简单了，职业安全与健康管理局的网站（http：//www. osha. gov）上还可以查到所有标准及登记程序。

所有伤病都必须在事件发生后的 48 小时内向职业安全与健康管理局报告，根据这项规定，一些雇主会尽可能多地进行报告，甚至报告很多"简单急救"病或伤例。自 1983 年以来，雇员人数少于 5 人的饭店企业都不必参加有关登记，除非有因工伤病致死的情况发生[4]。

法案涉及的员工权利

根据职业安全与健康管理局规定，如果员工因为工作环境不安全而拒绝工作是不应受到处罚的。另外，员工有权知道工作是否有危险、接触的材料是否有毒，如果有这种情况的话，员工有权要求进行适当的安全操作培训。

职业安全与健康管理局的《危险沟通交流标准》要求全国所有雇主必须真实地告诉员工他们接触的工作材料的危险性。这个标准又被称为《危标》（*HazComm Standard*）或职业安全与健康管理局知情权法规。《危标》要求所有化工企业必须填报材料安全资料表，并以文件形式发到每名员工手中。

关于这种知情权的法律法规各州标准有所不同（图12-3）。

图12-3　密歇根州法律知情权告示

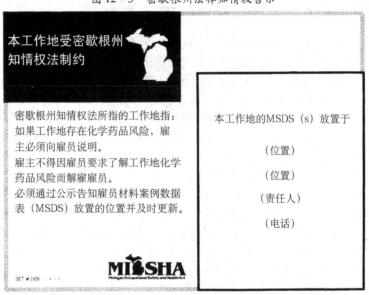

材料安全资料表的内容是关于企业所使用的化学制剂（包括清洁剂）的资料，包括有毒成分、危及健康情况、外溢或泄漏时应采取的措施，以及其他特殊要求和保护措施。这些资料应直接从材料供应处获取。

职业安全与健康管理局规定这种表格必须让使用或可能暴露其间的员工阅读，另外，职业安全与健康管理局还要求雇主必须遵照一定的标准实施步骤，其实施过程由职业安全与健康管理局调查员进行检查。

职业安全与健康管理局有一份企业安全与健康建议计划，其中包括：

- 由最高管理者负责；
- 建立安全责任制度；
- 及时发现并解决问题；
- 强化培训；
- 通过对事故记录的分析找出问题根源；
- 在工作场地备有急救设施并训练员工如何使用这些设施；

- 提高员工们的安全健康意识；
- 明确安全及健康责任。

职业安全与健康管理局还建议安全与健康建议计划由一个委员会进行管理，委员会应由管理人员和员工共同组成。

饭店业与职业安全与健康管理局法案

每年饭店行业的受伤事故约有 50 万起，低于各行业平均水平，50% 左右的受伤事件误工 35 天以上[5]，厨房是最主要的安全隐患处，特别是容易引起火灾的煎炸部，湿滑的地面可能会引起滑倒摔伤。另外，饭店里的事故还有触电、从楼梯上摔倒（因为没有扶手），经理们还要特别注意饭店内的施工场地、洗衣房和设备维护区。

饭店经理可以通过三个方面减少物业内的安全隐患：标志、培训和预防措施/设施。在事故多发区的明显位置张贴警告标志提醒员工小心，例如在煎炸区应提示员工注意烫伤，并重申设备的操作步骤。培训也是一种有效方法，让员工了解如何正确操纵设备及企业的安全规范。良好的培训往往能有效地减少事故数量和发生频度，对于事故多发工种进行经常性的培训，反复重申事故预防措施，这也能有效降低饭店工作场地的安全隐患。

重复性劳动损伤：重复性劳动损伤（RSI）或重复性压力损伤值得引起更多的关注，这种损伤的原因是员工不断重复同样的劳动过程。腕管综合征就是一个典型的例子，整天打字的人手腕韧带很容易受损伤，长期接触终端显示器的人会产生疲劳、烦躁、抑郁和眼睛疲劳等症状。另外，键盘打字也是产生有些骨肌疾病的原因之一[6]。

如果有损伤现象出现，经理们必须填写并提交有关的职业安全与健康管理局表格。为了减少重复性劳动损伤，经理们可以购置特殊设计的电脑桌、键盘、电脑、手腕休息设施或符合人体工程学的键盘，把终端显示屏换成有视力保护功能的显示屏或为现有显示器附加视保屏。这些改变能有效减少饭店企业中长期与电脑接触的员工的腕管综合征和显示终端症状的发生率。

在分工明确、快速服务的厨房工作台工作的人也容易因不断重复一种单一动作（如切菜）患上重复性劳动损伤[7]，职业安全与健康管理局建议雇主重新设计工作使用的工具、设施、工作台和厨房以避免员工受到这类损伤，另外，也可以通过员工轮岗，让员工定期休息一下，能有效减少这类损伤的发生[8]。

健康与安全评估

职业安全与健康管理局的首要关注焦点是会引起安全和健康问题的工作环境，经理们可以用以下这个简单的公式计算出企业整体安全和健康情况，计算结果是看每 100 名连续工作 50 周（每周 40 小时）的员工中受伤的比例。

公式：N/TH × 200000

式中，N 为因病或受伤失去的人工天数，TH 为员工一年的总工时数，200000 为

100 名全日制员工×每周 40 小时×50 周

虽然多高的比例是可以接受的还没有一定的标准，但这至少可以让雇主了解员工受伤比例的变化情况，职业安全与健康管理局曾以这个比例的变化程序来判断工作安全和健康环境的保持水平。

员工压力及精神健康

根据 1997 年的一项由美国家庭与工作研究中心进行的调查，25% 的被访者经常感到压力很大，13% 的人觉得很难应付每天的工作生活。其他研究者也发现，40%的工作者感到他们的工作非常有压力，25% 的人认为他们的工作是压力的主要原因，26% 的人在上个月"经常或频繁"在工作上有挫败感。在过度工作的人中，20% 的人比常规时间工作的人犯的错误多，39% 的人对企业表示愤怒[9]。

此外，过度工作的人健康状况往往较差，且忽视对健康的关注[10]。工作压力导致更多的健康问题，而不是金钱和家庭问题。压力导致了很多身体疾病，包括头疼、抑郁以及类似于心脏性发作等症状[11]。

雇主应注意工作压力的调节，因为压力工作环境中员工平均年缺勤天数是 23 天，而非压力工作环境中员工的平均缺勤天数仅是前者的 1/4[12]。研究人员注意到，更多的女性（40%）比男性（26%）感觉到工作压力。一般来讲，饭店经理也比其他行业经理的压力大[13]，这可能是引起饭店高层管理人员流动性强的直接因素之一。

压力的来源

有些工作压力是好的，适度的压力能带来好的工作表现和相应的满意度，就像给吉他调音，把弦绷到一定程度才能使音更准更和谐，但如果绷得太紧弦会断的。

有些人更倾向于压力，"A 型"人一般缺乏耐心、进取心十足、在自己制定的时间限期内工作很有竞争力，这种人一般更能适应压力。"B 型"人的特点是生活不紧不慢，但不是所有的个性都与压力有关。很多压力专家指出压力源主要来自四个方面：

- 组织外部压力源：个人的家庭、婚姻、财政、子女等方面问题；
- 个人压力源：工作过多，时间管理不善，角色负担过多，不清晰模糊的情况或矛盾；
- 团体压力源：缺乏团队合作，团体成员要求个人长时间地承担过量的工作；
- 组织压力源：规章制度，生产利润压力，权威管理模式及权力滥用等。

饭店业的压力主要来自劳动力短缺、员工流失率高、长时间且不方便的工作时间，以及长时期处于压力状态下[14]。这些压力的表露形式多种多样，如饭店经理比其他行业的经理更经常感到精疲力竭。

服务业工作人员更容易感到精疲力竭，原因在于其工作主要是和客户打交道[15]。

该症状的主要表现包括身心疲惫、异化的倾向、漠视其他人、个人成就感低落。同时，精疲力竭也体现在员工流失率、缺勤和效率低下等。服务业的员工流失率（25%～30%）是非服务业（8%～15%）的两倍。饭店业中层管理者的流失率大大高于服务业中其他领域。76%的员工认为精疲力竭的一个最严重的影响是缺勤情况严重，70%的员工担心生产率下降[16]。

图 12 - 4　标准化社会再调节评分表（SRRS）

排名	生活大事	分数均值
1	配偶死亡	119
2	离婚	98
3	亲近的家庭成员死亡	92
4	分居	79
5	被单位开除	79
6	个人生病或受伤	77
7	监狱刑期	75
8	亲近的朋友死亡	70
9	怀孕	66
10	企业调整	62
11	得不到贷款或被取消抵押还款权	61
12	增加新的家庭成员	57
13	复婚	57
14	家庭成员健康状况的改变	56
15	财务状况的变化	56
16	退休	54
17	工作调换	51
18	与配偶争吵的升级	51
19	结婚	51
20	配偶开始或终止工作	46
21	性生活难题	45
22	抵押还款	44
23	子女离家出走	44
24	工作职责的变动	43
25	生活状况的改变	42
26	居住地的变动	41
27	与亲戚的纠纷	38
28	学期开始或结束	37
29	个人突出成就	36
30	工作时间的改变	35
31	学校的变更	30
32	假日	29
33	跟老板有矛盾	29
34	娱乐的改变	29
35	抵押贷款额度太低	28
36	个人习惯的改变	27
37	社交活动的改变	27
38	饮食习惯的改变	27

续

排名	生活大事	分数均值
39	睡眠习惯的改变	26
40	家庭聚会参加人数的变动	26
41	假期	25
42	教堂活动的变化	22
43	轻度违法	22
	所有事件的总平均值	49

资料来源: M. A. Miller and R. H. Rahe, "Life Changes Scaling for the 1990s", *Journal of Psychosomatic Research* 43, (1998) 3: 279 - 292.

在饭店员工中，压力也是普遍存在的，如从事食品准备和餐饮服务的员工酗酒的可能性比一般公众高出两倍左右[17]。被调查的饭店人士中有97%认为酗酒和吸食毒品是饭店业的一个问题，其中一半以上的受访者认为这产生的影响已经达到了"令人担忧"的程度。在1000名饭店业从业人员中，40%的人曾经看到同事在工作期间服用非法药品，59%的人看到同事在工作时间过度饮酒。在工作期间服用药物的人普遍解释这是"为了在轮班工作期间不瞌睡"（48%）、"缓解压力"（48%）[18]。

图12-4展示的"社会再调节评分表"指出了一般压力源所在，评分的依据是各种压力对个人的影响程度，其中列在第一位的是配偶的死亡。分数均值是指与其他事件相比的相对压力程度。其他一些引起压力感的常见因素还有孤独感（有研究发现被社会孤立和吸烟一样危险）、高血压、过度肥胖和高胆固醇。2005年早期进行的一项调查发现40%的工作者认为压力的主要来源是工作负担，34%认为是人际关系，21%则认为是如何平衡工作和生活。[19]有人陪伴，甚至是宠物，有助于减缓压力。

图 12 - 5 饭店经理压力调查

饭店经理在各个分值区间的分布比例	
分值区间	回答者比例%
0	12.9
1 ~ 100	12.9
101 ~ 150	9.7
151 ~ 199	16.1
200 ~ 300	12.9
301 ~ 400	9.7
401 ~ 500	16.1
>500	9.7
	100.0

资料来源: Robert H. Woods, Misty Johanson and Michael P. Sciarini, "Stress Factors in the Lives of Hospitality Managers," *Praxis*: *The Journal of Applied Hospitality Management* 1 (1998): 1 - 8.

在1998年对饭店经理压力的一项调查中，3位研究人员制定了一套评分系统，对197人的调查结果打分的平均值是241.5，一个非常危险的分值。分值结果被分为8组（图12-5）。我们发现饭店的规模和服务水平与总经理的压力无关。

调查还发现很多在 1995 年的社会再调节评分表中排在后面的压力源位置有所提升，图 12－6 列出了此次调查中常被饭店经理提及的压力源。

清单中的一些压力源表面上看起来好像是好事，如突出的个人成就、假期和结婚，但这些事件的前后处理过程会占用管理人员的一定精力，甚至在整个调节评分表中最没压力的假期都可能会带来压力，因为休假者要计划和安排其他员工接替自己的工作，我们认为对于大多数人来说假期是最放松的，而对于饭店经理来说却可能正相反，因为假期是饭店最忙的时节。

图 12－6　经常被提及的压力源

饭店经理对每种压力源的反应比例	
压 力 源	回答者比例（％）
假日	56.7
突出的个人成就	39.6
工作职责的变化	39.6
婚姻	32.3
工作时间和工作条件的改变	30.2
个人习惯的改变	28.2
与配偶争吵的升级	24.5
财政状况的改变	20.7

资料来源：Robert H. Woods，Misty Johanson and Michael P. Sciarini，"Stress Factors in the Lives of Hospitality Managers," *Praxis*：*The Journal of Applied Hospitality Management* 1（1998）：1－8.

压力的结果

过分的压力对员工和企业都很不好。对个人来说，太大的压力会导致暴饮、吸烟、暴力和抑郁行为，除了心理情绪上的问题外，过分的压力还会造成身体的损伤，如背痛、头痛、情绪性便秘、高血压和心脏病。对于企业来说，压力会导致员工流动性强、生产率低下和无数的员工补偿要求，有 11％ ~15％ 的员工补偿要求与压力有关。

压力的减轻

减轻压力计划有两个目标：减少个人问题压力和减少组织问题压力。个人应学会通过锻炼、节食、控制烟酒消费量来减轻个人压力。减轻压力的方法还包括财务和家庭咨询，在日常工作生活中可以遵照以下简单步骤减轻个人压力：

- 将任务按重要性程度排序，先处理最重要的；
- 尽可能将任务下放；

- 制定并尽可能遵守现实可行的任务完成期限和时间安排；
- 事先做好计划以免遇事忙乱；
- 做深呼吸；
- 避免推延；
- 合理饮食；避开烟、酒、毒品；每星期至少锻炼三次，每次20分钟；
- 抚摸宠物，这可以减轻压力感，降低血压；
- 保证睡眠。充足的睡眠有助于减少压力、降低工作中的错误率。对200名高级管理人员进行的一项调查表明：45%的人表示缺少睡眠严重影响了他们的决策能力；18%的人表示睡眠不足导致他们的决策给企业造成了严重的影响[20]。

减轻组织压力包括重新设计工作减少不必要的压力，重新设计工作流程避免流程中的瓶颈现象，明确角色，建立工作丰富化计划。在所有计划中减轻组织压力最有效的办法是灵活的工作计划安排，工作合作和员工援助机制。

员工援助计划

据估计，员工酗酒和吸毒给雇主造成的花费是惊人的，如美国商业称吸毒使美国经济每年的损失达1400亿美元。研究表明每名吸毒员工每年给饭店企业造成的损失达7500美元，这些损失包括工作效率低下、生产率下降、偷盗、缺勤、员工高流动性、降低员工道德、工作伤害事故以及惊人的医疗保健费用。此外对于在食品服务行业工作员工的调查发现，他们的工作场地问题在以下几个方面达到了或超过了全国平均水平。

美国80%的酗酒者为工作者或者是依靠工作生活者。酗酒导致：
- 美国工作者的旷工天数总计达每年3300万工作日；
- 缺勤导致的生产力下降和其他问题造成的损失达40亿美元；
- 用于治疗饮酒引起的疾病的医疗费用达360亿美元[21]。

员工援助计划（EAP）收集到的资料信息显示有个人问题的10%～20%的员工所带来的问题占企业所有员工人事问题的80%～85%，几乎30%的缺勤是由这些员工引起的。

有研究发现关于酗酒的一些数据，如美国企业每年为员工酗酒问题要花费1340亿美元[22]，而且酗酒还带来：
- 酒精性肝病达12121例[23]；
- 39%的交通事故[24]。

全国酗酒吸毒委员会还发现40%的失误事故和47%的受伤事件是由酒精引起的，有些压力、精神或情感健康问题是由毒品引起的，也有些不是，前面图12-4已经列出引起压力可能由于一系列因素。

员工援助计划可以帮助员工更好地处理个人问题，如酗酒、吸毒等。实施这种计划可以减少与这些问题相关的费用。近几年来实行员工援助计划的企业越来越多。2001年实行该计划的企业占68%，2005年该比例增长到74%[25]。开展员工援助计划的花费并不一定要很大，通常还不到企业健康医疗预算的0.5%。这个成本在过去的10年到15年里并没有上升[26]。

员工援助计划根据企业的不同而各不相同，有些计划可以帮助员工解决一些诸如戒酒、戒毒之类的具体问题，有些提供诸如家庭事务咨询、财政咨询、教育及事业咨询之类的服务。计划的性质根据以下几点而各不相同：

- 提供的服务类型；
- 服务人员的专业和培训方向；
- 服务的提供场所。

美国大部分员工援助计划都提供戒酒戒毒咨询、退休前咨询、解除压力咨询等服务，有近半数的计划提供事业咨询，还有些向员工提供婚姻咨询、财政咨询、法律咨询、子女教育咨询、老人看护咨询和家庭事务咨询等。根据2001年管理研究中心发布的报告，在未来5年中员工援助计划的服务对象将增加3000万名员工。

建立员工援助计划

建立员工援助计划可以分为四个阶段：第一阶段发现工作中的问题，第二阶段计划开发设计，第三阶段实施，第四阶段评估。

大部分员工援助计划包括重点防范吸毒酗酒问题的计划内容，很多人认为这方面的计划尤其适用于饭店企业，因为饭店员工以年轻人为主，这个年龄层的人最容易产生吸毒、酗酒之类的问题。但雇主应根据本企业工作的具体环境决定具体采用哪些计划内容。评价一般由第三方匿名进行观察、访问和个性测验。

一旦明确了需求，经理可以立刻进行计划设计开发，很多计划包括内部和外部服务两部分。员工一般参加内部服务时更放松，但内部服务不可能匿名进行，因此雇主对企业在计划进行过程中的一些疏忽或恶意行为负有责任。

雇用和培训企业内部人事干部可能比使用外部服务更贵，而且外部服务与内部服务相比的好处是可以匿名进行，服务更专业。援助计划实施过程中管理层的支持是最重要的，保证员工的姓名及有关情况的保密性，通过与服务机构的沟通了解员工与他们的交流情况。

企业应通过检测计划的实用性评估援助计划，饭店经理可以将年平均工资额乘以 0.17（"麻烦"员工的全国平均比例）的计算结果检测计划的实用性，上述计算结果数字的 25% 就是问题雇员给当前企业带来的损失。一般原则是援助计划能减少这个损失的 50%。援助计划实施以后还可以通过计算生产率的提高程度、医疗及保险的支出变化程度，员工流动性以及参加计划的员工人数等数字来衡量计划的有效性。

要提醒经理们注意的是向员工推荐援助计划时一定要谨慎，最近已经有很多员工因此起诉雇主的例子，如企业认为员工需要援助，也就是暗示员工是残疾人并受《美国残疾人法》保护，员工拒绝接受援助，结果企业解雇了员工，员工可以因此起诉企业触犯了《美国残疾人法》，因为企业是"明知故犯"。加州的连锁超市"幸运店"最近就在一起类似的案例中败诉。要避免这种事情的发生，经理可以主动接触问题雇员了解他们的问题，要注意与员工接触谈话的方式和内容，以免掉进有关法律的陷阱，图 12-7 给出了一些讲话方式的例子。

图 12-7 就援助计划向员工谈话的方式

建议员工参加援助计划时	
不要说：	要说：
你看起来有酗酒的毛病。	你在两周内已经迟到 3 次了，表现下降了，我觉得你呼气都有酒味。
你压力太大了，我觉得你应该寻求帮助。	我们接到你的同事的 6 次投诉说你对他们打哈欠。这种情况不能再有了。
员工援助计划能提供你所需要的帮助。	员工援助计划能帮助你改进你的表现。
我们希望你能及时处理自己的问题。	我们希望你试着用员工援助计划帮助你走出困境。

资料来源：Jane Easter Bahls, "Handle With Care," *HR Magazine* 44, (1999) 3: 60 - 65.

通过援助计划节省开支

员工援助计划的建立和运行都需要钱，这种花费是和以后的省钱紧密联系的。企业一直声称每投入 1 美元用于员工援助计划会得到 3 美元的回报[27]。

员工援助计划如此成功的另一原因在于吸毒酗酒问题，这些问题的内部援助比外部援助更加有效。有调查发现如果在工作场地帮助戒酒戒毒，有 70%～80% 的成功率[28]，主要原因是员工们担心如果不参加这种企业扶植的援助计划会失去工作。

不过，尽管援助计划在大企业中非常普遍，很少有小企业采用此计划，因为他们觉得花费太大不值得，而且这种计划所要求的匿名和保密的做法在小规模的企业中很难实现[29]。

虽然有些企业根本没有为员工设立援助计划，但也有不少企业正致力于扩大计划的涵盖内容。现在有一种趋势是将援助计划与保健计划结合起来，进一步压缩成本。另一个趋势是在计划中包括前期对员工的观察了解以确定问题雇员。雇主们还力求把保密工作做得更好，鼓励不愿参加这种计划的员工参加进来。最后，还有不少雇主更多地依赖于外部援助计划以期提供更专业的服务。

人力资源管理工作外包正在越来越流行。2001～2005 年，美国人力资源管理外包业年均增长比例为 21.9%，外包花费从 2001 年的 217 亿美元增长到 2005 年的 585 亿美元[30]。据估测，2009 年，全球用于人力资源外包的花费将达 140 亿美元[31]。在各种外包业务中，员工援助计划列居首位[32]。

安全与保健的其他问题

到目前为止，我们的讨论内容主要集中在关于吸毒酗酒和压力的健康问题方面，但这些问题是仅针对饭店企业的，下面我们将讨论一些所有行业目前普遍关心的重要健康问题。

获得性免疫缺损综合征

虽然尚无证据证明获得性免疫缺损综合征（艾滋病）可以通过食品传染，但饭店经理长期以来一直很担心顾客会将艾滋病与食品联系起来，很多餐馆经理担心如果客人发现他们雇用了艾滋病带菌者会引起用餐客人的抵制。事实上食品企业及饭店经理们自《残疾人法》（ADA）通过以来一直在积极进行院外活动，要求通过《钱德勒修正案》，允许饭店经理将患有传染性疾病的员工调到非食品部门工作。

如果员工患有在健康和人力服务秘书处清单备案的传染病，且传染途径是食品的话，食品企业可以调换该员工的岗位，除非企业可以通过合理设施防止疾病的传播。

艾滋病是逆转录酶病毒破坏人体免疫系统的一种疾病，使人体免疫系统不能正常发挥作用抵御其他病毒入侵，这种病毒的学名是后天性人体免疫缺损综合征，或 HIV，如果经测试发现 HIV 病毒称为 HIV 阳性，HIV 阳性并不等于患有艾滋病，只有出现病症的 HIV 带菌者才是艾滋病患者。很多带菌者可以几年没有任何症状与健康人无异。

美国全国疾病控制中心（CDC）宣称 1991 年艾滋病是 25～44 岁美国人的第一大杀手，到 1999 年，美国的 HIV 带菌者保持着以每年 4 万人的速度增长，1995 年到 1997 年间，各种药物治疗手段使艾滋病患者的死亡率减少了 68%[33]。美国全国疾病控制中心（CDC）的数据显示，在 2004 年估测的 38730 例艾滋病/HIV 患者中，女性占 27%[34]。艾滋病患者的雇佣成本是很高的。据疾病控制中心 1995 年的估计，平均每 250 名员工中就有 2 ~ 3 人是 HIV 带菌者或艾滋病患者，美国有 90% 的带菌者是有工作的。美国国家第一联合银行共有 3.4 万名雇员，估计其中有 300 ~ 350 人是 HIV 带菌者，平均每人需要治疗费 12 万元，这意味着在未来几年内企业要为这些人支付 3000 万 ~ 4000 万元的医疗费[35]。这仅是一个估计例子，饭店企业可以根据自己的员工人数进行相应的推测（如 300 人中有 2 人），估计本企业中的带菌者人数。

对于饭店经理，艾滋病的最大问题是对疾病本身的恐惧心理。艾滋病的传染是通过直接的血液接触、血液制品或与带菌者发生性交，一般接触是不会传染的。不采取任何保护措施的性交和共用注射针头是主要的病毒传播途径。很多人不了解艾滋病是不会像其他传染病一样传染的。

抑郁症

员工援助（EAP）应该强调抑郁症及其对员工的影响。抑郁症是全球最普遍的健康问题。每 5 个人中就有 1 个人曾经患有抑郁症。虽然抑郁症的患病与年龄和性别没有关系，但 24 ~ 44 岁的人患病概率最大，女性的患病概率是男性的两倍。未治疗的抑郁症可能持续数年。抑郁症对工作有很大的负面影响，据估测，由于疾病导致旷工的天数每年达 600 万天。此外，由于患抑郁症的员工能力下降，企业的生产率也会随之下降。每 40 个员工中就有 1 名员工有抑郁症但未治疗[36]。

健康计划

在美国，越来越多的人缺少健康的生活，很多美国企业为此建立了健康计划，用于帮助员工生活得更健康。健康计划的理论依据是更健康的员工才更可能有较高的生产效率、工作满意感和可靠性，从这一点上说，健康计划是一种损伤预防策略。

美国管理协会发现 52% 的中型企业（有 1000 ~ 10000 名雇员）和 57% 的大企业（有 10000 名雇员以上）已为员工建立了健康计划[37]。

大部分健康计划包括以下三部分：

- 健康扫描和评价：大部分健康计划在员工参加之前先进行健康扫描和评价，其中包括身体检查和胆固醇、血糖、压力和血压测试，明确员工的健康需要；
- 身体锻炼计划：健康计划的构成部分之一，包括有氧健身操和器械练习、走步、游泳和减肥训练，以及自行车、划船器和踏步器等器械的锻炼；
- 教育及培训：很多健康计划提供戒烟、降低胆固醇、减轻压力和节食管理门诊。

成功的健康计划是否可以改进员工的业绩表现尚无定论，但可以肯定的是这种计划能有效地减少企业的医疗费支出。1980 年库尔斯·百威啤酒公司开始实施健康计划，其中包括徒步旅行、减肥计划、节食培训、戒烟及其他一些上述列出的内容。到 1989 年，该公司的报告显示这一计划平均每 1 美元的投入会带来 6.15 美元的回报，回报主要来源于医疗保健成本、缺勤率、员工流动率和员工的补偿要求数量的降低。1988～1989 年间，全国平均医疗保健支出上升了 18.6%，而该公司的成本上升率仅为 5.9%[38]。该公司称健康计划提高了员工的职业道德水平、工作满意度和总体生活质量。当然不是所有公司都能像库尔斯·百威啤酒公司那样准备充分，大部分企业不知从何处入手，一些低成本或免费的健康促进项目资源是可以利用的（图 12 - 8)[39]。

图 12 - 8 低价或免费资源的健康推广计划

美国健康委员会是设在内布拉斯加州奥马哈的一个非营利性组织，会员年费 250 美元，福利内容包括健康咨询，参加分会会议，一本介绍保健计划的书《健康、财富和聪明》，这本书的非会员售价为 95 美元，请致电 (402) 572 - 3590。

《工作场地健康：如何计划、实施和评估保健计划》在加州 Los Altos 的 Crisp 出版社有售，售价为 9.95 美元，请致电 (800) 442 - 7477。

位于密歇根州法明顿希尔斯的美国预防医学研究会也出售一些便宜的保健书籍，一本是《健康生活自我护理指南》，用于教育员工如何治疗一些常见病并确定他们什么时候真的需要医疗帮助，书的价值是 4.45 美元 1 本，购买十本以上有折扣，请致电 (800) 345 - 2476。

职业健康战略公司是一家新罕布什尔州马伯里的咨询公司，提供一种成套的健康计划，名为"健康收获者"，一年费用 495 美元，公司提供健康计划手册，并每两个月提供一套健康新话题资料。请致电 (603) 743 - 3838。

健康人群网络公司是位于亚特兰大的非营利性组织，公司出售一种价格为 195 美元的电脑软件，软件通过让员工回答一些与生活方式有关的问题帮助企业进行员工健康状况评估，并作出健康情况预警。购买软件的公司还可定期获得公司的健康内刊。请致电 (404) 636 - 3127。

全国健康中心为购买中心制作的健康计划卡带的企业提供健康咨询，另外，中心每年 7 月还会定期举行会议讨论企业对健康计划的改进意见和要求。请洽 1045 Clark St., Suite 210, Stevens Point, Wisconsin 54481, 或致电 (800) 243 - 8694。

美国癌症协会是向企业提供健康促进信息的几个全国性健康组织之一，协会通过其分会为企业提供服务。协会免费提供宣传册、录像带和专题研讨会。欲知详情请与当地分会联系或致电 (800) 227 - 2345。

美国心脏协会为企业提供"工作者的心"保健计划，这是一个完整的保健计划，包括 7 个专题，根据客户要求的选题价格从 200 美元到 600 美元，可以向协会的各地分会购买，或致电 (800) 242 - 9821。

很多健康维持组织（HMOs）及一些有组织的健康计划供应商都为会员企业提供保险服务。

工作环境吸烟问题

工作场地吸烟问题是一个热门话题，吸烟者认为他们有权吸烟，但不吸烟者认为被动吸烟是不健康的。教育和强调吸烟的危害已有效地减少了美国的吸烟者数量。

在很多州，饭店企业针对客人制定了吸烟规范，很多州和市的法律要求在餐厅和客房对吸烟者和非吸烟者加以区别隔离。

健康计划认为减少工作场地吸烟现象有助于保证员工的健康和生产效率。吸烟者的缺勤率较高（男性40%，女性25%），生产效率较低（经常需要休息吸烟），医疗费用较高。总体来讲，美国吸烟者平均工作缺勤时间占总工时的10%[40]，企业每年用于每个吸烟员工的直接和间接的医疗保健费用至少为1000美元[41]。

到1993年，56%的美国企业有工作场地禁止吸烟的规定[42]，约有半数的州立法禁止歧视在工作场地之外吸烟的人，这与多数州允许雇主控制工作场地吸烟的规定有所不同。任何地方的饭店都控制工作场地吸烟或根本禁止吸烟，但雇主不得因此而在解雇或雇佣时歧视吸烟人群。

IRS认为戒烟是一种可以削减医疗费的方法，因为纳税人每年用于医疗的费用占年工资收入的7.5%以上，如员工将戒烟这项列入125章的弹性支出账户对上述比例的影响并不大[43]。

工作/家庭生活问题

1991年，《人事杂志》将生活质量最佳奖授予了万豪酒店集团，表彰该集团的工作与家庭生活部门对企业员工生活质量的改进所做的工作。万豪集团于1989年成立了这个部门，这个部门是提高员工工作满意度的一个三年期战略规划中的一部分[44]。

万豪酒店集团不是唯一将个人生活与工作质量联系起来的企业，已有越来越多的美国企业认识到员工们越来越看重生活质量。有研究表明，帮助员工平衡工作家庭关系是当今企业所面临的最大问题之一[45]。

双收入家庭：工作生活质量提升计划起源于美国的双收入双职工家庭。劳工部预计美国未来婚姻的81%将成为双职工家庭[46]。双职工家庭虽然可以享受较高的家庭收入，但也会遇到一些问题。很多职业男女在40岁左右要负担带孩子和抚养老人的双重压力[47]，这种"三明治年龄代"是美国劳动力队伍中最大一部分，不是所有人都能应付这种情况的。一些专家认为无力处理个人问题是压力上升、吸毒酗酒人数增加的原因之一。

图 12 - 9 双收入家庭面临的独特问题

1993 年平均男性工资收入	
妻子外出工作的:	妻子不外出工作的:
95067 美元	125120 美元
比 1987 年增加 48%	比 1987 年增加 59%
男性获得提升的比例	
妻子外出工作的:	妻子不外出工作的:
28%	38%

资料来源：Betsy Morris, "Is Your Family Wrecking Your Career (and Vice Versa)", *Fortune Magazine* (March 17, 1997): 17 - 20.

　　双职工家庭并不是事事都完美的，最近的调查表明双职工家庭也要付出一定代价。有不少研究发现，双职工家庭中的男性提级加薪的进程要慢于有妻子在家料理家务的男性，可能是由于他们对工作的投入程度不够（图 12 - 9）。1995 年对伊莱·利利公司的调查表明，只有 36% 的工人觉得有能力工作、家庭兼顾，而利利公司是有名的适于家庭的企业。另一项 1997 年的调查选取的是 236 名男性经理，他们都是 1975 年到 1980 年间东北两所主要大学毕业的 MBA，都已婚且有子女，其中有 84 人的妻子没有工作在家，其余 152 人的妻子外出工作，前者比后者的收入高出 32%。这项调查是新泽西莱德（Rider）大学和佛莱德·赖特曼—佩斯大学进行的。

　　由于 20 世纪 70 年代收入水平增长的停滞，使双收入成为维持较富裕的家庭生活的必需，现在有 84% 的已婚夫妇男女双方都工作。这种新的经济形式的需求彻底改变了传统家庭生活的轨迹，家庭晚餐在很多家庭中已经消失了，因为父母双方回家都很晚，晚上父母与孩子的交流时间一般都质量很低，家里子女的照料变得非常凌乱多变，很多家庭不只雇一个保姆，父母不得不做一个流程表排出每个保姆的班次。

　　现在工作大军中无负担人数空前高涨，年轻人都推迟结婚年龄，1/3 25 ~ 29 岁的女性和一半的同龄男性为未婚，这么高的比例是从未有过的。1976 年 40 ~ 45 岁的女性中无子女的比例是 10%，到 1994 年这个比例增加到 17.5%，也是历史最高水平。有些无子女家庭是因为患不育症，但也有不少夫妇是自愿不要孩子。近两年的出生率虽然略有上升，从原来的平均每名妇女生 1.8 个孩子上升为 2 个，但这主要是由于移民的高人口出生率的带动[48]。以往，员工们很少希望雇主帮助协调家庭问题和工作的关系[49]，现在员工希望雇主能在这方面提供帮助。能迎合员工们这种愿望的企业大都能减少员工的流动率和缺勤率，提高生产率和招聘竞争力。有 80% 的美国企业将家庭亲和的工作形象列为最重要的事情之一（拉德克利夫公共政策中心，2000）。2001 年春天，美国劳工部发出了 21 世纪工作动力计划用于研究生活质量问题[50]。

孩子及老人照料：孩子和老人照料问题是员工平衡家庭和工作关系的两个最大挑战。以往这一切都很程序化，只要经济情况允许，男人外出工作，女人在家里带孩子，照料老人，料理家务。随着社会经济环境的变化，夫妇双方都投入工作中去了。

父母每年要花 8 个工作日用于处理与照顾孩子有关的问题，平均每年花 8 小时，几乎都是在上班时间，用于安排子女照料事宜[51]。6 个双职工家庭中有 5 个夫妇双方工作时间不重合[52]，很多企业根据家庭情况安排工作班次，如 24 小时杂货店，通宵洗衣房和快餐店都属此类。不过很少有幼儿园一天 24 小时、一周 7 天都工作的，绝大多数的幼儿园周一到周五工作，晚上 6 点就关门了。

饭店企业对工作家庭问题尤其敏感，因为年轻员工的比例很高，这些年轻员工大多刚组建家庭，需要照料子女，因此提供相关服务的饭店企业能吸引和留住大批这个年龄层的员工。

建立这种计划，企业要考虑以下服务内容[53]：

- 灵活的工作模式和工作时间；
- 子女照料账户给员工发放用于子女照料的专项经费；
- 企业安排的子女照料服务折扣；
- 子女照料补助；
- 公司赞助的子女照料计划，由第三方承担，受益人是员工；
- 子女照料信息咨询服务；
- 子女病假制度；
- 工作场地子女照料设施。

有些员工在照料年迈父母时会遇到同样的问题，除了要料理自己和家庭的生活外，这些员工还要照料父母，这种责任要求员工挤占更多的工作时间用于父母的医疗、会面和照料其他相关杂事。

1997 年都市寿险（MetLife）对 1500 名员工的调查发现美国企业每年因此带来的损失在 114 亿到 290 亿美元。这项研究发现大部分员工每周花 8 ~ 10 小时照料双亲，研究者把这类人称为 "玻璃天花板*的顾家者"，因为占用工作时间对他们的职业生涯是有影响的。

根据人口统计，65 岁以上的老人人数将从 1999 年的 3460 万人增加到 2010 年的 7000 万人，增长率 137%。企业可以从以下几个方面满足这批人的要求：

---

* 意为在职位晋升时，被一层玻璃的天花板遮住，使升职变得可望而不可即。——译者注

- 灵活的工作安排方便员工照料老人；
- 信息和咨询服务；
- 长期的健康保险；
- 延长家庭及医疗假期（12%的美国企业给的这种假期都超过法定最低限）；
- 灵活的支出和可靠的医疗账户；
- 成人日间护理；
- 用研讨会、交易会和支持团体来教育员工。

饭店行业这方面的一个典范是万豪酒店集团，该酒店集团称企业内有15%的员工面临抚养老人的问题，自实施了有关的援助计划后酒店称1999年一年企业成功地留住了600名员工，如果没有这个计划，这些员工很有可能会离开企业[54]。抚养老人对工作的影响是很大的，根据全国妇女及老人中心的统计，一个要照料老人的员工一生要为此损失65.9万美元的收入。目前有2200万个家庭要照料至少一位老人[55]。2005年，30%~40%的美国人要照顾年老的父母[56]。

上有老下有小的员工面临的主要工作家庭压力源是：（1）工作时间的限制；（2）对是否能加班没有决定能力；（3）不能灵活安排工作时间；（4）工作开始时间不规律；（5）要求一定体力的工作。这些问题对工作的男女双方都存在。饭店员工对上述问题的感受尤其深刻，因为他们的工作时间比较规律，每个班次工作时间较长，而且大部分员工都是女性。迄今为止，很少有企业制订出减轻工作家庭矛盾的计划，尽管因压力问题而走访医生的人中有75%~90%是由于工作家庭的压力过重。这些问题所带来的费用和经济损失是重大的[57]。

工作场地关键事件：一个关键事件是指任何能引起强烈的情感反应或足以影响工作的压力事件，包括死亡、灾祸、暴力事件或疾病。这种事件的后果可能非常严重，企业应事先做到预防工作并做好一旦发生后的应急准备工作。

1992年，全国工作场地暴力事件所造成的损失达42亿美元，同年各类关键事件所造成的损失总额达238亿美元（平均每起事件25万美元）。这些事件对企业的影响包括：

- 改变员工的工作表现——影响判断力、缺勤、记忆问题，甚至无法作出决定；
- 改变员工之间的关系——人们的反应各不相同；
- 改变员工对管理层的看法——如果管理层不作出"恰当的"反应，员工们会觉得管理层非常冷漠；
- 改变劳资关系——忠诚度、交流、激励和信任是关键。

对应付这类事件的计划准备是必要的，包括组织一支危机管理队伍对事件给予快速反应，了解可以提供帮助的外界资源，进行听证了解易出问题的薄弱环节，制定出相应的政策和程序规定。

如果事件发生，危机管理队伍应立即碰头分析事件。另外，在问题处理过程中保持与内部员工和外部辅助资源之间沟通渠道的畅通也是很重要的。

企业如果不事先有详尽的计划，不愿负责任，或不花时间精力帮助员工从事件中恢复过来，危机事件的管理是不可能成功的。可惜，大部分饭店企业近年来都有过类似的经历，其中最著名的例子是麦当劳餐厅和卢比咖啡馆的群殴致死事件。有些事件虽然没有这么严重，但引起的影响可能很大，如一个员工的突然死亡或患病都可能需要危机管理。

人体工程学工作场地：人体工程学指通过对设备进行科学的设计，提高使用者的生产效率，减轻疲劳程度。管理者的责任是让工作场地设计更科学，不能很好进行人体工程学设计的工作场地往往会大大提高企业的成本。根据美国劳工部的统计，反复疲劳损伤是员工要求赔偿的主要原因之一，而经过人体工程学设计的设备能避免大量的类似损伤。工作习惯、任务设计、设备、个人任务等因素都可能引起肌骨损伤如背痛，这是最常见的员工索赔原因。背痛引起的误工天数达每年9000万人（天），其实只要买张合适的椅子或对设备稍做改动就能减少大量的这类误工。其他常见的误工原因还有头痛、紧张和疲劳等。根据劳动统计局和职业安全与健康管理局每年发布的联合公报，有180万工人正遭受重复单一动作劳动和过劳引起的肢体损伤，1/3的工作场地受伤是由肌骨伤引起的，如腕管综合征和背部扭伤。图12-10列出了改进计算机工作站的人体工程设计的几条原则。这种做法可以减少员工受伤的概率，相应减少员工的索赔和上诉的可能性。

图 12 - 10　工作场地人体工程学

- 键盘和显示器应正对着人摆放以免造成身体的扭转；
- 桌椅高度应调节到让手腕和臂弯在同一水平面上；
- 显示器和打印材料应放在人眼平视水平以下；
- 显示器应距离人的眼睛 18~30 英寸，传统的玻璃显示器尤其要保持这种距离；
- 键盘的位置应与手腕持平，不宜过远或过近；
- 手腕应能轻放在键盘边沿获得一定支撑；
- 头和颈应直立，不要前倾或歪着；
- 椅背要支撑背的中下部；
- 脚要平放在地上，或脚架上，双膝保持 90 度到 110 度的角度，大腿和放键盘的桌面应有 3~6 英寸的距离。

注释

［1］ Mary Ann Fitzpatrick and Phyllis King, "Disability Management Pays Off," *Professional Safety* 46 (January 2001)：39 – 41.

［2］ *U. S. News and World Report* 130 (March 26, 2001)：10.

［3］ "Meeting the Mandate：Saving Lives, Preventing Injury, Preserving Health," US-DL 00 – 376, December 22, 2000.

［4］ Karen Eich Drummond, *Human Resource Management for the Hospitality Industry* (New York：Van Nostrand Reinhold, 1990), 156.

［5］ Drummond：156.

［6］ Naomi Swanson, et al. , "The Impact of Keyboard Design on Comfort and Productivity," *Applied Ergonomics* 28 (February 1997)：9 – 10.

［7］ Foster Frable Jr. , "Crystal Ball Shows 2001 Business Anything But Usual With New Regulations, Equipment", 35 (January 15, 2001)：26 – 49.

［8］ 职业安全健康管理局网站, http：//www. osha-slc. gov/.

［9］ 国家女性健康资源中心, "Stress Overview", *Contemporary Women's Issues*, 25 May 2005.

［10］ Ellen Galinsky, James T. Bond, Stacy S. Kim, Lois Nackon, Erin Brownfield, and Kelly Sakai, "Overwork in America：When the Way We Work Becomes Too Much：Executive Summary," Families and Work Institute (2005) .

［11］ 国家女性健康资源中心 http：//www. healthwomen. org/.

［12］ Joyce Crane, "Firms Take Lead on Stress Management for Workers" *Boston Business Journal* 19 (1998) 41：34 – 35.

［13］ Mort Sarabakhsh, David Carson, and Elaine Lindgren, "The Personal Cost of Hospitality Management," *Cornell Hotel and Restaurant Administration Quarterly* 30 (May 1989)：72.

［14］ Ian Buick and Mahesh Thomas, "Why Do Middle Managers in Hotels Bum Out?" *International Journal of Contemporary Hospitality Management* 12, no. 6 (2001)：304 – 309.

［15］ Buick and Thomas.

［16］ Buick and Thomas.

［17］ Joan M. Lang, "Foodservice Industry：Career Burnout," *Restaurant Business* 90, no. 4（1991）: 131 – 148.

[18] Dan Bignold, "Hospitality Sector Reaches Drink and Drug Crisis Point," *Caterer & Hotelkeeper* 192, no. 4294（2003）.

[19] Leah Carlson, "EAP Use Increasingly Centers Around Stress, Family Issues," *Employee Benefit News*, 1 September 2005, 2 – 4.

[20] Robert D. Oxeman, Tami L. Knotts, and Jeff Koch, "Working While the World Sleeps: A Consideration of Sleep and Shift Work Design," *Employee Responsibilities and Rights Journal* 14, no. 4（2002）: 145.

[21] Roberto Ceniceros, "Most Health Plans Poor at Addressing Alcohol Problems, Researcher Claims," *Business Insurance* 39, no. 33（2005）: 4 – 6.

[22] David Anderson and Eric Goplerud, "Alcohol Problems: Finding Solutions to Save Lives and Money," *Benefits and Compensation Digest* 42, no. 10（2005）: 34.

[23] 疾病控制和预防中心, http: //www. cdc. gov/nchs/fastats/alcohol. hm.

[24] Brian Haynes, "DUI Fatalities Falling," *Las Vegas Review-Journal*, 26 September 2005, 1B.

[25] Carlson.

[26] Tom Anderson, "Employers Should Promote EAPs to Maximize ROI," *Employee Benefit News*, 1 June 2005.

[27] "SAP Services: A natural extension of EAPs," *Journal of Employee Assistance*（July 2005）.

[28] Steven A. La Shier, "Safety Professionals Take the Lead: Substance Abuse in the Workplace," *Professional Safety* 36 [6]（1991）: 50.

[29] Ajay K. Saisi, Richard F. Bertramini, and Michael Koller, "Employer Awareness, Attitudes and Referral Practices Regarding Beharvioral Problems in the Workplace: Implications for EAPS," *Journal of Professional Services Marketing* 6 [8]（1991）: 177 – 192.

[30] H. Borg, The Pause Scholarship Foundation, Retrieved November 2, 2005. http: //www. mah. se/upload/Omvarlden/Cerio/Outsourcing% 20of% 20HR. % 20Hakan% 20Borg% 20May $ 2020 04. pfg.

[31] Douglas P. Shuit, "Sea Change," *Workforce Management* 84, no. 6（2005）.

[32] Bill Leonard, "HR Update," *HR Magazine* 44,（1999）13: 27 – 31.

[33] "Deadly Self-Deception," *American Medical News* 42（October 14, 1999）: 17.

[34] "HIV/AIDS Surveillance Report, 2004," Atlanta: U. S. Department of Health and Human Services, Centers for Disease Control and Prevention (2005).

[35] Nancy L. Breuer, "Emerging Trends for Managing AIDS in the Workplace," *Personnel Journal* 74 (June 1995): 125 – 131.

[36] "A Call for Help," *Human Resources*, 4 October 2005.

[37] Daniel Stokols, "Integration of Medical Care and Worksit Health Promotion," *LAMA* 273 (12 April 1995): 1136 – 1143.

[38] William K. Coors, "Wellness Comes of Age," *Chief Executive* 63 (1991): 37.

[39] Laura M. Litvam, "Preventive Medicine," *Nation's Business* 83 (September 1995): 32 – 35.

[40] William L. Weis, "Can You Afford to Hire Smokers?" *Personnel Administration* 26, (1989) 5: 71 – 78.

[41] "Benefits of a Smoke-Free Workplace," Action on Smoking and Health (2000).

[42] Jennifer Laabs, "Companies Kick the Smoking Habit," *Personnel Journal* 73 (January 1994): 38 – 43.

[43] Bill Leonard, "HR Update," *HR Magazine* 44, (1999) 13: 27 – 31.

[44] Charlene Mayer Solomon, "Marriott's Family Matters", *Personnel Journal* 70 (October 1991): 40 – 42.

[45] William H. Wagel and Hermine Zagat Levine, "HR 90: Challenges and Opportunities," *Personnel* 67 [6] (1990): 18 – 42.

[46] Calvin Reynolds and Rita Bennet, "The Career Couple Challenge," *Personnel* 70 [30] (1991): 47.

[47] Paula Eubanks, "Hospitals Face the Challenges of Sandwich Generation' Employees," *Hospitals* 65 [7] (1990): 18 – 42.

[48] Betsy Morris, "Is Your Family Wrecking Your Career? And Vice Versa," *Fortune* 135 (March 17, 1997): 70 – 75.

[49] Chris Lae, "Balancing Work and Family," *Training* 28 [9] (1991): 25.

[50] 美国劳工部网站, http://www. dol. gov.

[51] Carol Ann Rudolph, "Child Care and the Work Place," *Bottomline* 7, (1990) 9: 20.

[52] Jennifer McEnroe, "Split-Shift Parenting," *American Demographics* 13, (1991) 2: 53.

[53] Lisa R. Coke, "Child Care Takes and Business," *Business and Economic Review*

35, no. 5（2000）：50－56.

[54] Susan J. Wells, "The Elder Care Cap," *HR Magazine* 45,（2000）5：38－43.

[55] Russel V. Gerbman, "Elder Care Takes American by Storm," *HR Magazine* 45,（2000）5：50－56.

[56] Lesley D. Riley and Christopher Bowen, "The Sandwich Generation：Challenges and Strategies of Multigenerational Families, " The Family Journal 13, no. 1（2005）：52－58.

[57] "American Workers Are Stressed Out," *The Vocational Education Journal* 71（April 1996）：14.

🔑 主要术语

艾滋病（AIDS） 后天获得性免疫功能缺损综合征；不治愈的逆转录酶病毒。

疲劳过度（burnout） 由压力引起的精神或体力上疲倦，往往会引起员工的流动。

检查官员（compliance officers） 职业安全与健康管理局（OSHA）的调查员。

紧急 OSHA 标准（emergency OSHA standards） 美国劳工秘书处公布的标准，主要针对需要紧急纠正工作场地健康及安全问题。

员工援助计划（EAP）（employee assistance program，EAP） 由雇主资助的资源计划，用于帮助员工处理个人问题，包括吸毒、酗酒、压力、家庭、财政、事业发展及其他影响工作的问题。这个计划一般包括内部咨询服务和外部咨询服务。

人体工程学（ergonomics） 人体工程学是对设备进行科学设计使其能最大程度地提高生产率降低操作者的疲劳程度和不适感。

《危险沟通标准》（*HazComm Standard*） 《危险沟通标准》，职业安全与健康管理局（OSHA）制定的法规之一，要求雇主向雇员说明工作中可能存在的危险，如使用化学制剂。

国家职业安全及健康中心（NIOSH）［National Institute for Occupational Safety and Health（NIOSH）］ 联邦机构，其主要职能是对职业安全及健康标准进行研究并提出修改建议。

职业安全与健康管理局（OSHA）［Occupational Safety and Health Administration（OSHA）］ 美国劳工部下属的机构之一，其职能主要是建立健全职业安全及健康标准，制定有关法规，进行安全检查，发出处罚令，并对不符合规定的进行惩处。

职业安全与健康检查委员会（OSHRC）［Occupational Safety and Health Review Commission（OSHRC）］　独立的联邦机构，主要职能是对不服职业安全与健康管理局处罚的雇主进行听证裁决。

1970 年的《职业安全与健康法》（*Occupational Safety and Health Act* of 1970）　要求所有企业必须提供安全及符合健康标准的工作环境的联邦法，其中对相关标准、定期检查和记录、建立执法机构（包括职业安全及健康管理局）作出规定。

永久 OSHA 标准（Permanant OSHA Standards）　职业安全与健康管理局（OSHA）发布的标准，要求雇主提供永久性安全与健康工作场地的指导原则。

重复疲劳损伤（RSI）［repetitive strain injuries（RSI）］　亦称重复压力损伤，由于重复压迫身体的某一部分而造成的肌体疲劳性损伤，如腕管综合征。

压力源（stressor）　引起压力产生的条件。

健康计划（wellness program）　节食、锻炼、压力消除和保健计划等用于建立更健康、更令人满意的工作环境的计划。

工作—家庭问题（work – family issues）　员工面临的工作与家庭生活需求平衡的问题。

📖 复习题

1. 什么情况会引起职业安全与健康管理局的调查？
2. 根据职业安全与健康管理局的规定，员工有什么样的权利？
3. 以后几年中职业安全与健康管理局应重点解决哪些问题？
4. 职业安全与健康管理局认定的评价企业出资的安全及健康计划好坏的七要素是什么？
5. 引起员工压力感的 4 个原因是什么？
6. 减轻压力的主要方法有哪些？
7. 建立员工援助计划的要求原因有哪些？
8. 为什么艾滋病在饭店行业中是一个特殊的问题？
9. 员工健康计划的主要组成部分是哪些？
10. 与双职工家庭有关的主要问题是什么？

💻 网址

以下网站可以提供更多的相关信息，注意网址可能会变更，如果无法找到某个网站，可以使用搜索引擎找更多的网站。

戒酒组织
www. druginfonet. com:80/alcohol. htm

美国之心协会
women. americanheart. org

背痛及协助集团
www. druginfonet. com:80/backpain. htm

疾病预防及控制中心
www. cdc. gov/

戒瘾中心
www. samhsa. gov/

毒品信息网
www. druginfonet. com

员工援助计划指南
www. eap-sap. com/eap/

健康资源出版社
www. healthrespubs. com/freeports/

美国癌症协会
www. cancer. org

思维工具
www. mindtools. com/smpage. html

全国癌症研究中心
www. cancer. gov/

全国酒精与毒品信息交换中心
www. health. org/

全国精神疾病与压力管理中心
www. thebody. com/nimh/stress. html

全国精神健康中心
www. nimh. nih. gov/

职业安全与健康管理局主页
www. osha. gov/

美国食品与药品
www. fda. gov/

迷你案例研究

玛丽·琼斯最近被任命为美加饭店集团的员工援助计划经理,根据她的上司饭店人力资源总监的意图,玛丽很快建立起了一套供集团内所有饭店使用的消除酗酒吸毒的援助计划,但她的老板并不支持这个计划,理由是饭店对员工的这类问题知之甚少。

玛丽在集团的每一家饭店都建立起内部咨询机构,并雇用专家指导,5 名专家的平均年薪是 24000 美元。

3 个月后,饭店总裁要听取员工援助计划进展情况的汇报,那时只有 5% 的员工参加了这个计划。总裁对这个参与比例很不满意,并称如果继续这样就要取消这个计划。总裁让玛丽对整个计划进行评估并做出长远发展的建议。

讨论题

1. 你会给玛丽提些什么建议呢?
2. 她会如何评估这个计划呢?
3. 玛丽如何能在计划实施之初就保证较高的参与率呢?

第 13 章概要

人员流动问题
　　流动率的决定因素
　　美国饭店基金会关于流动问题
　　　研究的主要成果
　　流动的成本
　　造成流动的原因
　　留住员工计划：流动的解决措施
　　多样化对流动的影响

纪律的运用
　　奠定基础
　　纪律管理方法
　　申诉机制

开除：最后的解决方案
　　错误的解职
　　雇佣自愿
　　公共政策
　　解雇面谈

离职面谈
　　进行离职面谈的原则
　　离职面谈时应说什么

学习目的

1. 介绍饭店行业的人员流动问题，说明如何计算流动率和流动成本。

2. 列出引起员工流动的原因，分析降低流动率的方法以及多样化对人员流动的影响。

3. 介绍在饭店企业内如何实行纪律以及对员工实施纪律处分的几种方法。

4. 介绍员工不服纪律处分的上诉程序。

5. 介绍在纪律处分过程中如何适当地采用开除处罚以及与开除有关的几个需要注意的问题。

6. 概要介绍如何有效地进行离职面谈。

13

流动、纪律及离职

大部分员工都是想工作的，他们想保住自己的饭碗，而且员工大都希望领导或经理能认可他们的工作。但为什么饭店行业的员工流动比例那么高呢？为什么在失业率很高的情况下饭店行业仍面临人员短缺的问题呢？

本章将特别探讨一下饭店员工流动现象，以及与之相关的员工保留计划、公共的执行纪律处分及关注离职问题等话题。

人员流动问题

每出现一个职位空缺，不管雇主愿意与否，他都要雇用新员工并进行培训，这个人员替代循环就是所谓的员工流动。在目前现有劳动力和后备劳动力都短缺的情况下，员工流动尤其值得重视。20 或 30 年前，饭店经理很少会操心他们的员工来源问题，当时饭店企业的员工平均年流动比率在 60% 左右，三位数的流动率也不罕见，但即使那样，员工的供给仍是超过需求的。

尽管当时人员流动现象很严重，但企业总能找到人员调节方法，季节工、年轻员工在进入其他行业前的谋职、新企业的竞争等都是从那时就开始沿用至今的方法。但现在的情况已经发生了变化，员工流动仍然很高，比 10 年前更高了，而员工的供给却在不断下降，结果是现在的饭店企业极度缺人。虽然造成这种现状非一日之寒，但我们还是要问："这到底是怎么了？"

有两点可以解释：第一，婴儿潮出生者，我们以往的钟点工长大了，他们现在是我们的客人了，而他们的孩子（"婴儿低谷期的出生者"）刚开始进入就业市场。第二，我们没有认真对待"临时员工问题"，造成员工对这个行业的普遍看法是，这不是"真正的职业"，只是一个过路工作。

今天饭店业仍然是员工高流动率的行业，例如，目前美国快速服务餐厅的员工流动率是 129%，快餐休闲/家庭式餐厅是 119%，休闲餐厅是 101%，规模较大的休闲餐厅和高档餐厅是 83%[1]。就管理人员的流动率而言，快速服务餐厅是 42%，快餐休闲/家庭式餐厅是 30%，休闲餐厅是 26%，规模较大的休闲餐厅和高档餐厅是 27%。不幸的是，服务接待业仍维持着极高的流动率水平，以至于许多年以后仍在为降低流动率而努力。

有些公司已经找到了保持低流动率的良策，在2005年的人民报告会议（People Report Conference）中，下列公司被认为在降低流动率方面领导有方：快速服务餐厅类，俄亥俄哥伦布的多纳托斯比萨（Donatos Pizza）餐厅；快餐休闲/家庭式餐厅类，总部位于得克萨斯埃尔帕索的彼得派珀比萨（Peter Piper Pizza）旗下的比萨资产（Pizza Properties）餐厅；全套服务餐厅类，位于洛杉矶的加州比萨厨房（California Pizza Kitchen）；规模较大的休闲餐厅和高档餐厅类，总部设在亚特兰大的珍宝餐饮服务公司（Rare Hospitality Inc.）的扒房连锁企业首都烧烤（Capital Grille）。报告还向 T. G. I. 星期五餐厅颁发促进奖，以表彰该公司在降低全日制员工和管理人员流动率方面取得的业绩。该公司经过3年的努力，整个休闲餐厅连锁企业管理人员流动率降低到21%，全日制员工低于90%。

多纳托斯比萨餐厅（连锁）一年后员工流动率从250%下降了一半，到2005年年底进一步降至118%，其做法很简单，就是帮助管理人员和员工达到健康工作/生活的平衡，改进他们的工作和居家生活条件[2]。

饭店行业不是唯一想降低员工流动率的行业，但其他行业的形势没有饭店那么严峻。美国企业的年均员工流动率是13%[3]。

即使如此，大部分企业仍在积极寻找降低员工流动率的办法。

流动率的决定因素

一组员工在一段时间内的流动率是可以计算出来的，但各饭店的计算方法不统一，有些把季节工和零点工包括在内，有些不包括这部分员工。

第一种计算方法是用离职的员工人数除以平均员工人数，平均员工人数的最简单求法是将计算期前的员工人数加上计算期末的员工人数再除以2。把上面除得的结果乘100取百分数就得出流动率了。用一个中型餐馆为例，该餐馆的平均员工人数是25人，年末的离职人数是75人，则：

$$年流动率 = 离职员工人数/平均员工人数 \times 100$$
$$= 75/25 \times 100$$
$$= 300\%$$

企业用这种方法可以计算出员工年流动率或月流动率，包括意向性和非意向性的流动。意向性流动指流失的员工是企业不需要的，非意向性流动指企业损失了自己需要的员工。

第二种计算方法是专门计算非意向性员工流动率，这种计算首先把意向性流失的员工剔除，再以同样方法计算，得出的比率就是当年或当月非意向性员工流动率。我们同样用上面餐馆的例子，如果其中意向性流失的员工人数是10人，则非意向性员工流动率是：

非意向性员工流动率 ＝离职员工人数－意向离职员工人数/平均员工人数 ×100
＝（75－10）/25 ×100
＝260%

很多经理更倾向于用第二种方法，因为这样他们可以将因故开除的员工与员工流失区别开来，另外这样做也能使流动率显得低一点，否则经理们会说我们失去的都是我们不需要的员工。第一种计算方法因将意向性流动员工也包括在内，因此流失问题显得"更严重"，但有支持者认为这个计算结果更准确，因为流动不论出于何种原因都意味着企业要为此支付新员工招聘和培训的费用。

1998 年美国饭店及旅馆基金会关于员工流动问题的调查——行业内同类问题的最大一次调查——显示全国饭店业整体年均员工流动率是 50.4%[4]，流动率根据地区、行业和企业的不同而有所差异，但饭店行业总体员工流动率差不多是美国所有行业平均流动率的 5 倍。美国饭店企业虽然很重视这个问题，但流动率仍然居高不下，一个相关数据库研究还针对员工和管理人员流动现象提出了 1250 条规则，这类研究帮助我们认识到这个问题的多面性和复杂性，但问题仍然没解决，员工流动仍是饭店经理所面临的最令人头痛的问题。

关于员工流动问题我们已经研究得很多了，例如我们知道员工流动是很费成本的。一项研究指出，替换一名员工，不论是管理者、督导者，还是一线工作人员，其替换成本高达这些员工年收入的 100%[5]。流动对目前在职的员工有很大负面影响，因为离职的员工和在职的员工都曾经是同事或朋友，另外，员工高的流动率与低的顾客回头率和投资者意愿有很强的正相关性[6]，我们从研究资料中知道，不必要的流动不利于企业建立一支有效率的员工团队。高的员工流动率会引起企业的不稳定。

有关资料文献还为我们提供了关于哪些要素会引起流动的信息，如培训与降低流动率是正相关的[7]，个人及团体奖励是否有力对流动率有不同的影响[8]，以佣金和奖金为主要工资报酬形式会带来较高的流动率，价值、态度和情绪上的满足能降低流动率[9]，鼓励员工参与决策（尽管有些决策是毫无价值的）能减少员工流动率[10]，甚至企业规模也与员工流动率有关[11]，自主工作团体有时能降低员工流动率，企业的人口结构也会影响到员工流动率，另外，具有高效率的沟通系统的企业员工流动率较低[12]。

可惜的是，迄今为止，我们所知道的都不足以解决饭店行业的人员流动问题，不论是由于企业界人士尚未认真解决这个问题，或因为学术界人士尚未找到饭店行业员工流动的真正原因或降低流动率的真正方法，最近的调查报告仍然显示关于饭店行业员工流动问题仍有很多没有解决的议题。

虽然饭店行业不是唯一关心降低流动率的行业，却是这个问题最严重的一个企业。以高员工流动率著称的电子行业的流动率为 27%，另一个流动性很高的行业是护士，年均流动率是 40%，虽然比较高，但仍低于饭店行业 50.4% 的年平均水平。与饭店行业所需人员相似的零售业年均员工流动率是 35%。公共部门的流动率是

5%～10%。另外，美国整体平均企业员工流动率为13%[13]。

美国饭店基金会关于流动问题研究的主要成果

总体感觉上，饭店行业的员工流动率高达100%～300%，这说明员工在一个饭店企业内的平均工作时间不超过1年，甚至不超过3个月。官方数字显示其他行业的员工在企业工作的平均长度是3.5年，一些分析者相信，先前不准确的研究报告导致了饭店业的人员流动估算远高于美国饭店与旅馆基金会研究的数字。

基金会的报告收集了全国4869家饭店企业的资料，由于参与方式的不同，有些数据的取得的样本量是2150到2719个企业。我们认为这是此类研究中涉及企业最多的一次。参与企业可分为四类：豪华饭店、一流饭店、中档饭店和经济型饭店，每一类都有一定比例的代表。这项研究的几个主要研究结论归纳如下：

- 最重要的一点可能是：饭店企业的员工流动率可能不是想象的那么高，如前所述，以往的研究结果是流动率在100%到300%，而基金会对全国的调查表明1997年全国饭店平均人员流动率仅为50.4%，虽然仍远远高于所有其他行业，但比以往估计的要低得多。
- 管理人员流动率也比预计的低很多。过去的估计是经理流动率在50%到100%，基金会的研究发现1995年、1996年和1997年三年全国经理平均年流动率分别是20%、23%和15%。
- 1995年饭店主管流动率是19%，1996年是22%，1997年是13.5%，而以往的研究都没有收集主管层的流动率数字，只是粗略地估计这个阶层的流动率应高于经理，低于基层员工。
- 据我们估计，入职30天内的流动是很少在计算之内的（其实有研究表明这个阶段是流动率最高的时期），经研究证实了这一估计：全国92%的饭店企业不记录入职30天内的员工流动情况，其余做这方面记录的8%的企业的统计结果是流动率为24.7%，低于预计值。当然那些做这方面记录的企业说明，他们对这一点也很注意并有相应的措施减少这期间的员工流动率。因此，我们不能断定入职后30天内的员工流动率就是24.7%。
- 另外我们了解到，很少企业（5.1%）对全职工和钟点工的流动情况进行分别统计，说明前面提到的50.4%的流动率是包括两类员工的。由于钟点工的流动率高而且所需费用高，因此企业实际因员工流动而带来的成本可能低于这个报告得出的数字。
- 有2/3以上（68.3%）的被调查企业以部门为单位分别统计员工流动率，还有很多企业按岗位对流动率进行分别统计，这样我们可以清楚地了解哪些部门和岗位的流动率高。而有31.7%的企业没有这方面统计，这说明不是所有饭店企业都对这个问题给予高度重视（否则他们会进行这类统计的）。

- 我们还发现不同的企业计算流动率的方法不同，最流行的方法有40%的企业使用；其他60%的企业用别的方法：31.6%用第二种方法，11.6%用第三种方法，其余16.6%的企业用其他方法。这些发现说明饭店行业需要有统一的流动率计算方法和标准。

美国饭店及旅馆基金会在员工流动率研究方面取得的标志性成果，最近被其他研究证实仍然是精确的。例如，2004年的一项留住员工项目研究中得出的流动率几乎与美国饭店及旅馆基金会的结论相同[14]。

流动的成本

员工流动的成本高达每小时3000美元到10000美元，甚至更高，就如前面提到的，在一些案例中，这项成本可能高达员工年薪的100%。根据全国餐馆协会（NRA）的数字，餐馆平均员工流动成本为5000美元，管理人员平均流动成本为50000美元。有很多企业将流失一个受过良好训练的经理的损失等同于经理的年薪，因为一般培训一个称职的经理通常需要一年的时间。

流动成本可以分为可见成本和不可见成本。可见成本由更换员工直接引起，包括更新制服和登广告等。不可见成本不是直接引起的花费，但在许多案例中，这项成本是可观的（例如生产率的下降）。

离职成本是由流失1名当前员工直接引起的成本，包括离职工资、离职面谈、保留档案资料、从工资单中清除员工姓名、终止福利以及支付失业税。

替换成本包括招聘新员工、广告费、管理人员及工作人员的工时、雇用前筛选、面试、测试、讨论应聘者的员工会议、应聘人的路费、某些应聘人的调动费用以及健康检查及其他费用。

培训成本包括适应新员工、准备和打印新员工信息、制作或购买培训材料以及培训管理。较低的生产率（管理培训的人与正在培训的人一样）也是培训的无形成本。

受过培训的员工生产效率要高于新员工，因为他们对工作熟悉。比如在餐馆，受过培训的员工比正在受训的员工服务的桌次多。培训的目的是提高工作效率，每个新员工达到目标工作效率所需的时间不同，有研究表明新员工一般需要3个月时间达到与受过培训的员工一样的工作效率[15]。图13-1列出了在一项流动率研究中员工流动对6家餐馆的影响。

其他成本和影响：高流动率还有其他的成本和影响（图13-2），很多分析家认为高流动率是企业管理问题的一个晴雨表，这种分析对有些企业影响较大，而且会引起全行业股价的下挫。经理应关注员工流动问题的解决，因为这会影响到自己的事业前程。不想出现的员工流动会因为吞噬掉利润而阻挡企业规模的进一步扩大，如果这种扩充受阻，经理的机会也就相应减少了。如果任由员工流动现象发展下去，经理们等于为自己的提升和发展自掘坟墓。

图 13 – 1　6 家餐馆企业中的员工流动成本

连锁店序号	雇用员工人数	流动员工人数	员工流动率	流动成本(百万美元)
小时工				
1	1500	2250	150%	5.6
2	9000	9900	110%	24.7
3	7500	9375	125%	23.4
4	900	720	80%	1.8
5	1300	975	75%	2.4
6	1650	825	50%	2.0
经理				
1	100	65	65%	0.65
2	750	375	50%	12.0
3	700	420	60%	4.2
4	75	30	40%	0.3
5	80	40	50%	0.4
6	140	42	30%	0.42

资料来源：Robert H. Woods and James F. Macaulay，"R for Turnover：Retention Programs that Work," *Cornell Hotel and Restaurant Administration Quarterly* 30（May 1989）：81.

图 13 – 2　高人员流动率的影响

- 财务损失；
- 可能带来服务质量的下降；
- 服务不统一；
- 管理低效率；
- 转门效应（原地徘徊不前）；
- 销售量下降；
- 无力扩张；
- 员工队伍质量下降；
- 维持低工资；
- 浪费管理人员时间。

另一个潜在成本很可能是在人员高流动的饭店行业组织工会。饭店组织的研究显示，工会成员的员工离职率比非工会成员的员工明显要低。这个研究向管理者指出，对于人员高流动的饭店企业，组织工会（卖给员工一个留住工作的基础）是一笔很大的潜在成本因素[16]。

造成流动的原因

很多研究人员认为流动更多的与内部因素（企业内部原因）有关，而不是外部因素（经济、新竞争对手等）。总体来讲，研究人员发现造成流动的原因可以分为3种：（1）报酬低；（2）错误或不当的聘用行为；（3）管理不善和企业道德的缺乏。大部分流动都是由上述原因引起的，而流动率高的企业或行业往往体现了所有上述问题或问题之一[17]。

还有些研究人员认为解决流动问题的关键是满足员工的期望值，员工加入企业时对企业和工作有一定的期望，如果这种期望未被满足，员工是会离开企业的，所以符合实际的工作介绍是很重要的[18]。

迄今为止已有2500多项关于员工流动的研究，当然并不都是关于饭店企业内的流动原因的研究。对其他行业的研究发现不合适的排班（如夜班或不规律的排班）是导致人员流动的一个主要原因。但相反的是，不规律的工作排班时间是饭店行业的一个吸引人之处。而失业率和新工作机会等外部因素对其他行业的流动率作用甚微，而对饭店企业影响却很大，大部分经理都知道新开张的饭店往往会从现有饭店企业中吸引走大量的员工。

经理和员工都认为监管水平是饭店行业员工流动的原因之一，因不满企业的管理水平而离开企业的员工人数高于出于其他任何理由离开的员工。沟通不畅是另一个主要原因，有些沟通问题与管理水平有关，主管与员工之间缺乏沟通是员工离开企业的一个主要原因，员工之间的沟通问题也常会导致人员流失。

图13-3列出了饭店和餐厅公司前15个员工流动原因排序。有些人建议，这个排序应该更新，将药物滥用列入其中。药物滥用已成为饭店业员工流动主要原因的案例越来越多。冰毒（学名为甲基苯丙胺，也音译为安非他明——译者注）只是一种药品，但在饭店业和其他行业都发生了重要的影响。由于服用冰毒的现象越来越普遍，现在美国的一些专家发明了一个短语叫"冰毒疯狂"（meth madness）。由于生产和使用都很容易，因此冰毒已经走进了百万美国人的生活，影响到他们实际生活的方方面面，当然，包括他们的职业生涯。因此一些商业领袖指出，这已蔓延成一种流行病了，成为员工流动、旷工以及其他问题的主要原因[19]。

在图13-3列出的饭店及餐馆企业中人员流失最主要的15条理由，其中至少有10条是在部门经理管理权限之内的。其中的第9条——商业期望——是较难但不是不能控制的。所谓"商业期望"指公开服务人员的个人表现，其含义是指潜在客人通过这种公开会产生对员工特点的一种期望，为满足这种期望，员工必须表现出所公开的特质，这种"公开行为"也被称为"情感劳动"。随着时间的推移,这类劳动会改变员工的情感特性,因为他们不断地重复一种与自己个性不相符的行为。行为学家称之为认识不协调[20]。

图 13-3　饭店行业人员流动的主要原因

- 主管水平;
- 沟通不畅;
- 工作条件;
- 合作者质量;
- 不合适的企业文化;
- 低工资,低福利;
- 责任不明;
- 工作方向不明;
- 商业化的期望值;
- 缺乏事业阶梯;
- 领导变更;
- 事业发展机会有限;
- 理念或行为的改变;
- 企业发展方向不明;
- 工作可变动性。

资料来源：节选自 Robert H. Woods and James F. Macaulay，"R for Turnover：Retention Programs that Work，"*Cornell Hotel and Restaurant Administration Quarterly* 30（May 1989）：87 页。

大多数研究表明,员工流动是一个渐变过程,员工是经过一段时间的考虑才决定离职的,并且由于问题长期积累得不到解决所致。当然,离职原因也不总是这样的。近来有研究指出,所谓"休克"是一种重要的离职原因。"休克"是指某个突发性事件,不论发生在组织内部或是外部,导致员工立即决定离职。例如,2005 年大西洋飓风毁坏了美国墨西哥湾沿岸地区就是这样一个"休克"例子,管理层在业务运营中戏剧性地决定改变一些做法。又如,随着高管层的流动发生的职场规则重大变化而导致员工的立即流失。一项研究指出,休克对于员工流失影响可以有助于企业治理以前存在的一系列潜在问题。使得"休克"期间和之后减少员工流动,包括更关注过去的规章制度、企业文化、预计员工变化的影响,并为意外"休克"事件制订预警计划[21]。

最近的研究还指出,性骚扰会引起高的员工流失率[22],甚至员工健康也是原因之一。例如,一项近来关于营养学的研究报道,有更加健康饮食的员工离职意愿较低,公司鼓励他们的员工健康饮食能减少不必要的流失[23]。

留住员工计划：流动的解决措施

除了关注流动现象外，很多饭店企业缺乏具体的解决办法，当然也有部分企业制定了旨在降低流动率的一些措施。大部分成功降低了流动率的企业都是从积极的角度考虑这个问题的，因此用于降低员工流动率的措施被称为留住员工计划。

流动不可能完全消除，其实这种结果也并不是经理所需要的，新员工能带来新思维和活力，因此一定程度的流动性是必要的，但流动有时像生病一样，如果你放任不管，情况会越来越严重。各企业需要针对各自不同的需要制定有效的解决方案，但有些通用短期和长期解决方案也是值得参考的[24]。

短期解决方案：很多保留计划会带来立竿见影的效果，有时只要实施以下几种短期方案就能解决问题，具体方案详见图13-4清单。

图13-4 员工流动短期解决方案

- 企业文化的显露；
- 了解员工为什么离开；
- 了解员工为什么留下来；
- 向员工了解他们的需要；
- 让员工说话；
- 让管理人员清楚他们的偏见；
- 开发符合企业需求的招聘计划；
- 开发反映企业文化的入职培训；
- 认真对待面试；
- 认真对待流动问题的管理。

资料来源：节选自罗伯特·H. 伍兹和詹姆斯·F. 麦考利的《流动的解决方案：有效的保留计划》，《康奈尔饭店及餐馆管理季刊》30（1998年5月）：80页。

企业文化的外化：文化的外化能有效地认为明确某一文化中重要的价值、理念和设想，简单地说就是把深埋在内部的文化价值、信念和设想挖掘出来表面化以显现其重要性。这样做的最好方法是招募合格的文化评估员或顾问[25]。

所有企业都有反映自己的价值、理念和设想的"个性"或特征，这是非常重要的。如有的企业的主要价值观是"管理人员与员工一道工作"，在这种企业中管理人员会卷起袖子与员工一起洗碗、服务客人或干任何需要他做的事。也有些企业的主要价值观是"管理人员监督指导员工工作"，在这种企业中，管理人员具有一定的权威，可以不必亲自动手。如果企业的价值观是前者（管理人员与员工一道工作），留住员工计划如果侧重后者（管理人员监督指导员工工作）结果将不堪设想。这就是为什么加入留住员工的计划是更好理解公司文化的第一步，所以计划的设计要将流动问题视作一种文化特性。

显现文化的企业所实施的保留计划其结果非常有效。"无限餐厅"——西雅图的一家餐馆连锁及其母公司肉桂面包店，这样做甚至可以把员工流动率降为零。

了解员工离职的原因：很多饭店企业不知道他们的员工为什么离开，很少有企业能正确掌握员工流动的相关资料，并用于解决问题。离职面谈要解决的问题有两个：（1）了解员工为什么离开；（2）了解怎样才能避免更多的员工离开。经理必须对离职员工建立起一套记录档案，记录他们离职的原因，这些资料是招聘新员工时的有用信息（离职面谈后面还要进行详细说明）。

了解员工留下来的原因：员工留下来一定是有原因的，了解他们为什么留下比了解他们为什么走还有用。态度调查是了解员工为什么留下来的最简单有效的方法。调查内容包括了解员工对他们的工作及工作环境的感觉看法。但这种调查也会产生一个问题，员工的回答并不一定是真诚的，因为有员工担心管理人员会因反面意见而打击报复。如果用第三方咨询公司收集分析数据，这个问题就可能解决了，因为员工们会觉得第三方会保护员工利益的。

向员工了解他们需要什么：万豪酒店集团通过向员工和管理人员进行意见调查了解他们对工作的需要，然后再用这些调查结果减少员工和管理人员的流动，该饭店的流动率目前是行业平均水平的一半。意见调查在很多行业都得到了广泛的应用，但在饭店行业应用的不多，因为很多饭店经理担心这种调查会让员工产生不切实际的幻想，事实上有这种担心的经理其实根本没认真考虑员工流动的问题。

让员工说话：员工可以通过投诉程度、建议系统、正式和非正式的劳资会面、咨询服务、调查机构、态度调查、企业员工内刊、热线等途径表达出自己的意见和看法，经理越多了解员工对工作相关问题的态度，员工就越会相信经理是负责任的。

让管理人员清楚他们的偏见：管理人员很少知道员工到底需要什么，一般管理人员都觉得员工首要关注的肯定是钱，一般情况下这是错误的，当然也有例外。连养家糊口的钱都没有的员工会把钱放在第一位，但一旦这个要求满足了，他们的需求就会发生变化。更高一层的需要是员工和管理人员共同的，即对工作表现的认可，是需要进一步发展能力技能的机会和参与与自己工作有关的决策过程[26]。让管理人员了解员工的这种需要有助于制订留住员工计划。

开发符合企业需求的招聘计划：很多雇主因雇用"混日子的雇员"（warm body）来填补工作急需的空缺而犯有过失，也难怪这些雇主，他们面临着很大的人员需求压力。虽然雇主们知道这些员工不会长待的，但他们也实在没有选择余地，要么雇这些人，要么就没人干活。要医治"混日子的雇员"症状，管理人员必须能发掘出员工品性中成功的方面，另外可以借助于有创意的招聘计划。

开发反映企业文化的上岗引导：上岗引导培训计划应介绍企业的文化，而很多企业只是简单地让新员工跟着老员工学着干，而老员工很少能了解企业希望新员工了解的东西，结果是这种不符合企业文化的不良上岗引导使人员流动现象反复出现。

认真对待面试：计算机行业的一个教训是值得思考的，"错误的输入必然导致错误的输出"，这条也适用于面试，如果一开始就没招到合适的员工，高流动率是可想而知的。面试潜在员工是一件很严肃的事情，面试进行的好坏直接决定了今后几年内企业的员工流动率。很多经理不认真对待面试过程，甚至把这件事交给一些没有经验的主管或员工进行，这是再错误不过的事了。面试是一个了解潜在员工是否能适应企业组织，具备工作要求技能的大好机会。有些企业流动率的下降仅因为企业对面试人进行了更好的培训。

认真对待流动问题的管理：这一条内容可以涵盖上面的所有内容，经理们有时对流动问题的严重性重视不够，有些经理们觉得流动不是一个问题而是工作道德低下的一种表现。经理们必须认识到流动是一个问题，而这个问题是可以解决的，而且经理们自身有时就是非意向性流动的诱因。

长期解决方案：短期方案侧重于收集和使用信息解决当务之急，长期方案侧重于企业组织的变更让企业能对员工更有吸引力。这些方案一般较费时费钱，费用的投入是由流动的严重程度和企业对变化的需求而决定的。图 13 – 5 列出了一个长期解决方案。

图 13 – 5　员工流动长期解决方案

- 开发社交活动；
- 用另一种语言进行培训；
- 建立事业阶梯；
- 实施合作伙伴/利润共享计划；
- 实施奖励计划；
- 提供子女保健及家庭咨询；
- 找出员工募集的其他途径；
- 重新规划工资级差。

资料来源：节选自罗伯特·H. 伍兹和詹姆斯·F. 麦考利的《流动的解决方案：有效的保留计划》，《康奈尔饭店及餐馆管理季刊》30（1998 年 5 月）：82 页。

开发社交活动：社交是员工开始新工作、进入新俱乐部、结婚等开始一次新的经历时就开始进行一种与人交往的经历。人们习惯了某种环境后，他们就掌握了游戏规则。有些企业没有正式的社交化训练计划而让员工自己摸索，这样员工的工作开端不会很好。培训计划强调完成或发展企业所需要的行为，社交化训练计划从另一方面教会员工如何理解规章制度，如何更有效地工作。一项关于硅谷电子企业的社交化训练的调查显示接受企业资助的社交化训练的员工能更快地吸收企业的价值观和理念。饭店企业应该注意这一点，特别是饭店企业大部分人员流动是在入职后30～60天内。近来的一项关于员工流动率的社会化研究清楚地表明有效的社交活动与降低员工流动之间的联系[27]。

用另一种语言进行培训：美国的小时工中有很多人讲西班牙语，其实在饭店工作的员工中有很多人的母语不是英语，尽管如此，只有极少数饭店用外语进行培训，结果大部分饭店要依赖于双语员工对企业规章制度和工作职责进行说明，这是管理层的一大失误。

建立事业阶梯：有很多员工认为饭店工作只是"真正职业"开始之前的一种临时性工作，这主要是由于饭店行业内缺乏事业阶梯。有些企业已成功地克服了一个难题，如星期五餐厅就开发了一套多层次主管系统，让员工可以依次由低到高发展。也有些企业通过内部招聘首先让员工竞聘管理职位。

实施合作伙伴/利润共享计划：法式烘焙国际连锁店（Au Bon Pain）、哈曼管理公司金栅栏（Golden Corral）和大型鸡肉连锁餐厅（Chick－Fil－A）都是成功实行利润共享计划的餐饮企业。在哈曼管理公司和Chick－Fil－A，经理可以拥有企业的40%的股份，哈曼管理公司因此将管理人员的流动率降到全国各行业平均水平以下。

实施奖励计划：有几家饭店企业用奖励计划降低流动率，如佛罗里达的南海种植公司的一项计划就能有效地留住员工，这个计划是进阶奖励制度，即在企业工作时间越长，奖励水平越高。有些企业为员工和他们的亲戚建立了奖学金计划，使员工不愿离开企业。还有些饭店企业的计划是将员工的工龄转为积分，体现在年尾奖金上。

成功开发奖励计划有两个要点：首先，员工是计划设计的基础，并依此选择有意义的奖励方式；其次，要获得奖励员工要在企业工作相当一段时间才行。

提供子女保健及家庭咨询：很多美国企业提供子女保健和家庭咨询服务，但饭店却没有随潮流而动，尽管企业中女性居多，特别是很多有子女或育龄的妇女。帮助员工解决因抚养子女而产生的问题对员工保留计划有很大意义。家庭咨询及其他员工辅助计划也有同样的作用。

找出员工募集的其他途径：饭店企业曾经倾向于雇用年轻员工，这部分员工的流动率较高。有些饭店餐饮企业，如麦当劳和新西兰的查利特（瑞士）（Chalet Suisse）饭店实施的就是吸引老年员工的招聘计划。其实老年人往往比年轻员工干得更好，而且流动性较低。例如在查利特（瑞士）饭店，企业雇用退休夫妇做部门经理。

当然要吸引这些应聘人不是仅在门口挂一块"现在招聘老年人"的牌子就行的，任何一个群体都有自己的特殊要求，老年人也不例外。要吸引老年应聘者饭店要提供一些长期的福利，如医疗及牙科的福利、休假计划及缩短的排次工作时间都会对老年应聘者有吸引力。

还有一些非传统的应聘者人群，如少数民族、移民和残疾人都是可行的员工募集来源，同理，要根据每个人群的特殊需要实施吸引他们的招聘计划。

另外要记住虽然雇用受保护的弱势群体员工是合法的而且受欢迎的，但要小心关于这类人的各种反歧视法律法规，真正的"反优先雇佣行动计划"必须经过反复推敲绕过各种可能的违法行为。

重新规划工资级差：饭店企业的工资级差在过去的几年中在逐年上升，但行业的整体工资水平仍远低于全国平均水平。虽然仅靠钱是不能完全稳住员工的，但报酬少显然是员工离开企业的一个很好的理由。例如，加油站员工的小时工资就比饭店和餐馆员工的收入高。很多饭店企业通过调高工资来保持自己在劳动力市场上的竞争力。雇主们可在高工资和高员工流动率之间进行比较，提高工资是一种投资，流动成本的下降就是回报。

留住员工计划：取胜的关键不论雇主选用哪一种保留计划方案，有三个要素是取胜的关键：

- 行政层的支持；
- 管理层对计划实施维持过程的全程跟踪；
- 时间和金钱的花费。

上述任何一点没有做到都可能使计划失败。计划规划之初首先要计算当前的流动成本和留住员工计划的投入和回报。

1999 年稻草人（Hay）集团对其麾下 300 个企业内的 50 万员工进行调查，发现了 50 个保留要素[28]，其中工资是最不重要的，研究结果发表在《培训与开发》上，根据 2000 份反馈，我们确认以下 10 个要素能直接留住员工：

- 事业的成长、学习和发展；
- 刺激和富于挑战的工作；
- 有意义、与众不同和有贡献的工作；
- 一起工作的人很好；

- 成为团队中的一员；
- 有一个好领导；
- 工作业绩得到认可；
- 自主性，感到自己能控制自己的工作；
- 灵活的工作时间；
- 公平的工资和福利。

该报告还指出实施保留计划中的 7 个步骤：

- 收集和分析所有与流动和离职谈话有关的资料；
- 进行调查，了解企业对留住员工的态度（如什么样的计划是可行的）；
- 组织"未来拉力"研讨会，想象一下一年以后保留计划的实施结果，并据此设定目标，如"未来拉力"之一可能是：留住管理队伍中 95% 的人员；
- 了解焦点团体的投入和看法，对经理和员工进行访问；
- 对资料数据进行整理，并在计划中运用这些资料；
- 明确计划领导人，一个对整个计划负责并有实施能力的人；
- 指派一个实施小组，支持领导人的工作。

多样化对流动的影响

对于认真地看待减少员工流动率的管理者来说，在当今多样化的工作压力之下，认清文化和其他方面的差异是极为重要的。饭店业和其他行业变得越来越多样化（不论是自觉地，还是不自觉地），管理者为了留住员工团队，就必须要去评估公司的政策和态度。例如，拉美的移民潮对于美国饭店业和整个美国社会都造成了深刻的影响。到 2012 年，拉美人在饭店业的就业人口就从 2002 年的 23% 增加到将近 30%。有效管理拉美员工需要了解他们的文化（当然，对于其他员工群体也一样）。管理拉美员工的不同之处在于：（1）拉美人是通过从阶层和角色来识别身份的，他们的行为要与其身份相符；（2）拉美员工的时间观念和遵守时间是以自然为基础的；（3）拉美员工在培训时表现得非常有礼貌。留意文化差异的管理者会得到很好的回报：高的劳动生产率、更好的服务、较少的顾客投诉、低廉的劳动力成本和更多的利润[29]。

类似的差异也可以从其他的道德和文化族群观察到。例如，一项在对英国的研究中就发现，通过英语培训和实施一个制度和政策的创新系统，并指出创新所在之处，有助于其他文化背景的员工理解公司制订政策的原因，这一做法将 100% 的员工流动率很容易地降低了约 5 个百分点[30]。

管理者怎样成功地应付多样化问题？对每个人来说，不论提出什么样规则的问题，最为有效的方法是对多样化工作的管理，包括理解不同员工族群在时间、阶层、沟通和其他问题上的差异。例如，受文化影响，许多亚洲员工通常不会向他们的上级提问，并且他们可能经常拒绝对工作中问题发表个人意见。然而，这并不意味亚洲员工对于工作中的问题没有自己的看法。只是与其他文化背景的员工相比，他们更不喜欢表达。对于管理者来说，在多样化工作环境中，与每一位员工保持开放的沟通渠道是一个首要的挑战，如果不这样做的话，就一定会产生不希望出现的员工流动现象。

纪律的运用

纪律是一种必不可少的管理工具，但也是最难运用的，很多管理在运用过程中不能前后一致或不能公平地运用。有些人把纪律当做一种严格处罚过去的不当行为的手段而不是确保企业将来正常运行的工具，其实这些人不知道纪律也可以用于鼓励企业希望看到的行为。

奠定基础

有效的纪律体系的基础是促进积极行为，经理必须建立起一套规则然后与有关方面沟通如何遵循这套规则，员工手册、培训、工作描述、业绩标准和张贴的公告都是沟通方法。图13－6是一个通过张贴公告沟通规则的例子。

图13－6　客房规定的设定范例

严格执行这些政策可以保护我们的员工，保证饭店运行的高效率，以下列出的是违反政策的行为，根据饭店规定这些行为会直接导致立即停职或开除。
- 对客人或其他员工无礼、粗暴、对抗或使用侮辱性语言；
- 打架、偷窃、未经许可占有饭店财产或在饭店内赌博；
- 未经许可的饮酒，或被看出有饮酒、使用麻醉剂或毒品等违禁品迹象，或在饭店内使用合法或非法的药物；
- 在饭店内携带法律所禁止的致命武器；
- 在饭店内有不体面、不道德或不正常的举止，包括故意破坏饭店财产或不遵守安全规定；
- 对工作或考勤记录、报告或客人留言弄虚作假；
- 在未经本部门经理许可的情况下擅自进入禁止进入的区域或非公共区域；
- 在饭店内与客人进行私人交往；
- 未经允许移动任何饭店设施；
- 上班睡觉。

资料来源：David Wheelhouse, *Managing Human Resources in the Hospitality Industry* (Lansing, Mich.：Educational Institute of the American Hotel & Lodging Association, 1989), 353.

下面列出了引起纪律问题的一些主要原因，说明怎么强调规则的沟通都不过分[31]。

- 员工不知道应该做什么；
- 员工不知道怎么做才是合规定的；
- 不切实际的期望；
- 员工和工作一开始就不匹配；
- 员工没有动力做好工作。

上面的清单说明缺乏沟通的责任部分在管理层。

了解纪律实施的目标是每个执行纪律处分的经理做事的前提，经理们必须做到：

- 建立合理的规则；
- 确保员工了解规则；
- 实施规则时必须公正，没有偏见；
- 记录导致纪律处分的员工行为。

纪律管理方法

有三种基本纪律管理方法，三种方法的界限不是很清晰，有重复的地方，经理们可以选择其中一种方法，或三种方法同时使用。有两种方法是传统方法：红热炉法和递进纪律法，强调对员工违反纪律后的处罚，是被动的反应式的，纪律在错误行为之后起作用。第三种方法是预防纪律法，是一种积极的方法，侧重于指导员工的行为。

红热炉法：这个方法反映了一种传统管理思维模式，即如果你碰了红热炉，你会被烫伤，从企业角度讲，如果你违反了纪律，你将受到纪律处分。这个方法的实施基础是：

- 及时：触犯纪律的行为一经发生必须及时做出反应，这样才能将纪律和行为紧密联系起来；
- 警告：经理必须提出明确的依据规定并适时提醒员工"会被红热炉烫伤的"；
- 连贯性：纪律处分行为必须连贯一致，即不论谁碰了红热炉都会被同等程度地烫伤；
- 对事不对人：纪律必须与行为联系起来，而不是与人联系起来；
- 适度：纪律处分和程度必须与触犯纪律的严重性相当。

这个系统看起来非常合理，对所有员工都是平等的，规则与纪律处分都有一一对应的关系，但这个系统也有一个问题，就是绝对平等，红热炉会烫伤每一个碰到它的人，即不论个人和情况的不同一律如此，1名新员工犯了错误与老员工受到的处分一样严重。

分级惩处法：和红热炉法一样，这种方法的前提是明确和完整的行为定义，即什么样的行为会受到处分，会受到什么样的处分。根据分级惩处法，工作拖拉 1 次的员工可能受到口头警告，拖拉 2 次可能得到书面警告，3 次被停职，这样纪律处分依行为程度递进。这种方法很常见，大部分递进纪律包括 4 个层次：

- 口头警告：无记录的非正常警告；
- 书面警告：正式的书面警告并将记入员工档案；
- 停职：停薪停职；
- 开除：终止雇佣。

由于红热炉法和分级惩处法规范企业的运行，经理们一般都喜欢用这两种方法。两种方法都要求依据法规明晰，强调连贯一致性和处分的公平性。处分的任何偏见都可能导致投诉、歧视性上诉和官司。当然这些原则写出来很容易，但实施起来并不简单。另外，这两种传统方法都只能起到短期效果，因为这些处分只针对行为，而不针对行为的根源，违反纪律只是一种现象，不是理由。

预防（积极）惩处法：倾向于预防或积极正面的行为是这种方法与传统方法的区别，这个方法针对生产效率低下的根源而不是违反纪律的表象。主管和员工之间的"横向"沟通，一种成人之间的沟通，强调如何解决问题而不是处罚。这个方法的内涵是提起员工的重视，给他或她改正的时间和机会[32]。

积极惩处法是把纪律实施的重点放在认识和强调好的行为而不是坏的行为，这类纪律行为的步骤包括：

- 口头提醒；
- 书面提醒；
- 带薪停职反省；
- 开除。

除了最后一步开除，其他阶段都是强调鼓励员工向好的方向转变，口头提醒侧重应该干什么而不是什么做错了。有批评家认为，带薪停职反省会鼓励员工不断犯错误以得到这种带薪假，其实员工还是会把这种停职看做一种处罚，而且停职回来后往往工作表现有很大改观。有些企业将这种停职期称为"反省日"，因为这个做法的目的是让员工仔细思考自己行为中哪些是该做的，哪些是不该做的，如何改进并提高工作效率。有些经理要求员工在反省时写出自己的问题在哪里，如何解决这个问题[33]。美国的一些成功的大企业都使用这种方法。

传统方法和积极惩处法之间的主要区别是前者是被动反应式，后者是主动的。有人认为当今的员工更容易接受鼓励而抵触处罚，他们会选用积极纪律法而不是传统方法。很多经理还发现积极惩处法能鼓励团队合作解决问题，而传统方法会引起员工的逆反情绪。积极惩处法的另一个好处是把改进工作的责任转移到员工个人身上。这能提高组织内人与人的信任程度，减少诉讼发生的可能性。积极惩处法能让经理在问题产生之初就提醒员工，这时问题比较容易纠正，这一点对大部分企业都是非常有益的[34]。

申诉机制

任何有效的纪律措施都有员工申诉体系，申诉机制主要有两个作用。员工对系统化的申诉过程的理解一般是给问题涉及各方一个对质的机会，员工能有机会说出自己的看法，其实这个过程只是给管理方提供一个确定员工处分的公正性的机会。申诉程序包括 4 个基本类型：

- 等级制；
- 开门式；
- 同级审核；
- 调查。

等级制申诉程序：这个程序是根据企业的等级链实施的，员工对处分不服可以先向直接上级申诉，如对处理结果仍不满意，可以向更高一级领导申诉，依次类推直到最高层领导。申诉需以书面形式进行。

开门式申诉程序：与等级制申诉不同的是，开门式申诉允许员工向企业内任何一个经理上诉，不论经理的职位高低，这种申诉有时是可行的，有时不能达到目的，因为很多经理不愿插手其他经理管辖范围内的事，结果申诉往往又被转回员工的直接领导手中。另外这种方法的一个缺陷是处理结果缺乏一致性，有些经理可能会认真对待员工的申诉尽量公正地处理问题，有些经理可能就没那么负责了。

同级审核申诉程序：这个程序一般要求员工委员会和经理一起对申诉进行听证并作出最终裁定。参加委员会的员工是选择产生的，经理是指定的。这种方法的一个好处是员工可以直接参与申诉决策过程，使员工相信申诉的处理是公正的。如果在工会企业内进行这种申诉处理程序，经理们应注意处理程序不能违背集体谈判协议的条款。

调查申诉程序：这种方法一般常见于政府和大学，在企业中不多见。这个系统包括请调查员对申诉进行调查，请调解员听取双方意见并提出调解建议，如果双方意见不统一，调查员无权做出最后的裁决。

开除：最后的解决方案

严格执行纪律处分的经理会把开除作为最高处分手段，但有很多人力资源专家反对这个看法，员工和经理谁得到了最严格的处罚？员工要重新找工作，经理要重新找员工。从这个角度看，谁是最失败的呢？员工被开除还是经理没能激励员工做出好的表现？在日本，开除员工被视为经理无能的表现，因为经理不能将一个表现差的员工变为有工作积极性的员工。美国的很多企业也持同样的态度，主要由于更换新员工会更困难、更费钱。

开除一个员工是经理的最后一招，实施尤其要谨慎，如果是错误的解职，经理可能要与员工对簿公堂。

错误的解职

对来自各个行业的 450 名人力资源经理的调查发现有 3/5 的企业曾因错误的解职被员工告上过法庭。这些诉讼中有 40% 是合法的[35]。此类诉讼占美国所有诉讼案件的 13% ，仅次于合伙人诉讼。

在经理选择开除员工时应先问自己下面几个问题，如果回答都是肯定的，才能断定这个选择是正确的，如果其中有任何一个答案是否定的，则要先解决这个问题，然后才能做决定。尽管这些问题不能保证企业在诉讼中取胜，但至少是管理层在进行日常管理时应注意的。

- 员工清楚他们期待的是什么吗？
- 纪律规则是否已经明确地传达到员工了？
- 管理层有没有强调过这条纪律的重要性？
- 违反的那条纪律是否对企业非常重要？
- 解职处分的理由是否充分可信？
- 纪律处分是否与过失行为相当？
- 业绩评估的过程是否公平完整？
- 管理层是否真正努力提醒过犯错误的员工并帮助他们改进自己的行为？
- 这种处分是否公平地针对所有人？

错误的解职的诉讼对企业会有很严重的影响，员工会要求雇主补发解职前后的工资，赔偿诉讼损失。这类诉讼不光数量有上升，而且赔付额也在不断提高。诉讼数量的上升与 1991 年的《民权法》有关，该法的附件中规定雇佣案件撤诉前必须有一位陪审员听证，另外该法也将赔付额上封顶为 30 万美元，比法律通过前此类诉讼的平均赔付额低得多。以前企业可以在被起诉后再取证，然而 1995 年最高法院指出"事后取证"或解雇后的资料将不能用于错误解职诉讼的法庭辩护[36]。

如果经理想通过岗位调换或降职迫使员工提出辞职，要注意这种行为也可能引起错误解职的诉讼。岗位调换如果以辞退员工为目的，这种行为就是错误的解职行为，同理出于此目的对没有做错事的员工降职也属错误解职行为。如果新岗位或职位的工资、福利待遇比原岗位低很多，法庭可能认定这种调动是错误解职行为。另外，如果员工主要辞职的原因是工作条件太差，法庭有可能认定是雇主故意通过恶化工作条件挤走员工的。要打赢这种官司，雇主一般要证明自己事前不能预知员工会辞职。

很多企业建立起完整的分级处分的记录文件以避免日后受到错误解职的起诉，但他们忘了教会经理怎样做才能避免错误解职行为的发生。纪律处分使用不当是最容易让员工赢得此类官司的了，可惜这也是管理人员最容易犯错误的地方。要避免或赢得错误解职的诉讼，经理们必须在任何时候任何情况下保持公正，下面的例子可以说明这有多困难：

> A员工表现很稳定也很讨客人、经理和同事的喜欢，但他有拖拉懒散的毛病。B员工表现很差，也不讨人喜欢，他也有拖拉懒散的毛病。如果经理为了整治拖拉问题决定开除B，而没开除A，这就给错误解职诉讼带来了机会。

正如在纪律那一部分我们曾提到过的，经理必须了解纪律处分和开除的目的，必须清楚建立合理的纪律规则、传达和沟通这种规则、公平实施这种规则和保持每个违反纪律员工的完整记录都是很重要的。另外，解职前与独立的第三方（如同事、外人、管理集团）协商的做法往往是法庭上很好的辩护证据，如果第三方的意见也是开除，那就更容易为雇主的行为辩护了[37]。

此外，很多法律和人力资源顾问认为雇主如果采取以下一些主动措施能有效保护自己不受错误解职诉讼的骚扰。

- 有效地传达沟通企业的雇佣政策；
- 积极管理员工的表现；
- 彻底调查任何可能导致错误解职诉讼的问题；
- 定期进行公共政策听证，辨清企业对员工和顾客的责任；
- 实行严格的组织道德规范；
- 建立内部揭发程序；
- 购买雇佣行为责任险；
- 寻求法律援助，改变对自己不利的诉讼趋势[38]。

雇佣自愿

根据雇佣自愿原则，管理层可以在任何时候以任何理由终止与员工的雇佣关系，同样员工也可以在任何时候以任何理由终止这种关系。在美国历史上，这个原则一直是雇佣关系中的主导原则。最近这个原则逐渐转变为将雇佣关系视为一种契约关系，任意原则逐步消亡。这个转变始于 20 世纪 30 年代的《国家劳动关系法》，到 1991 年的《民权法》和 1993 年的《家庭及医疗休假法》，雇主在雇佣关系中的任意性越来越多地受到法律的干涉，法庭裁决也不断冲击这种任意原则。事实上，不论企业是否位于仍沿用任意原则法律的 45 个州，员工可以就雇佣关系申诉法庭的做法直接改变了一切，因为陪审员总倾向于找到员工被解职的原因，如果没有找到足够的理由，他们一般都倾向于原告。虽然我们仍建议雇主在上岗引导时让员工签署一份雇佣自愿的文件，但这不足以在错误解职案中为雇主提供辩护。要保护自己，雇主必须保持员工的工作历史记录，并详细记录员工被解职的原因。

关于雇佣条件的矛盾——雇佣自愿和雇佣契约——近年来已经引起了很多争议，经理们强调他们有权在他们想雇人的时候雇用任何人，但最近这一条被法庭频频否决，现在的雇佣风气更偏向于雇员。因此很多员工关系专家建议雇主不要再强调自己的雇佣自愿的权利了。

有些专家认为管理层保留雇佣自愿的原则只是为了提醒员工他们有这种企业政策。这些专家建议雇主在雇用员工以前应让员工签署一份包括在员工手册中的弃权声明（放弃诉讼）。但虽然有不少雇主采纳了这个建议，但这对现状并没有太大的帮助。1983 年，美国高等法院对"松河国家银行诉马特尔（Matille）案"的判决裁定员工手册是潜在雇佣合同。至少有 30 个州认定员工手册可视作雇佣合同。这主要是针对手册中关于员工福利、纪律处分依据、公平就业机会（EEO）或反优先雇佣行动政策的规定。将员工手册视为雇佣关系合同，也就是说根据员工手册，只要员工干得好，他可以为企业服务任意长的时间，雇主应为员工提供晋升的机会，员工的薪级应一年一定。

人力资源专家建议雇主在员工手册的开头写出雇佣自愿的规定，并要求员工签署弃权文件，弃权文件中要说明雇主有权对政策和福利进行改动，经理的底线是必须清楚现在雇佣自愿的原则实施起来已经很困难了。各州关于雇佣自愿的法律不同，有的行为在一个州可能符合这个原则，在另一个州就可能违背了这个原则。另外，美国社会已经变得越来越爱打官司了，有些案子本来雇主能解决的，但结果往往是在法庭上花去数千美元才能解决。

有些专家认为经理应不再固守雇佣自愿的原则，这个原则只能带来员工不断要求降低工作风险、改变和创新的水平，使他们在企业中站稳一席之地。但也有些专家觉得这个原则是保证员工对企业的忠诚度和工作效率的前提。

公共政策

员工不能因行使法律赋予的权利而被解雇，换句话说，员工不能因索赔、作为陪审员、拒绝作伪证、揭发内幕（在某些州这是法律规定的权利，指揭发或检举其他员工或经理的不法行为）等行为被解雇。这方面的法规被称为公共政策，这种行为被40多个州法列为公共政策，既不属于雇佣自愿也不属于雇佣契约行为。

雇主有义务遵守所有联邦和州法规定的各种法律原则，如 ERISA（1974年立法）第510条禁止因逃避支付员工福利而将员工开除。此类案件由雇主方举证，雇主有义务证明开除原因不是拒付员工福利。

解雇面谈

解雇是雇主可以向员工施加的最重的处罚，我们前面已反复强调这是雇主最后的办法，解雇面谈是分级惩处的最后一步。面谈的目的是：（1）回顾走到这一步的全过程；（2）解释为什么必须采取这个严厉的纪律处分行为；（3）完成解雇行为。解雇员工有很大的风险，但如果经理实施时按程序办，事情能变得不那么困难。当然这绝不是说解雇是一件简单的事，更不是件令人愉快的事。

经理在解雇面谈时应注意以下原则：

- 利用面谈机会找出整个雇佣过程中哪里出了问题；
- 面谈前阅读所有相关证据，文件档案中应包括以往对这名员工所有的纪律处分的行为及原因；
- 具体说明解雇的原因，经理们不能只对员工简单地说一句"你不适合在这儿工作"；
- 面谈时尊重员工的自尊心，员工不适合这份工作不等于他/她不能在其他岗位上干得很出色；
- 避免激怒员工或与他们发生个人冲突；
- 告诉员工解雇的原因在任何时候都会保密的；
- 作为一般原则，面谈时应有第三者在场，第三者可以在讨论到需要证实的问题时再出现；
- 很多州都要求员工被解雇时应支付员工应得的所有工资；
- 让员工了解企业内部是有申诉程序的；
- 如果合适的话可以向员工介绍其就业可能。要告诉员工如果其他雇主要求以往工作情况证明时，会如实向他们说明员工是被解雇的。

大部分解雇面谈都会带有强烈的感情色彩而且容易引发不必要的冲突，如果按上面的原则进行，经理可以使面谈不致发展成为极端的冲突。

离职面谈

离职面谈是在员工出于任何理由离开企业时进行的面谈。面谈时，经理应了解员工离职的原因并考虑以后如何改变这一现状以免失去更多的员工。这种面谈是了解员工业绩等各方面信息的最好机会。从员工角度看，离职面谈是他离开工作前倒苦水的最后机会。

很少有饭店企业利用离职面谈了解员工的离职原因作为以后改进的借鉴，很多饭店经理只是借离职面谈的机会看看员工会不会起诉企业，这虽然也是面谈的目的之一，但绝不是主要目的。正如我们前面在员工流动部分提到过的，离职面谈是很费钱的，但如果经理通过离职面谈了解了员工离职的原因，并通过改进减少了一个不想出现的流动，所有的投入都值了。

从离职员工那里了解情况也不是很容易的，很多经理让员工的直接主管领导对其进行离职面谈，其实这是最没用的，很多员工离职就是因为主管领导，所以他们一般不会对直接领导敞开心扉的。另外，员工会有些朋友还不想离开公司，离职员工会为他们考虑的。离职员工还担心如果他们在离职面谈时太直率会影响他们下一份工作的推荐信。有研究表明很多员工很少在意他们在离职面谈时说什么，因为他们的经理好像也不在乎他们说什么。

离职面谈如果由第三方进行往往效果很好，在万豪食品公司的一次调查发现，员工告诉第三方的离职理由往往与他们告诉主管的理由不一样。

一般员工会告诉雇主他们的离职理由是又找到了一份更好的工作，或者工资更高或者有更好的发展机遇，其实这往往不是真的。大部分员工离职是因为他们不喜欢自己现在的上司、现在的工作，不是因为他们想赚更多钱或找更好的发展机会。

进行离职面谈的原则

离职面谈应由直接主管以外的其他人进行，最好是企业外的第三方，一个收集资料的顾问，或一个电脑系统。聘用顾问的费用可能相对较低，失去一个企业不愿失去的员工给企业造成的损失远高于聘请一个顾问的钱。

进行离职面谈的人应尽可能多地从离职员工那里了解情况。首先告诉员工谈话内容是保密的，请员工放心，告诉他所了解的情况只是用于改进企业内部状况而不会对员工和他的仍在企业工作的朋友有任何不利的影响。面谈时尽可能多地问一些开放式问题，让员工尽量说，以此了解员工离职的真正原因。哪些问题用开放式问题提问主要看雇主要了解的情况是什么。进行面谈的地方要绝对秘密，没有打扰，谈话时要对员工的谈话非常专注。以下一些建议可能会有帮助：

- 尽可能在雇用结束前一个星期内进行面谈，不要拖到最后一天，因为最后一天员工可能忙于其他事情而不会过于关注这次面谈；
- 尽可能保证匿名性（在电脑问卷时）和保密性；
- 发掘员工离职的真正原因，很少有员工在工作得很舒服的情况下主动提出离职，但离职的真正原因有时很难了解到；
- 在员工离职后的 1～3 个月的时间内安排一次跟踪面谈，员工往往在找到新工作以后才能更准确地说出离职的真正原因。由第三方进行跟踪面谈效果非常好。另外跟踪面谈也是雇主了解员工是否有意向返回企业工作的好机会。
- 在面谈结束时保证谈话是保密的并感谢员工的合作，记住离职员工可能是以后你希望再度雇用的员工。

如前所述，应对离职面谈获得的信息资料进行分析，并用于改进企业的状况，预防有更多的员工离职。所有员工离职前都要进行面谈，不论是雇主提出解雇还是员工自己辞职，员工都能提供有用的信息。

离职面谈时应说什么

《信息世界》杂志曾发表过一篇文章，题目是"不要只是离开而要诉说：如何从离职面谈中获得更多信息"。在这篇文章中，作者建议离职员工实话实说，说出离开的真正原因，即使这样会断了后路，比如告诉面谈人你的经理不称职。有很多读者对此有不同意见，杂志后来又发表了第二篇文章。在随后的文章中读者提出了正好相反的意见，不要实话实说断自己的退路，这会影响以后的面试，员工应该只说些企业愿意听的话。另一个读者认同第一篇文章的看法，他们觉得既然公司这么不好，为什么还会回来呢？第三个读者的建议是：离职面谈的信息是给大人物的，如果企业真想了解情况并用于以后的改进，你应该告诉他们实情。

虽然我们不提倡员工在离职时向雇主说谎，但我们确实要提醒雇主员工离职面谈时说的不全是实话，总有些人不想断自己的退路。谈话时应建立一种氛围，即不论好坏你想听的是实话，这也许会有帮助。

 注释

[1] Dina Berta, "HR Execs at People Report Confab Predict Worsening Labor Short-

age," *Nation's Restaurant News*, November 14, 2005: 4 – 6.

[2] Dina Berta, "Donatos Cuts Turnover with Training to Engage Workers," *Nation's Restaurant News*, December 5, 2005: 8 – 10.

[3] Michele Kacmar, Martha C. Andrews, David L. Van Rooy, R. Chris Steilberg, and Stephen Cerrone, "Sure Everyone Can Be Replaced, But at What Cost? Turnover as a Predictor of Unit-Level Performance," *Academy of Management Journal* 49, no. 1 (2006): 133 – 144.

[4] 更多的研究参见下列文献: Robert H. Woods, Michael P. Sciarini, and William Heck, "Turnover and Diversity Management in the U. S. Lodging Industry," American Hotel & Lodging Educational Foundation, 1998.

[5] Dennis Reynolds, Edward A. Merritt, and Andrew Gladstein, "Retention Tactics for Seasonal Employees: An Exploratory Study of U. S. Based Restaurants," *Journal of Hospitality & Tourism Research* 28, no. 2 (2004): 230 – 241.

[6] J. A. Alexander, J. R. Bloom, J. R. , and B. A. Nuchols, "Nursing Turnover and Hospital Efficient: An Organization-Level Analysis," *Industrial Relations* 4, no. 33 (1994): 505 – 520.

[7] George S. Benson, "Employee Development, Commitment, and Intention to Turnover. A Test of 'Employability' Policies in Action," *Human Resource Management Journal* 16 (April 2006): 173.

[8] Douglas Wahl and Gangaram Singh, "Using Continuation Pay to Combat Turnover: An Evaluation," *Compensation and Benefits Review* 38, no. 2 (2006): 20 – 24.

[9] N. Magner, R. Welker, and G. Johnson, "The Interactive Effects of Participation and Outcome Favorability on Turnover Intentions and Evaluations of Supervisors," *Journal of Occupational and Organizational Psychology* 69 (1996): 20 – 34.

[10] William Even and David MacPherson, "Employer Size and Labor Turnover: The Role of Pensions", *Industrial and Labor Relations Review* 49 (July 1996): 707 – 728; and Stephen J. Hiemstra, "Employment Policies and Practices in the Lodging Industry", *International Journal of Hospitality Management*. Special Issue: Strategic Management in the Hospitality Industry, Oxford, England: Pergamon Press, 9, no. 3 (1988): 207 – 211.

[11] Catherine M. Gustafson, "Employee Turnover: A Study of Private Clubs in the USA," *International Journal of Contemporary Hospitality Management* 14, no. 3

(2002)：106 – 113.

[12] John R. Johnson, M. J. Bernhagen, and Mike Allen, "The Role of Communication in Managing Reductions in Work Force," *Journal of Applied Communication Research* 24, no. 3 (1996)：139 – 164.

[13] Kacmar et al.

[14] Reynolds et al.

[15] Robert H. Woods and James F. Macaulay, "Rx for Turnover：Retention Programs that Work," *Cornell Hotel and Restaurant Administration Quarterly* 30 (May 1989)：81.

[16] Steven E. Abraham, Barry A. Friedman, and Randall.

[17] Wim van Breukelen, Rene van der Vlist, and Herman Steensma, "Voluntary Employee Turnover：Combining Variables from the Traditional Turnover Literature with the Theory of Planned Behavior," *Journal of Organizational Behavior* 25, no. 7：893 – 914.

[18] Cecil A. L. Pearson, "Turnover Process in Organization," *Human Relations* 48 (April 1995)：405 – 421.

[19] Susan Ladika, "Meth Madness," *HR Magazine* 50, no. 12 (2005)：40 – 46.

[20] 更多的关于商业预期和员工情绪方面的信息参见：Arlie Rusell Hochschild, *The Managed Heart Commercialization of Human Feeline* (Berkeley, Calif.：University of Calitbrnia Press, 1983) .

[21] Brooks C. Hoitom. Terrence R. Mitchell. Thomas W. Lee. and Edward J. Lnderrieden, "Shocks as Cause of Turnover：What They Are and How Organizations Can Manage Them," *Human Resource Management* 44, no. 3 (2005)：333 – 348.

[22] Carra S. Sims, Fritz Drasgow, and Louise F. Fitzgerald, "The Effects of Sexual Harassment on Turnover in the Military：Time-Dependent Modeling," *Journal of Applied* Psychology 90, no. 6 (2005)：1 – 13.

[23] "Wellbeing Nutrition：A Feeling Frenzy for Healthy Productivity," *Employee Benefits*, December 7. 2005 ：$20.

[24] 下列两段的基础部分来源于：Woods and Macaulay, 83 – 89.

[25] 对怎样表现组织文化的更全面解释参见：Robert H. Woods, "More Alike Than Different：The Culture of the Restaurant Industry," *Cornell Hotel and Restaurant Administration Quarterly* 30 (August 1989)：82 – 98；Woods, "Ten

Rules for Culture Consultants," The Consultant 23, no. 3 (1990): 52 – 53; Woods, "Deep Meaning: Understanding Your Restaurant's Culture," *Restaurant Personnel Management* 4, no. 2 (1990): 4 – 7; and Woods, "Surfacing Organizational Culture: The Northeast Restaurants Case," *International Journal of Hospitality Management* 10, no. 4 (1991): 339 – 357.

[26] 更多的关于工作属性测试文献回顾参见：Robert W. Eder and Roth Tucker, "Sensitizing Management Students to Their Misconceptions of Line Worker Job-Attribute Preferences," *Organizational Behavior Teaching Review* 12, no. 8 (1997): 93 – 100. Organizational that include employees in strategic planning sessions enjoy dramatically reduced turnover rates, simo! v as a result of employees feeling more involved in the Organization's Management process. See Lillian T. Eby Tammv D. Allen and Andi Brinlev. "A Cross-Level Investigation of the Relationship between Career Management Practices and Career-Related Attitudes," Group & Organization Management 30, no. 6 (2005): 565 – 587.

[27] David G. Alien, "Do Organizational Socialization Tactics Influence Newcomer Embeddedness and Turnover?" *Journel of Management* 30, no. 2 (2006): 237 – 256.

[28] Beveriy Kaye and Sharon Joedan-Evans, "Retention Tag: You're It," *Training and Development* 54, no. 4 (2000): 29 – 34.

[29] Woodrull Lmberman and Marian DeForest, "Take Care Your Latino Workers," *Lodging Hospitality* 60, no. 14 (2004): 54 – 56.

[30] Nic Paton, "A Turnaround in Turnover," *Personnel Today*, November 15, 2005: 27 – 29.

[31] Kate Drummond, *Human Resource Management for the Hospitality Industry* (New York: Van Nostrand Reinhold, 1990): 261 – 262.

[32] Cynthia J. Guffey and Marilyn M. Helms "Effective Employee Discipline," *Public Personnel Management* (Spring 2001): 261 – 262.

[33] Brenda Baik Sunoo, "Positive Discipline—Sending the Right or Wrong Message," *Personnel Journal* 75 (August 1996): 109 – 111.

[34] Guffey and Helms.

[35] SHARI cAUDVON, "Angry Employee Bite Back in Court," *Personnel Journal* 75 (December 1996): 32 – 38. 在美国更多地关于诉讼领域最近研究显示，大量不公平的诉讼并没有减少，参见 David H. Autor, John J. Donohue, An

Stewart J. Schwab, "The Costs of Wrongful-Discharge Laws," November 18, 2002, *MIT Department of Economics*, *Working Paper No.* 02 – 41; *and Stanford Law & Economics Onlin Working Paper No.* 243; *and Stanford Law School*, *Public Law Research Paper No.* 49.

[36] Wayne E. Barlow, "The After-Acquired Evidene Defense: Where Do We Stand Now?" *Personnel Journal* 74 (June 1995): 152 – 156.

[37] Ralph H. Baxter, jr., "Protecting Against Exposure," *National Law Review* 16 (February 1994): 1.

[38] Susan Gardner, Glenn M. Gomes, and James F. Morgan, "Wrongful Termination and the Expanding Public Policy Exception: Implications and Advice," S. A. M. Advanced Management Journal (Winter 2000): 38, 44.

🔑 主要术语

态度调查（attitude survey） 需求评价的一种方法，用于了解什么时间行为培训是必要的，或指一种问卷或收集资料的工具，用于了解员工对工作问题的看法。

解雇面谈（discharge interview） 员工和雇主之间的面谈，其目的是解除雇佣关系。

雇佣自愿（employment at will） 雇佣原则之一，即雇主可以在任何时候出于任何原因解雇员工。

离职面谈（exit interview） 在员工将要离开企业时与雇主之间的面谈，旨在找出培训需要或其他与工作有关的问题。

逐级申诉程序（hierarchical appeals process） 如果员工觉得受到了不公正的待遇可以一级一级地向上提出申诉。

热炉法（hot stove approach） 实施纪律处分的一种方法，对每一起违反纪律的行为进行立即处分。

潜在雇佣合同（implied employment contract） 指含有一协议信息的员工或培训手册，其合约的实质内容是如果员工工作没有偏差，他可以在这个岗位上想干多久就干多久。

开门申诉程序（open-door appeals process） 申诉程序的一种，员工如果觉得受到了不公正的待遇可以向任何经理申诉。

同事复议申诉程序（peer review appeals process） 申诉程序的一种，员工如果觉得受到了不公正的待遇可以通过员工委员会和经理一起听证裁决解决。

预防性惩处法（preventive discipline）　强调好的行为而不是强调坏的一面的惩处方式。

分级惩处法（progressive discipline）　根据员工违纪行为的轻重程度递进地纪律处分方式，处分由轻到重，从口头警告，到书面警告，到停职，最后到开除。

接替成本（replacement costs）　接替流失员工的人员流动成本（包括招聘、广告、制服、手册、面试等各种相关费用）。

保留计划（retention program）　用于减少人员流动的计划。

分离成本（separation costs）　人员流动成本中因离职面谈、离职工资、结束员工的福利及失业税等产生的费用开支。

培训成本（training costs）　人员流动成本中培训新员工达到原有员工的工作效率这个过程所需要的花费（包括熟悉培训、培训课程、培训材料等）。

人员流动（turnover）　员工离开一个企业或一个工作单位的比例。

人员流动成本（turnover costs）　饭店企业替换一个员工所引起的可见的、不可见的成本总称。

内幕揭发（whistle-blowing）　向有关部门检举揭发雇主的不法或不道德的行为。

错误的解职（wrongful discharge）　因雇主不经过正常程序或无正当理由解雇员工而带来的诉讼，正常程序包括在发现员工问题之初对其进行提醒，让他意识到问题的严重性，并帮助员工改正。

复习题

1. 为什么开除员工是纪律处分的最后一步？
2. 纪律问题的三个组织原因是什么？
3. 纪律问题的三个个人原因是什么？
4. 对比"热炉法"和递进纪律法。
5. 积极纪律法与递进纪律法有什么不同？
6. 雇主在解雇员工之前应做些什么？
7. 在什么情况下员工可以提出错误解职起诉而经理们又很难辩护？
8. 描述一下什么情况下员工会认为雇佣合同隐含了可以终身工作的意义？
9. 对比雇佣自愿和潜在雇佣契约两个概念。
10. 介绍一个有效的离职面谈系统。

🖥️网址

以下网站可以提供更多的相关信息，注意网址可能会变更，如果无法找到某个网站，可以使用搜索引擎找更多的网站。

员工纪律处分政策样本　　　　　　　　美国人口统计
www. db. erau. edu/appm/policy/　　www. census. gov/
8－3－5. html

美国消费信息中心　　　　　　　　　　员工管理
www. pueblo. gsa. gov/　　　　　　　www. workforce. com

更多信息可通过搜索引擎搜索关键词"错误的解职"，很多律师的主页提供雇佣问题的相关信息。

案例研究

一个月毁了七年？在一个雇佣自愿的州里露西遇到了麻烦

亨利是一家近年来维修过的老饭店的工程部经理，他是饭店里的新人，才入职6个月。露西是他的行政助理，她很支持亨利的工作，每天从早到晚帮助他向工程电脑系统中输入信息更新资料。露西在饭店已经7年了，一直干得不错，经历了几次提升。

由于新的一家饭店9月份刚开张，工程部的工作量非常重。10月初的时候，亨利注意到露西最近有几天午餐休息回来迟到了。现在是10月底了。上周露西处理文件的效率下降了，有些文件不能及时处理，周二和周三她迟到了，午餐休息的时间也很长，周五和后面一个周一她请了病假。

周二露西来上班时，亨利问她是不是感觉好一点了，她没看他，只是咕哝了一句"还凑合吧"。两个维修人员，杰夫和吉姆走进办公室处理一些文件。亨利告诉露西星期三早上一上班就开一个部门全体员工会议，还特别叮嘱露西一定要参加因为她是工程的一员也是整个饭店的一员。她叹着气说她会来的。但星期三早上她没来，也没打电话。杰夫和吉姆就这件事跟亨利议论说："要么她有什么事来不了，要么就是她对你很有意见。"亨利也同意他们的看法，"如果她想和我过不去，她自己也摆脱不了这个现实"。他开始想是不是解雇她，这家饭店正坐落在一个认可雇佣自愿原则的州，他可以不说理由地解雇员工。

星期三午餐后，亨利在看一周考勤表时注意到露西在她没来的几天中（星期五和星期一）也记上每天 8 小时的工作，加上 5 小时的加班。她附了一张纸条，上面写着："亨利，我星期四晚上把一些工作带回家希望能赶一赶，我想这样做是合理的。"

星期三下午两点左右露西出现了，亨利对她说她的出勤情况和一些其他行为是无法接受的，他说星期四一早想和她进行一次详谈。露西看起来有点紧张，星期三下午她一直在紧张地工作着。

星期四早上露西没有出现，约定的时间过了 15 分钟后，亨利手下的一个主管打电话来替露西带了个口信，说她感到压力太大，而且觉得快被工作压垮了。亨利马上给露西家里打电话，露西仍然重复同样的理由，她太累了，工作压力和与他会面的精神压力，她甚至说她都不知道自己还想不想继续在这家饭店里干下去了。亨利听完对她说他们需要就这个问题面对面地深入地谈一次，他问露西是否愿意第二天（星期五）早上和他会面，她同意了。

现在是星期五，露西来了，坐在亨利的办公室里，面对亨利，办公室关着门。亨利开始说道："露西，我很高兴你今天早上能来，我一直很担心你。你有时午餐休息时间过长，我跟你谈过以后也没有改变。在过去的几周内你多次迟到、缺勤或请病假。昨天你还违反了规定，没有向你的直接领导请假。我看了你附在考勤表上的条子，你知道没有我事先同意，你是不能加班的。你能告诉我这一切到底是怎么回事吗？"

露西的反应很快，"最近一段工作太多了，根本没人帮我。你想没想过那幢新楼对我的工作的影响，我的办公室像在打仗，工作单满天飞，电脑非常迟钝，电话一天到晚响个不停，人们排着队向我抱怨工程的问题，这就是我每天早上起来就要面对的一整天的生活。现在，我不知道自己还能支撑多久。"

"哦，等一等，慢点，"亨利说，"让我们从头说起。"他问了工作量的情况，特别是新楼开业以来的情况。露西告诉他部门里新招了好几个维修工，但在行政管理方面没有增加人手，电脑又经常出毛病，有一阵几乎三天一坏，在运行的存储时非常慢。另外露西对一些关注，一些对她这个部门中唯一女性的令人不快的关注感到很不舒服。亨利认真地听过之后，很抱歉地承认他忽略了这些问题是他的错，并且对她的处境表示理解，尽管他不认为她做得对。

"好吧，"亨利说，"让我们谈谈你该怎么应付这个岗位上的工作，我来以前你是怎么工作的。"当露西回忆当年自己如何应对各种挑战时神色变得精神了一些。她提到客房部不能及时向她提供客房入住资料信息影响每天下午两点向前台输入客房信息。她还列出了几个新维修工的名字，这些人对她非常无理。亨利拿出她的岗位描述，并和她一起讨论了其中的内容。

亨利说自己会处理露西所担心的工人无礼，工作量过重和客房部的资料拖拉问题。他会向自己的上司要求招一个零点工给她做助手。"但是，"他说，"你的工作描述中有些内容是不能商量的，你不经我允许的加班是不对的，如果你离开要向你的直接主管领导请假的规定你不能破坏，这对我不公平，让其他主管当中间人对他们也是不公平的。我不能……我们作为一个部门不能容忍行政助理不按时上班。我们所有的维修工都靠你和我组织调动他们工作。另外，我们的工作会影响到前台、客房部和销售部等很多部门，最终影响到饭店的客源。"露西在椅子上动了一下。"我知道你在过去几年中已经为饭店作出很大贡献，而且你对我们仍然是很有价值的。但你不来上班是解决不了问题的，如果你再把头埋进沙里一次，你再出来时工作就不是你的了，明白吗？"露西板着脸点了点头。

露西离开办公室后，亨利就到人力资源办公室去和人力资源总监布莱德谈话去了。他告诉布莱德："我不知道拿露西怎么办，她以前没有任何不良记录，但现在这一切都发生了。"亨利再次列述了过去一个月以来露西的行为以及他们刚才的谈话，"我很担心她不会有任何改变的，她看起来差不多已打定主意对抗到底了。我不想在部门里留一个这样的人。她做的任何改变努力都可能因为她知道我们在检查她，检验期一过，她会又恢复到现在的样子。你觉得我们应该拿她怎么办？"

讨论题

1. 亨利是否应该换一种方式与露西谈话？应该怎么谈？
2. 如果你是人力资源总监布莱德，你会给亨利提什么建议？
3. 露西犯的错是因故意冷淡雇主吗？是整体行为不当吗？她违反了哪些纪律条例？

案例号：35613CA

以下专家帮助编排整理了这个案例：纽约复兴饭店人力资源部经理菲利普·J. 布雷松和乔治亚州亚特兰大阿拉马克公司人力资源部经理杰里·费伊。

第 14 章概要

关于企业社会责任的哲学观点
　　传统理念
　　相关利益方理念
　　顺应社会理念

企业对社会责任的回应
　　支持社会责任
　　反对社会责任

社会责任与饭店业
　　进行社会责任审计

企业的道德问题
　　组织的道德行为评估
　　近年美国企业的道德问题
　　人力资源管理中的道德问题

学习目的

1. 描述企业社会责任的哲学理念。
2. 说明企业社会责任的通常回应，并扼要指出与社会责任相关的正反两方的观点。
3. 举例说明饭店企业的社会责任，并讨论它们如何来进行社会责任审计。
4. 概述企业的道德问题，包括企业如何评估道德行为、近年来美国企业出现的道德问题以及人力资源管理中的道德问题。

14

社会责任及道德

本章与人力资源及培训发展（HRTD）专业教育学硕士、内华达大学拉斯维加斯分校博士研究生小塞西尔·R. 托里斯合作完成。

社会责任的定义是一个组织的管理层决定采取行动提高社会整体的福利，社会责任不是企业救济，只做到分派救济品是远远不够的。现在的经理人必须对更广泛的社会群体负责，管理者必须认识到企业是社会的重要组成部分，在成功的企业中，社会也扮演着一个不可或缺的角色。作为有远见的管理者，他们越来越多地看到企业在社会责任中扮演关键角色，有助于支撑企业基业常青。

在商业中，道德永远是重要的。不幸的是，近年来像安然、世通、阿德尔菲亚（Adelphia）等一些国际顶尖公司臭名昭著的道德失范，使这个重要性更加被强调。这些案例和其他一些案例让美国公司的道德惊人地破灭了，导致了一些美国人相信所有的公司都不遵守道德规范。这是一件不幸的事，因为大多数美国企业都是具有社会良心和遵纪守法的。

在本章中，我们将从不同的哲学角度来看，企业怎样担任起应负的社会责任。我们可以从商业角度测量对社会责任的正反面影响，并学习饭店业怎样去承担社会责任。本章以讨论商业道德问题作为结束，特别是在企业里怎样测量道德行为，近年来在美国企业界存在的道德问题，以及管理者在处理人力资源问题时面临的道德困境。

关于企业社会责任的哲学观点

20 世纪早期，企业领导的主要观点是企业只对那些能给自己带来直接利益的各方负责。这种观点被当时有权的财阀洛克菲勒、范德比尔特、卡耐基和一些掌握美国经济命脉的企业扩大化了。"社会责任"在当时仅指救济，大财阀们花几百万美元用于赈济，但他们压低员工工资或以武力镇压罢工时却没有一点负罪感。从政治和经济角度讲，人们认为这个时期在政府中没有企业地位，在企业中没有政府地位。

这就是所谓的放任自由的经济。从哲学角度讲，这个阶段的特点符合赫伯特·斯宾塞*所说的社会达尔文主义理论，也就是说社会中的适者生存，并能爬到社会最顶层。

大萧条结束了20世纪早期这种放任自由的经济政策，为了应对20世纪30年代人们的痛苦和大量的经济问题，美国政府开始越来越多地介入企业的规范管理，很多联邦计划都是在富兰克林·罗斯福新政时期开始的。

从哲学角度讲，这个时期的委托人管理是典型的凯恩斯主义经济学理论的应用，一种支持政府干预商业企业的哲学观点。

20世纪60年代中期，政府和企业之间的关系再度改变，这次强调的是直接参与管理和社会弊病的整治。从60年代开始，社会对美国企业领导的要求越来越多了，在20世纪末，企业在推动和维护社会公序良俗中所占据重要地位的观点开始被企业领导广泛地接受，并且有责任去协助处理社会问题。21世纪初，更多的企业接受这样一个事实，就是要成为一个优秀的成功企业，必须先成为顾客和其他人心目中良好的社会公民。

不是所有企业领导都认为企业有责任帮助整治社会问题的，实际上当前企业界的态度也分裂为三种不同的理念。

传统理念

如前文所述，20世纪早期企业的主要目标是追求利润最大化，这个理念仍主导着很多企业的领导人，这个理念的特点是：

- 所谓"对企业好的一定对社会好"的说法；
- 政府不应插手企业；
- 在商业交易过程中"让买者睁大眼睛"的态度；
- 经理只对上司负责。

相关利益方理念

相关利益方理念是另一个被广泛接受的观念，其要义是经理只对相关利益方负责，相关利益方指企业内部或外部持有企业股份或能从企业获得利益的团体和个人，他们关注企业的业绩因为其中有自己的利益在内。如饭店企业的利益方包括从客人雇员到新闻媒体和国外政府的各个方面，图14-1展示了饭店的相关利益方。

---

* 赫伯特·斯宾塞（1820~1903年）英国近代思想家，涉及社会学、生物学、教育学和哲学等多个领域，最早提出"适者生存"的概念。——译者注

图 14 - 1 饭店企业的相关利益方

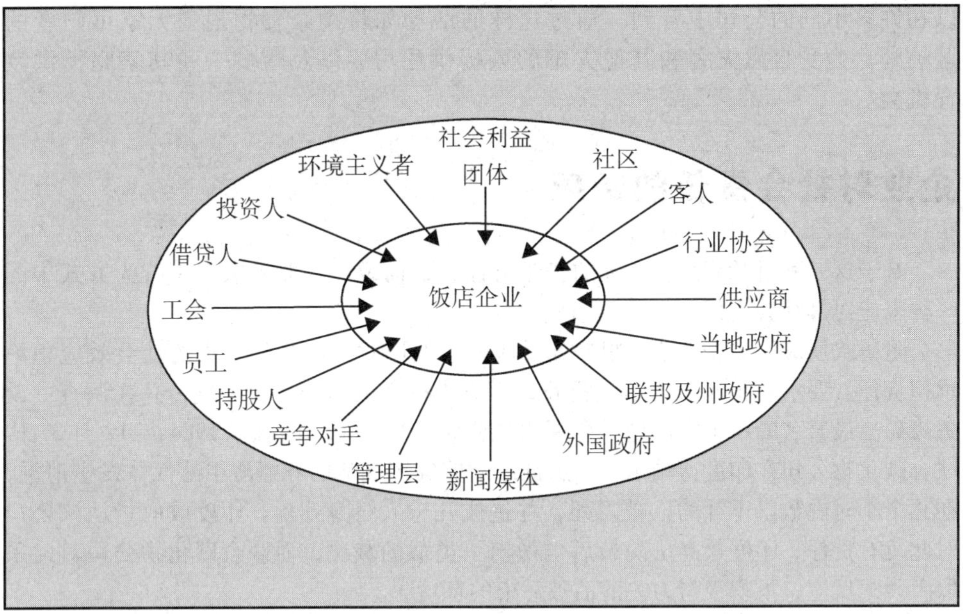

相关利益方理念反映了一种"带动自我利益"的态度，经理认为了解相关利益方的反应对企业是有好处的。强生公司（Johnson ＆ Johnson）1982 年的泰诺胶囊（Tylenol）*事件就是一个例子，当年有 7 个芝加哥人因服用含有氰化物的泰诺胶囊致死，强生公司的做法是立即从药店货架上撤下所有的泰诺胶囊以保护消费者利益，这个做法赢得了消费者的好评，公司也因此保住了消费者的信赖。这种哲学也以新近的星巴克咖啡（Starbucks Coffee）为典型代表，在华盛顿特区星巴克咖啡店工作的 3 名员工在失控的抢劫案中被杀，星巴克咖啡公司总裁不寻常地亲自包机飞往华盛顿，奖赏捕获凶手的勇士，并且将这个店的所有利润捐赠给受害人家属作为死难员工的终身年金。

顺应社会理念

顺应社会理念是第三种观点，指企业考虑到利益方需要的变化并主动停止一些对社会造成不良影响的行为。20 世纪 80 年代中期企业为了顺应美国关于种

─────────

＊ 一种用于止痛的药品。——译者注

族歧视政治态度而放弃了在南非的利益就是这种理念的体现。这种做法今天可以在许多不同的公司中看到，通过这样的活动如将剩余食物捐到无家可归者的避护处，为受自然灾害和其他灾难的人提供住房，以及给员工和其家庭提供教育机会。

企业对社会责任的回应

基于这三种哲学理念，今天的企业对社会的需要，一般采取四种行为方式中的一种来应对其社会责任：

阻碍式反应。当企业陷入阻碍式反应时，他们对一项某种消极的社会效应拒绝承担责任。要求对企业的产品、服务或不正当行为的指控提出证据，并在调查中设置障碍。最著名的一个案例是联合碳化物公司（Union Carbide），1984 年 12 月 3 日，联合碳化物公司在印度博帕尔市杀虫剂厂的储气罐成吨的异氰酸甲酯气体发生泄漏，在几个小时内数以千计的人被毒死，并造成几千人终身残疾。印度政府指认该公司对此负有责任，印度最高法院最后也做出了类似的裁决，而联合碳化物公司对此采取阻碍式反应，不积极努力去清洁被污染的环境[1]。

防范式反应。当企业采取防范式反应时，他们承认有错误或疏忽，但只根据法律规定进行整改。一般是直到引起司法诉讼时，企业才对有问题或与社会有冲突的行为采取措施。这种方式以埃克森（Exxon）公司对埃克森瓦尔迪兹（Exxon Valdez）号油轮在阿拉斯加原油泄漏事件的反应最为典型，恶劣的环境灾难出现在海域很长一段时间。公司不仅在事发之初反应迟缓，而且被索的惩罚性赔偿金一直拖延到 17 年之后才支付。[2]

接纳性反应。采用接纳性反应的企业除了最大程度地承担社会责任外，同时还试图满足法律、经济和道德责任的要求。前面提到的星巴克，在华盛顿特区的枪击惨案发生后，对员工采取的便是这类方式。

主动性反应。主动性反应是在意外事故发生之前，或政府机构和其他特殊利益集团提出要求之前就已采取行动的企业，杜邦公司（DuPont）就是采用这种方式，自愿回收用过的氟利昂和含氯氟烃物（化学加工品），以减少这些废弃物品对环境的污染。

图 14-2 列出了企业几个主动承担社会责任的例子。

图 14 - 2 对社会责任主动承担的例子

- 鼓励少数民族员工；
- 培训和发展处于不利地位的员工；
- 资助城市改造工程；
- 改善员工和社区教育；
- 开发实施环保计划；
- 保护资源；
- 实施针对社区低收入居民的计划；
- 为员工实行产品安全计划；
- 开发企业道德准则；

资料来源：节选自 William C. Frederick，"Corporate Social Responsibility in the Reagon Era and Beyond," *California Management Review*（Spring 1983）: 145 页。

支持社会责任

今天许多企业仍然存在两种观念冲突，是实施企业社会责任项目，还是简单地实现传统的财务目标。然而，大量的真实案例显示社会责任政策能够改善公司的财务状况。可以发现公司认真地担当起社会责任的好处远不止作为一种公共关系姿态，有社会责任的企业能从下面几个方面获益：

减少运营成本。企业可以通过回收循环使用和节能计划省钱。环境责任经济综合体（CERES）为企业、拥戴团体和工会提供一个非营利性的机构网，机构的主要职能是实施环境责任计划，共有 10 点法则，其中第一位就是避免浪费。饭店企业已经努力减少纸张、塑料和食品浪费。启动"简朴与绿色"计划，住宿企业通过回收垃圾、减少每天清洗床单的数量、采用节能设备节省了不少开支，也能吸引新的、有环境保护意识的消费者。例如，波士顿桑德斯（Senders）饭店集团在实施环境友好项目的前 3 个月里就节省了营运费用，而且带来了 100 万美元的新业务。洛基山研究中心（The Rocky Mountain Institute）通过计算得出"绿色"建筑能将员工的生产率提高 16%。精灵生态（EcoSmart）保健公司开发了一种空气净化系统，可以为饭店节省 30% 的电费。在艾伯特省卡尔加里的费尔蒙（Faimont）城堡饭店循环使用空调、冰箱冷凝水，水费开支减少了 1/3[3]。

提升品牌形象和知名度。一项对《财富》杂志年度"最令人钦佩的企业"名单上企业的研究发现人们钦佩的焦点已经从顶尖的制造商转移到注重社会责任项目的企业上，其他媒体排行榜和商业奖项都涉及企业声誉（如《商业道德》杂志的"100个最佳企业公民"、美国企业道德奖以及商业改善协会的市场道德火炬奖），利用道德作为公司排序依据，顾客已日益关心这些报告。在有选择的情况下，许多顾客更愿意选择有社会良知的企业。

更多的顾客忠诚度。2005 年的一项顾客行为调查报告指出，许多顾客购买决策部分是基于公司的道德和社会责任。一项由《财富》杂志所作的研究表明，47% 的美国公众决定去哪里购买商品，取决于他们对公司是否有社会责任感的理解[4]。

增加吸引和留住员工的能力。往往吸引员工的是有社会责任的公司文化，一项员工调查，42% 的人做出了回答，公司的道德直接影响到他们对公司的选择，低的员工流动率公司可以节省在招聘、培训和其他的用工方面的成本。在星巴克员工流动率低于零售食品业平均水平的 1/3，这要归功于星巴克的社会责任实践，包括对兼职员工的一整套的福利一揽子措施。[5]

获得更多的资本。在 2005 年的社会投资论坛上报道，2.29 万亿美元（2003 年为 2.16 万亿美元）投资于有社会责任感的企业。

可以避免罚款。一个有强烈的社会责任和道德取向的企业可以在很大程度上减少由于做错事、欺诈、歧视或非法活动而支付巨额罚款的机会。根据美国联邦司法准则，如果具有"良好企业公民"行为可以在犯错误时减少罚金额度。地方和全国政府团体都在奖励企业积极主动地设法解决社会问题，争取成为良好企业公民。

企业积极主动采取的另一个有力措施是，当企业面临社会问题时，要保持这样一种理念，即要保持与日益增加的相关利益者一致，一些企业有时在遇到社会责任方面的非难时，在一段时期内，采取不闻不问的鸵鸟政策。今天越来越多的企业受所谓的"相关利益方主义"（shareholder activism）运动的影响。这个运动反映出相关利益方头脑中意识到的问题：

- 麦当劳同意在其非歧视表述中加入性别倾向，这还要感谢延龄草资产管理公司（Trillium Assett）领导的这场运动（延龄草资产管理公司的广告称自己是唯一关注社会责任投资的"最大的独立投资管理公司"）[6]。
- 通用电气公司最终将 1 名妇女提升到最高管理层，这个决定的幕后背景是企业与阿奎那（Aquinas）基金会对话的结果，这是一家设在得克萨斯州达拉斯的共同基金，也是致力于社会责任的投资公司。
- 宾夕法尼亚州的环球健康服务公司是全美第三大医院管理集团，该公司最近采纳了新罕布什尔州的朴次茅斯公民顾问公司提出的一个解决方案，正式要求其供应商提供的医疗产品中不得含有聚氯乙烯化合物（PVC）成分。
- 惠普公司同意与其供应商一起核对全国环境标准，以及罗威·普莱斯

（T. Rowe Price）* 同意公开公平就业机会的相关资料。这些都得感谢企业的利益方——沃尔登/美国波士顿信托公司——的坚持。

- 薪资支票（Paychex）公司宣布已聘请猎头公司为其行政执行层寻找女性和少数民族人选，这个举措是在利益方，马里兰州贝塞斯达的卡尔弗集团施压下采取的。

反对社会责任

企业领导中认为不用主动地承担社会责任的想法也未必就是错误的，他们有下面6条理由支持这种观点：

- 负责任的社会活动的利益很难用底线来衡量；
- 对社会负责的成本很高，企业要支付这部分成本不可能不提高产品的价格；
- 管理者花时间在社会问题上会挤占掉在高度竞争的商业环境中花在维持企业生存和获利上的时间；
- 社会问题太多，支持的特殊利益集团也太多了，企业无法一一回应；
- 不像政治领导人，企业领导人不是由民众选举产生的，他们认为没有必要只为了讨好公众而投入社会活动中去；
- 企业已经很有实力了，允许企业从事直接影响社会的活动，会使得企业的权力过大。

尽管有这6点理由，但在21世纪初大多数进取型企业都将公司的社会责任作为格言。根据公司责任的千禧年民意调查，"2/3的公民希望能超越其追求利润、纳税、雇佣劳动力和遵守法纪的历史责任，他们企业能为更广的社会目标做出贡献"[7]。许多公司对这一愿望作出回应。例如，《财富》500强中的大部分企业都将社会责任与企业动作结合起来。虽然社会责任对于企业的顾客行为效应还不完全清晰，但市场和学术研究都认同一点，消费者更信任那些有社会责任和遵守道德准则的企业[8]。

社会责任与饭店业

饭店行业的社会责任经常不被注意，比如说，现在公众更多地知道饭店是聚乙

---

* 一家设在美国巴尔的摩的上市基金公司，公司主席罗威·普莱斯是与巴菲特、索罗斯齐名的金融投资家。——译者注

烯容器的最大消费者（这些塑料"变成"饭盒），却很少知道饭店是无家可归者的最大接济人。这个现状的成因之一是坏消息总比好消息更能引起人们的注意，其实现在有很多饭店都致力积极的社会责任计划和倡议，而且进行很多年了，下面就是一些例子。

- "共享我们的力量"（SOS）是一个在全美范围集餐馆、供应商等企业的财团为救济饥馑者筹款和发起组织帮助美国饥饿者的活动。SOS 举办年度福利大餐以及支持"全国饥饿认知日"（National Hunger Awareness Day）活动，增强美国和全球对于饥馑问题的认识。

- 许多饭店企业捐献"剩余食物"（未食用过的、卫生的食物）给慈善组织。有助于饭店业（包括其他行业，如食品零售业）捐献更多食物的《比尔埃默森善良的撒马利亚人法案》（Bill Emerson Good Donation Act）对于捐献食物的公司免除其部分责任。

- 2006 年希尔顿宣布已经为希尔顿荣誉会员制订了一个最受欢迎的顾客回报计划，会员可以很方便地将他们的积分转换后捐赠给不同的慈善组织。现在通过希尔顿家庭回报计划，客人希望将其积分捐给诸如美国红十字会、城市癌症希望中心、无家可归者全美联盟此类的组织。

- 金普顿饭店和餐馆集团（Kimpton Hotel & Restaurant Group），一家位于旧金山的精品饭店公司，在"金普顿关怀月"（Kimpton Cares Month）中，65% 的员工在全国各地，志愿花时间和利用自己的特长，积极参加社会和环境公益活动。他们献血、为慈善募捐、植树、为饥饿的人募集食品以及参加其他各种慈善活动。作为金普顿关怀计划的一部分，该计划像公共土地和服装成功基金会（一个帮助处于不利地位的妇女在职场成功的非营利组织）那样常年运作。

- 2003 年全球最大的休闲餐饮公司达登餐厅捐助设立了了关于多样性与商业道德的大学教席，研究饭店企业更多地承担社会责任的方法。

- 在全球 30 个国家拥有 350 家饭店和度假胜地的西班牙饭店和度假村连销集团索梅利亚（Sol Meliá）通过新设立的"索梅利亚共同基金"支持联合国儿童基金会（UNICEF），每个饭店餐厅通过 solmelia. com 网站向联合国儿童基金会捐款 1 欧元。

- 许多饭店企业通过回收和循环使用计划，妥善处理和弃置垃圾和环境污染物来积极参与"绿色美国"运动。总的来看，饭店行业关注环境问题比其他行业更为积极主动，在实践上与道德问题一样。这关系饭店企业的经济投资。例如，建在风景优美的度假村，必须让游客感受到其置身于美景之中。如果度假村周边的自然环境被破坏，游客就不会惠顾该度假村。"绿色"饭店协会提供了一个饭店节水、节能和减少固体垃圾以及节省开支的清单。协会的网站提供了回收和循环使用的建议方法，以及其他饭店在环境保护方面取得成果的案例。

进行社会责任审计

饭店企业关心自己的社会责任形象，可以通过社会审计评估自己的社会责任措施。大部分审查是将企业社会责任表现与以下五个因素进行对比。

- 为每个部门或组织单位对消费者的反应、员工关系、环境保育等制订远景规划；
- 确定每个单位应努力优先达成每个目标的概述；
- 确定总目标，包含公司将如何达成每个目标的概述；
- 审议部门或单位资源，包括与资源分配相关的成本和利润分析；
- 对于每个目标的完成时间和程度进行目标评估。

社会审计是企业用以评价企业对社会及环境的影响的工具，包括带来什么影响，影响程度、行为的内外部交流，及企业与社区、与顾客、与员工之间关系的变化，还有人权问题、环境责任和道德行为。企业进行社会审计的原因包括：对企业社会责任问题进行战略管理；对社区融合等非经济性企业社会责任问题进行量化；找到潜在义务；回应利益方要求，提高透明度。目前，欧洲企业在这方面做得最好，当然在很多其他地区或国家也有很多优秀的企业典范，包括秘鲁、南非和美国。

饭店企业和其他公司评价社会责任行为有很多标准，包括行业标准和框架、一些国家的强制性和非强制性的法律规定以及一些非政府组织和私人咨询机构开发的自愿性标准。下面是一些社会审计标准的例子：

质量评分框架：新经济基金会和社会道德计量中心建立的一个框架，包括社会和道德的会计、审计和报告。这个用于评价企业审计质量而不是企业社会责任行为的系统包括 8 个主要原则：每个原则由 7 个问题组成，评分标准为 0 ~ 4。通过对所有 56 个问题的打分评价企业社会账户的处理过程，以及这个账户是如何满足企业和利益方的需要的。

企业向利益方报告的阳光标准：这个标准由华盛顿的利益方联合会（包括企业

和个人在内的协会组织，成员来自环境、消费者和宗教组织）提出的，标准要求企业应"定期向利益方提供《企业利益集团报告》"，其中应包括"消费者需求信息"（与反对企业和产品内容有关的行为），"员工需求信息"（工作保障、健康及安全风险、公平就业机会资料、员工投诉等），"社区需求信息"（企业所有权、财务数据、环境影响、税负、创造就业数据、投资、投入等），"社会需求信息"（与敌对国有贸易、主要的政府购买、对企业所处以的罚款）。

道德账务分析报告：这种分析是 1988 年由哥本哈根商学院的两名教授首先提出的，一年后一家丹麦的大型金融机构北日德兰储蓄银行（Sbn）做出了第一份报告。从那以后，约有 50 个丹麦私人和公共企业使用了"道德账户"并将其作为一种开发的维护价值化的企业道德管理的方法。道德账务分析报告（图 14-3）为企业评价自己所追求的道德水准的实现程度提供了依据。

图 14-3　道德账务分析报告的最低要求

- 这是根据利益方共同协商确定的共同价值；
- 根据共同价值的具体表述制成调查问卷；
- 定期由利益方代表制定；
- 即使其中有不符合一个或多个利益方利益的结果也要公布出来；
- 无法辨别答卷人的设计；
- 任何一个利益方在解释结果方面没有绝对的权利，解释是一个开放的利益各方对话的过程；
- 这不是一种利益方可以用于强化自己目标的战略工具，而是力求在各利益方之间达成一种无偏见的价值互动的平衡；
- 为具体行动领域和组织共同价值的新对话开启空间，为下一次的道德账务分析报告作准备。

资料来源：DiversityInc.com，一个专门研究分歧及分歧如何影响企业与各主要利益方（员工、供应商、顾客和投资人）之间关系的网络企业，发表于 Allegiant Media at http：//www.diversityinc.com.

实施社会审计的步骤：企业进行社会审计和会计的方法与企业实施社会责任行为的方法不同。审计实施过程中，目标、尺度、范围和标准的设立是有规律可循的，但审计的其他方面就缺乏标准了，如行为标准、审计频度，如果对内对外报告结果以及企业应针对审计结果采取什么措施。

企业不必在财务审计时同时进行社会审计，大部分企业觉得小规模、非正式的重点审计效果较好，更能适应当前需要。下面是一些建议策略：

明确范围并评价过程：可以将范围缩小到一个计划、一个部门或一个设施，也可以扩大得很广，包括企业的所有部门和所有海外机构。评价过程包括调查、访问、对话、重点团体调查及分析。

- 定义并关注利益方：一开始就要把各利益集团包括在审计中，因为利益集团既是潜在参与者（对企业有投入）也是客户（要求得到完全的审计报告）。有些企业的审计利益集团仅涉及内部人员——员工，也有一些企业的审计利益集团从外部各方选出，包括供应商、客户、投资人、社区团体、规范机构、非政府组织、学术界和新闻媒体。

- 找出标准：收集信息前有必要决定如何对审计进行评价，即如何判断审计标准是否有效。为此，对其他企业的做法的调查会有帮助，因为其他企业在社会责任问题上的做法可以作为比较标准。这种"对比标准"可以帮助企业认定"最佳水准"和最低要求。

- 查阅文件：彻底审计应包括查阅所有报告，内部和外部（送交政策部门）的。这种审查能了解企业内部和外部环境对企业的期望以及底线要求。另外这种审查看出企业在什么地方已经有所投入，在什么地方还没有动作，包括这种投入是否体现在企业的宗旨和政策文件中。

- 审查管理体系：完全了解企业内部的有关管理政策是很重要的，完整的审计必须审查整个系统，评价其优缺点。

- 归纳结果：审计审查应得出一定的结论，根据前面所总结出的评价标准对有关问题进行衡量分析，包括定性的和定量的，并得出结论。结论可以是描述性的或审查印象评述。内容包括：企业社会责任行为的投入和回报；企业的政策体系和管理体系的优缺点；利益方的意见反馈；以及以后审计时应进一步评价的问题。

- 证实结果：越来越多的企业聘请第三方对审计结果的可信度进行评判，第三方可以是财务公司、管理咨询公司或专业的政府组织。在这种情况下，第三方机构会在审计方案设计和实施时就介入。请第三方验证结果的同时，在正式公布前将审计报告交由几个重要利益方审阅也有助于保证报告的综合性和平衡性。

- 分析结果：不是所有审计都出于公共消费的目的，有些企业倾向于限制内部听众的参与，但大部分企业都希望审计能广泛听取各个利益集团的意见，包括介入和不介入审计的。潜在听众包括雇主、持股人、调控机构、社区组织、环境组织、工会和新闻媒体。有些企业还将审计结果在互联网上公开。

- 编写宗旨说明：基于审计结果，可以适当地编写一个或几个公司部门或其他领域新的宗旨说明，或为全公司编写一个总体的宗旨说明或道德政策。
- 重复过程：社会审计只有定期进行才能体现其效用，使企业和利益集团能定期了解进展情况[9]。

企业的道德问题

进取的经理会在企业和个人两个层次促进企业社会责任建设，因为两方面是相对独立的。

没有一家公司能够享受到共同的社会责任氛围，除非在个人的道德行为上，承担重要的义务[10]。虽然早期人们在生活中对于道德有很强的信任感，这种信任感随着人们的经历发生了变化。影响最大的因素之一是人们的世界观和在职场的行为。然而，强调道德行为重要性的管理者肯定能影响到他们的员工在企业的行为。

虽然自从早期的企业产生之时起，企业的道德重要性已经被人们所认识，在过去的几十年企业道德的话题已经经历了一次更新。长期以来许多组织一直致力于帮助企业管理者培育倡导道德行为的职场文化。例如，1922 年在美国华盛顿特区成立的道德资源中心（Ethics Resource Center）就是帮助个人和公司推进道德实践。该中心出版研究报告和提供推广组织的道德准则，并出版一份业务通讯月刊《今日道德》，以电子邮件的方式免费提供给注册订户；成立于 1994 年的国际商业道德协会（International Business Ethics Institute）致力于商业道德和公司责任，资助召开系列圆桌会议，出版《国际商业道德评论》（International Business Ethics Review），并帮助企业制订国际道德计划；成立于 1980 年的商业道德学会，是一个由从事商业道德学术研究的学者组成的国际组织，该学会研究和出版《商业道德季刊》（Business Ethics Quarterly），现在许多学院和大学在商学院课程中增加了商业道德课。

尽管企业的不道德行为远未杜绝，但大部分企业都已接纳了一些道德标准规范（图 14-4），另外近年来，不少企业还在采取措施改变自己的道德记录。例如，到 2006 年，将近 65% 的美国公司为它们的管理者开发了道德培训项目[11]，这些项目的运作需要：

- 受到最高管理层的支持；
- 开放式讨论员工和经理都可能遇到的实际情况；
- 鼓励员工和经理报告违反道德准则的机制；
- 奖励道德行为的企业文化。

图 14 - 4　道德规范样本

饭店服务及旅游行业道德规范

1. 我们知道道德品行与我们的企业是不可分的，每一个决定都要在诚信、合法、公平和良知方面向高标准看齐。
2. 我们保证在任何时候，包括个人行动和集体行动时，都无损于整个服务和旅游行业的信誉。
3. 我们将集中时间、精力和资源用于改进产品和服务，不会因追求个人利益而给整个竞争市场抹黑。
4. 我们将平等地对待所有客人，不论种族、宗教、国籍、信仰和性别。
5. 我们的所有产品和服务都将符合标准，同时又照料每个顾客的要求。
6. 我们在任何时候都对客人和员工提供安全卫生的环境。
7. 我们将不断努力，在语言上、行动上和事物上保证给客人、客户、员工、雇主和公众高度的信任和理解。
8. 我们将为各级各岗每个员工提供知识、培训、设备并激励他们掌握这些知识内容以更好地完成他们的工作，达到我们对外公布的标准。
9. 我们会保证各级各岗每个从事同样工作的员工都有可能达到同样的标准，并都以同样的标准要求并评估他们。
10. 我们会积极地、有意识地、尽可能地保护我们的自然环境和自然资源。
11. 我们将追求公平和诚实的利益，不多不少。

资料来源：Stephen S. J. Hall, ed., *Ethics in Hospitality Management*: *A Book of Readings* (Lansing, Mich.: Educational Institute of the American Hotel & Lodging Association, 1992), 23.

　　道德计划的关键是上层支持，经理和员工更多地会体现出最高层领导的态度，因为奖励体系是他们建立起来的，所以说员工如果有不道德的行为多半企业领导也一样。图 14 - 5 所示的是企业两个不同类型人物之间的交流体系。如图 14 - 5 所示，公开交流、积极接触和实话实说（强调诚信、真实和公正）的环境是一种道德的环境。限制交流、打击不同观点和报喜不报忧（预防性、欺骗性交流）是一种不道德的环境。

图 14 – 5 交流结果

企业价值：诚实经理行为

有限交流
- 引起紧张
- 压制不同见解
- 回避交锋
- 掩盖坏消息

开放交流
- 带来自信
- 鼓励不同见解
- 支持正面交锋
- 奖励说实话

信念：
鼓励顺从，不提任何问题

信念：
鼓励不同意见，提问题

正常状态：
戒备心，欺骗

正常状态：
说实话，交流

资料来源：节选自 Roy Serpa，"Creating a Candid Corporate Culture," *Journal of Business Ethics* 4 (1985)：425 – 430 页。

经理们所面临的挑战是合规地营造真实、坦诚的沟通文化。尤其在企业内部高层管理者和其他领导人，因为员工都是顺从他们所做的决定。

组织的道德行为评估

企业或个人的行为是否道德可以从 3 个不同的哲学词汇进行解释：（1）实用主义；（2）道德权力论；（3）社会公平论。简单地说，这些理论可以从以下几个方面影响企业的行为：

- 实用主义认为只要能最大程度地给社会带来好处的行为就是道德的；
- 道德权力论认为任何不干涉其他人的权力或其他团体的道德的行为就是道德的；
- 社会公平论认为文化的不同，使不同的社会有不同的道德标准，因此在一种文化下认为是道德的行为，在另一种文化下可能就是不道德的了。

近年来提出的评估企业道德行为的还有其他方法，最常用的有三类：（1）三阶段法；（2）关键问题法；（3）平衡表法。

三阶段法包括：
- 理解总体道德准则；
- 建立可用于企业实践的道德准则；
- 找出这些道德准则的实际应用实例。

关键问题法指要求行政层管理人员思考以下关于企业道德行为的问题[12]:

- 谁是权威? 法规和排序是怎样的?
- 现有协议是什么?
- 与当前原则有什么冲突的地方?

关键问题法还包括问一些具体问题, 如 "我们对员工盗窃、职业道德、责任推诿的态度是怎样的?" 等。

应用平衡表法(balance sheet approach)评判道德行为, 每当管理者做重大决策时, 在平衡表的纸上画出中间线, 并将决策的道德正反两方面因素列在表的两端。平衡表法为管理者提供了一个好的起点, 许多决策不可能提供给他们这样简单的方法。

企业道德计划的实施步骤

企业有意发展或提升其道德水准可以考虑以下这些步骤:

- 得到企业高层领导和首席执行官的支持;
- 道德要求与企业的价值、宗旨、目标一致;
- 建立一个道德或企业责任行动指导委员会;
- 结合一些行业实践标准, 包括全球性标准;
- 建立道德决策机制;
- 把对道德的强调与日常经营计划、政策、会议及日常经营活动结合起来;
- 建立道德沟通机制;
- 进行道德培训;
- 寻求员工支持;
- 雇用道德官或建立适合的道德管理机制督促具体措施的实施, 处理不当行为;
- 明确对道德行为及不道德行为的奖惩措施;
- 进行年度系统评估, 衡量企业的进步。

资料来源: 节选自社会责任企业(BSR)组织的网站, 该组织是一个会员组织, 会员是为了保证商业成功而力求道德价值、人员社区和环境方面发掘潜力的企业。网址是 http://www.bsr.org.

近年美国企业的道德问题

近年来, 美国企业经历了大小不同的不道德和违法事件。对于这些公司许多管理者和员工产生了戏剧性的影响。例如, 在安然公司破产案中, 公司的高级管理层被投入监狱, 持有公司期权激励的员工损失了约 12 亿美元的安然股票市值, 对于大多数员工来说, 他们持有的股票成了全部的休金。其他一些大公司也出现了不道德行为，包括世通、环球电讯（Global Crossing）、阿德尔菲亚、安达信（Arthur Andersen）、泰科国际（Tyco International）、胜腾（Cendant）等。

鉴于在美国公司中普遍存在的会计弊端，国会于 2002 年通过了萨班宾斯—奥克斯利法案。

萨班宾斯—奥克斯利法案　这个法案为限制不道德的企业行为而增加了报告要求以及要求公司和管理层遵守更为严格的道德准则。法案要求美国公司在如何控制企业方面做了一些改变。其中最主要的是要求公众公司向美国证券委员会（SEC）提交企业内部财务检查的有效年度评估。法案还要求对于公司管理者掌控下的内部控制系统的报告有效性进行外部审计。所有美国的公众公司和其子公司，以及所有在美国上市交易的外国公司都须提交这些报告。此外，这个法案还催生了美国公众公司会计监督委员会（PACOB），这个委员会在美国证券委员会监督下运作，向美国证券委员会提供市场监控意见。

根据萨班宾斯—奥克斯利法案，公众公司的首席执行官（CEO）和首席财政官（CFO）必须签署书面文件，证明他们的公司提供给美国证券委员会的年度和季度报告中没有任何虚假陈述和遗漏，以及公司的财务报表是公司财务状况的公开说明；并要对其准备和披露信息的过程做出保证。公司管理层因过失或不知情情况下，触犯该报告指引的，将被处以 100 万美元的罚金和判 10 年的徒刑。如属故意触犯该报告指引者，将被处以 500 万美元的罚金或判 20 年的徒刑。

自从萨班宾斯—奥克斯利法案实施以来，在美国公司发展中出现的一个最主要的变化之一是公众公司的私有化趋势，由于萨班宾斯—奥克斯利法案只适用于公众公司，为了摆脱该法案的约束，一些公司已改制成私人公司。从表面上看，这是对于保护美国人和美国投资者免于公司欺诈而制定的法律的不道德的反应，但这也很可能会使得这个法案的适用范围扩大到非公众类公司。

检举者　检举者一般是现在或以前公司的管理者或员工举报公司部分人或集体的不道德行为，而他们又是有权纠正这种行为的。一般来说，不道德行为是违法违规的，或直接威胁到公共利益。或许最著名的举报者就是杰弗里·维甘德，他揭露了美国某大烟草公司的一些高级管理层，不仅知道香烟能使人上瘾，而且还直接指使公司在香烟里添加致癌原料以强化上瘾效果。他的事迹因电影《局内人》（*The Insider*）而家喻户晓。

检举者在企业是受联邦和州《检举人法》保护的，该法准许检举不端行为的人免于受企业报复的恐惧。在道德不端行为未被揭露的公司里如安然、世通等，举报者都曾扮演过重要的角色。如果通过这个法案既适用于私人企业，也适用于政府机构提案的话，可以直接看做是在美国为对于道德不端和违法事件处理上争取一视同仁的努力[12]。然而，2006 年 5 月美国最高法院裁定约 2000 万公职人员（在从市政府到联邦政府部门工作的人员）不受现行《检举人法》的保护，不管这个裁定是否是商业道德活动中的一大退步，但这已成定局。

人力资源管理中的道德问题

人力资源管理主要内容是对员工和雇佣问题做出决定，其中的选择过程受道德标准的影响。人力资源经理和其他经理一样会遇到一些主管提出在某一岗位雇用某个人的要求。很多饭店经理会觉得主管已经公开张贴了内部招聘启事，最后决定雇用某人，因此经理不会过多过问的。这反映了一个问题，经理们应该知道无论从法律上还是从道德上他们都应该允许其他应聘人竞争这个岗位。

其他与人力资源管理有关的道德问题还有：

- 雇佣　当应聘者问及关于发展机会时，你是讲述实情，还是因为你需要他们去做这份工作，而描绘其"最佳情景"？
- 上岗引导　你是告诉新员工企业的真实情况，还是你想让他们知道的情况？你描绘的企业美好的发展前景有无客观依据？
- 解雇员工　你在处理不想要的员工时，是让他悄悄离职，或是用"正当理由"解雇，还是要冒涉及非法解雇的诉讼风险？

经理们如何处理上述问题取决于企业内部的道德水准。

注释

[1] http：//en. wikipedia. ore. /wiki/Bhopal_ Disaster.

[2] http：//en. wikipedia. org/wiki/Exxon_ Valdez_ oil_ spill.

[3] Sara J. M Welch, "The Color of Money," Successful Meetings 50 （March 2001）：49 – 50.

[4] Lois A. Mohr and Deborah J. Webb, "The Efiects of Corporate Social Responsibility and Price on Consumer Responses," Journal of Consumer Affairs 39 （2005）：121：and www. forbes. corn.

[5] N. Craig Smith, "Corporate Social Responsibility：Whether or How？" *California Management Review* 45 （2005）：4，59.

［6］www. trilliuminvest. corn.

［7］www. mori. corn/polls/1999/millpoll. shtml.

［8］Sankar Sen and C. B. Bhattacharya，"Does Doing Good Always Lead to Doing Better? Consumer Reactions to Corporate Social Responsibility," JMR，Journal of Marketing Research 38（Mav. 2001）：225，243.

［9］Harvey S. James，Jr. ，"Reinforcing Ethical Decision-Making Through Organizational Structure," *Journal of Business Ethics* 28（November 2000）：43，58.

［10］E. McQeeney，"Making Ethics Come Alive," *Business Communication Quarterly* 69，（2）（2006）：158，171.

［11］Roberta Romano，"The Sarbanes-Oxley Act and the Making of Quack Corporate Governance," *Yale Law Journal*，114（2005）：3

［12］Gina Holland，"High Court Limits Whistleblower Lawsuits," May 30，2006. Forbes online at www. forbes. com/technology/feeds/ap/2006/05/30/ap2780736. html.

🔑 主要术语

接纳性反应（accommodating response）　对企业引起的社会问题的反应，反应的特点是接受社会责任，遵照法律、经济和道德标准处理问题。

顺应社会理念（affirmative philosophy）　认为企业有责任服务社会的理念。

平衡表法（balance sheet approach）　通过排列方式将道德的正反方意见的结果在表格中列示的一种道德评判的方法。

关键问题法（critical questions approach）　通过对与道德行为有关的问题的思考和回答对企业道德标准进行评价的一种方法。

保护性反应（defensive response）　对企业引起的社会问题的反应，其特点是企业承认犯了一些错误，并且只纠正违法部分行为。

道德权利论（moral rights approach）　关于道德的一种理论，认为如果一种行为不干涉其他人或团体的权力，这种行为就是道德的。

阻碍性反应（obstructive response）　对企业引起的社会问题的反应，其特点是企业对抗抵制调查，掩藏证据。

主动性反应（proactive response）　对企业引起的社会问题的反应，其特点是企业主动地为解决问题做所有的事情，或在事态扩大之前设法阻止。

利润最大化管理（profit maximization management）　关于企业作用的哲学思想，

认为企业的唯一任务就是为股东的投资赚得回报。

生活质量管理（quality-of-life management）　这种哲学思想认为企业有责任把社会变得更好。

社会达尔文主义（social Darwinism）　将达尔文主义应用于人类社会，是一种社会科学理论，即社会阶层是自然选择的结果。

社会公平论（social justice approach）　关于道德的一种理论，认为不同的文化造就不同的社会道德。

社会责任（social responsibility）　对组织管理层提出的要求，要求管理层必须就提高整体社会福利问题做出决定并付诸实施。

相关利益方理念（stakeholder philosophy）　强调经理必须对与企业有关的各利益方社会团体负责的商业思想。

相关利益方（stakeholders）　与企业的福利有直接或间接关系的团体，以一个典型的饭店为例所涉及的团体一般包括业主、持股人、雇员、工会（如果适用的话）、顾客、供应商、借贷人、行为协会、政府部门（地方、州、联邦）、媒体、竞争者以及其他特别利益集团。

三阶段法（three-stage approach）　企业道德行为的评价方法，通过对通用道德准则的理解建立适用于企业实际的道德标准，并列出标准实施得最好的榜样。

实用主义（utilitarian approach）　关于道德的一种理论，认为能为社会带来更大的好处的行为就是道德的行为。

📖 复习题

1. 传统理念、相关利益方理念和顺应社会理念之间有什么不同？
2. 企业社会责任的四个通常的回应是什么？相互之间有什么区别？
3. 企业对社会责任的正反两方面的意见是什么？
4. 饭店企业在哪些方面涉及社会责任？
5. 社会责任审计的几个步骤是什么？
6. 在企业中成功实施道德培训计划的决定因素是什么？
7. 评判企业行为是否道德的三种评估方法是什么？
8. 萨班宾斯－奥克斯利法案如何影响美国企业道德？
9. 什么是检举人？
10. 人力资源管理中的道德问题是什么？

💻 网址

以下网站可以提供更多的相关信息，注意网址可能会变更，如果无法找到某个网站，可以使用搜索引擎找更多的网站。

企业道德在线
www. business. ethics. com

社会责任企业
www. bsr. org

环境责任经济综合体(CERES)
www. ceres. org

企业监察
www. corpwatch. org

企业社会责任(CRS)连线
www. corpwatch. org

道德资源中心
www. ethics. org

"绿色"饭店协会
www. greenhotels. com.

绿色保证
www. greenseal. com.

企业国际协会
www. iabs. net

国际企业道德协会
www. business—ethics. org

JeffreyWigand. tom
www. jeffreywigand. tom

金普顿酒店餐馆集团
www. kimptonhotels. com

企业道德名录组织
www. societyforbusinessethics. org/organizations. htm

共享我们的力量
www. strength. org

社会投资论坛
www. socialinvest. org

企业道德学会
www. societyforbusinessethics. org

联合国儿童基金会(UNICEF)
www. unicef. org

美国政府道德办公室
www. usoge. org

迷你案例研究

案例 1　美国的美加饭店公司成功地成为一个全国性的饭店连锁企业，近年来，美加饭店还在几个主要的欧洲商业首都设了饭店，并致力发展成为一个全球性饭店连锁集团。这个目标是管理层出于更有效地参与国际竞争，为饭店的商务客人在全国范围内提供住宿网点的考虑，这样美国或欧洲的旅客在任何地方旅行都可以住到连锁酒店里去。高层管理人员认为这种扩张能有效地防止客人在旅行时住到竞争对手的酒店内。公司的市场副总裁近日指出，"我们不能冒这个险，让客人经常使用竞争对手的饭店，这样几次下来后，客人可能会永远选择竞争对手的饭店，仅仅是因为他们想在各处旅行时都能住进同一家饭店"。

为了实现这个新的目标，美加饭店正与一个发展中国家的政府谈判，希望在该国首都的商务区内建一家连锁饭店。另一个外资饭店也想要这个地点。

经过几周毫无成果的谈判后，美加饭店好像离目标越来越远了，而竞争对手已经快要签合同了，这时该国的一名中层政府官员造访饭店国际营运总监办公室，官员的话很简单：

"我国政府的确想和美加饭店签合同，让你们来建饭店。但你们的竞争对手也在争这块地，而且我想他们近日将得到这份合同，因为他们给了我们一些'礼物'，使内阁部长等人能得到个人实惠。另外你们的竞争对手还许诺将在贵国的饭店中为内阁部长提供免费住宿。如果你们也能做到这些的话，我肯定政府会给你们投资许可的。"

会后，国际营运总监召集了所有核心管理人员并转述了谈话内容，事情明摆着，要么贿赂政府，要么失去这个合同。

讨论题

1. 是什么使你认为这可能是一个非常现实的情况？
2. 当地政府代表提出的要求道德吗？
3. 向政府官员提供住房是不道德的吗？
4. 针对这种情况你会怎么做？

案例 2　某餐饮公司经理助理鲍勃以他自己的眼光来规划他的未来，希望尽可能地确定他的职业生涯。他延长工作时间，在顾客服务和顾客忠诚度管理上花很多时间，并且学习如何更有效率地培训员工。然而，近年来鲍勃因发生了一些出乎他意料的不道德事件而变得不安起来。例如，上月底鲍勃应总经理要求为了使上个月的赢利业绩更好些而在报表上增加库存数量。总经理解释道，尽管从技术处理上不太妥当，上个月出现不正常情况是由于冷柜夜间发生故障，致使许多食物变坏。总经理进一步解释说，以他个人观点，库存意味着资源的长期使用，不只是一次性事件。

讨论题

鲍勃应该答应总经理要求增加库存数吗？如果不答应，他应该怎么做？

案例 3 真大（Really Big）饭店公司在过去几年发展很快。现今他们已经沿亚马逊－南加州走廊开业了 30 家饭店。由于要与其他行业在就业市场上竞争，公司执行了一项只凭就业文件字面就可录用员工的制度（根据联邦法律）。例如，如果申请人有一个社会保险号，不管经理是否相信这个号码是否属于申请者本人。其结果是公司开始雇佣许多非法外国劳工在饭店打工。问题就由此产生了，例如公司最近收到了一封华盛顿州西雅图市妇女的来信，声称她的社会保险号曾被公司的一位员工盗用，那位员工或他人为了就业偷窃了她的社会保险号。

讨论题

公司应采取什么行动？

案例 4 XYZ 餐饮公司最近刚做完财务年度报告的外部审计。受雇的外部审计公司将审计结果递交给公司总裁，并请求她的认可和在文件上签字。可是，这位总裁对审计结果没有把握，并不愿意证实审计结果。在上个月公司董事会上，董事会成员们公开要求总裁当场辞职，声称她的行为劫持了公司。同时，董事会认为，那些文件上不需要她的签字。

讨论题

总裁应该做怎样的回应？

责任编辑：李冉冉
责任印制：冯冬青
整体设计：缪　惟

图书在版编目（CIP）数据

饭店业人力资源管理 /（美）伍兹著；张凌云，杨晶晶译 . -- 2 版 . -- 北京：中国旅游出版社，2013.1
（2021.5 重印）

书名原文：Managing Hospitality Human Resources
ISBN 978-7-5032-4532-9

Ⅰ . ①饭… Ⅱ . ①伍… ②张… ③杨… Ⅲ . ①饭店 – 人力资源管理 Ⅳ . ① F719.2

中国版本图书馆 CIP 数据核字（2012）第 229520 号

著作权合同登记号：图字 01-2001-4367

书　　名：	饭店业人力资源管理

作　　者：	（美）伍兹著；张凌云，杨晶晶译
出版发行：	中国旅游出版社
	（北京静安东里 6 号　邮编：100028）
	http://www.cttp.net.cn　E-mail:cttp@mct.gov.cn
	营销中心电话：010-57377108，010-57377109
	读者服务部电话：010-57377151
排　　版：	北京中广文化传播中心
印　　刷：	河北省三河市灵山芝兰印刷有限公司
版　　次：	2013 年 1 月第 2 版　2021 年 5 月第 2 次印刷
开　　本：	787 毫米 ×1092 毫米　1/16
印　　张：	30.25
印　　数：	3001–4000 册
字　　数：	564 千字
定　　价：	128.00 元
ＩＳＢＮ	978-7-5032-4532-9